afgeschreven

De Arabische Revolutie

JEF LAMBRECHT

De Arabische Revolutie

Van het offer van Bouazizi tot de val van Kadhafi

UITGEVERIJ VAN HALEWYCK

Voor Hanne, Dorien en Nora

© 2011 - Jef Lambrecht & Uitgeverij Van Halewyck
Diestsesteenweg 71a - 3010 Leuven
www.vanhalewyck.be

Cover: www.filipcoopman.net
Foto cover: © Reporters/AP
Foto achterplat: © Franky Verdickt
Zetwerk: Intertext Boekproducties, Antwerpen
Druk: Wilco, Amersfoort

NUR 320/686
ISBN 978 94 6131 061 3
D/2011/7104/45

Inhoud

Inleiding 9

De wonderwinter 15
  Mohammed 17
  Een reus ontwaakt, geuren van jasmijn,
  traangas en brandend mensenvlees 20
  De farao wankelt. Over massa's, meesters en machten 24
  Over brave en stoute betogers 27
  Het lied van de revolutie heeft zijn wetten 29
  Twijfels 32
  De Facebookheld 34
  De rais, het leger en de verantwoordelijkheden 36
  Het huis van de macht heeft geen ramen 38
  Na het vertrek 40
  Nieuwe haarden 44
  De waanzinnige kolonel 48
  Bedreigd paradijsje 53

Lente zonder belofte 57
  Avontuurlijk Libië 59
  Uitslaande branden 64
  De grenzen van de Arabische tsunami 68
  Kattekwaad 70
  De revolutie pruttelt 74
  Terroristen 77
  Wereld in beweging 79
  Wisselende kansen 80
  Toenemende twijfel 83

Een diplomatieke oorlog en het publiek   87
De geest van Schengen   90
'God, Syrië en Vrijheid'   91
Een rustig landje   96
De wijsgeer, de revolutie en de groeilanden   99
Nieuwe democratieën en hun verleden   100
De Syrische knoop   102
Meer beloftes en hulp   106
Een voorspelling   108
Bewogen Pasen   109
De Jemenitische stoelendans   112
Westerse aarzelingen   114
Samenzweringen   117
Palestijns intermezzo   118
Salafistisch interludium   120
De filosoof, de ambtenaar en de keizer   121
De kleine belanghebbende   123
Zwanenzang van de engelachtige met de honingzoete stem   126
Vliegtuigen zonder piloot   130
Gemengd in memoriam   132
Al-Qaeda en de revolutie   134
Change   138
De islamisten na de revolutie   141
Vragen en drijfveren   144
De rijke en de arme golf   147
De poortwachter van de hel   149
Vrijheid is geen gift van heersers   151
Einde van de lente   153
Intussen bij de buren   154
Aangeschoten wild en zeemansgraven   158
Een prins en zijn nieuwe troepen   161
In het vizier   165
De Ottomanen   166
Het lot van de farao en de bijldragers   168
Niet geheel vrijwillig en niet geheel zeker vertrek   171

De nieuwe terroristenleider 172
De presidentiële toespraak 173
Andaluz 175
Eten van twee walletjes 178
Stijl en gestemde violen 180
Eenheid tegen verdeeldheid 186
Sportnieuws 187

Zomer zonder uitzicht 191
En zo werd het zomer 193
Syrische verwarring, een Libisch draaiboek
en een arrestatiebevel 195
De slapende vulkaan 198
Een (voorlopige) balans 199
Nog een stapje verder 201
Broeders en afrekeningen 202
Arabia Felix, het gelukkige Arabië 207
Neem Maher mee en vertrek 209
Inkopen voor de ramadan 211
Groen licht voor een volgend seizoen 213
Rekenen, tellen en feesten 215
Oninneembaar Brega 216
De martelaarsstad 220

Naspel in het nakend najaar 225
Het einde van de kolonel? 227
De Schitterende Poort 228
Operatie Zeemeermin 230
De jacht op de kolonel 234
De bejaarde zoon van de grote dode 239
Oorlogsbuit 242

Vallende bladeren 247
Nieuwe bezems 249
Regionale machtsverhoudingen 250

De angst van jasmijn   252
De moeder van de aarde   254
Onder de radar   256
Media in oost, west en wereldwijd   264
Digital First   268

Tijdslijn   275
   Tunesië   277
   Algerije   278
   Egypte   280
   Jemen   283
   Libië   285
   Bahrein   289
   Syrië   291
   Marokko   294
   Saoedi-Arabië   296
   De revolutie in de niet-Arabische wereld   298

Kaarten   299

Inleiding

Geen woord dat in de Arabische wereld gevoeliger ligt dan 'karama', waardigheid. Het ligt op de tong van de Palestijnen, het wordt gebruikt door liefdadigheidsinstellingen en door feministen en het ligt elke Arabische macho nauw aan het hart. Het was de inzet van de Arabische omwentelingen. Het is de rode draad in dit boek.

Door het langdurig ontzeggen van elementaire menselijke waardigheid legden autoritaire en dictatoriale regimes de brandstof aan die van smeulende sintels een reusachtige steekvlam maakte. Niet alle leiders in de Arabische wereld begrepen tijdig dat niet alleen geïsoleerde maatschappelijke paria's leden onder het gebrek aan respect, maar dat het een ervaring was in vele sociale lagen en in het bijzonder bij de jeugd. Nog minder hadden ze hoogte van de snelle evolutie die zich in de geesten van de jongeren had voltrokken. Toen gebeurde wat onmogelijk scheen en stortte een eeuwenoude patriarchale structuur in als een vermolmde schuur waartegen per ongeluk is geleund. Of wankelde ze alleen maar en bewaarde ze nog genoeg veerkracht om zich te herstellen? Door hedendaagse communicatiemedia te gedogen was in korte tijd een noodlottige vervreemding veroorzaakt. Die laatste houtworm was fataal want hij tastte alle delen aan van de reusachtige constructie. Een noodgedwongen liberalisering van de communicatie had de wereld binnengelaten en daarmee de poten weggezaagd onder de macht. De jonge bevolkingen van de landen die door de revolutie werden aangestoken hadden dikwijls maar één enkele leider gekend en vonden het tijd voor verandering. 'Karama!' Geen woord vat beter samen waardoor die plotse, verbijsterende omwentelingsbeweging wordt gedreven.

Alleen wie beschikte over onbeperkte middelen om in enkele maanden tijd de hele Arabische gordel te doorkruisen, van de ene brandhaard naar het andere vuur, van de Atlantische tot de Indische Oceaan, kon het overzicht enigszins bewaren. Het spectaculaire karakter en de onvoorspelbaarheid van de gebeurtenissen dwongen tot een grote beweeglijkheid. De hoogte- en dieptepunten volgden elkaar in snel tempo op en vielen soms samen op zeer uiteenlopende plaatsen. Het verloop van de gebeurtenissen was onvoorspelbaar. Toch was er een soort wetmatigheid en waren er krachten achter de schermen. Er waren ook duidelijke fasen. Er was een 'onschuldige' periode met succesvolle revoluties in Tunesië en Egypte, die uitsluitend gedragen werden door het volk en dat volk ook vervulden met grote fierheid. De afwezigheid van (westerse) manipulatie en de grote discretie van de mogendheden waren het bewijs dat de 'internationale gemeenschap' even verrast was door de revolutie als de plaatselijke heersers. Misschien verdient enkel die eerste periode 'Arabische lente' te heten, al kostte ze honderden mensenlevens en viel ze in de winter. De enige mogendheid die onmiddellijk en openlijk de kant van de opstand koos was de kleine maar schatrijke golfstaat Qatar.

Bij het begin van het voorjaar explodeerde de revolutie in nieuwe brandhaarden: Bahrein, Syrië, Jemen en Libië. Deze keer liet de wereld zich niet meer verrassen en hij begon een actieve rol te spelen. Het Westen intervenieerde in Libië en eens te meer was de belofte van een snelle en beslissende blitzkrieg ijdel. Eens te meer, want dat was in de loop van het voorbije decennium ook gebeurd in Irak en Afghanistan. De 'internationale gemeenschap' was en bleef het oneens over de interventie in Libië. Zelfs binnen de NAVO en de EU was er geen eensgezindheid. Frankrijk, dat na smadelijk geblunder in Tunesië, het voortouw nam van de interventiepolitiek, raakte in neoconservatief vaarwater. Het stelde democratie boven stabiliteit en sloopte heilige principes in de naoorlogse diplomatie, zoals 'soevereiniteit' en 'niet-inmenging'. Dat stuitte op verzet van de BRIC,* de groeilanden onder aanvoering van Rusland, China en India die zich schrap zetten tegen de westerse expansie en niet alleen meer economisch maar ook politiek de violen gingen stemmen. Over het Westen keerde een idealistische bevlogenheid terug waarvan men kon verwachten dat ze na de Bush-periode voor een tijd zou worden vergeten. Deze keer was niet het Witte Huis de voortrekker maar het Elysée en Downing Street 10.

De gebeurtenissen in het ene Arabische land beïnvloedden die in een ander. Daardoor was het een waarachtig Arabische revolutie, een die zich voltrok in een homogeen taalgebied geteisterd door dezelfde koloniale erfenissen en problemen van willekeur en machtswellust. De Tunesische revolutie lokte eerst een mislukte revolutie uit in Algerije en vervolgens een geslaagde in Egypte. De val van Moebarak sterkte het geloof van revolutionairen in Libië, Syrië en Jemen. De media hielden het vuur

---

* BRIC (en BRICS): letterwoord voor Brazilië, Rusland, India en China, en Zuid-Afrika. Voor het eerst gebruikt in 2001 voor de nieuwe en snel groeiende economieën. Werd een formele organisatie die economische samenwerking en een 'multipolaire' wereldorde nastreeft bij een eerste conferentie in 2009 in Rusland. Adopteerde Zuid-Afrika op zijn derde bijeenkomst in Heinan, China, op 14 april 2011. Sindsdien wordt gesproken van BRICS of BRICs. De groep wordt volgens het Internationaal Muntfonds in de komende paar jaar goed voor 61 procent van de groei in de wereld en vertegenwoordigt 40 procent van de wereldbevolking.

brandend. Weinig landen bleven helemaal buiten schot. Hier en daar, in Marokko, Algerije of Oman, waren er leiders die tijdig en verstandig inspeelden op de onrust en in de rijke oliestaten werd de sociale en politieke vrede afgekocht met harde munt.

Niet alle Arabische leiders reageerden op dezelfde manier. Ze deden dat integendeel juist erg verschillend en met wisselend succes. Sommige door de wol geverfde veteranen gingen in enkele weken voor de bijl. Anderen, zoals de leiders van Syrië en Libië, steunden elkaar en klampten zich vast aan de macht met uiteenlopende maar onveranderlijk verraderlijke en gewelddadige middelen. Ze beheersten de scène in het tweede bedrijf van de Arabische revolutie die na een half jaar perspectief bood op een sombere neerwaartse spiraal van geweld, chaos en burgeroorlog. De geur van jasmijn vervluchtigde. In de landen van de 'lente' was de Moslimbroederschap onderweg om zich te vestigen als de belangrijkste politieke kracht. Het niet-Arabische Turkije zag zich als wegbereider daarvan. De populariteit van een andere niet-Arabische regionale mogendheid, het sjiitische Iran, smolt weg bij de Arabieren wegens de dubbelzinnigheid van de ayatollahs, die in de omwentelingen de eigen islamitische revolutie van 1979 herkenden maar tegelijk actief deelnamen aan de harde repressie in Syrië. Dat voedde de vrees voor de 'sjiitische expansie' en bracht het spookbeeld van een grote soennitisch-sjiitische confrontatie dichterbij.

Dit boek is het reisverhaal van mijn geest en een verslag van de verslagen die anderen maakten. Dat noopt tot bescheidenheid. Het is het verhaal van iemand die vrijwel alle landen bezocht waar de revolutie zich voltrok. Met die bagage en een onverzadigbare weetgierigheid is deze voorzichtige poging ondernomen tot een eerste geschiedschrijving, in de hoop dat ze voor de lezer een documentatiebron mag zijn en een bron van inzicht.

De wonderwinter

MOHAMMED

Mohammed had niets van een revolutionair of een onruststoker. Hij was geen volkstribuun en niet de auteur van ophitsende geschriften. Hij had nooit op de barricaden gestaan en gooide nooit een brandbom. Hij was volstrekt niet in de wieg gelegd voor een historische rol. Hij woonde niet in de hoofdstad of op een andere plaats van nationaal belang. Hij huisde met zijn moeder, zijn ziekelijke stiefvader en vijf broers en zussen in een bescheiden driekamerwoning op twintig minuten lopen van het stadscentrum van Sidi Bouzid, een provinciehoofdstad van een goede 40.000 inwoners, een landbouwoase, omgeven door bergen, in het diepe hart van het land. Het was uren rijden om de 265 kilometer te overbruggen naar de hoofdstad Tunis, in het noorden. 'Basboosa', zoals hij werd genoemd, koesterde niet de ambitie om martelaar te worden. Hij wilde bij het leger, dat was een vaste job, maar hij werd afgekeurd. Hij solliciteerde tevergeefs voor verschillende andere baantjes. Hij ging vroeg uit werken en onderhield het kroostrijk gezin als verkoper van groenten en fruit. Zijn stalletje was zijn stootkar; hij droomde van een bestelwagen. Eigenlijk was hij Mohammed doorsnee. Hij was 26 en al jaren werd hij gepest door de politie die zich geregeld gratis kwam bevoorraden. Dat was de gewoonste zaak. Wanneer de gemeentecontroleur kwam gaf je hem tien dinar, zo'n zeven dollar, of een zak fruit. Het ging steeds moeilijker, waardoor hij geld moest lenen om zijn koopwaar in te kunnen slaan. Die schuld was tegen eind 2010 opgelopen tot tweehonderd dollar, zestig meer dan wat hij in een maand verdiende. Hij had niet langer het geld om de politie om te kopen, dus namen de agenten in beslag wat hij op krediet had gekocht.

Basboosa was een van de tientallen miljoenen half werkloze jongeren in dit en zoveel andere landen van deze wereld, die scharrelen om rond te komen, maar wat er die vrijdag 17 december 2010 gebeurde deed bij hem de stoppen doorslaan. Volgens zijn familie was hij om acht uur 's morgens vertrokken met zijn groentekar. Omstreeks half elf kreeg hij het aan de stok met een controleur. Het bleef niet bij een woordenwisseling: de assertieve vrouwelijke beambte nam zijn weegschaal en zijn koopwaar in beslag. Volgens zijn zuster en sommige andere venters sloeg ze hem en spuwde ze hem in het gezicht. Opperste vernedering. Toen de officiële lezing van de feiten na verloop van tijd werd bekendgemaakt, luidde het dat Mohammed aan het werk was op een plaats waar dat niet mocht en dat hij weigerde zich te voegen naar het reglement. In ieder geval nam hij het niet dat nog maar eens beslag was gelegd op zijn brood-winning en hij trok naar de prefect van de stad om zijn beklag te doen. Toen die weigerde hem te ontvangen, besprenkelde hij zichzelf met thinner en streek een lucifer aan. Mohammed werd in kritieke toestand afgevoerd, eerst naar Sfax, daarna naar het brandwondencentrum van de hoofdstad. Zijn wanhoopsdaad wekte grote beroering in Sidi Bouzid. Tientallen jongeren en handelaars gingen meteen de straat op en in de dagen die volgden bleef het onrustig. Ordehandhavers die met de wa-penstok en traangas de rust probeerden te herstellen en arrestaties ver-richtten, raakten gewond bij schermutselingen. Het oproer groeide in plaats van af te nemen. Betogers bezetten de kantoren van de regerings-partij, de Rassemblement Constitutionnel Démocratique. Ze gooiden met stenen naar de politie en staken banden, vuilniscontainers en een auto in brand. De officiële pers zweeg als vermoord en het stadje werd hermetisch van de buitenwereld afgesloten.

Het was niet de eerste opstand van de 'werkloze gediplomeerden' in het land dat goede punten bleef krijgen van het Internationaal Munt-fonds en de Wereldbank. Drie jaar eerder was er sociale onrust in de mijnstreek van Gafsa. Veel recenter, in februari 2010, hadden werklozen met steun van de bevolking amok gemaakt in Skhira en in augustus 2011 was het ook woelig in het dorp Ben Gardane wegens de sluiting van het plaatselijk postkantoor. Na een kleine week van toenemend oproer in Sidi Bouzid klaagde de Parti Démocratique Progressiste, een erkende oppositiepartij, 'het sociale onrecht' aan dat leidde tot 'de sterke onvre-de van de bevolking'. De regering protesteerde tegen 'het aanwenden van een geïsoleerd incident voor politieke doeleinden'. Ondanks de po-gingen om de brandhaard te omschrijven verspreidde de onrust zich in de streek.

Vijf dagen na de zelfverbranding van Mohammed Bouazizi was er een tweede dramatisch incident in de onrustige stad. De werkloze Houcine Neji was in een hoogspanningspyloon geklommen. Op de begane grond had zich een menigte gevormd die hem smeekte naar beneden te ko-men en zijn dreigement niet uit te voeren, maar de jongeman luisterde niet, riep 'nee aan de ellende, nee aan de werkloosheid', greep een hoogspanningskabel en stortte dood neer. De situatie in Sidi Bouzid be-reikte een kookpunt. Het spoedbezoek van de minister van Ontwikke-ling en zijn belofte van een noodplan haalden niets uit. Drie politieauto's, het gebouw van de regeringspartij, een goederentrein en een com-missariaat van de Nationale Garde stonden in brand.

Op kerstavond 2010 werd zestig kilometer verderop een achttienjarige manifestant doodgeschoten door de politie. Een andere werd zwaar gewond. Op Kerstmis, een week na de wanhoopsdaad van Mohammed Bouazizi, waren er betogingen van 'gediplomeerde werklozen' in verschillende steden. Twee dagen later waren die er ook in de hoofdstad. De politie schoot met scherp 'uit zelfverdediging'. Op 28 december dreigde president Zine el-Abidine Ben Ali op televisie met een krachtig optreden tegen de protesten, die hij toeschreef aan een gewelddadige extremistische minderheid. Dezelfde dag liet hij zich fotograferen aan het ziekbed van Mohammed Bouazizi, die als een mummie van kop tot teen in een verband was gewikkeld. De advocaten en een deel van de officiële vakbond hadden zich intussen aangesloten bij het protest. Verschillende juristen werden aangehouden. Drie provinciegouverneurs en evenveel ministers werden ontslagen. Op 29 december werd Nessma TV het eerste Tunesische medium van betekenis dat over het oproer berichtte. De volgende dag protesteerde de Franse Parti Socialiste tegen de 'brutale repressie' en eiste een reactie van de regering in Parijs. De computeractivisten van Anonymous – 'voor transparantie en tegen censuur' – die zich eerder hadden onderscheiden met acties ten gunste van Julian Assange van Wikileaks, verstikten op 2 januari de websites van de Tunesische regering met een spamlawine.

In de avond van 5 januari stierf Mohammed Bouazizi in het brandwondencentrum van Ben Arous, vlakbij Tunis. De volgende dag, er was een algemene staking van de advocaten, werd hij in Sidi Bouzid begraven. Het symbool was dood maar de revolutie was geboren.

Men noemde ze de jasmijnrevolutie omdat die bloem met Tunesië is geassocieerd, onder meer via de toeristische promotie van het bewind. 'Jasmijnrevolutie', zo had ook president Ben Ali zijn eigen machtsgreep genoemd. De naam was een bedenksel van de internationale pers. Nogal wat Tunesiërs vonden 'jasmijnrevolutie' te lieflijk voor een chaotische en gewelddadige toestand waarin men levensgevaar liep. Jasmijn, dat riep eerder de tuinen op van de nomenclatuur dan de ellende van een volk dat op water en brood stond en onderworpen was aan de willekeur van de rijke villabewoners. Het volk riep *'Khoubz wa ma, Ben Ali la!'* – 'Brood en water, Ben Ali neen!' Het verhefte zijn stem vanuit de binnengebieden die nu pas werden ontdekt door de internationale media. In Tunesië sprak men van de alfalfa-revolutie naar het woord voor het hooi dat aan dieren wordt gevoerd. Sommigen spraken van de revolutie van Sidi Bouzid, anderen van de 14 januari-revolutie of simpelweg van de Tunesische opstand. 'Jasmijnrevolutie' deed te veel denken aan de Roze of de Oranje Revolutie in Georgië en Oekraïne, waar de CIA de hand in had.

Bouazizi was de vierde dode in de revolutie die hij had ontketend, maar niet de laatste. Tussen 8 en 12 januari kwamen minstens zes demonstranten om in Thala, op de grens met Algerije, en drie in Kasserine. In beide steden hadden sluipschutters de betogers onder vuur genomen. Dat wekte de woede van velen die tot nog toe neutraal waren. Op 13 januari sprak de International Federation of Human Rights van 66 doden sinds het begin van de revolutie. De Tunesische regering hield het op 23. De president verscheen opnieuw op televisie, deze keer om verregaande toegevingen aan te kondigen en te beloven dat hij in 2014 geen kandidaat zou zijn om zichzelf op te volgen. Hij beloofde een onderzoek naar de dood van de manifestanten. De volgende dag kondigde hij de noodtoestand af en stuurde hij zijn regering naar huis. Hij beloofde verkiezingen binnen het half jaar. Samenscholingen van meer dan drie mensen werden verboden.

Aan alles was voelbaar dat er een ernstige crisis was. Het gerucht ging dat het leger de controle had overgenomen over de nationale luchthaven. Voor het ministerie van Binnenlandse Zaken eisten betogers het ontslag van het staatshoofd. Er werden arrestaties verricht in de presidentiële familie. Ben Ali vluchtte. De Franse president Sarkozy, die Ben Ali aanvankelijk had gesteund, weigerde een landingsvergunning en het toestel zette dan maar koers naar Jeddah in Saoedi-Arabië. Premier Ghannouchi kwam op televisie uitleggen dat de president 'tijdelijk in de onmogelijkheid verkeerde om zijn functies uit te oefenen' en dat hij, de eerste minister, die 'voorlopig' overnam. Daarover ontstond meteen discussie omdat de Grondwet voorschrijft dat de parlementsvoorzitter als eerste in aanmerking komt voor de opvolging.

EEN REUS ONTWAAKT, GEUREN VAN JASMIJN, TRAANGAS EN BRANDEND MENSENVLEES

Het was allemaal erg snel gegaan. Niemand had de val van de Tunesische dictator zien aankomen. Niemand in de regio zelf en niemand daarbuiten.

Vier dagen na de vlucht van Ben Ali hing de geur van jasmijn over de Arabische Economische top in Sharm el-Sjeik. De nieuwe Tunesische minister van Economische Zaken zat aan tafel met de emir van Koeweit en de presidenten van Jemen, Soedan en Irak. Er heerste een crisissfeer in de immer zonnige badstad aan de Rode Zee. De zelfverbrandingen en onlusten waren overgeslagen naar Algerije en Egypte. Amr Moussa, de Egyptische voorzitter van de Arabische Liga, sloeg een sombere toon aan. 'De Tunesische revolutie is vlakbij', zei hij, 'de Arabische ziel is gebroken door armoede, werkloosheid en recessie. De frustratie was nooit zo groot.' Hij pleitte voor een Arabische wedergeboorte. Gastheer Moebarak onderstreepte de noodzaak van een forse economische injectie. Investeren in de jeugd zal vruchten afwerpen, betoogde hij. Het was een kwestie van 'nationale veiligheid'. Er werd een fonds opgericht van twee miljard dollar om jongeren te helpen die een eigen zaak wilden beginnen. Ondertussen was het voorbij vijf voor twaalf. Buiten, in Caïro, hadden drie mensen zichzelf in brand gestoken. Een vierde was in de vlammen opgegaan in Alexandrië. Algerije telde al zeven menselijke toortsen waarbij een met dodelijke afloop. Ook in Mauretanië dreven armoede en werkloosheid een man ertoe zichzelf in brand te steken. Het voorbeeld van de moegetergde Tunesiër Mohammed Bouazizi inspireerde tot ver voorbij de grenzen. Zoals overal was het volk geduldig en gematigd, tot het met de rug tegen de muur stond en in zijn onmacht zijn macht ontdekte. Dat moment kwam snel dichterbij in het land van de farao. Moebarak voelde het: hij zalfde en sloeg, arresteerde honderden 'oproerkraaiers', gaf de schuld aan de Moslimbroeders en zwaaide met voedselsubsidies, werkgelegenheidsprogramma's en loonsverhogingen om het tij te keren. Een vertwijfelde poging met oude methodes. Op 25 januari vielen de eerste doden bij woelige betogingen, onder meer in Caïro.

De protestgolf die over de Arabische wereld rolde had niet alleen economische oorzaken. Ze toonde het failliet van een systeem, gebaseerd op schaamteloze graaicultuur, machtsmisbruik en corruptie, niet enkel van de Trabelsi's in Tunis en het apparaat dat door hun voorbeeld was besmet. Het was geen exclusief Tunesische kwaal, maar de ziekte van de regio. Wat de straat uitschreeuwde waren wanhoop en ultiem verzet. Er waren betogingen in Libië, Jordanië en Jemen en ook daar haastten de machthebbers zich om aan symptoombestrijding te doen en de veiligheidsdiensten te mobiliseren. Oog en Oor, het instrument bij uitnemendheid van de plaatselijke regimes, draaide overuren. Ondanks de vele overeenkomsten tussen de Arabische landen verschillen ze grondig. Daarom zou wat zich had afgespeeld in Tunesië, *la petite république des professeurs,* met zijn voor de Arabische wereld uitzonderlijke onderwijssysteem, zich niet noodzakelijk elders herhalen. Mocht dat wel gebeuren, dan zou dat op een andere manier zijn, gedragen door andere maatschappelijke groepen en met onzekere gevolgen. Evenmin waren er garanties dat de revolutie overal even voorbeeldig zou verlopen als in het relatief ontwikkelde Tunesië. Het leger – een gerespecteerde instelling in Egypte – was wel in de straten verschenen, maar stond het nog helemaal achter de voormalige luchtmachtgeneraal Moebarak? Bleef de elite hem trouw? Wachtte Moebarak het lot van de sjah? Uit het hoofdkwartier van de regeringspartij in Caïro likten de vlammen de zwarte nacht.

De vs blaakten niet van enthousiasme voor de revolutie. Toch kwam de omwentelingsgolf in de Arabische wereld minder onverwacht dan uit de zuinige reacties van Washington bleek. Minister Clinton van Buitenlandse Zaken had de Arabische leiders op de vooravond van de vlucht van de Tunesische president op een top in Doha, de hoodstad van Qatar, gewaarschuwd dat ze zouden 'wegzinken in het zand' als niet snel werk werd gemaakt van politieke en economische hervormingen en de strijd tegen de corruptie. Veel verder ging de openlijke steun voor de democratisering niet. Na de eerste 15.000 betogers in Egypte noemde Clinton dat land 'stabiel' en riep ze op tot terughoudendheid. Maar toen de manifestaties intenser werden, kwam er uit Washington kritiek op het gebruik van geweld tegen de betogers. De EU reageerde al even verrast en behoedzaam. Voor het Westen was Egypte zoveel belangrijker dan Tunesië, al was het maar wegens het kanaal van Suez. Voor de westerse hoofdsteden waren stabiliteit en de uitsluiting van islamitische scenario's de hoogste prioriteit.

De manifestaties in Egypte werden in enkele dagen de grootste sinds de voedselrellen van 1977. 'Brood, Vrijheid, Waardigheid', riepen de betogers. Ze eisten het vertrek van de oude rais.* De machtige Moslimbroederschap, ontstaan in Egypte, hield zich op de vlakte en hoopte misschien daarvoor te worden beloond eens de wind zou gaan liggen. Maar toen de onrust niet luwde roken de Broeders bloed en riepen ze op om mee te betogen na het vrijdaggebed. Dat was een oorlogsverklaring. De verzetsgolf zou niet meer te stoppen zijn met rubberkogels, waterkanonnen en traangas. Moebarak liet meteen tientallen Broeders oppakken. Bijna even verontrustend voor het regime was de terugkeer van oppositieleider Mohammed el-Baradei naar Caïro. De voormalige sfinx van het Internationaal Atoomagentschap was geen volkstribuun, maar hij kon het gezicht worden van een massabeweging die nog geen leider had. Kort voor zijn vertrek uit Wenen zei hij dat er geen weg terug was nu het volk zijn angst had afgelegd en dat het tijd was voor Moebarak om op te stappen. Wegens zijn internationale status was het moeilijk om hem in de boeien te slaan. Werd de zwijgzame geleerde het nieuwe gezicht van Egypte of zou dat een *mullah* zijn? Vertwijfeld kondigde Moebarak een uitgaansverbod af.

Normaal zouden er in september presidentsverkiezingen zijn. Het was niet duidelijk of de 82-jarige rais, die niet meer in topconditie verkeerde, zichzelf nog eens zou opvolgen, dan wel of hij na dertig jaar de

---

* Raïs: 'chef, president, directeur', afgeleid van ra's, 'hoofd'. Staatshoofd in sommige Arabische landen maar in het bijzonder in Egypte waar de term gebruikt werd voor Nasser en zijn opvolgers.

scepter zou doorgeven aan zijn zoon Gamal. Zoals de zaken evolueerden haalde Moebarak die datum waarschijnlijk niet. Hij was aangeschoten wild. De polls in de krant *al-Masry al-Youm* waren een aanwijzing. Toen de Tunesische revolutie op zijn hoogtepunt was verwachtte 60 procent dat die zou overslaan naar Egypte. Op de vraag of de lezer zich goed beschermd wist door de politie antwoordde 86 procent 'neen'. Eerder zei 55 procent niet te geloven dat zelfverbrandingen tot verandering zouden leiden in Egypte, 30 procent dacht van wel.

Bijna een kwart van de tachtig miljoen Egyptenaren leefde onder de armoedegrens maar een ander kwart had internet, en na Tunesië en Iran was ook hier een los-vaste beweging uit de virtuele realiteit de drijvende kracht achter de opstand. De kern ervan, de Jeugdbeweging van 6 april, een Facebookgroep van zeventigduizend leden die drie jaar eerder was opgericht om een staking van textielarbeiders te steunen, kwam op voor vrije meningsuiting en tegen vriendjespolitiek. Het waren jongeren uit de middenklasse, verenigd in een verschijnsel met vage politieke contouren. Ahmed Maher, de bezieler van '6 april', wilde politiek verbinden met economische en sociale problemen om aan te tonen dat alle ellende veroorzaakt werd door een corrupte regering.

De beurs van Caïro maakte een diepe duik, een onmiskenbaar teken van wantrouwen. Er was sprake van kapitaalvlucht. Enkele uren later, op 28 januari, een vrijdagochtend, vielen het internet en het mobiel telefoonverkeer uit. Er braken rellen uit in het hele land op deze Dag van het Vertrek van Moebarak. Er was een uitgaansverbod dat niemand respecteerde, maar het leger hield zich afzijdig. Bij het eind van die bewogen vrijdag omsingelden betogers het omroepgebouw en was het wachten op een aangekondigde toespraak van de president.

Er waren gelijkenissen en vooral ook verschillen met de Iraanse revolte na de herverkiezing van president Mahmoud Ahmadinejad. Daar steunde het regime niet op het leger maar op de Revolutionaire Garde en er stond ook geen organisatie als de Broederschap klaar met een brede machtsbasis. Een sjiitische variant van de Broederschap was er al sinds 1979 aan de macht. Daar was geen Nobelprijswinnaar die de ontwaakte reus een gezicht gaf.

Vrijwel onopgemerkt herhaalde het Tunesische scenario zich ook in het wapenarsenaal Jemen. Werd daar de president verdreven, dan stonden onder meer Iran, al-Qaeda en een trits krijgszuchtige stammen klaar om te vechten over de nalatenschap. Jemen, het armste land van het Midden-Oosten, heeft door zijn controle over de Rode Zee en het Suezkanaal een even strategische betekenis als Egypte.

In elk van de onrustige landen was de kreet tegen de corruptie terecht. In elk ervan rees het dilemma tussen het status-quo en een zeer onvoorspelbare verandering. De intenties van de massa op de straat waren oprecht en integer. De roep om verandering en een democratische samenleving met respect voor iedereen kwam van een doorsnee van de bevolking. Toch zou het een klein mirakel en een grote omwenteling zijn mocht die wens in vervulling gaan.

DE FARAO WANKELT.
OVER MASSA'S, MEESTERS EN MACHTEN

Tot voor een week behoorden de speculaties over het Tunesische domino-effect tot de bakerpraatjes van Madame Soleil en overspannen journalisten. De nieuwe chef van de Israëlische militaire inlichtingendienst, generaal-majoor Aviv Kochavi, maakte zich op 27 januari, de dag dat de onrust in Egypte begon, aanzienlijk meer zorgen over de toestand in Libanon, waar een nieuwe burgeroorlog dreigde, dan over het lot van Moebarak die alles al had meegemaakt. De Moslimbroederschap was onvoldoende georganiseerd om de macht over te nemen, zei hij tegen de commissie Buitenlandse Zaken en Defensie van de Knesset. Ook Washington was er gerust in. De farao was stabiel.

Geen week later werd gevreesd dat de gebeurtenissen in de Nijlvallei de prelude waren van een aardverschuiving, zoals de Islamitische Revolutie van 1979 in Iran. De VS aarzelde tussen steun aan een trouwe, uiterst waardevolle bondgenoot en sympathie voor de democratische verzuchtingen van de massa op straat.

Terwijl niet alleen in Caïro en Washington verwarring heerste, keerde Rachid Ghannouchi na 22 jaar ballingschap vanuit Londen terug naar Tunis. Hij werd opgewacht door enkele honderden aanhangers. Een handvol tegenstanders riep 'Neen aan het islamisme,* Neen aan de sharia, Neen aan de domheid'. De 62-jarige leider van en-Nahda, de Wedergeboorte, de partij van de Tunesische Moslimbroeders, zei dat hij de opstand steunde. Zijn invloed in Tunesië, waar decennialang hard was opgetreden tegen de fundamentalisten, was twijfelachtig, in het bijzonder in de steden. Heel anders lagen de kaarten voor de Egyptische Moslimbroederschap, een van de grootste, zo niet de grootste burgerorganisatie van het land die naar schatting een kwart van de bevolking vertegenwoordigde. De Egyptische broeders gedijden onder het gedoog-

---

* Islamisme: 'politieke islam' die berust op het denkbeeld dat de islam zowel een religieus als een politiek systeem is en een terugkeer predikt naar de wortels ervan. Islamisten willen het burgerlijk rechtssysteem vervangen door de sharia, streven naar de politieke vereniging van alle moslims in een kalifaat en kanten zich tegen de besmetting door westerse invloeden.

beleid van Moebarak. Terwijl Broeder Ghannouchi (niet te verwarren met de gelijknamige premier) handen schudde in Tunis scheerden gevechtsvliegtuigen en legerhelikopters laag boven Caïro en werden soldaten aangevoerd naar het stadscentrum. Achter die machtsontplooiing en de plotse verdamping van de oproerpolitie, schuilde een regisseur. De vraag was of dat Moebarak nog was.

In Tunis was intussen een overgangskabinet geïnstalleerd met propere handen van het verdreven regime, linkse leiders en liberale dissidenten. Ook twee vrouwen zaten in het kabinet. Hier was de vraag wanneer en hoe de islamisten hun deel van de koek zouden opeisen, al was hun aandeel in de revolutie te verwaarlozen. In Egypte, waar ze tijdig op de kar sprongen, waren hun vooruitzichten beter.

Wat in Washington werd gedacht stond op 30 januari tussen de regels in de wens van Hillary Clinton dat de overgang (in Egypte) 'ordelijk' zou verlopen om een machtsvacuüm te vermijden. Voor de goede verstaander had Amerika zich daarmee neergelegd bij het einde van het Moebarak-tijdperk. Clinton sprak zich ook uit voor een 'democratische regering'. Kon dat iets anders zijn dan een kabinet met de Moslimbroeders, ooit, tot eind jaren tachtig, gekoesterd door de CIA? De VS, een aantal Arabische landen, de oliemaatschappij Shell en de touroperators bereidden de evacuatie voor van hun onderdanen. Al-Jazeera, de CNN van het Midden-Oosten, kreeg bevel om in te pakken van iemand die niet wilde dat de hele regio bij het begin van de werkweek door beelden van het rumoer in Egypte nog meer werd besmet. Volgens Jazeera was het leger Sharm el-Sjeik binnengerukt om de toeristische infrastructuur te beschermen, wat er volgens de zender op wees dat de politie haar werk niet meer deed. Even later, terwijl nog werd gewacht op de samenstelling van een nieuwe regering, circuleerde het gerucht dat de minister van Binnenlandse Zaken was aangehouden door het leger. Als om de twijfels weg te nemen over zijn leiderschap trok el-Baradei naar het Vrijheidsplein, nadat hij Moebarak had opgeroepen om nog dezelfde dag de macht af te staan aan een regering van nationale eenheid waarover hij onderhandelde met de Moslimbroeders. Hoe het met de vrije meningsuiting en de corruptie zou gesteld zijn eens zo'n regering de zaak zou overnemen, was voorlopig niet aan de orde. Evenmin werd de mening gevraagd van de tien miljoen Egyptische kopten.

Op 29 januari benoemde Moebarak zijn topspion Omar Suleiman tot vicepresident. Net als el-Baradei wilde deze vertrouweling van de CIA onderhandelen met de oppositie. Met zijn gezworen vijanden van de Broederschap zou dat vermoedelijk niet lukken. De vraag was of Suleiman de toekomst kon zijn. In *The New York Times* schreef Democratisch zwaargewicht John Kerry dat het niet in het Amerikaans belang was om een bevriend bewind te zien bezwijken onder de woede en de frustraties van het volk en evenmin om de macht te zien overgaan in handen van radicale groepen die extremisme verspreiden. Washington moest enkel luisteren naar legitieme verzuchtingen, zei Kerry, die later op de dag onomwonden het ontslag vroeg van Moebarak. Obama stuurde oud-ambassadeur Frank Wisner, een goede vriend van Moebarak, naar Egypte om zijn visie persoonlijk mee te delen. Het deed er weinig toe. De stem van de VS werd al jaren met argwaan beluisterd in de regio en bondgenoot Moebarak had zich meer dan eens door Washington geschoffeerd gevoeld.

De Moslimbroeders schaarden zich achter el-Baradei in de wetenschap dat zijn machtsbasis omgekeerd evenredig was met zijn internationale bekendheid. Ze deden er goed aan democratie te eisen en te zwijgen over sharia tot het moment rijp was om de vruchten te plukken van de omwenteling. El-Baradei speelde zijn rol als gezicht van de massa, maar beschikte deze voorbeeldige ambtenaar over de talenten, de moed en de achterban om straks, na het vertrek van Moebarak, het land te leiden?

Er was geen geld meer in de banken, brandstof werd schaars, het toerisme verdampte. De commentaarkolommen van de westerse pers stonden bol van hoop en steun voor de opstand. Vanaf 31 januari trad de Broederschap op de voorgrond, ook op straat, en predikte democratie, vrijheid en de Tien Geboden. Er zou enkel een islamitische republiek komen als een meerderheid van het volk dat wilde en Hamas was geen terreurorganisatie, zei Kamal el-Helbawi, voormalige woordvoerder van de Broeders in het Westen, tegen de BBC. De Broederschap was de enige oppositiebeweging met historische wortels, organisatorische expertise en middelen. Er waren nog zekerheden. De betoging van één miljoen was een succes en scheen eerder een begin dan een einde. De beelden van Moebarak aan de galg of voorzien van Hitlerbles en -snor gingen de wereld rond. Israël beefde bij de gedachte aan zijn val en vreesde dat na zijn vertrek een einde zou komen aan de vrede. Daarom vroeg premier Benjamin Netanyahu aan de internationale gemeenschap om van een toekomstige Egyptische regering te eisen dat ze het vredesakkoord zou eerbiedigen.

De verwarring was groot. De kans dat de betogende massa de vrije en rechtvaardige samenleving kreeg die ze vroeg was minder groot. Uiteindelijk zou het stof gaan liggen en vermoeidheid zich laten voelen. Oude patronen, die de verhoudingen bepalen tussen de geslachten en de generaties, zouden weer aan de oppervlakte komen. Al betoogden ook veel vrouwen, dit was geen feministische revolutie en evenmin luidde ze het einde in van de kinderarbeid. Het kanaal van Suez dat de regio controleert, inclusief de olierijke gebieden aan de Golf, was militair en economisch vitaal voor het Westen. Als de revolutie zou slagen in Egypte zouden andere landen volgen. Het nachtmerriescenario was dat Egypte en Jemen in handen zouden vallen van extremisten, al dan niet in schaapsvacht. Dan zouden beide toegangen tot de Rode Zee zeer problematisch worden. Aan de overkant van de Golf van Aden ligt immers Somalië waar het zelfverklaarde al-Qaeda-filiaal al-Shabab en de piraten de dienst uitmaken.

Het Westen stond voor een dilemma. Als het Moebarak liet vallen was dat het zoveelste voorbeeld van zijn zelfzuchtige dubbelhartigheid en een bittere les voor de overblijvende 'bondgenoten'. Verraad aan de massa zou de schijnheiligheid blootleggen van de westerse kruisvaart voor de democratie. Niets doen was geen optie. De achillespees van het Westen was dat het zijn vertrouwen had gesteld in een verdeelde elite waarvan de bereidheid tot gesprek met Israël werd gezien als verraad en waarvan de levenswandel de maatschappelijke ongelijkheid onderstreepte en een culturele kloof blootlegde. Een elite die eerloos afhankelijk en onderworpen was. De Amerikaanse ambassadeur Margaret Scobey ging praten met el-Baradei.

Het verzoop in het nieuws over de mensenzee in Caïro dat in Tunesië een synagoge in brand werd gestoken en in Jordanië de regering naar huis werd gestuurd door de jonge westersgezinde koning Abdallah. Om de betogingen tegen de levensduurte en de corruptie te bezweren benoemde hij Marouf al-Bakhit, zijn veiligheidschef en voormalig ambassadeur in Israël, tot premier. Iets vergelijkbaars had Moebarak hem voorgedaan met de benoeming van Suleiman tot vicepresident. De bondgenoten verschansten zich. Een andere vriend van het Westen, de Turkse premier Erdogan, wierp zich op als tolk van de Egyptische straat. Tot de nog onbekende uitkomst van de gebeurtenissen behoorde ook het antwoord op de vraag of monarchieën in deze regio een grotere overlevingskans hadden (en of dat kwam door een grotere legitimiteit) dan republieken die de neiging vertoonden presidentiële dynastieën te zijn.

OVER BRAVE EN STOUTE BETOGERS

In de nacht van 1 op 2 februari verscheen Moebarak voor de tweede keer sinds het begin van de crisis op televisie voor een dramatische mededeling. Hij zou geen kandidaat zijn bij de presidentsverkiezingen van september maar wél aanblijven tot die datum. Voor het eerst waren op straat dissidente stemmen te horen. Was het doel nu niet bereikt? Moest Egypte niet kiezen voor een ordelijke overgang naar de democratie en tegen het onzeker avontuur? Moest de grondwet niet worden geëerbiedigd? Wanneer komt er weer brood op de plank? Een deel van de manifestanten bleef op het Tahrirplein en was overwegend voor een onmiddellijk ontslag, maar elders in de stad en ook in andere steden werden betogers gesignaleerd die het opnamen voor de president. Voor het eerst mobiliseerde zijn aanhang. Het leger liet weten dat de betogers hun punt hadden gemaakt en nu het best rustig naar huis gingen. Niet lang daarna stootten de eerste tegenbetogers door tot bij Tahrir, het intussen legendarische Plein van de Bevrijding. Dat verliep niet zachtaardig. Ze kwamen ogenschijnlijk van het platteland op paarden en dromedarissen, veegden met stokken en staven de demonstranten weg en maakten jacht op cameraploegen onder de kreet 'Jazeera', een teken van woede over de verslaggeving door de 'Arabische CNN' die in de voorlinie stond van de omwentelingen. Al-Jazeera had de dag ervoor, de dag van een miljoen, twee miljoen manifestanten geteld ondanks de kale plekken op het Tahrirplein en de lege belendende straten.

Het revolutionaire gejuich in de verslagen verstomde en ruimde plaats voor bezorgdheid. Tegen de vooravond was het duidelijk dat het tegenoffensief minder vredelievend was dan de betogingen van de voorbije dagen en dat het verliep volgens een tactisch plan. Het was een herinnering aan de afrekeningen die de geschiedenis van het land en de regio kleurden met bloed, een demonstratie van de macht van de farao. Het was méér dan een offensief van de politie in burger. De mannen op paarden en kemels werkten in het toerisme, bij de piramiden van Gizeh. Het was de voorbije tijd onheilspellend stil geworden bij de grote sfinx. Ze maakten deel uit van het enorme cliënteel van het regime dat zich begon te roeren en kon aandikken met talloze gewone Egyptenaren die stilaan genoeg begonnen te krijgen van de dagelijkse ongemakken die het gevolg waren van de opstand. Weldra waren er meer aanhangers van Moebarak in de buurt van het plein dan tegenstanders. Dit was het uur van de afrekening. Veel meer was niet nodig om het gros van de dapperen der voorbije dagen naar huis te drijven. Onder het oog van de wereldpers die verontwaardigd zag hoe sommige Arabische collega's werden aangepakt, veranderde de machtsbalans. Terwijl Moebarak het terrein heroverde gingen internet en gsm weer werken. Dat kwam zijn aanhang van pas zoals het ook de betogers had geholpen. Een nieuwe Facebookgroep, 'Ga weg van het Tahrirplein', telde binnen de kortste keren duizenden leden die heftig debatteerden.

Moebarak had geen bange indruk gegeven tijdens zijn televisieoptredens. Dit was zijn *final showdown*, maar het leger stond werkeloos tussen de stenen gooiende partijen. Terwijl de wereld hem had opgegeven speelde Moebarak zijn laatste kaart en stelde de vraag: 'Is het hén die je wilt?', waarmee hij de Broeders bedoelde. De geschiedenis leerde wat dit wilde zeggen. Ongetwijfeld herinnerde Moebarak zich hoe zijn voorganger Nasser dit varkentje had gewassen. Velen hadden belang bij het welslagen van Moebaraks stoutmoedig tegenoffensief. Hij was immers maar een van de potentaten die door de Tunesische Golf werden bedreigd. De toekomst was onzeker voor het hele politieke en een groot deel van het economische establishment van de regio. Zelfs de Syrische president Assad, die een rots in de branding scheen, werd niet gespaard en noemde de opstand een ziekte van de regio. Het was voorwaar een tijd geleden dat zo'n hoog spel werd gespeeld *for all to see* en toch ook zo onzichtbaar.

HET LIED VAN DE REVOLUTIE
HEEFT ZIJN WETTEN

Elke revolutie is een gedicht of een meeslepend lied. Ze heeft het onverbiddelijk ritme van een betovering. Verliest ze haar cadans, dan riskeert ze als een pudding in elkaar te zakken. Een revolutie wordt voortgestuwd van de eerste tot de laatste noot door de wetmatigheid en de energie van de gebeurtenissen. Ze is een pletwals of een tornado en heeft iets van een natuurverschijnsel. Zelfs de leiders ervan hebben er amper vat op. Ze moeten het doen met het amorfe, anonieme volk dat verder wil of juist niet, en met de toeschouwers die proberen te vatten wat er gebeurt. De media waren verrukt over de gebeurtenissen op Tahrir, die zich aaneenregen tot een spannende nieuwssoap en de kijk-, luister- en oplagecijfers omhoog joegen. Het succes van de protestgolf leidde in de hoofdsteden tot veel diplomatiek molenwieken en behoorlijk wat mistgordijnen. De Amerikaanse legerleiding hield permanent contact met de Egyptische collega's terwijl de regeringen in Washington en Europa de dubbelzinnige mantra bleven herhalen van de 'vreedzame overgang'.

Lieverevolutie, heette dat in de tijd van Provo en de vraag blijft onbeantwoord of dat nu 'lieve revolutie' dan wel 'liever evolutie' betekent. Het discours van Teheran stelde minder problemen. Daar zei de geestelijke leider ayatollah Khamenei dat de Verenigde Staten een 'onherstelbare nederlaag' wachtte als de opstanden in het Midden-Oosten zouden slagen. 'Dit is een islamitisch ontwaken en het is geïnspireerd door onze revolutie', zei hij tijdens het vrijdaggebed. In de straten van Caïro zagen sommigen al langer de hand van Iran in de manifestaties. De woorden van Khamenei waren als een echo van wat Moebarak enkele uren tevoren had gezegd in een interview: 'Als ik vertrek, neemt de Moslimbroederschap de zaak over.' Vraag was of de Broederschap, die steeds meer met de opstand geassocieerd werd, wel zo blij was met de steun uit Teheran. De eeuwenoude animositeit tussen sjiieten en soennieten was in de regio zelden zo groot als de laatste jaren.

De geruchtenmolen draaide op volle toeren. De behoefte aan complottheorieën, die waanzinnig populair en hardnekkig zijn in dit ondergeïnformeerde en grotendeels ongeschoolde deel van de wereld, kreeg een flinke injectie van de Egyptische satellietzender al-Mehwar. Daar kwam een 'voormalig journalist' vertellen dat hij, net als veel andere betogers op Tahrir, in de vs door 'joden' was opgeleid om Moebarak te doen wankelen. Het ging meteen als een strovuur rond dat de manifestanten gedirigeerd werden door Israël, de Satan. Daar bovenop de ayatollah van Teheran die het had bestaan om voor te schrijven hoe het Egyptische leger zich moest gedragen! De crisis was een hoogmis van psychologische oorlogsvoering. Tot in de huiskamers van het rustige Westen, die door wegduikende correspondenten werden voorgelicht. En door Christiane Amanpour, thuis aan alle hoven, die de concurrentie het nakijken gaf met een dubbele primeur: interviews met Moebarak en met de sterke man in zijn schaduw, vicepresident Suleiman.

Ging de bejaarde president in tegen de wensen van het volk en van de wereld toen hij onverstoorbaar op zijn troon bleef zitten en geen aanstalten maakte voor *Departure?* De toonaangevende liberale kwaliteitskrant *al-Masri al-Youm*, kritisch voor het regime, schreef dat de steun voor de oppositie afkalfde. De krant zelf was een product van een gedoogbeleid waar ook de Moslimbroeders de voorbije jaren van hadden geprofiteerd. De ene dictatuur is de andere niet. Geen redelijk mens zal Moebarak gelijkstellen met Saddam Hoessein. Egypte was de voorbije jaren niet Noord-Korea, Zimbabwe of Turkmenistan en zelfs niet Iran. Waren Bashar al-Assad van Syrië of de koning van Saoedi-Arabië zoveel beter?

Men stond er amper bij stil dat zijn leeftijd een voordeel was voor de belegerde rais. In onze cultuur respecteren we grijze haren, kan je in het Westen van migranten horen. Natuurlijk had Moebarak niet de gewoonte zachtaardig om te springen met wie hem voor de voeten liep en zijn gevangenissen waren geen luxehotels. Maar hij was een verdediger van Egyptes onafhankelijkheid geweest. Dertig jaar was genoeg, maar van waar plots al die haast? Was een smadelijk vertrek van een oude man ineens hoogdringend? Kon dat half jaartje er nog bij? Of moest er meteen iets bijzonders plaatsvinden, iets heroïsch en historisch en zo ja, was een vleugellamme economie daarvoor een billijke prijs? Dit soort gedachten ging door de hoofden van vele Egyptenaren.

Het lied van de revolutie heeft zijn eigen wetten. Optrekken naar het presidentieel paleis was aanvankelijk het wachtwoord. Daar werd op de ochtend van Vertrekdag, 28 januari, van afgezien. De betoging zou niet vertrekken maar integendeel blijven staan, een massa op het grote plein, de arena waar de mensheid avond na avond naar keek. Dat leverde kermisachtige beelden op, maar het hielp de omwenteling niet veel verder en dreigde het ritme ervan te vertragen. Ei zo na braken op Tahrir zelf onlusten uit en de vreedzame betoging ontaardde bijna opnieuw. Volgens de eerste berichten waren er tweeduizend aanhangers van de farao die met Egyptische vlaggen zwaaiden en scandeerden: 'Ja aan Moebarak. Ja aan de stabiliteit. Dertig jaar vrede.' Op de BBC volgde een felle woordenwisseling waarbij een lid van de regeringspartij bewijzen eiste van de aanwezigheid van agenten in burger onder de betogers. Hun pasjes konden vervalsingen zijn. De westerse media keken naar Tahrir en weinig naar het echte Egypte waar tachtig miljoen inwoners niet in opstand waren, zei hij. Weldra vlogen de klaarliggende stenen andermaal door het zwerk.

Moebarak (of was het al zijn vicepresident, oud-veiligheidschef Suleiman, die geen aanstalten maakte om het staatshoofd opzij te schuiven) kon rustig wachten tot morgen. Minister van Defensie, maarschalk Tantawi, verscheen 's anderendaags op het Plein van de Bevrijding. Het leger glimlachte als de sfinx. Sommigen dachten dat het afzijdig was. Het volk bad, hoopte, geloofde of vreesde. Het kwam massaal op straat maar niet alle twintig miljoen inwoners van de hoofdstad deden dat. Amr Moussa, de voorzitter van de Arabische Liga, kwam op het Tahrirplein nadat hij zijn kandidatuur bekend had gemaakt voor het presidentschap. Zijn kantoor was trouwens aan het plein gevestigd. Dat versterkte de indruk dat de verkiezingen van september voor het eerst democratisch zouden zijn. Het protest kreeg een te duchten uithangbord toen de bevallige televisiejournaliste Shahira Amin haar baan bij de nieuwszender Nile TV opzegde uit protest tegen de eenzijdige verslaggeving. Een andere primeur was een eerste lang interview met een manifestant op de staatstelevisie. De Moslimbroeders, die niet al te veel de aandacht wilden trekken al waren ze massaal op straat, zegden dat ze geen eigen presidentskandidaat in het veld zouden sturen. In Gaza lieten de leiders van Hamas, het Palestijns filiaal van de Broederschap, zich voor een keer niet zien op het vrijdaggebed. De betoging van de Broeders in Jordanië was een voetnoot want, tot de opluchting van velen, was ze geen daverend succes.

Zoals de revolutie een onweerstaanbare vaart moet hebben, heeft ook de contrarevolutie zijn tempo. Het was bij valavond onzeker dat

Moebarak op Vertrekdag zou doen wat 'de bevolking' vroeg. Suleiman beloofde dat geen geweld zou worden gebruikt. De hand was gereikt aan de Broederschap maar die wilde eerst het Vertrek. Steeds meer stevende het conflict af op een krachtmeting tussen het staatsapparaat en de grootste informele macht van het land die openlijk alleen de steun kreeg van Iran. Hoe langer deze confrontatie duurde, hoe groter de kans dat ze zou ontaarden in een bloedige afrekening. Het was ook onzeker of de Italiaanse premier Silvio Berlusconi niet voor een keer vertolkte wat in de westerse hoofdsteden werd gedacht. 'Ik hoop dat de overgang naar democratie in Egypte kan verlopen zonder breuk met Moebarak', zuchtte hij. Obama kon dat moeilijk hardop beamen, maar waarschijnlijk was er niemand in Washington, Brussel en een deel van het Midden-Oosten bereid om het kanaal van Suez in onvoorspelbare handen te geven.

Duidelijker en korter dan alle politici was stafchef Mike Mullen die zich zakelijk liet ontvallen dat Amerika zijn troepen klaarhield.

TWIJFELS

Ik denk dat het een aflopende zaak is, zei ik. De verslagenheid in haar ogen was groot. Het was alsof ik verraad pleegde aan een heilige zaak. Haar man was nog op het Plein. Ze geloofde erin en wilde blijven geloven. Als journalist kon en mocht ik geen partij zijn. Al klopte mijn hart voor de goede zaak, ik kon ze enkel bevorderen door de dingen te tonen zoals ze waren, als een nauwgezette kroniekschrijver, onthecht en nuchter. Volgens mij is het voorbij, zei ik, maar het was niet tevergeefs. Ze was eerlijk en meende het allerbeste. Ook wij zijn echte democraten en tegen corruptie en onderdrukking, zei ze. Ze hoefde het niet te zeggen. Ik was overtuigd. Ik twijfelde nooit aan de intenties van '6 april' maar wel aan die van andere te duchten spelers die op de voorgrond traden. Ik vreesde dat 6 april niet de meerderheid van de Egyptenaren vertegenwoordigde.

Had Moebaraks apparaat gefaald en verklaarde dat de massa's die de voorbije veertien dagen op straat bleven komen? In Jordanië en Syrië sloegen de revolutionaire oproepen voorlopig niet aan. In Amman waren de koppen te tellen, in Damascus was er alleen pers. De *mukhabarat*, geen woord wordt zo gevreesd in de Arabische wereld, deed zijn stille werk. De 'Inlichtingen' zijn de staat binnen de staat, het zenuwstelsel van het bestel. Het systeem berust op verklikking. Het zou pas een revolutie zijn als de harde kern van Tahrir niets hoefde te vrezen eens de rais, de oude of een nieuwe, als een feniks uit zijn as zou herrijzen. De Syrische president Assad, wiens vader destijds genadeloos en bloedig afrekende met de Moslimbroeders van Hama, liet tijdig een aantal kopstukken, 'Israëlische saboteurs', arresteren en intimideerde hun volgelingen voldoende om de rust in de hoofdstad te bewaren. Ook de efficiëntie van de Jordaanse inlichtingendienst is legendarisch en ook daar rimpelde de oppervlakte amper.

Waren er dan geen schrijvers of dichters die de gebeurtenissen hadden voorvoeld, werd mij gevraagd. Ik kende geen 'voorgevoel' van wat nu gebeurde in dit gebied met zijn rijke literaire en poëtische traditie. Hoe kwam dat? Misschien kende ik ze niet. Aan overtuigde democraten en vijanden van despotisme was er geen gebrek, maar de *mukhabarat* zorgde ervoor dat ze verbannen of in de gevangenis waren of hardop geen vragen stelden. Of ze waren hofintellectuelen voor wie het spookbeeld van het religieus extremisme het status-quo wettigde. Pas sinds een drietal jaar en dankzij het internet roerde iets onder een segment van de jeugd. Maar dat het volk morde was al jaren bekend.

Toen de Moslimbroederschap zich vasthaakte aan de revolutionaire beweging werd de opstand een confrontatie tussen de broeders en de vijand die hen met een muilkorf aan de leiband had gehouden. Dat de Egyptische Broederschap extremistische bewegingen en terreurorganisaties had voortgebracht was niet geruststellend, al deed de organisatie er alles aan om dat te doen vergeten. Toch hoefde echte democratie in Egypte niet meteen te leiden tot alleenheerschappij van de Broeders. Ondanks het gejuich van ayatollah Khamenei over de Egyptische 'islamitische revolutie' was het Iraanse model in zijn eigen land niet populair meer en kon het alleen door brute macht overleven. Op Tahrir was het alvast geen voorbeeld. Ook in Irak waren de religieuze partijen op hun retour. Dat kon wijzen op een laïcisering van de 'Arabische staat'. Reuel Marc Gerecht, een voormalige CIA-expert Midden-Oosten met veel invloed, pleitte in *The New York Times* voor een ommekeer in het Amerikaans beleid. Het was beter om niet langer eieren te leggen onder despoten en op te houden het volk te zien als onmondige kinderen. Voor hem moest ook niet te lang getreuzeld worden met verkiezingen en was president Obama als geen ander Amerikaans president geschikt om de boodschap te brengen dat Amerika niet bang was van de stem van de moslims. Hij had gelijk, maar wat zou de prijs zijn die Obama daarvoor zou betalen in eigen land waar politieke bloedhonden aasden op zijn ondergang?

Intussen verlegde de hackersgroep Anonymous zijn aandacht van Tunesië en Egypte, waar de officiële websites werden verlamd, naar Jemen. Anomymous, dat eerder van zich liet spreken door een geslaagde aanval op de vijanden van Julian Assange, viel begin februari de sites aan van de Jeminitische regering.

In Egypte verschoof de focus van het Plein naar de onderhandelingen en de concessies, en van Moebarak naar zijn gedoodverfde opvolger Suleiman. Het was te verwachten dat hij op net zo weinig krediet kon rekenen als de oude rais die hem als zijn dauphin had aangewezen. Obama verkoos een geleidelijke hervorming en steunde Suleiman, zij het behoedzaam. Suleiman kondigde op 12 februari in naam van Moebarak een versoepeling aan van de wet op de verkiesbaarheid voor het presidentschap en de ambtstermijn van het staatshoofd. Dat was een oude eis van de oppositie. Een comité moest waken over de uitvoering van alle andere concessies die de voorbije twee weken waren gedaan. Een ander comité zou het geweld onderzoeken tijdens confrontaties met de betogers en de massale arrestatie van mensenrechtenactivisten en journalisten. Tegen het eind van de maand moest de grondwetscommissie rapporteren. Suleiman zei ook dat er een plan en een tijdschema was voor een vreedzame machtsoverdracht. Twee dagen tevoren had hij dan toch gepraat met de Moslimbroeders die meteen de eis lieten vallen voor een onmiddellijk aftreden van Moebarak. Maar de Broeders vonden de nieuwe toegevingen van de rais, inclusief de loonsverhoging van vijftien procent voor de ambtenaren, ontoereikend. El-Baradei werd door Suleiman genegeerd. Washington zei dat nog een weg af te leggen was vooraleer in Egypte vrije verkiezingen konden worden gehouden.

DE FACEBOOKHELD

Een nieuwe figuur trad op de voorgrond. Het was Wael Ghonim, het regionaal hoofd van de afdeling marketing van Google. Hij was opgepakt op 27 januari, bij het begin van de protesten, en op 7 februari vrijgelaten. Meteen werd hij geïnterviewd door een Egyptisch televisiestation. Hij zei dat hij al die tijd geblinddoekt was geweest. De jonge zakenman onthulde dat hij achter de Facebookpagina zat die de betogingen in Egypte had ontketend. Uit zijn wedervaren kon worden afgeleid dat zijn ondervragers achter de revolutie de hand zochten van hetzij een vreemde mogendheid, hetzij de Moslimbroederschap. Wael Ghonim verscheen daags na zijn vrijlating op het Plein. Negentigduizend leden van een Facebookgroep pebliciteerden hem als hun woordvoerder. Een nieuwe held was geboren. 'De revolutie van de jongeren op het internet is de revolutie geworden van de Egyptische jongeren en daarna van heel het land.' Hier sprak de man die de omwenteling op gang had getrokken met de Facebookpagina 'wij zijn allen Khaled Said', genoemd naar de 28-jarige zakenman die in juni 2010 door de politie van Alexandrië was doodgeslagen. Hij had de gruwelijke foto's van Khaled Said in het dodenhuis verspreid op wat in korte tijd met bijna een half miljoen gebruikers de populairste dissidente pagina was geworden van het land. Khaled Said was vermoord omdat hij politiemannen had gefilmd tijdens een drugstransactie. Hij was geen politiek activist. Hij had een import-exportbedrijf. Facebook, YouTube en Twitter deden de rest. In Egypte waren er vijf miljoen gebruikers van Facebook. Het hoogste aantal in de regio.

'Wij zijn allen Khaled Said', de naam van de pagina, was aangereikt door een lid van de Facebookgroep 'Beweging van 6 april', in een oproep tot verzet tegen het machtsmisbruik van de politie. '6 april' bestond sinds 2008. Er is van deze opstand gezegd dat alle geheime diensten door de mobiliserende kracht van het internet zijn verrast. Toch waren er al sinds de zomer van 2010, na de moord op Said, manifestaties in verschillende steden van Egypte. Ze kwamen in een stroomversnelling toen '6 april' en 'Khaled Said' samen een oproep deden om te betogen op 25 januari. Toen het regime na enkele dagen begreep wat er aan de hand was, werd het internet eerst vijf dagen platgelegd en vervolgens bestookt met tegenberichten. Te laat, zei Wael Ghonim, wie denkt dat hij nu op Facebook kan komen vertellen dat de mensen naar huis moeten, vergist zich.

Door de verschijning van Ghonim op het Plein kwamen er weer aanzienlijk meer betogers opdagen. Suleiman waarschuwde de mediabazen dat het land voor de keuze stond tussen een verder afglijden in de wetteloosheid of een militaire staatsgreep.

Voor Ismaïlia, halfweg het Suezkanaal, houden de VS zes oorlogsschepen klaar met een eenheid van de marine en twee bataljons commando's, zei *Debka*, een Israëlische site met goede militaire connecties.

WikiLeaks keek om de hoek met een diplomatiek telegram uit 2008 waaruit moest blijken dat Israël vicepresident Suleiman wel zag zitten als toekomstige sterke man. Dat hadden Amerikaanse diplomaten in Tel Aviv toen opgevangen van een topadviseur bij het Israëlische ministerie van Defensie. Suleiman had toen dagelijks contact met de Israëli's over de toestand in Gaza.

Toen zei Suleiman dat Egypte nog niet klaar was voor de democratie en dat zette kwaad bloed in Washington.

In Iran, waar de geestelijke leider ayatollah Khamenei de 'islamitische revolutie' in Egypte had toegejuicht, zette de groene oppositie van de verslagen presidentskandidaten Mousavi en Karroubi de puntjes op de 'i'. Ze vroeg toestemming voor een betoging van solidariteit met het volk van Tunesië en Egypte. 'Wat daar nu gebeurt, is hier begonnen in juni 2009', zei Mousavi. Een dag later al ging het gerucht dat Karroubi onder huisarrest was geplaatst. Of de 'groenen' hun vergunning zouden krijgen was twijfelachtig. In ieder geval zou het regime zelf op 11 februari haar betoging houden voor de 32ste verjaardag van de Islamitische Revolutie.

Obama was zenuwachtig over het getreuzel van Moebarak en hij zette druk, maar toen hij telefoneerde met de Saoedische koning zei die dat hij Moebarak zou helpen mochten de vs de geldkraan dichtdraaien. Hij vroeg om Moebarak niet te vernederen. Waardigheid, 'karama', daar ging het om. De dag tevoren had het Witte Huis een herziening aangekondigd van de anderhalf miljard dollar hulp voor Egypte. Daarna werd echter tegengesproken dat er plannen waren voor zo'n herziening...

DE RAIS, HET LEGER EN DE VERANTWOORDELIJKHEDEN

In de avond van 10 februari gingen alle belletjes rinkelen door de aankondiging dat de Egyptische legertop bijeen was voor een bespreking van het oproer. Een tankcommandant op het Plein zei dat de betogers hun zin zouden krijgen. Dat kon enkel het vertrek van Moebarak betekenen. De secretaris-generaal van de regerende Nationaal Democratische Partij zei dat Moebarak op het punt stond om de macht over te dragen aan generaal Suleiman, de kersverse vicepresident. Ook premier Shafiq zei dat het aftreden van de rais immanent was. De bijeenkomst van de Hoogste Militaire Raad en de aankondiging, in Communiqué Nummer Eén, dat de raad zou blijven vergaderen, wekte de indruk dat een militaire junta was geïnstalleerd. Het was pas de derde keer in de geschiedenis dat de Raad bijeenkwam. De legerleiding vergaderde niet onder opperbevelhebber Moebarak maar onder voorzitterschap van minister van Defensie, stafchef Tantawi, die nog onlangs te zien was op Tahrir. Communiqué Nummer Eén deed vermoeden dat er méér van die verordeningen zouden volgen. De Hoogste Raad zei zijn verantwoordelijkheid op te nemen tegenover het land, wat neerkwam op een machtsgreep. Communiqué Nummer Eén werd op gejuich onthaald op het Tahrirplein, al begon het leger, dat als neutraal werd beschouwd, net voor het eerst tegenwind te krijgen. Volgens Human Rights Watch hadden de troepen minstens 119 mensen aangehouden, bij wie nogal wat journalisten en mensenrechtenactivisten. Sommigen van hen waren gefolterd.

De verklaringen, op het einde van de zeventiende dag van de revolutie, vielen samen met aanzwellende sociale onrust. Op dag zestien hadden de machtige vakbonden een nationale stakingsgolf ontketend, die het regime nog meer deed wankelen. Dokters in witte jassen en advocaten in toga defileerden in de straten. De transportarbeiders legden het werk neer. Bij de roep naar democratie voegden zich looneisen.

Het nieuwe tijdperk was aan de orde tijdens een gesprek van vicepresident Suleiman met voorzitter Amr Moussa van de Arabische Liga in het presidentieel paleis. De twee mogelijke opvolgers van Moebarak bespraken scenario's voor een oplossing van de crisis. Intussen was de leegloop begonnen van Moebaraks NDP. Secretaris-generaal Hassam Badrawi vond het tijd om de betogers hun zin te geven. Vicepresident Suleiman haastte zich om te verduidelijken dat zijn uitspraken bij de Amerikaanse zender ABC als was Egypte 'niet rijp voor de democratie', uit hun context waren gerukt. Hij gaf te kennen dat dit ook gold voor zijn waarschuwing dat het leger zich kon genoodzaakt zien tot een staatsgreep als de protesten niet zouden stoppen. In werkelijkheid had die *putch* zich intussen al voltrokken. De ratten verlieten haastig het kapseizende schip. Terwijl Moebarak officieel nog steeds regeerde, traden drie figuren op de voorgrond: de 'kroonprins', vicepresident Omar Suleiman; stafchef Tantawi, minister van Defensie; en voormalig minister van Buitenlandse Zaken Amr Moussa, die tot de eerste politici behoorde om de ernst te zien van de 'Tunesische' revolutie en gepleit had voor een Arabische renaissance. Verder waren er de min of meer amorfe groepen die deze omwenteling schraagden: de jonge, opgeleide Twittergeneratie, de Moslimbroederschap die de militairen vreesde, en andere oppositiepartijen. Beter georganiseerd waren de vakbonden en vooral het leger.

De Egyptenaren bleven wakker of trokken naar het Plein in afwachting van wat vermoedelijk het laatste televisieoptreden zou zijn van Moebarak als staatshoofd. Maar of ze de dag daarop zouden ontwaken in een democratie was twijfelachtig.

Hoe de gebeurtenissen van deze historische dagen door de geschiedenis zouden worden gelezen en wat hun effect zou zijn behoorde tot de edele kunst van de koffiedikkijkerij. Maar er zouden zeker lessen worden getrokken uit de mobilisatiekracht van het internet. Die was ook gebleken bij de volksopstand in Iran, anderhalf jaar eerder. Niet voor niets hadden de geschrokken ayatollahs de controle over de communicatiesector meteen overgedragen aan de Revolutionaire Garde en al zagen ze in Egypte een 'islamitische revolutie' naar Iraans model, hun eigen Facebookjeugd was hun vijand.

In Syrië kon het gedwongen aftreden van Moebarak leiden tot een egelreflex van het minderheidsregime van Bashar al-Assad. Ook de monarchieën zouden niet juichen. De Saoedische koning Abdullah was zelfs bereid om de financiële schade van een breuk met de Amerikanen te compenseren. Toch bleef het afwachten of na Tunesië en Egypte andere domino's zouden vallen. Israël bekeek de gebeurtenissen in het grote buurland al enige tijd met een pragmatische bril. De kostbare vrede kwam vermoedelijk niet meteen op de helling. Intussen werd Obama ongeduldiger naarmate het getreuzel in Caïro bleef duren. Niemand was het ontgaan dat CIA-baas Leon Panetta een van de eersten was om de val van Moebarak aan te kondigen. Hier niets nieuws. Na Carter liet opnieuw een Democratische president een trouwe bondgenoot verdrijven door het volk. Moebarak zou het lot ondergaan van de sjah.

HET HUIS VAN DE MACHT HEEFT GEEN RAMEN

Het paleis van de macht is een labyrint van onderling verbonden kamers, het heeft geen ramen en er is geen zichtbare deur, laat Salman Rushdie de oude ambassadeur vertellen in *Shalimar de clown*. Elke kamer van het paleis is bevolkt door een hybride schrikfiguur. Die bewakers mogen worden gedood maar de onthoofding van de man met de macht is een uiterste maatregel, 'vrijwel nooit noodzakelijk, nooit aanbevelenswaardig'. De massa buiten is 'wantrouwend, onmachtig en afgunstig'. 'Vrijheid is geen theekransje', zegt Rushdies ambassadeur, 'vrijheid is oorlog.'

In het paleis van de macht was het stil. Er was het geruis van geruisloze dienaren en hun gefluister in de gangen en de keukens. Want, naar het woord van de schrijver, kan het huis van de macht ook voor de machtige een verraderlijke plek zijn. En buiten wachtte de wrede massa. Ze verheugde zich bij het gerucht dat het uur naderde. Een aanzwellende lach drong vermengd met kreten van wraakzucht door in de steeds stillere kamers van het veel te grote paleis in de wijk die Heliopolis heet, 'stad van de hemel'. Met veel buigingen en de allergrootste omzichtigheid kwamen de hoogste lakeien de farao inlichten over hun gesprekken met bondgenoten die zich eveneens bedreigd begonnen te voelen. En toen ze dachten dat de heerser had begrepen dat hij alleen was en verlaten, kondigden ze aan dat hij zou vertrekken zoals gewenst door de groeiende massa buiten en zelfs door sommige bevriende staatshoofden en misschien zelfs sommigen onder de twee dozijn veldheren van de Hoogste Raad.

De farao ontving de man die hij pas had aangewezen tot opvolger achter een bureau in empirestijl, maar hij leunde niet zelfzeker achterover in de lederen fauteuil die vloekte met het interieur. Hij boog naar voren om de staatszaak te bespreken met zijn vertrouweling en trok zich daarna terug in zijn vertrekken om zich voor te bereiden op een toespraak tot de opstandige natie. Hij wilde na die drukke dagen voor een keer vroeg naar bed en wachtte niet tot het slapeloze volk moe was om het toe te spreken. Niets kon hem doen afwijken van zijn voornemen om als een gerespecteerde heerser afscheid te nemen op het moment dat hem paste. 'Weldra', had hij gezegd en daar kwam hij niet op terug, ondanks de druk en de vriendelijke, voorzichtige maar bezorgde aanmaningen en de onderhandelingen die zijn hofmeier buiten zijn aanwezigheid voerde met de oppositie. Er was hem verzekerd dat het manna dat placht neer te dalen over zijn woestijn als een geschenk van Amerika zou worden betaald door de rijkste der Arabische koningen, het hoofd van het Huis van Saoed. Hij kon het nog. Hij was nog niet uitgeteld. Zoals alle heersers dacht hij een weldaad te zijn voor zijn volk en het te kennen en te dienen. De nacht was nog niet van het diepste zwart toen hij op de buis verscheen, staand achter een lezenaar, met een dubbel gezicht, de ene helft wetend, de andere dreigend, een verbeten trek op de dunne lippen, de zwart geverfde haren strak achterover ondanks de jaren. Op het grote plein, de arena van de revolutie, heerste een uitgelaten overwinningsroes. *Mission Accomplished,* twitterde Wael Ghonim, de marketeer van Google die na zijn televisieoptreden als kersverse held een tweede adem had gegeven aan de opstand. Al snel liet hij een waarschuwing volgen tegen euforie. Ook de Broeders waren er niet gerust in.

Mijn hart spreekt, zei de enige heerser die de jeugd ooit had gekend en die nu naar hem keek als voor het eerst. 'Ik zal niet bezwijken voor buitenlandse druk. Ik heb een eed afgelegd tegenover God en de natie en ik zal die niet breken. Ik geef mijn macht af aan mijn opvolger (die de naam draagt van de wijze Bijbelse vorst) maar zal mijn verantwoordelijkheden niet ontlopen en de grondwet en het volk blijven beschermen tot het aangekondigde einde in september. Ik heb een plan om tegemoet te komen aan de verzuchtingen van de jeugd. Tot ik er begraven word zal ik het land niet verlaten, want wat nu gebeurt, is niet tegen mij gericht.' Amper had de farao zijn eerste zinnen uitgesproken of de gespannen aandacht voor de grote schermen op het plein sloeg om in woede en mannen die pas nog in extase stonden te dansen, jouwden en joelden en sloegen met hun schoenen in de richting van het beeld. Diepste vernedering. Minder dan het stof op hun zolen was hij. Het land zal ontploffen, het leger moet het redden, zei de voormalige chef van het Internationaal Atoomagentschap, die zijn stem gaf aan de revolutie en zelf staatshoofd wilde worden.

Even later was de kroonprins op het scherm om het volk te vragen de rangen te sluiten, terug te keren naar huis en weer aan het werk te gaan. Dat zal niet gebeuren, riep het plein, morgen zijn we met miljoenen. Het is met de inkt van een klassiek drama dat in de vallei van de Nijl werd geschreven. En met de inkt van de geschiedenis die een nieuwe, onbekende bedding zoekt. De inkt die geruchten en berichten door elkaar deed vloeien.

Terwijl nieuwe betogingen 's anderendaags de steden veroverden en manifestanten oprukten naar het paleis, zei de partijwoordvoerder dat de rais uit de hoofdstad was vertrokken naar de zonnigste aller vakantiesteden aan de oever van de Rode Zee. Intussen verscheen Communiqué Nummer Twee, waarin de opheffing van de dertig jaar durende noodtoestand werd beloofd eens de 'huidige omstandigheden' voorbij zouden zijn. Daarom riep de Hoogste Raad op tot een terugkeer naar de orde van de dag.

In dit eindspel stonden alle acteurs op de scène. Daar was een bij die voorheen amper een figurant was en om wie alles nu draaide, het volk. Op het plein zong een man: 'Onze heerser al dertig jaar, zijn naam is Moebarak, hij is stom en weet het niet, blind is hij, hij ziet het niet en hij is doof en hoort niet. Vind je hem, gooi hem in de vuilnisbak en steek hem in brand...'

Op dag achttien van de opstand, toen niemand het nog goed wist, het was alweer avond, trad kroonprins Suleiman voor het voetlicht met het verlossende nieuws om daarna voorgoed in de coulissen te verdwijnen. 'In deze moeilijke tijden heeft president Mohammed Hosni Moebarak beslist om afstand te doen van het presidentschap en de Hoogste Raad van het leger belast met het bestuur van het land.' De farao was eindelijk weg. De macht was in handen van de Hoogste Raad. Het volk was buiten zichzelf.

NA HET VERTREK

Terwijl de roes nog in de straten hing en het Plein geleidelijk leegliep, kwamen de vragen. Alle macht was nu bij de generaals. Zouden zij die samen in de plaats waren getreden van een van hen de macht nu delen met het volk? Hun voorzitter, de veldmaarschalk, werd onder het vergrootglas gelegd. 270 kilometer grens scheidt Egypte van Israël, de 'joodse dief van Arabische grond' met wie 32 jaar geleden vrede was gesloten. Die voormalige vijand had geen woestijntroepen meer en had zich na de vrede voorbereid op een conflict met Iran. De Saoedische koning Abdullah was zo verbolgen over het verraad van Amerika aan de Egyptische farao dat hij uit wraak de banden aanhaalde met Teheran, dat eigenlijk zijn vijand was maar meer nog de vijand van Israël en de Amerikanen. Niets garandeerde dat Washington ook niet hem, de rijkste van allen, van de troon zou stoten. Amerika dat gulzig zijn olie dronk. Was zijn toorn onderschat? Hij was tijdens een telefoontje met de Amerikaanse president zo kwaad geworden dat de regio gonsde van het gerucht dat hij een hartaanval had gekregen. Hij vond dat Amerika zijn trouwste bondgenoot een dolk in de rug had geplant en zag daarvan de verregaande gevolgen voor alle vrienden in de regio. De koning, die vijf jaar ouder was dan zijn vriend de farao, moest nu Egypte feliciteren met de omwenteling en hopen dat het leger rust en orde zou herstellen. Zijn woede was des te groter omdat de Amerikanen onlangs nog, in januari, een andere goede vriend, de miljardair Saad Hariri, in de steek hadden gelaten bij de 'machtsgreep' van de sjiitische Hezbollah in Libanon. Ze weten niet waar ze het over hebben, zei de farao de dag voor zijn vertrek aan de telefoon tegen Ben-Eliezer, een voormalige Israëlische defensie-minister. 'De Amerikaanse kruistocht voor de democratie heeft niet ge-leid tot de val van de ayatollahs in Iran, maar integendeel tot de overwin-ning van hun handlangers in Gaza. Komt hier democratie, dan krijgen we binnen de kortste keren het extremisme aan de macht.' Zijn val zou een lawine veroorzaken en andere landen meeslepen, voorspelde Moe-barak.

De Amerikaanse stafchef poetste op dat moment zijn knopen en zijn *boots*, want hij werd uitgestuurd om de vrienden Jordanië en Israël gerust te stellen.

Ook de Egyptische Hoogste Raad gooide olie op de golven. Commu-niqué Nummer Vier beloofde een machtsoverdracht aan een verkozen burgerregering, iets wat geen Egyptenaar ooit had meegemaakt, en trouw aan alle internationale verbintenissen, dus ook aan de vrede met Israël.

Het Syrische regime juichte de val van de farao toe als een gebeurte-nis die het aanschijn van de regio en de wereld zou veranderen en het einde zou inluiden van het zionistische complot.

Nu de dampen begonnen op te trekken werd geleidelijk duidelijk waardoor de gebeurtenissen vooruit waren gestuwd. Op dag negen, half-weg de revolutie, hadden de Amerikanen en hun Europese vrienden alle middelen ingezet om de legerleiding ertoe te bewegen de farao aan de kant te schuiven. Het was de dag dat er dertig doden vielen toen het volk op het Plein werd aangevallen met zwaarden en metalen staven door aanhangers van Moebarak op kemels en snelle paarden. Er werd op dat moment gevreesd voor een burgeroorlog. 'Wij hebben gezegd dat wij de overgang willen nu, en nu betekent nu', had Obama gezegd toen hij hoorde van dat geweld. Was het leger, dat dit had toegelaten, nog wel de neutrale kracht in de omwenteling, vroeg hij zich af. Het behoort tot de paradox van omwentelingen dat ze slagen dankzij neutrale krachten.

Op dag twintig waren de kranten een en al lof over het glorieuze volk. 'Hef je hoofd, je bent Egyptenaar', was de nieuwe slogan, die dezelfde was van toen de generaals begin jaren vijftig het koloniale juk afschudden. De kreet stond breeduit op de voorpagina van *al-Arabi*, de krant van Nasser, de nationalistische voorganger van de farao. *Al-Arabi* had elf jaar tevoren met kritiek op Moebarak de eerste bressen geslagen in de waterdichte controle op de pers. Nu overtroefden de kranten elkaar met verwijten aan het adres van de farao, loftuitingen aan het volk, de reus die was ontwaakt, en vuile was uit het lege paleis in de 'stad van de hemel'. Een blad beschreef de ruzie tussen de twee zonen van Moebarak. De oudste verweet de jongste dat hij door zijn onbeschaamde levensstijl en zijn slechte vrienden deze vloek had afgeroepen over hun vader.

Er was een lijst van voormalige bewindvoerders die het land niet mochten verlaten, maar op diezelfde zondag, dag twintig, werd bericht dat de gevallen heerser vanuit de badplaats aan de Rode Zee met zijn hele familie was vertrokken naar de Emiraten. Dat werd door de regering tegengesproken. Intussen opende justitie een onderzoek naar zijn fortuin, dat fabelachtig was. De grondwet voorzag dat het staatshoofd een salaris kreeg en daarnaast geen inkomsten mocht hebben. Hoe was de spaarpot te verklaren die door *The Guardian* werd geraamd op veertig tot zeventig miljard dollar?

Communiqué Nummer Vijf hief de grondwet op en ontbond het parlement. De Hoogste Raad zou een lijst opstellen van grondwetsartikels die in aanmerking kwamen voor herziening en eigende zich het recht toe om minstens zes maanden het land te besturen en decreten uit te vaardigen. Spoedig was een waarschuwing te verwachten aan het adres van wie 'chaos of wanorde' zou veroorzaken. De Raad stond op het punt vakbondsbijeenkomsten en stakingen te verbieden en de bevolking ertoe aan te sporen het werk te hervatten. De regering moest volgens de generaals aanblijven tot er een nieuw kabinet was.

Oppositieleider Ayman Nour, die het had gewaagd de farao uit te dagen in de verkiezingen van 2005 en daarvoor vier jaar in de cel was beland, prees de Hoogste Raad en Communiqué Nummer Vijf als een nieuw begin en een vervulling van de wens van het volk. Nour vroeg de generaals alleen om een voorlopige grondwet te schrijven in overleg met de oppositie.

Op het Plein vond de meest ongewone betoging plaats sinds dagen. Het was een manifestatie van de politie in uniform om te tonen dat ze aan de kant stond van het winnende volk en dat maar enkele officieren de bevelen hadden uitgevoerd van Moebarak. Tegelijk eisten de agenten loonsverhoging. Die eis werd overgenomen door de werknemers van de banken, de transportsector en het toerisme. De grote omwenteling baarde tientallen kleine revoluties. De banken bleven gesloten. Op de stoep stond het personeel het ontslag te eisen van zijn bazen. De transportarbeiders betoogden bij de omroep. 'De groten stelen en de kleintjes krijgen niks', klonk het. De beurs bleef zeker nog een week dicht. Het toeristisch hoogseizoen was dood. Er werd gestaakt bij de post, bij de media en bij de staatsbedrijven in de textiel- en staalsectoren. De legerleiding beloofde aan Wael Ghonim, boegbeeld van het Plein, dat ze de corruptie zou aanpakken. De achterhoede van de protesten van de voorbije weken werd kordaat van het plein verwijderd. Wat nu?, vroeg men zich niet alleen in Egypte af. De rust zou niet terugkeren zolang de macht niet was overgedragen aan een representatieve burgerregering, maar hoe moest dat in een land dat ruim een halve eeuw enkel leiders in uniform had gekend?

Men had gesproken van een Facebook-, een Twitterrevolutie. De interactieve sociale gemeenschappen van het internet hadden het vuur van de revolutie verspreid. Nergens was men zich daarvan beter bewust dan in Washington. Daar was de rijzende ster Alec Ross, een gediplomeerde in de middeleeuwse geschiedenis. Ross werkte voor Buitenlandse Zaken en had in de regering na de president zelf (zeven miljoen volgers), met 350.000 de meeste volgers op Twitter. Ross was pas 39 en al speciale raadgever van Hillary Clinton voor 'innovatie'. Hij had de verkiezingscampagne van Obama gecoördineerd en zich eerder doen opmerken door One Enterprise, een ngo die educatieve inhoud aanbiedt aan jongeren via gsm. Elk van zijn tweets werd gelezen door een half miljoen mensen. Officiële boodschappen als 'Clinton veroordeelt de brutale repressie in Syrië'; informatie als 'al-Qaeda lanceert een internetmagazine in het Engels'; of persoonlijke bedenkingen. Wanneer hij zelf niet schrijft laat hij boodschappen circuleren van vrienden als Wael Ghonim, de Zweedse minister van Buitenlandse Zaken Carl Bilt of zijn partner in de verdediging van de e-diplomatie, de wonderboy Jared Cohen ('pro memori, 67 procent van de Iraniërs is jonger dan dertig. Ruim zestig procent van hen heeft een gsm'). Cohen was bij de stichter van Twitter, Jack Dorsey, tussengekomen tijdens de groene protesten in Teheran tegen de frauduleuze herverkiezing van president Ahmadinejad, om te voorkomen dat de dienst werd onderbroken zoals gepland was. Hij deed dit op eigen initiatief maar werd daarna gedekt door Clinton. Eind 2010 was hij van Buitenlandse Zaken overgestapt naar Google, het bedrijf waar ook Wael Ghonim voor werkte, om directeur te worden van Google Ideas. In januari 2010 had Clinton voor een mijlpaal gezorgd door het recht op internetverbinding te verheffen tot een mensenrecht. Een jaar later, op 3 februari 2011, riep ze alle 170 ambassadeurs naar Washington, een première in de Amerikaanse geschiedenis. Ze liet hen toespreken door Alec Ross over de *21st century statecraft*, de diplomatie van de 21ste eeuw. 'Het internet is de Che Guevara van de 21ste eeuw', zei Ross. 'Opinieleiders zoeken niet hun eigen stem te laten horen maar worden platformen van informatieuitwisseling, knopen in het net. Het is hun "inhoud" die van hen opinieleiders maakt. Authenticiteit.'

Het State Department had de boodschap begrepen en begon ijverig te twitteren in het Perzisch en Arabisch. Ross zelf reisde de wereld af met andere iconen van de nieuwe media. Hun doel was 'de maximalisering van het potentieel van de technologie ten dienste van diplomatie en de ontwikkeling'. Het idee was niet zozeer mensen met elkaar te verbinden, maar ze door te verbinden met diensten als elektronisch bankieren of telegezondheidszorg. In juni 2010 ontmoette hij met onder meer zijn vriend Cohen president Assad in Damascus, in een poging om Syrië te bewegen tot meer vrijheid op het internet in ruil voor een verzachting van de sancties. 'Drie maanden later was er de eerste protestmanifestatie, een protest van studenten tegen de brutaliteiten van hun professoren, de politie zag zich toen verplicht de kant te kiezen van de studenten', zei Ross. Bloggers werden aangehouden, maar uit vrees voor een besmetting van de contestatie gaf het Syrisch regime in februari 2011 groen licht aan Facebook. Dat was een legalisering van een bestaande toestand. De internauten van de regio hadden een rijke ervaring met het ontwijken van opgeworpen hindernissen. Op 15 februari wees Hillary Clinton ook op de schaduwkanten. Ben Ali had in Tunesië de codes gebruikt voor de identificatie van namen en paswoorden van Facebookabonnees. In Egypte was het hele internet tijdens de opstand vijf dagen stilgelegd en pas weer opgestart na een krachtige interventie van Washington. Clinton trok dertig miljoen dollar uit voor de bevordering van de vrijheid op het internet. Het geld zou gaan naar technieken om firewalls van dictaturen te omzeilen en naar de bescherming van gebruikers door de promotie van een paniektoets waarmee alle gevoelige bestanden konden worden vernietigd bij arrestatie en waarmee tegelijk alarm wordt geslagen.

NIEUWE HAARDEN

De omwenteling aan de Nijl zinderde na. In Iran, dat aanvankelijk had gejuicht, werden alle zeilen bijgezet om een nieuwe groene golf in de straten te voorkomen. De onfortuinlijke oppositieleiders stonden onder huisarrest en de straten van de hoofdstad wemelden van de politie en van officiële knokploegen op snelle motoren. De bevolking was bij het ochtendgloren gewekt door de kreet 'God is Groot'. Dit protest tegen het regime weerklonk van daken en balkons. Het was intussen een inge-burgerde vorm van verzet. Tienduizenden trotseerden de veiligheids-maatregelen en in de straten van Teheran werd opnieuw duidelijk dat dit land zich wilde bevrijden en de overmacht zou blijven uitdagen. Buitenlandse Zaken in Amerika zocht voeling met de groene beweging via berichten in het Perzisch, die verspreid werden via Twitter. 'We willen met jullie spreken', stond in de eerste tweet. In een tweede werd gewezen op de tegenspraak tussen de steun van de ayatollahs voor de opstand aan de Nijl en het verbod op vrije meningsuiting in eigen land. Een week eerder waren de Amerikanen ook in het Arabisch beginnen twitteren.

Aan de overkant van de Perzische Golf kwam het op 13 februari tot gevechten in Manama, de hoofdstad van de kleine, schatrijke eilandstaat Bahrein, waar de sjiieten de meerderheid vormen maar geen macht hebben en voor het eerst op straat kwamen op de negende verjaardag van de grondwet die in een machteloos parlement voorziet. De Bahrein archipel is een voorschoot groot, maar in de regio werd met gespannen aandacht gevolgd wat er gebeurde. Haalde de meerderheid hier zijn slag thuis, dan lag er plots een sjiitisch bastion voor de lange, rijke Arabische kust van de Golf. Een vooruitgeschoven post van de gevreesde en gewantrouwde Perzen aan de overkant. En wat zou dan gebeuren met de Amerikaanse vijfde vloot die in Bahrein haar basis heeft?

Zowel in Iran als in Bahrein vielen doden. Op het eiland was er een tweede slachtoffer op de begrafenis van de eerste dode. In Teheran waren het, in weerwil van alle pogingen van het regime om ze in de kiem te smoren, de grootste protesten in ruim een jaar. De enige beelden die de buitenwereld bereikten waren afkomstig van onverschrokken betogers. Er vielen twee doden. Officieel hadden 'bandieten' geschoten op de massa. De weinige buitenlandse correspondenten zegden dat de manifestatie werd onderdrukt met traangas, knuppels en pepperspray. Sommige verdedigers van het bewind eisten de doodstraf voor de voormalige presidentskandidaten. Mousavi en Karroubi zijn de 'corrupten der aarde' en moeten worden berecht, zegden ze tegen het officiële persbureau, wetend dat op zo'n beschuldiging de doodstraf staat. Vijftig behoudsgezinde parlementsleden scandeerden in de hal van de Majlis 'dood aan Mousavi, dood aan Karroubi'. Over de woelige protesten in de provincie werd nauwelijks bericht, maar Hillary Clinton sprak steun uit voor de betogers. 'Het wordt tijd dat de oppositie ook in Iran wordt gehoord', zei de minister. Dat viel op, want tot nog toe had president Obama op eieren gelopen als het ging om het conflict van de groene oppositie met de geestelijken. Al te openlijke Amerikaanse steun kon averechts uitpakken. Die behoedzaamheid was plots weg. Obama noemde het ironisch dat Iran de opstand bij de Nijl toejuichte, maar het protest in eigen land onderdrukte. Het was alsof hij zich wilde opwerpen als de stem van de 'jonge generatie' in de onrustige regio.

Toevallig was de Turkse president Gul op bezoek in Teheran. Terwijl op straat werd gevochten zei hij op een drukke persconferentie: 'Als leiders en staatshoofden niet luisteren naar de verzuchtingen, dan neemt het volk zelf het heft in handen.' Hij had het over Egypte maar zijn woorden waren net zo goed hier toepasselijk. De Turken beschouwden zichzelf als een model en werden ook door de buitenwereld zo gezien in deze bewogen dagen. Daags na de troebelen in de Iraanse steden waren er nieuwe incidenten met duizenden manifestanten bij de begrafenis van de twee slachtoffers. Het regime ging in het tegenoffensief met een massabetoging waarop het volk zijn 'haat' mocht uitschreeuwen tegen de opposanten 'en hun monarchistische bondgenoten'. De groene beweging kondigde nieuwe protesten aan en oud-parlementsvoorzitter Karroubi was als de echo van de Turkse president wanneer hij de machthebbers vroeg de stoppen uit hun oren te trekken en te luisteren naar het volk. Deze doofheid was maar beperkte tijd houdbaar. Zelf was hij bereid 'om elke prijs te betalen'.

Ook in Jemen, op de zuidkust van het Arabische schiereiland, steeg de temperatuur. Daar stond de politie in de lucht te schieten om een kluwen te ontwarren van voor- en tegenstanders van het staatshoofd, dat beloofd had om over twee jaar op te stappen. President Saleh zat al langer op de troon dan de farao. Hij stelde een bezoek uit aan Amerika, terwijl op straat met knuppels, dolken en de blote vuist zijn vertrek werd geëist.

De verdreven farao was er niet best aan toe, wisten de plaatselijke bladen. Een klein jaar geleden waren door Duitse chirurgen zijn galblaas en een goedaardige tumor in de dunne darm verwijderd en al langer werd gefluisterd over zijn slechte gezondheid. De geruchtenmolen wilde dat hij twee keer het bewustzijn had verloren tijdens de opname van zijn laatste toespraak en dat hij twee dagen later in de zonnige badstad aan de Rode Zee in coma was geraakt. Zijn levenslust was weg. Sinds zijn vertrek weigerde hij medicijnen en verzorging. Nieuwe hartaanvallen volgden op andere aandoeningen: een depressie, maagkanker met uitzaaiing en uiteindelijk een diepe coma. Maar dat laatste werd tegengesproken door de directie van het ziekenhuis in Sharm el-Sjeik. Het waren pogingen om te voorkomen dat hij voor de rechter zou moeten verschijnen. Toch was al een tijd duidelijk dat hij niet meer onverwoestbaar was. De dood van zijn twaalfjarige kleinzoon in 2009 had hem geknakt. Er waren berichten uit vertrouwelijke bron dat hij zijn vrouw en zijn jongste zoon Gamal – Jimmy voor de vrienden – de schuld gaf van zijn val. Gamal, een Londense bankier, was eind jaren negentig naar Egypte teruggekeerd en meteen tot leider benoemd van de NDP.

In een moskee in Assiut hield de beruchte Gamaa Islamiya voor het eerst in twintig jaar een bijeenkomst. De toon was gematigd, ook tegenover de kopten, die het ooit zwaar te verduren hadden van de extremistische groep. De Gamaa beweerde van bij het eerste uur aan de opstand te hebben meegewerkt. Assem Abdel Maged, een van de leiders, vroeg de vrijlating van de blinde geestelijke terroristenmentor Omar Abdel Rahman, die in Amerika levenslang uitzat voor de aanslag van 1993 op het World Trade Center van New York. Dat was voorlopig het belangrijkste strijdpunt.

Een aantal jongerenleiders van Tahrir vormde de Coalitie van Jonge Revolutionairen. Ze vroegen op Valentijnsdag aan het leger de snelle vorming van een interimregering van technocraten, onder leiding van een figuur die het respect genoot van de jeugd. Tegelijk kondigden de Broeders, sinds 1954 verboden, de oprichting aan van een partij, eens de grondwet dat mogelijk zou maken. Een dag later lieten ze weten dat ze geen kandidaat zouden voorstellen bij de presidentsverkiezingen. De invloedrijke sjeik Youssef al-Qaradawi, Egyptenaar, Moslimbroeder en voorzitter van de Internationale Unie van islamgeleerden, zei op al-Jazeera dat vrijheid belangrijker was dan sharia. God had de revolutionairen aan de overwinning geholpen, zei hij. De Militaire Raad richtte een commissie op onder voorzitterschap van een gematigde islamist om zes grondwetsartikels te wijzigen teneinde eerlijke presidents- en parlementsverkiezingen mogelijk te maken. De kopten waren niet gelukkig met de voorzitter en ook niet met een van de leden van de commissie, die een Broeder was.

De landen van de Arabische Liga vroegen secretaris-generaal Amr Moussa om op post te blijven zolang de onrust in de Arabische wereld duurde. Amr Moussa antwoordde dat de opstanden niet moesten worden gevreesd. 'De winden van de verandering waaien over onze samenleving. Zij zijn de toekomst', zei hij tegen de bange en verblufte ambassadeurs, die dan maar besloten de revoluties in Tunesië en Egypte te 'verwelkomen'. Over een maand zou Amr Moussa aftreden want er was 'een goede kans' dat hij kandidaat zou zijn voor het presidentschap van zijn land. Hij was ooit minister van Buitenlandse Zaken in een regering van de gevallen farao, maar was nooit lid geweest van zijn partij. Hij had de president gewaarschuwd voor het demografisch probleem. Het nieuwe Egypte heeft nieuwe, bekwame mensen nodig, zei hij. Amr Moussa bevestigde zijn vertrouwen in het leger en in veldmaarschalk Tantawi, voorzitter van de Hoogste Raad. Hij zag een politieke rol weggelegd voor de 'opgeleide jeugd'. De nieuwe leiders moesten inzien dat ze leefden in de nieuwe 21ste eeuw, maar het bondgenootschap met Amerika moest wat hem betrof blijven.

Aangezien het Valentijn was, werd in Libanon de nog steeds onopgeloste moord herdacht van zes jaar tevoren op de soennitische leider, ex-premier en miljardair Rafik Hariri. Zijn partij was in het defensief sinds Hezbollah het kabinet had veroverd om te voorkomen dat leden van de militie in verdenking zouden worden gesteld door het internationaal tribunaal dat de moord onderzocht. Van een andere orde was dat de Grand Prix van Bahrein, gepland voor 13 maart, werd afgelast.

DE WAANZINNIGE KOLONEL

De Britse premier Cameron was de eerste leider van formaat die het land van de piramiden bezocht, tien dagen na de val van de farao. Het was een in extremis ingelaste stop tijdens een lang geplande rondreis in het Midden-Oosten. Hij ging praten met de legertop en met de oppositie, maar niet met de Broeders. 'We gaan na of er echt een machtsoverdracht komt naar een burgerregering en hoe we daarbij kunnen helpen,' zei hij. Hij vond het verfrissend dat dit geen revolutie was van extremisten, maar van 'mensen met normale verzuchtingen'. Cameron had acht Britse wapenproducenten in zijn kielzog die hoopten dat de onrust goed zou zijn voor de zaken.

Terwijl in Caïro het Plein werd geschrobd dat net nog het oog van de storm was en het vertrouwde leven aarzelend hervatte en de tijd weer trager ging tikken, liepen de zaken uit de hand in het buurland Libië, waar de bizarre kolonel Mouammar Kadhafi al bijna 42 jaar theatraal de scepter zwaaide. Hier braken de eerste onlusten uit in Benghazi, niet ver van de grens met Egypte. Tegen halfweg februari vloeide er bloed en weldra werden in enkele dagen honderden doden geteld. In het weekend van de twintigste sloeg de onrust over naar de hoofdstad Tripoli. Het Groene Plein liep er vol. Het gonsde van de geruchten. Al dagen werd gezegd dat zwarte huurlingen met scherp schoten op de betogers en er waren sluipschutters verschenen op de hoge gebouwen rond het plein, die lukraak vuurden op de massa beneden. Er brandde een politiekantoor en een gebouw van de regeringspartij. Diplomaten deserteerden en het werd onrustig in het leger. Dat de kolonel was gevlucht, werd tegengesproken door zijn zoon Saif al-Islam, die op de buis toegevingen kwam doen en de schuld van de troebelen in de schoenen schoof van godsdienstfanaten, druggebruikers, buitenlanders, bannelingen en de pers. Er zou een burgeroorlog volgen als de onrust bleef voortduren; zijn vader zou vechten tot de laatste kogel; en er zou een rivier zijn van bloed. Naar de bedenker van de Groene Revolutie, die altijd een bron van vermaak was geweest maar ook van vrees, werd plots met andere ogen gekeken. De opstand had het volk gewekt uit een boze droom. Dat was ook met de farao gebeurd en er werd van uitgegaan dat de kolonel hetzelfde lot zou ondergaan. Maar nergens verliep de opstand volgens hetzelfde draaiboek. De kolonel zette de luchtmacht in tegen het betogende volk, volgens zijn zoon om muitende legereenheden te bombarderen. Zowel onder zijn diplomaten als bij de strijdkrachten was er vaandelvlucht. De kolonel verscheen op de regenachtige avond van 21 februari op televisie om in twintig seconden van onder een paraplu te vertellen dat hij niet vertrokken was naar Venezuela, zoals sommigen dachten, maar nog steeds in de hoofdstad vertoefde. De gebieden in het oosten van het land, waar de opstand was begonnen, waren in handen van de oppositie. De olieprijs schoot naar zijn hoogste peil sinds het begin van de economische crisis in september 2008. Alweer was de wereld verrast door de gebeurtenissen en bleven duidelijke reacties uit.

Toen verscheen de kolonel op de buis, niet voor enkele seconden zoals de dag ervoor, maar voor een uit de kluiten gewassen donderpreek waarin hij wilde tonen dat hij beter zou doen dan de farao. Hij zou niet alleen blijven, hij sommeerde ook zijn aanhang, de gevreesde volkscomités en hun milities, om op straat te komen. Hij dreigde met hel en duivel, een bloedbad, een burgeroorlog, een machtsovername door al-Qaeda, maar maakte vooral veel lawaai. De hysterie van een potentaat die in het nauw is gedreven. Allen die de wapens tegen hem zouden opnemen, wachtte de dood. Hij zou desnoods sterven als martelaar voor zijn land. Als hij genoodzaakt zou zijn geweld te gebruiken, zou alles branden. De jeugd was in opstand onder invloed van drugs en drank... Hij werd gekastijd door al-Jazeera. 'Hij ziet zich als de Zaim, de goeroe en koning der koningen van Afrika', schamperde de zender. 'In werkelijkheid heeft hij de rijkdom van het land verkwanseld en het volk verkracht.'

Dezelfde avond nog nam minister van Binnenlandse Zaken, generaal Abdel Fatah Younès, ontslag met een oproep tot het leger om de 'revolutie van 17 februari' te steunen. Eerder had zijn collega van Justitie het zwalpend schip verlaten. Een groep officieren riep op om de kolonel omver te werpen. In Benghazi waar alles was begonnen, werden wapens uitgedeeld aan de bevolking voor een bestorming van de hoofdstad, die nog steeds in handen was van de kolonel, over wie de waanzinnigste geruchten en gissingen circuleerden. Hij zou proberen te ontsnappen naar Burkina Fasso of zelfmoord plegen, zoals Hitler in zijn bunker.

Kadhafi, die beurtelings een terrorist en een clown was geweest, een kampioen van de Arabische zaak, een kunstenaar, een vijand, een terrorist en vervolgens een vriend van het Westen, werd nu algemeen beschouwd als een gevaarlijke gek die tot alles in staat was. De kolonel gooide zoals beloofd zijn mannen in de burgeroorlog die zijn zoon had aangekondigd. De revolutionaire comités beschikten over 'speciale brigades', een van hen onder het commando van zijn zoon met de voorbestemde naam Hannibal. Het was de gevreesde volksmilitie van 'het volk van de tent', zoals de vertrouwelingen van de kolonel zich lieten noemen. Er bleef sprake van woeste zwarte huurlingen uit Tsjaad en Niger die schoten op alles wat bewoog. Er waren naar schatting een half miljoen zwarten in dit grote land van amper zes miljoen inwoners, dat met zijn lange zuidergrens de brede poort is op zwart Afrika. Er werd gezegd dat extra huurlingen met vliegtuigen werden aangevoerd uit de buurlanden. Het lag in de logica van de alleenheerser dat hij de bevriende stammen zou bewapenen – hij steunde vooral op zijn eigen Qathafastam – en dat hij kon rekenen op de alomtegenwoordige geheime politie, de *mukhabarat* die door zijn brutaliteit aan hem was gebonden. Het leger, zo'n veertigduizend manschappen, was niet alleen verdeeld, het was door de kolonel, die zelf via een militaire staatsgreep aan de macht was gekomen, altijd zwak gehouden.

Samen met het olierijke oostelijke grensgebied met Egypte, waar de rebellie was begonnen, vielen sommige steden in het westen in handen van de opstandelingen. Het leger koos er de kant van 'het volk'. De Italiaanse minister van Buitenlandse Zaken Frattini zei dat er volgens geloofwaardige bronnen zeker al duizend doden waren. Italië, dat voor een derde van zijn oliebevoorrading aangewezen was op Libië, maakte zich zorgen, ook omdat de val van de kolonel een grote bres kon slaan op de Afrikaanse noordkust, waardoor een vloed van zwarte illegale migranten zou stromen, de ongewenste indringers die het welvaartsparadijs verzwakken. De Afrikaanse Unie veroordeelde het optreden van de kolonel en kelderde daarmee zijn droom van een Verenigde Staten van Afrika onder zijn leiderschap.

De Iraanse president Ahmadinejad vroeg zich af hoe een leider zijn volk kon blootstellen aan een regen van machinegeweren, tanks en bommen; hoe een leider zijn eigen volk kon bombarderen en naderhand zeggen: ik zal doden al wie iets zegt. Hij sprak niet over zichzelf, al bleef het in Iran onrustig en was er al ruim anderhalf jaar een harde repressie, waar de buitenwereld steeds minder van wist. Die buitenwereld zag in Iran voorlopig de grootste winnaar van het tumult en de Saoedi's als de grote verliezers. Saoed voelde zich nu omsingeld door gevaar en vreesde dat ook Jemen en Bahrein in het vijandelijke kamp zouden terechtkomen. Het tot voor kort nog sterke prowesterse bondgenootschap van Egypte, Jordanië en Saoedi-Arabië lag aan brokken. Koning Abdullah keerde op 23 februari terug naar zijn land na een rugoperatie en een herstelperiode in Marokko en begon meteen met geld te strooien in een poging om de sociale onrust thuis voor te zijn. Uit zijn buidel kwam tien miljard dollar voor trouwlustige jongeren die een eigen zaak wilden beginnen.

Niet alleen in Libië, ook in Jemen was de onderdrukking gewelddadig. Daar namen zeven parlementsleden van de regeringspartij ontslag uit protest of opportunisme. Er waren al dertien doden. Maar wat er elders ook gebeurde, de schijnwerpers bleven gericht op Libië en de kleurrijke kolonel. Op 24 februari liet hij via de televisie weten dat het allemaal de schuld was van al-Qaeda. Korte tijd later werd aangekondigd dat geld zou worden uitgedeeld onder de bevolking, maar ook dat bedaarde de onrust niet. De kolonel verscheen nu als een historisch personage op de wallen van de oude stad voor een toespraak tot zijn aanhang. 'Desnoods open ik de arsenalen, zodat het volk en de stammen zich kunnen bewapenen en het land zal veranderen in een rood vuur, een brandende kool', bulderde hij. Bij de luchthaven stonden duizenden gastarbeiders aan te schuiven in de nachtelijke regen, in de hoop te kunnen ontkomen. Duizenden anderen waren geblokkeerd in het binnenland. Het is al-Qaeda, herhaalde Saif, de zoon en gedoodverfde opvolger. Het uitgestrekte land viel onder de vlammende toespraken verder in stukken uiteen. De bezweringen werkten enkel nog in de hoofdstad waar bijna een derde van de bevolking woonde en de straten onder controle waren van zijn milities. Pas nog hadden ze het volk na het wekelijks gebed onder vuur genomen. Zijn minister van Binnenlandse Zaken die gevlucht was naar het afgescheurde oosten, gaf daar vanuit een geheime schuilplaats commentaar aan de buitenlandse pers, die via de grensovergang met het nieuwe Egypte ongehinderd binnenstroomde. De voormalige minister, generaal Younès, kende de kolonel van lang voor diens machtsgreep. 'Ofwel pleegt hij zelfmoord ofwel vecht hij tot hij sneuvelt', voorspelde hij. Hij was naar Benghazi gestuurd om de betogers te bombarderen. Toen hij dat weigerde meldde de kolonel zijn dood op televisie. In werkelijkheid was niet Younès maar zijn lijfwacht vermoord. Hij richtte een plechtige oproep tot zijn oude kameraad. 'Dierbare broeder, toen Benghazi viel had je moeten weten dat het einde nabij was. Ik hoopte dat je naar Venezuela zou vertrekken of naar ergens anders. Mag God je de juiste weg tonen en de vernietiging van ons volk eindigen.' Zijn vriend, de kolonel, nam 'gevaarlijke beslissingen', gedreven door woede, en Younès twijfelde eraan of hij nog toerekeningsvatbaar was. Hier sprak een van de machtigste mannen van het kolkende land, de chef van de bijzondere veiligheidsdiensten die door de oppositie precies daarom werd gewantrouwd. Via de BBC scheen hij te solliciteren voor een job in het nieuwe land. Tussendoor gaf hij mee dat de aanslag op vlucht 103 boven Schotland, tweeëntwintig jaar geleden, was gepleegd op persoonlijk bevel van de kolonel. Het was een van de beruchtste aanslagen uit de naoorlogse geschiedenis. Hij kostte het leven aan 270 mensen, bij wie elf inwoners van het stadje Lockerbie. Younès was ondergedoken omdat hij niet alleen de wraak vreesde van Kadhafi, maar ook die van vele opstandelingen die onder hem hadden geleden.

Zelfs zijn goede vriend en verdediger, de Italiaanse rokkenjager Berlusconi, zei dat de kolonel het land niet meer onder controle had. Er werd geopperd dat het paleis van de kolonel misschien moest worden gebombardeerd, zoals dat destijds was gebeurd door de Amerikanen. Toen kwam een adoptiedochter van de kolonel om het leven, wat de aanleiding was voor de aanslag in het Schotse luchtruim. Het Amerikaanse bombardement van 1986 was een andere aanslag, kort daarvoor, op discotheek La Belle in West-Berlijn, waarbij twee Amerikaanse soldaten en een Turkse vrouw waren gedood. Het was de tijd dat de kolonel zich gedroeg als een internationaal enfant terrible dat in zijn hoofdstad gastvrijheid en medewerking verleende aan de meest gezochte terrorist van toen, de Palestijn Abu Nidal.

Bij de westelijke grens met Tunesië zaten duizenden gastarbeiders als ratten in de val. De zwarte inwijkelingen in Libië kregen het benauwd toen ze het mikpunt werden van wraakoefeningen tegen de kolonel. Er vielen doden. In Benghazi, de feitelijke hoofdstad van de opstand, werd de oude vlag van de monarchie gehesen en een voorlopig bewind geïnstalleerd door Mahmoud Jibril, de overgelopen minister van Justitie. Het overgangskabinet met militairen en burgers wilde drie maanden aanblijven en verkiezingen voorbereiden. De muren van de stad waren overschilderd met revolutionaire leuzen. Kinderen speelden in de achtergelaten tanks. Het gerechtsgebouw fungeerde als zenuwcentrum van de rebellie. Er werden mannen geronseld voor het nieuwe revolutionaire leger. De afvallige provincies in het oosten waren gescheiden van de hoofdstad en de opstandige gebieden daarrond in het westen door de brede golf van Sirte, gedomineerd door de gelijknamige geboortestad van de kolonel, een betrouwbaar bolwerk. De situatie bleef onzeker en uiterst gespannen toen de berichten uit Libië werden doorkruist door het nieuws dat er opnieuw zwaar werd gevochten in Tunis. Daar werd betoogd voor het ontslag van de eerste minister, een veteraan van het oude regime. Premier Ghannouchi ging meteen door de knieën en nam dezelfde dag nog ontslag.

BEDREIGD PARADIJSJE

Gelijktijdig viel er ook in Frankrijk een politiek slachtoffer en werd minister van Buitenlandse Zaken Alliot-Marie vervangen door haar collega van Defensie Alain Juppé. De reden voor dat ontslag was haar al te nauwe band met de verdreven Tunesische dictator, die nu in een Saoedisch ziekenhuis in coma lag. Ze beschuldigde de media van stemmingmakerij tegen haar persoon. Terwijl de omwenteling in Tunesië volop aan de gang was, had ze het vliegtuig gebruikt van een goede vriend van de president die even later zijn land zou moeten ontvluchten. Drie dagen voor de val van Ben Ali had ze nog aangeboden om Franse troepen te sturen om de revolutie te bedwingen. Niet minder vervelend was dat premier Fillon tijdens de recente eindejaarsdagen door Moebarak was getrakteerd op een genereuze vakantie. Kort tevoren was ook de Belgische minister van Buitenlandse Zaken Steven Vanackere zijn gast geweest. De banden van westerse toppolitici met leiders die nu door hun volk voor de geschiedenis werden gedaagd waren oud en stevig en schenen onwrikbaar. Ze konden de kroongetuigen zijn op een denkbeeldig proces over corruptie, graaicultuur en machtsmisbruik. Ze waren er tot op zekere hoogte medeplichtig aan omdat ze ervan wisten, er weinig of niets tegen ondernamen, maar er integendeel uit eigen- of staatkundig belang van profiteerden. Liever een bevriende dictator dan het onzekere avontuur van de democratie, was decennialang het stilzwijgend devies. Het leek op 'liever de schurk die we kennen dan de onbekende schurk'. Er sprak een cynisch wereldbeeld uit. Op het imaginaire proces zou de collaborateurs ook systematische maar meestal heimelijke partijdigheid worden aangewreven ten voordele van de joodse staat. Bijtende wolfijzers en zeer explosieve schietgeweren bezaaien dit terrein.

Er braken zelfs onlusten uit in het anders zo rustige Oman. Na een paar kleine manifestaties had sultan Qaboos er zes ministers vervangen, maar nu werd met rubberkogels geschoten op de betogers en was er sprake van twee doden. De sultan was 41 jaar geleden bij een paleisrevolutie zijn vader opgevolgd en leidde het land sindsdien tot ieders tevredenheid als een verlicht despoot. Oman was een toonbeeld van stabiliteit, maar de onlusten in Sohar, de tweede stad van het land, vlakbij de strategische toegang tot de Perzische Golf, staken gebieden aan bij de grens met Saoedi-Arabië, aan de poort van het Lege Kwartier, het tweede rijkste oliegebied ter wereld.

Eeuwenlang stond deze woestijn bekend als 'Bahrein'. Vandaag is die verschroeiende zandvlakte met de gelijknamige staat verbonden door de brug van Khobar, vlakbij Damman, de hoofdstad van 'Saoedisch Bahrein' waar de grootste sjiitische bevolking van het Saoedisch koninkrijk woonde. In deze olievelden braken op 10 maart rellen uit. Het sjiitische oproer stond niet los van wat al een maand aan de gang was in Bahrein. Het werd kordaat de kop ingedrukt, maar de opstand had koning Abdullah nog ongeruster gemaakt dan hij al was. Vier dagen later reden duizend Saoedische soldaten en vijfhonderd militairen uit de Emiraten over de brug van Khobar om in de straten van Manama, de hoofdstad van het koninkrijk Bahrein, de orde te herstellen na de zware gevechten van de avond ervoor. De betogers van het aloude, piepkleine Bahrein, het Luxemburg van de Golf, waren sjiieten, net als aan de overkant, in Saoedi-Arabië of het noorden van Oman. Maar in Bahrein waren ze ruim in de meerderheid. Ze vroegen gelijkberechtiging. Ze hadden zich verschanst in het financieel district van de hoofdstad Manama. De belegerde monarchie had de hulp ingeroepen van de GCC,* de Samenwerkingsraad van de Golf, waar naast Bahrein, de Emiraten en Saoedi-Arabië ook Koeweit, Qatar en Oman deel van uitmaken. Op het 'ibaditische' Oman na, dat een geval apart is, bestaat de GCC uit soennitische monarchieën die Iran, de grote sjiitische buur op de andere oever van de Golf, een diep wantrouwen toedragen. Iran schreeuwde moord en brand over de 'buitenlandse inmenging'. Die zou de zaken er 'niet op vereenvoudigen'. De verwijten vlogen van de ene oever van de Golf naar de andere. De oppositie in Bahrein sprak van een 'bezetting' en een 'invasie'.

De spanning werd verder opgedreven doordat Bahrein de thuisbasis is van de Amerikaanse Vijfde Vloot, waarvan de radius zich uitstrekt tot de kust van Kenia. Op 12 maart, daags voor de zware rellen in het financieel district, was de Amerikaanse minister van Defensie Gates op bezoek in Manama. Hij drong aan op hervormingen en pleitte tegen het gebruik van geweld. De interventie van de Saoedische bondgenoten en die uit de Emiraten als nieuwe en assertieve regionale ordehandhavers bracht de politieman van de wereld, die de omwentelingsgolf nu officieel steunde, in verlegenheid. Maar hoe achterdochtig de plaatselijke heersers ook mochten zijn tegenover de bedoelingen van Washington, het was onwaarschijnlijk dat de koning van Bahrein zijn plan om hulp te vragen aan de GCC verzweeg tegen Gates. Er was ook weinig twijfel over dat Amerika herrie kon missen als kiespijn in een land waar het zo'n belangrijke basis had. De kroonprins riep de noodtoestand uit voor een periode van drie maanden toen zijn nieuw aanbod voor overleg over meer bevoegdheden voor het parlement werd afgewezen. Hij gaf de be-

---

* GCC: 'Samenwerkingsraad van de Arabische Golfstaten' (Gulf Cooperation Council), economisch en politiek samenwerkingsverband van de rijke Arabische Golfmonarchieën, opgericht in 1981. Op 11 mei 2011 reageerde de raad positief op toetredingsverzoeken van Jordanië en Marokko. Ook Jemen hoopt lid te worden.

velhebber van het leger opdracht om 'alle nodige maatregelen te treffen voor de veiligheid van het land en zijn bevolking'. Er waren gevechten en raids van sjiitische en soennitische jeugdbendes gewapend met stokken, messen en stenen, onder meer op de universiteit. De olieprijs ging nog maar eens met een ruk omhoog, nadat hij was gezakt wegens de slechte economische vooruitzichten na de tsunami en zijn vreselijke gevolgen in Japan. De GCC, opgericht voor economische samenwerking, was nu plots een militair bondgenootschap en koning Abdullah van Saoedi-Arabië was niet langer een man die alles kon kopen, maar de gendarme van het Arabische schiereiland. Hij besefte dat hij enkel kon vertrouwen op zijn eigen macht na zijn vruchteloos aandringen bij de Amerikanen om Irans nucleaire installaties te bombarderen en de ondergang te voorkomen van Hosni Moebarak, zijn bondgenoot en die van het Westen. Het vertrouwen van Abdullah in Washington was zoek. Des te meer was hij ervan overtuigd dat de opstand in Bahrein alles te maken had met de ambitie van het Perzische, sjiitische Iran om een bruggenhoofd te veroveren op de Arabische, soennitische zuidkust van de Golf. De paradox was dat het de derde keer was, na Irak en Libanon, dat Teheran, zelf beducht voor de democratie, de kans zag zijn invloed uit te breiden via de stembus.

Lente zonder belofte

AVONTUURLIJK LIBIË

In Libië keerden de krijgskansen en was Khadhafi in het offensief. Hij heroverde een na een steden die pas nog in handen waren van zijn tegenstanders. Benghazi, de zetel van de Libische Nationale Raad, de voorlopige oppositieregering, was bedreigd. De kolonel was ontgoocheld in zijn Europese vrienden die hem na het uitbreken van de opstand met economische sancties bestookten en hij zei dat dit verraad blijvende gevolgen zou hebben. Sarkozy, die als eerste het Voorlopig Bewind in Benghazi erkende, was volgens de kolonel rijp voor de psychiater en voor zijn andere voormalige dikke vriend Berlusconi kwam hij woorden tekort. Zoon Saif al-Islam vroeg aan de 'clown' Sarkozy het geld terug waarmee zijn vader diens verkiezingscampagne had betaald. Het zou ook nooit meer zijn als tevoren met Italië en vooral oliereus Eni zat met de handen in het haar. De kolonel vergat in zijn tirade Guy Verhofstadt, voorzitter van de liberale fractie in het Europarlement, die op 16 maart andermaal fors uit zijn krammen schoot. Drie weken eerder, op de dag dat Europa de eerste strafmaatregelen trof tegen de kolonel, had hij zich al geërgerd aan de afwachtende houding van de EU en gepleit om Kadhafi voor het Internationaal Strafhof te dagen. Nu hekelde hij de 'passiviteit' van Europa. 'De zwakke opstelling van de EU maakt me ziek', zei hij. De Libische opstandelingen waren 'helden' die door de Unie in de steek werden gelaten. De verwachte bestorming van Benghazi door de troepen van Kadhafi kon leiden tot een nieuw Srebrenica, een nieuw Rwanda, een nieuw Darfoer. 'Wat doen wij om te helpen? Om hen te verdedigen? Steunen we hen met een vliegverbod? Nee, we sturen observatieteams', zei hij in een debat met EU-president Herman Van Rompuy en voorzitter José Manuel Barroso van de Europese Commissie. Barosso en Van Rompuy noemden zijn kritiek onterecht. De lidstaten zaten nu eenmaal niet op één lijn.

De Franse regering had zwaar gezichtsverlies geleden bij het uitbreken van de revoluties. Voor Sarkozy, die kampte met een sterk tanende populariteit, was het tijd om het blazoen op te poetsen. Hij wilde via de G8 aan de VN voorstellen een vliegverbod af te kondigen boven Libië, maar de tijd speelde in het voordeel van de kolonel, die dreigde scheep te gaan met al-Qaeda dat hij altijd krachtig had bestreden. Kadhafi haalde alles uit de kast. De Middellandse Zee zou er een worden van chaos. 'Onze oliecontracten gaan voortaan naar de Russen, de Chinezen en India. Het Westen mag het voortaan vergeten', fulmineerde hij. Enkel Duitsland vond genade. Als Kadhafi alsnog in het zadel zou blijven was dit, na de blunders tijdens de Tunesische revolutie, de tweede grote misrekening van Parijs in een Arabische wereld die het nochtans als weinig anderen kende. Ook voor de jonge Britse regering Cameron konden de gevolgen onprettig worden.

De Franse premier Juppé reisde naar New York om resolutie 1973 persoonlijk te gaan verdedigen. 'De wereld beleeft grote omwentelingen die de loop der geschiedenis veranderen', betoogde hij, 'de Arabische lente is goed nieuws voor iedereen, maar de wil van het volk wordt vertrappeld door het Kadhafi-regime.' Er was weinig tijd, 'misschien een kwestie van uren.' In de nacht van 17 op 18 maart keurde de VN-veiligheidsraad het vliegverbod en 'alle maatregelen voor de bescherming van de burgerbevolking' goed. Rusland en China, die altijd weigerachtig stonden tegenover buitenlandse interventies, onthielden zich samen met de nieuwe machten India en Brazilië en Duitsland, dat zich bewust was van de aanzienlijke gevaren en risico's. Ze wilden een vreedzame oplossing en waarschuwden voor de ongewenste gevolgen van een interventie. Libanon, waar de sjiieten niet hadden verteerd dat Kadhafi destijds een van hun leiders had geliquideerd, had de resolutie, samen met Frankrijk en het Verenigd Koninkrijk, ingediend en zei dat geen morzel Libische grond zou worden bezet. Secretaris-generaal Ban Ki-moon verwachtte een 'snelle actie' gezien de ernst van de situatie. President Obama schoof de hete aardappel door en vroeg de Fransen en de Britten om die actie voor te bereiden. Washington verwachtte het begin ervan op 19 of 20 maart. De Noren boden zich aan en er werd gerekend op de Arabische Liga. Spanje stelde twee bases ter beschikking. Italië volgde. De Britten ontplooiden Tornado en Typhoon gevechtsvliegtuigen. België beloofde zes F-16 gevechtsvliegtuigen en een fregat, Canada zegde CF-18's toe. Alles hing af van snelheid en efficiëntie, maar er was geen voorbereidingstijd. Enkele uren na de goedkeuring van resolutie 1973 werd ze aanvaard door Libië, dat een bestand aankondigde. Frankrijk antwoordde dat de dreiging op de grond bleef. De Britten vonden dat de kolonel op zijn daden moest worden beoordeeld. De Libische aankondiging vertraagde een gemeenschappelijke verklaring van Londen en Parijs over de volgende stappen.

Het zwaartepunt was verschoven van Washington, dat voorlopig meer dan genoeg had van avonturen in het wilde Midden-Oosten, naar de onstuimige Europese tandem Frankrijk-Engeland onder leiding van Parijs. Duitsland maakte, net als bij de invasie van Irak in 2003, voorbehoud bij een interventie. Het had zich onthouden bij de stemming over resolutie 1973 omdat het geen troepen wilde leveren. Op 19 maart kwam in Parijs een geïmproviseerde top bijeen met de VN, de EU, de Arabische Liga en de Afrikaanse Unie, al waren niet alle vertegenwoordigers van die organisaties aanwezig. Het was een demonstratie maar ook een graadmeter van hoe supranationaal de wereldpolitiek was geworden. De Arabische Liga zei bij monde van Amr Moussa dat deelname aan de actie tegen de kolonel met de lidstaten individueel zou worden besproken. Hij benadrukte dat de resolutie geen invasie toestond en dat ze enkel de burgerbevolking mocht beschermen. Daaruit sprak geen overweldigende geestdrift en het liet Kadhafi een opening om zijn hachje te redden. Het was bovendien een signaal van verdeeldheid. Er waren aanwijzingen dat Syrië Kadhafi militair ter hulp was gesneld. De Afrikaanse Unie zat op dezelfde lijn als de Liga en koos voor een vreedzame oplossing. Turkije, geen onbelangrijke NAVO-lidstaat, liet weten dat het tegen een interventie was bij 'vriend en broeder Libië'. De NAVO zelf bereidde die interventie intussen voor, maar moest nog beslissen of het die ook zou uitvoeren. Egypte stopte zijn vluchten op het buurland.

Bij de aankondiging van het bestand had de Libische regering ingestemd met de bescherming van de bevolking en zich bereid verklaard tot een gesprek met wie de eenheid van het land aanvaardde. Daarmee was duidelijk dat Kadhafi de opstand zag als een mogelijke secessiebeweging en hij wierp zich op als de garant van de territoriale onschendbaarheid. Het was een uitgestoken hand om bondgenoten te worden, misschien zelfs naar oude vijanden als de Moslimbroeders in Darnah in het opstandige oosten, al moest daarvoor veel argwaan worden overwonnen. Toen de Amerikanen in 2007 in Irak een lijst vonden van buitenlandse vrijwilligers voor de opstand van al-Qaeda, bleken de Libiërs verhoudingsgewijs het sterkst vertegenwoordigd. De helft van hen kwam uit de kuststad Darnah. Kadhafi beloofde voor alle zekerheid ook amnestie. De gewiekste kolonel trok zich terug achter het ene zinnetje in resolutie 1973 dat de 'soevereiniteit, onafhankelijkheid, territoriale onschendbaarheid en nationale eenheid' van Libië erkende. Zijn gecodeerde boodschap was de open invitatie van een in het nauw gedreven hoofdman. Men kon niet weten hoe hij zou reageren mocht de Libische Islamitische Gevechtsgroep LIFG zich aangesproken hebben gevoeld, een onderling kibbelend legertje waarvan nog steeds niet duidelijk was of het al dan niet met al-Qaeda had gebroken en dat hij ooit met bombardementen op Darnah had bestookt. Net zoals het gissen bleef aan wie de kolonel zijn aanbod tot samenwerking precies had gericht. Stamhoofden? Restanten van wat ooit zijn terroristische hogeschool was? De chefs van de milities? Vijanden ook, want enkel op die manier kon hij een wig drijven in de heterogene oppositie.

Ook na de aankondiging van het bestand verstomden de noodkreten uit de belegerde oppositiebolwerken niet en waren er troepenconcentraties in en rond de hoofdstad. De Franse en Britse leiders verdrongen elkaar voor de camera's. Resolutie 1973 mocht dan een huzarenstuk zijn zonder veel precedenten, ze verhulde de internationale verdeeldheid niet. De vaagheid werd nog het best samengevat door Europa. 'Kadhafi moet weg', zei lady Ashton namens de Unie. Dat was iets anders dan wat in 1973 stond. Na de vraag of een interventie wenselijk was, vroeg men hoe die moest worden aangepakt. Zelfs in België, waar de regering in lopende zaken een van de eersten was om zijn hulp aan te bieden, gingen enkele stemmen op die waarschuwden. Maar het opwekkend effect deel uit te maken van een militair avontuur had de Belgische pers aangestoken en weldra volgden eendrachtig alle politieke partijen, waarvan de onenigheid het land al een jaar onder een voorlopig bewind had geplaatst.

De kolonel bleef onverstoorbaar in het offensief, maar 24 uur na zijn bestandsverklaring en terwijl de top aan de gang was in Parijs, drongen Franse Rafale's binnen in zijn luchtruim voor verkenningsvluchten. De wereld moest spreken met één stem, vond Ban Ki-moon en Obama zei dat de kolonel zijn offensief tegen Benghazi, Misrata, Ajdabiya en Zawiya meteen moest staken. Er moest snel worden opgetreden want in de straten van Benghazi waren tanks verschenen, boven de stad was een gevechtsvliegtuig neergehaald en er waren explosies te horen. De kolonel liet via zijn woordvoerder weten dat het Westen er spijt van zou krijgen als een stap werd gezet naar een interventie. Hij was bereid om te sterven en zijn volk met hem. Sarkozy en Cameron stalen de show op die zonovergoten lentedag in Parijs, maar er lag een zweem van ongerustheid over hun vastberaden woorden. De Libische televisie zond een stroom van patriottische liederen uit zoals 'Libië is zoet als honing' en 'We buigen enkel voor God'. Berlusconi, tot voor kort een buddy van Kadhafi, stelde een Italiaanse basis ter beschikking als hoofdkwartier van de operaties die intussen waren begonnen. De verantwoording van de snelheid van het Franse optreden was dat de troepen van de kolonel Benghazi bedreigden. Een al dan niet gewenst effect was dat de bondgenoten verplicht waren om snel te volgen en mogelijke twijfels en bedenkingen terzijde te schuiven.

De volgende dag, de dag dat de Egyptenaren gingen stemmen over een nieuwe grondwet, lag Libië volop onder vuur en niet alleen meer van de Fransen. Tripoli sprak van 64 burgerdoden. 'De operatie verloopt voorbeeldig', zei de Amerikaanse stafchef Mike Mullen, 'het vliegverbod is afgedwongen.' Maar er was een gebrek aan planning en operatie Odyssee Dawn had geen centraal commando. Er kwamen op dit prille moment ook barsten in het diplomatieke front tegen de kolonel, of liever: die barsten werden wijder. Rusland wees op de burgerslachtoffers en vroeg een einde van de bombardementen. De Arabische Liga zei dat de VN-resolutie geen 'bombardementen op burgers' wettigt. Veel concrete hulp van de Arabische landen kreeg de alliantie van Sarkozy en Cameron niet. Wel stuurde het kleine maar ambitieuze Qatar vier vliegtuigen en kwamen de Emiraten over de brug met humanitaire bijstand. Daar bleef het echter bij. Dat de Emiraten troepen in Bahrein hadden om de koning te helpen bij het neerslaan van de sjiitische opstand, riep amper vragen op. Ook de beweegredenen van Qatar bleven onderbelicht. De VS voelden er weinig voor om de leiding te nemen en lieten de eer aan de Fransen en de Britten, maar de afwezigheid van een duidelijk commando deed de verwarring stijgen. Noorwegen wilde niet meer meedoen zolang de kwestie niet was geregeld. Italië dreigde ermee niet langer zijn bases ter beschikking te stellen. De Fransen waarschuwden dat de Arabieren helemaal zouden afhaken als de NAVO de leiding zou nemen. Egypte, dat in het geheim wapens leverde aan de rebellen in Libië, besloot zich officieel niet met het conflict te bemoeien om redenen van 'binnenlandse veiligheid' en om zijn honderdduizenden onderdanen in het buurland niet bloot te stellen aan represailles.

Verwarring was er ook over het doel van de interventie. En die bleef maanden duren. Was dat 'Kadhafi moet weg', zoals Ashton had gezegd, een regimewissel dus? Stond de bescherming van de bevolking gelijk met steun aan het geïmproviseerd rebellenleger? Wie was de burgerbevolking en wie niet? Stak achter de westerse bemoeienis niet simpelweg de controle over de Libische olie? Verwarrende vragen die maandenlang de meest tegenstrijdige verklaringen uitlokten. Ook groeide de verdenking dat Sarkozy het initiatief had genomen tot dit avontuur om electorale redenen en om de vrije val van zijn populariteit te stoppen. Op de avond van 20 maart kwam een militaire woordvoerder op de Libische staatstelevisie andermaal een bestand aankondigen. Enkele uren later werd in Tripoli het paleis van de kolonel bestookt met kruisraketten, Bab al-Aziziya, de 'Schitterende Poort', hetzelfde complex dat in 1986 het doelwit was van een Amerikaanse luchtaanval. Dat nieuws werd overschaduwd door de vernietiging van een colonne tanks die onderweg was naar Benghazi door Franse vliegtuigen. Het front lag nu op 160 kilometer voor de poorten van Ajdabiya. De opstandelingen waren verrukt en verwachtten de val van de Broeder-Leider binnen de paar dagen, maar Kadhafi voorspelde een lange oorlog tegen de 'christelijke kruisvaarders' en de olieprijs schoot opnieuw omhoog.

UITSLAANDE BRANDEN

Terwijl operatie Odyssee Dawn chaotisch uit de startblokken schoot, kwamen aanhoudende berichten over onlusten in Jemen, waar tientallen doden waren gevallen en op 20 maart de voltallige regering naar huis was gestuurd door de geviseerde president Saleh. Verschillende generaals, bij wie de populaire Ali Mohsen al-Ahmar, een veteraan van de oorlog tegen de zuidelijke secessie en een campagne van zeven jaar tegen de sjiieten in het noorden, hadden zich daarop aangesloten bij de opstand. Er verschenen tanks bij het presidentieel paleis, het ministerie van Defensie en de Nationale Bank. Ze volgden de bevelen van generaals uit beide kampen. De gouverneur van de zuidelijke provincie Aden en de burgemeester van de gelijknamige havenstad namen ontslag. Het hoofd van de Hashed, de belangrijkste stammenfederatie van het land, waartoe president Saleh zelf behoorde, wilde dat het staatshoofd luisterde naar het volk en zou aftreden. Vervolgens sloot hij zich aan bij de revolutie; 24 parlementsleden van de regeringspartij zegden hun lidmaatschap op en verschillende topambassadeurs waren overgelopen. De Franse minister van Buitenlandse Zaken Juppé vond het ontslag van de president 'onvermijdelijk', maar had vermoedelijk geen idee hoe dat kon worden afgedwongen. Het einde van Saleh hing in de lucht en er werd gespeculeerd over een militair bewind en een 'Egyptisch' scenario. De bloedige onderdrukking, die 52 doden eiste toen op een vrijdag scherpschutters op de daken vuurden op de betogers beneden, was de fatale druppel die de emmer deed overlopen.

Ook Syrië was niet langer immuun. Daar had Hasan Ali Akleh,een 26-jarige voormalige militair, het voorbeeld gevolgd van Mohammed Bouazizi en zichzelf op 26 januari in brand gestoken in al-Hasakah, een stad met veel christenen en Koerden in het uiterste noordoosten. Via Twitter en Facebook werd opgeroepen tot een dag van woede om vrijheid en eerbied voor de mensenrechten te eisen, maar daar werd enkel in al-Hasakah gevolg aan gegeven. Het prille verzet verpieterde. Al-Jazeera noemde Syrië het 'koninkrijk van de stilte'. Daar kwam anderhalve maand later verandering in toen in de zuidelijke stad Deraa, niet ver van de Jordaanse grens, op 18 maart betogers op straat kwamen na het vrijdaggebed met de leuze: 'God, Syrië, vrijheid, dat volstaat'. Het was een protest tegen de arrestatie van vijftien scholieren die op de muren slogans hadden geschreven als 'het volk wil de val van het regime'. Die hadden ze gelezen op beelden van al-Jazeera over het oproer in Caïro en Tunis. De ordetroepen openden het vuur en doodden twee manifestanten. Er waren honderden gewonden. Dat leidde tot nieuwe betogingen bij de begrafenis van de slachtoffers, en tot nieuwe doden. Vier dagen na de eerste manifestatie waren dat er volgens de VN al zes. In verlegenheid gebracht door de geweldexplosie in de conservatieve soennitische provinciehoofdstad, haastte de Syrische minister van Buitenlandse Zaken Moualem zich om de Saoedische interventie in Bahrein 'wettig' te noemen. Door dat te doen nam hij impliciet afstand van de Iraanse bondgenoot. Dat bekeek men in het Westen met welgevallen.

Voor Saoedi-Arabië was tijdens de omwentelingen weinig aandacht. Toch had zich daar op 21 januari een 65-jarige man door zelfverbranding van het leven beroofd in een stadje vlakbij de afgelegen grens met Jemen, omdat hem 'de Saoedische nationaliteit was geweigerd'. De Saoedische jeugd was weliswaar ontevreden maar hield het bij enkele vreedzame, zij het verboden betogingen in de hoofdstad Riyadh. De koning beloofde zakken vol geld maar deed geen politieke concessies. Zijn beschermeling, koning Hamad van Bahrein, zei dat een buitenlandse samenzwering was verijdeld en dankte de strijdkrachten en die van de buurlanden die daarbij geholpen hadden. De koning noemde de samenzweerders niet, maar de dag ervoor was de Iraanse zaakgelastigde uitgewezen wegens contacten met 'sommige oppositiegroepen'.

De opstandelingen in Libië waren 'patriotten' voor al-Jazeera. De machtige satellietzender uit Qatar had van bij de aanvang met enthousiasme bericht over de omwentelingen in de regio als over een nieuwe dageraad in de Arabische wereld. 'De revoluties zijn nog maar een begin', schreef de zender op zijn druk bezochte website op 13 maart, naar aanleiding van de 'ambivalente houding' van de Arabische Liga en 'verontrustende tekenen van traditionele passiviteit en onverschilligheid'. Al-Jazeera trad niet in details maar de 'ambivalentie' was groter dan ooit. De dag voordien had de zender het vertrek gemeld van een schip met munitie, wapens en onderdelen vanuit de Syrische marinebasis in Tartous richting Libië. Volgens andere bronnen had Assad de noodarsenalen van het Syrisch leger geopend en was er ook via de lucht geleverd aan Libië. De wapens van beide landen vertoonden grote overeenkomsten, want ze waren allebei klant bij de Russen. De Syrische militaire bijstand was een overtreding van resolutie 1970 waarmee de VN-veiligheidsraad op 26 februari een wapenembargo had opgelegd aan Libië. Volgens *Intelligence Online* had Kadhafi in februari aan de Syrische president Assad telefonisch gevraagd om Syrische piloten te mogen inzetten die in Libië een opleiding gaven. Op 23 februari zou Assad het licht op groen hebben gezet om ze te laten meedoen aan bombardementen op rebelle-rende gebieden. Hij stuurde ook helikopterpiloten. Op 6 maart werd door de opstandelingen bij Ras Lanuf een gevechtsvliegtuig neerge-haald. Een van beide omgekomen piloten bleek volgens zijn papieren een Syriër te zijn. Er bestond sinds 1984 een militair akkoord tussen beide landen, maar de banden tussen Kadhafi en de Assads waren nog veel ouder.

Al-Jazeera filmde de nieuwe ambassadeur van Libië bij de VN, een voormalig minister van Buitenlandse Zaken, in een hotel in Tunis waar enkele dagen later Ban Ki-moon zou logeren. Amerika had hem een vi-sum geweigerd, maar het volstond dat hij persoonlijk zijn geloofsbrieven zou overhandigen aan de secretaris-generaal om als onschendbaar diplo-maat te kunnen reizen. Het kwam tot een handgemeen tussen de veilig-heid van het hotel en de cameraploeg. De dag voor hij in Tunis werd verwacht, was Ban Ki-moon in Caïro bij Amr Moussa en ook hij raakte betrokken in een schermutseling. Aanhangers van Kadhafi versperden hem de weg naar het Tahrirplein en dreven de VN-baas terug in het ge-bouw van de Arabische Liga. Na zijn gesprek met Ban haalde Amr Mous-sa een beetje bakzeil door de steun van de Liga te herhalen voor resolu-tie 1973, 'als dat niet zou leiden tot een invasie'.

Waar moest het met de Arabische vloedgolf heen? Wat waren er de grenzen van en waartoe zou deze ingrijpende en brede omwenteling uiteindelijk leiden? Welke machten hadden belang bij de revolutie en waarom? De Verenigde Staten die net als de Europese Unie aanvankelijk verrast en met ongeloof hadden toegekeken, kozen van bij de Egypti-sche omwenteling steeds ondubbelzinniger partij en allebei waren ze nu op zo'n manier betrokken dat ze dreigden de luchtmacht te worden van de rebellie. De opstand was een gouden kans om de westerse vrijheids-idealen te zien bloeien in een wereld waar zo'n lente niet meteen was verwacht. Maar de bodem waarop dat moest gebeuren was gedrenkt in bloed en vooral in het voorbije decennium voor het Westen een tijdro-vend, duur en verraderlijk slagveld. De omwenteling had een veel te grote omvang om er behoorlijk greep op te hebben, laat staan er con-trole over te krijgen, al viel in deze regio nooit uit te sluiten dat een ge-duldig en discreet meesterbrein had gepland wat zich nu voltrok.

Het woord 'kruisvaart' werd nu ook in de mond genomen door de Russische premier Putin. 'Resolutie 1973 permitteert alles aan ieder-een', zei hij, 'gelijk welke actie tegen een soevereine staat.' Hij was onge-rust over de lichtzinnigheid waarmee was beslist tot het gebruik van ge-weld. Hij herkende een 'sterke tendens en een constante' in de Ame-rikaanse politiek van de voorbije jaren en zag daarin een reden om de militaire weerbaarheid van Rusland te vergroten. President Medvedev riep Putin tot de orde. Het spreken van 'middeleeuwse oproepen tot kruisvaarten' was onaanvaardbaar en leidde tot confrontaties tussen de beschavingen, kapittelde hij. Ook in het andere kamp werd terechtgewezen. De Britse Defensieminister Liam Fox zei dat Kadhafi desnoods zelf een doelwit zou worden, maar zijn Amerikaanse collega Gates noemde die uitspraak meteen 'onverstandig'. Eerder had de Britse stafchef generaal David Richards gezegd dat Kadhafi volstrekt géén doelwit was.

Onenigheid was er ook over de toepassing van het VN-mandaat. Italië en Duitsland verweten de coalitie dat ze niet alleen een luchtverbod afdwong, maar haar boekje te buiten ging door ook doelwitten op de grond te bombarderen. Gaandeweg drong het door dat de Libische massabeweging tegen de kolonel niet langer vreedzaam was, maar onder de repressie een verzameling van milities was geworden. Ze kreeg de steun van de Iraanse geestelijke leider ayatollah Khamenei, die zei dat het Westen het gemunt had op de Libische olie. In de 22 dagen tussen de eerste schoten op demonstranten en het begin van Odyssee Dawn was de situatie op het terrein veranderd. Er leek een bloedbad aan de gang in Misrata, in het Westen, na Tripoli en Benghazi de derde stad van het land, maar hoe kon dat vanuit de lucht worden voorkomen of beëindigd? De komende maanden gaven daar geen antwoord op. Odyssee Dawn begon dag op dag acht jaar na de eerste aanval op Irak. Sommige commentatoren in het Midden-Oosten wezen op die coïncidentie en ook op de verschillende namen die de actie had gekregen: Odyssee Dawn voor de Amerikanen, Harmattan (een droge stoffige Saharawind) voor de Fransen, Ellamy voor de Britten, Mobile voor de Canadezen...

Meteen na de eerste bombardementen waren vijf Afrikaanse staatshoofden naar Tripoli gereisd om te bemiddelen tussen de rebellen en de kolonel, die veel zwarte vrienden had. Maar de delegatie van de Afrikaanse Unie kon niet in Tripoli landen wegens het vliegverbod. De Unie trok daarop haar steun in voor resolutie 1973.

De verwarring nam alleen maar toe. Fox News, de machtige Amerikaanse nieuwszender van Rupert Murdoch, zei dat Kadhafi buitenlandse journalisten gebruikte als schild. Dat werd prompt tegengesproken door een verslaggever van CNN in Tripoli. Het Britse Lagerhuis had de interventie massaal groen licht gegeven met 557 stemmen tegen dertien, maar ze werd maar gesteund door een derde van de publieke opinie. Kadhafi sprak van burgerslachtoffers, de coalitie ontkende dat. Op 22 maart stortte een Amerikaans F-15 gevechtsvliegtuig neer. De twee bemanningsleden vielen gelukkig niet in handen van Kadhafi.

In Egypte debatteerden de leiders van de omwenteling hevig over de grondwetswijzigingen die werden voorgesteld door de juristen van de Militaire Raad. Ze vrijwaarden de belangen van het leger en lieten de president al te veel macht, vond Tahrir. De revolutionairen riepen op om de wijzigingen weg te stemmen. De Moslimbroeders en de resten van de NDP, de partij van Moebarak, vonden de herziening goed en adviseerden een 'ja' bij het referendum; 41 procent van de kiesgerechtigde Egyptenaren kwam op 19 maart opdagen en 77,2 procent van hen stemde 'ja'. Een coalitie van kopten, liberaal-democraten, de belangrijkste presidentskandidaten, Mohammed el-Baradei, Amr Moussa en al-Bastawisi, had het moeten afleggen tegen een alliantie van het oude regime, het leger en de Broeders, die een agressieve campagne hadden gevoerd. De oppositie die de omwenteling tot een succesvol einde had gevoerd en de lengte van de overgangsperiode had willen verdubbelen tot een jaar, werd geconfronteerd met haar grote zwakte: ze was een niet-georganiseerde minderheid.

In Jemen bood de geïsoleerde president Saleh aan om over een jaar en na parlementsverkiezingen op te stappen in plaats van in 2013 zoals hij eerder had gezegd. Hij wilde weten 'aan wie hij de macht overdroeg'. Dat zou hij nog maanden blijven herhalen. Hij waarschuwde dat het land op de rand stond van een zelfvernietigende burgeroorlog. De oppositie verwierp het aanbod. De Amerikaanse minister van Defensie Gates maakte zich zorgen over Jemen en weigerde zich uit te spreken over de vraag of Saleh, twijfelachtige bondgenoot in de strijd tegen het terrorisme, moest aanblijven. De president zei tegen zijn trouw gebleven officieren dat deze crisis zich twee jaar lang had opgebouwd. 'Het volk kijkt naar de satellietzenders en het reageert op wat het daar ziet', zei hij. 'Vandaag is dat een reactie tegen het leger.' Enkele uren eerder had hij de bemiddeling ingeroepen van de Saoedische koning.

DE GRENZEN VAN DE ARABISCHE TSUNAMI

Drie maanden na de zelfverbranding van de groenteverkoper Mohammed Bouazizi in een Tunesische provinciestad, rolde de tsunami die door hem was ontketend de lente en een nieuwe fase binnen. Zowel in Libië op het westers front, als in Bahrein in het oosten, grepen de heersers naar oude, vertrouwde middelen om overeind te blijven. Tot in een recent verleden was het gewoon dat oproer in bloed werd gesmoord. Halabja is symbool voor de manier waarop Saddam Hoessein omging met zijn tegenstanders. De herinnering aan de (tien)duizenden doden in Hama, na een opstand van de Moslimbroeders, verklaarde de opvallende rust in Syrië. Toen, in 1982, werden net als in Libië vandaag, luchtmacht en zware artillerie ingezet tijdens een beleg dat bijna een maand duurde. Zwarte September, de afrekening van de Jordaanse koning Hoessein in september 1970 met de PLO van Yasser Arafat, was evenmin zachtaardig. Hoeveel doden daarbij vielen is onbekend, maar het waren er vele duizenden.

De Libische kolonel, de Saoedische koning en de presidenten van Jemen en Syrië volgden het wedervaren van Ben Ali en Moebarak met aandacht en trokken daaruit de les dat zwakheid niet loont. Dat was trouwens in Iran aangetoond, waar het volk met geweld en terreur onder de knoet werd gehouden. Van bij het begin was Kadhafi niet zinnens om het Egyptisch of Libisch voorbeeld te volgen. Een maand na het uitbreken van de opstand was hij bijna terug van bijna weggeweest. Dat kon het treuzelende Europa nog zuur opbreken. Kostbare olie- en gascontracten stonden op het spel. Kadhafi mocht dan waanzinnig zijn, gek was hij niet. Eens hij wist dat een vliegverbod boven zijn hoofd hing, handelde hij snel en isoleerde het verzet met doortastende middelen. Na zijn aanvankelijke beweringen dat al-Qaeda achter de opstand stak, dreigde hij nu met een pact met bin Laden. De slagkracht van Kadhafi en de trouw van zijn troepen waren groter dan verwacht. De westerse opinie, die in Tunesië en Egypte miraculeus snelle omwentelingen had gezien, verwachtte elk moment het genadeschot voor Kadhafi's regime, zeker nu de eigen luchtmacht een handje kwam toesteken. Het pakte anders uit. Kadhafi bleef zitten waar hij zat, alleen was hij nu nog gevaarlijker geworden. Het dreigement van een alliantie met de terroristen kon grootspraak zijn, maar het was niet raadzaam om daarvan uit te gaan. Sinds zijn pact met Abu Nidal, in de jaren tachtig de gevaarlijkste terrorist van ter wereld, neemt men Kadhafi beter ernstig wanneer hij ermee dreigt scheep te gaan met gevaarlijke heerschappen. Hij was misschien pathetischer dan ooit, maar iedereen had een voorstelling bij 'de zee van chaos' waarin hij de Middellandse Zee dreigde te veranderen. En voor zover het van de Saoedische koning afhing, zou de tsunami stoppen aan de straat van Hormuz.

Een week na het begin van operatie Odyssee Dawn, die naargelang van het land een andere naam en een eigen commandocentrum had, was het resultaat op het terrein relatief bevredigend. Dankzij een snelle raid in de vroege uren van de operatie was voorkomen dat het regeringsleger Benghazi bereikte. Daarmee bleef de hoofdstad van de opstand gespaard van een bloedige wraakactie, werd gezegd. Het was voor de coalitie een koud kunstje om de controle over het Libische luchtruim te veroveren, maar dat deed de balans niet definitief doorslaan in het voordeel van de oppositie. Ruwweg de helft van de bevolking was in opstand en de helft van de olieinstallaties was in handen van de rebellen. Kadhafi schuwde geen enkel middel om de bovenhand te krijgen. Hij beschikte over financiële middelen en over de perverse verbeelding om te zorgen voor nog meer onprettige verrassingen dan er al waren. Het was onduidelijk hoe een vliegverbod en zelfs bombardementen het pleit konden beslechten als de strijd de vorm zou aannemen van een stratenoorlog zoals in Ajdabiya, Zintan of Misrata. Een zeer snelle ontknoping van het Libisch avontuur moest ook om die redenen niet worden verwacht.

Meer vaart scheen er te zitten in de opstand in Jemen. De vaandelvlucht van hoge militairen, diplomaten, stamhoofden en bestuurders had president Saleh gedwongen tot nieuwe toegevingen, maar die brachten de situatie niet tot bedaren. Zijn aanbod om voor het eind van het jaar af te treden werd afgewezen. In de kuststad Mukalla, in het oosten, kwam het tot schermutselingen tussen muitende troepen en de presidentiële garde onder leiding van de zoon Saleh. Achter de schermen werkte de Samenwerkingsraad van de Golf GCC aan een machtsoverdracht. Saleh scheen fataal aangeschoten wild. De Arabische revolutie reikte nu van de Atlantische kust tot de Indische Oceaan.

KATTEKWAAD

Het meest onverwacht was de onrust in Syrië, waar in enkele dagen 25 doden vielen in de vrome provinciestad Deraa. In Syrië was de macht al veertig jaar in handen van een familie uit de alawitische minderheid, goed voor tien procent van de bevolking, heidenen in de ogen van orthodoxe soennitische scherpslijpers. De herinnering aan de bloedige afrekening van vader Assad met de Moslimbroeders in Hama werkte dertig jaar na datum nog afschrikwekkend en de oppositie was hopeloos verdeeld. De leiders ervan leefden in ballingschap. In Syrië zelf was er een handvol dissidenten en de verboden Moslimbroederschap. Het probaat optreden van de gevreesde *mukhabarat,* de geheime politie, had eerdere pogingen verijdeld om te manifesteren in de hoofdstad en andere centra. Dat de zaak uit de hand liep in Deraa was even verbazingwekkend als revelerend. De schooljeugd zag op al-Jazeera de beelden van Caïro en kopieerde de Egyptische graffiti op de muren van de stad. Via het internet bereikten amateurbeelden van het oproer in de stad de buitenwereld. Het probleem van autocratische regimes was dat ze geen antwoord hadden op de nieuwe communicatietechnologie die zich in korte tijd onder hun gretige, geïsoleerde bevolkingen had verspreid. In Iran, het niet-Arabische land waar de revolutionaire golf zich voor het eerst had gemanifesteerd, was de hele communicatiesector, twee maanden na het begin van het oproer, onder controle geplaatst van de Revolutionaire Garde, de betrouwbare gewapende arm van het regime. In combinatie met het verdrijven van de internationale pers was dat een probate maatregel. Maar zelfs uit Iran bleven beelden de buitenwereld bereiken. Dat gebeurde ook in Deraa en meteen verschoof de focus naar die nieuwe brandhaard. Op Youtube circuleerden tientallen video's van de gebeurtenissen in Deraa. Ze lieten de ratelende machinegeweren, kreten en geroep horen, en toonden de gezichten van bloedende slachtoffers, de manifestanten, de politie in de verte, plaveisel, rookpluimen. Het was regenachtig en donker... De binnenstad werd hermetisch afgesloten, de protesterende zitstakers omsingeld. De straten lagen volgens getuigen bezaaid met doden en gewonden. Het plaatselijk hoofdkwartier van de regerende Baath-partij was uitgebrand en de ontbinding werd geëist van de *mukhabarat*, de geheime politie waarvan de plaatselijke afdeling onder leiding stond van een neef van de president. De Arabische revolutie zou onvoltooid blijven als Syrië eraan zou ontsnappen. En als de revolutie hier zou zegevieren zouden de gevolgen dramatisch zijn. *'Youtube, al-Jazeera and cellphones changed the game and gave the people a powerful weapon'*, schreef de Amerikaanse Syrië-kenner Joshua Landis op zijn blog. Nu de vlam in de pan was geslagen stond Bashar al-Assad voor kwade dagen. De slogans werden stouter. 'Geen Iran. Geen Hezbollah. Wij willen een godvrezende moslim.' 'God, Syrië, Vrijheid. Het bloed van de martelaren is niet tevergeefs.' Na een weekend met zeven doden vielen er in Deraa op woensdag 23 maart 25 slachtoffers bij de verovering van de Omar-moskee door de veiligheidstroepen. Zonder martelaren sterft elke revolutie. Aan televisiekijkend Syrië werden geweren, pistolen, granaten, geld en munitie getoond die in de moskee, centrum van het oproer, waren aangetroffen. 'Al-Qaeda en de Taliban voor rekening van Amerika', zei Damascus. Het probleem was dat officiële 'bewijzen' maar een betrekkelijke overtuigingskracht hadden in een land als Syrië. Er ontspon zich een debat over de vraag of de omwenteling een sektarische richting zou inslaan. Syrië is een delicaat weefsel van zeer verschillende religieuze groepen: soennieten, christenen van verschillende kerken, alawieten en druzen. Een andere vraag was of dit 'plattelandsverschijnsel' – Deraa is een agrarische provinciestad – de grote steden zou aansteken en een wig drijven tussen de alawitische politieke en militaire macht en de economische macht van de rijke soennitische handelsdynastieën in dit Rijk van de Stilte. Volgens mensenrechtengroepen waren er al 45 doden in Deraa. Een getuige sprak van meer dan honderd. Volgens plaatselijke bronnen waren driehonderd inwoners aangehouden. De oppositie riep op om van de komende vrijdag in het hele land een 'Dag van de Waardigheid' te maken.

Tot nog toe was van sektarisme in de Arabische revolutie amper sprake. De 'religieuzen' deden mee, zij het enigszins wantrouwig. Ze namen noch in Tunesië, noch in Egypte, waar ze nochtans machtig waren, noch in Libië of Oman ostentatief het voortouw. Alleen in Bahrein en op de Saoedische kust vlakbij was godsdienst een verenigende factor in het verzet. Tenzij misschien in Jemen was 'politieke islam' quasi onzichtbaar maar niet afwezig. De uitslag van het referendum over de Egyptische grondwetsherziening gaf een idee van de nieuwe machtsverhoudingen. 77,2 procent van de kiezers volgde het advies van de Moslimbroederschap, de resten van Moebaraks partij en het leger, en stemde 'ja'. 'Tahrir', de motor van de omwenteling, inclusief haar iconen en presidentskandidaten Amr Moussa en el-Baradei, moest vrede nemen met nog geen kwart.

Tegen 25 maart was de aandacht verdeeld tussen Libië en de twee uitslaande brandhaarden, Jemen en Syrië. In Sanaa, de hoofdstad van Jemen, waren er rivaliserende betogingen. De Jemenitische president, in een goed zittend pak en met zonnebril, sprak zijn aanhangers toe en herhaalde dat hij bereid was om de macht over te dragen in 'betrouwbare handen' en dat de betogers die in de buurt van de universiteit zijn ontslag eisten werden gemanipuleerd door 'drugshandelaars' en sjiitische Houthi's die de afscheuring wilden van het noorden. 'Nee aan de chaos! Ja aan stabiliteit en veiligheid', stond op de spandoeken. Troepen die waren overgelopen naar de oppositie schoten in de lucht toen aanhangers van de president optrokken tegen de protestdemonstratie. De stad liep vol gewapende mannen en overal waren er wegversperringen van voor- en tegenstanders van het regime. De manifestaties van aanhangers en opposanten waren naar omvang aan elkaar gewaagd, maar de veiligheidsdiensten kregen buitengewone bevoegdheden om op te treden.

In Syrië werd op de 'dag van de waardigheid' betoogd in verschillende steden, onder de slogan 'Vrede, God, Syrië, Vrijheid'. Er waren betogingen in Hama, Aleppo, Latakia en Tell. In het onrustige Deraa werd opnieuw geschoten toen manifestanten hun woede wilden koelen op een standbeeld van vader Assad. Er waren berichten dat in Sanamein, vlakbij Deraa, twintig mensen waren vermoord door de veiligheid toen ze naar Deraa wilden gaan protesteren. De president zei dat hij wilde onderzoeken of een eind kon worden gemaakt aan de noodtoestand die al sinds 1963 van kracht was en of er politieke partijen konden worden toegelaten. Op de muren verscheen de leus 'uw beurt, dokter!', een zinspeling op het artsendiploma van de president. Alleen in Deraa kwam de bevolking massaal op straat. Elders lieten de betogers zich eerder in de honderden tellen dan in de duizenden. Er werd hard tegen hen opgetreden. De aanhangers van het regime waren talrijker. Ze reden rond met foto's van Assad in toeterende en bevlagde autokaravanen.

Op vrijdag zond al-Jazeera 'Sharia en Leven' uit, het sermoen van Moslimbroeder Qaradawi, de invloedrijke Egyptische decaan van de theologische faculteit van de universiteit van Qatar. Er kijken wereldwijd zestig miljoen moslims naar. Qaradawi, een vurige voorstander van de omwentelingen, had op 21 februari een fatwa uitgesproken die toestond Kadhafi te doden. Deze keer was de geestelijke niet op zijn vertrouwde zender, maar was zijn preek rechtstreeks te volgen via Oriënt TV, een nieuwe satellietzender uit Fujairah, Dubai, in de Emiraten, een ontspanningszender gericht op het Syrische publiek. Bij de lancering van zijn nieuwsprogramma's op 10 oktober 2010 had Oriënt de bedoeling om 'politieke en militaire gebeurtenissen te vermenselijken, weg van politiserende effecten en geleid door de journalistieke moraal'. Het nieuws van de zender werd gemaakt vanuit 'de belangen van de Arabische kijkers' op een manier die hen moest helpen om hun rol te spelen bij 'het maken en volgen' van de gebeurtenissen, 'weg van onaangenaam nieuws en scènes die worden getoond op andere zenders en de kijkers niet interesseren'. Via deze op hedendaagse leest geschoeide nieuwe zender riep Qaradawi de Syriërs op om in opstand te komen tegen de president, die volgens de predikant een pot nat was met Kadhafi en Saleh. 'De Syriërs denken dat hij een soenniet is maar hij is omringd met brutale en corrupte figuren', donderde Qaradawi. De Syrische regering zei intussen dat de ordetroepen het bevel hadden om onder geen beding te schieten op betogers, maar dat was niet van toepassing voor de 'gewapende manifestanten' in Deraa.

De Syrische bevolking wist goed wat chaos was. Vijftien jaar burgeroorlog in het buurland Libanon en de ontwrichting van een andere buur, Irak, lagen vers in het geheugen. En wie herinnerde zich niet de bloedige gebeurtenissen van 1982 in Hama, in Syrië zelf? President Bashar al-Assad werd niet echt gehaat door de bevolking. Hij leidde het leven van een voorbeeldige huisvader, had voorzichtige hervormingen toegestaan, gaf geen duimbreed toe aan Israël en Amerika en had de vrede weten te bewaren. Daardoor genoot hij zelfs een zekere populariteit. Nu was het moment gekomen om de boodschap van het volk te begrijpen en niet te antwoorden met nog meer repressie en een bloedbad. De westerse hoofdsteden keken gespannen toe, waarschuwden het regime en moedigden het volk aan. Vanuit de kuststad Latakia kwamen berichten dat betogers onder vuur lagen van sluipschutters op de daken, enkele minuten nadat de moefti, de hoogste soennitische autoriteit in

Syrië, via al-Jazeera had gezegd dat de regering ingrijpende hervormingen zou doorvoeren die het land zonder geweld zouden geven wat Tunesië en Egypte hadden moeten bevechten. De moefti werd meteen de pispaal op Twitter en Facebook. In Latakia werd het gebouw van de plaatselijke Baathafdeling in brand gestoken. Dat gebeurde ook in Tafas, vlakbij Deraa, tijdens de begrafenis van een manifestant. In Deraa zelf hielden betogers het stadscentrum bezet. Er werden mensen aangehouden. Tegelijk werden 260 politieke gevangenen vrijgelaten die driekwart van hun straf hadden uitgezeten. Dat gebeurde zeer uitzonderlijk in Syrië. In regeringskringen werd herhaald dat het land het slachtoffer was van een gewapend complot.

In Jemen scheen de omwenteling een beslissend stadium te bereiken en er werd volop onderhandeld over het vertrek van president Saleh. Dat werd door de regering zelf bevestigd. De minister van Buitenlandse Zaken hoopte op een ontknoping, eerder nog vandaag dan morgen. Een netelige vraag was wat er moest gebeuren met twee weinig populaire verwanten, de zoon van de president die de commandant was van de Presidentiële Garde, en een neef en schoonzoon die de leiding had van de veiligheidstroepen.

DE REVOLUTIE PRUTTELT

In Libië wisten de opstandelingen in het oosten met zware geallieerde luchtsteun de strategische oliestad Ajdabiya te veroveren. Tientallen tanks en kanonnen van de kolonel waren door Britse gevechtsvliegtuigen uitgeschakeld. Deze steun aan een gewapende groep was volgens Tripoli een overtreding van resolutie 1973. De opstandelingen meldden kort daarna de verovering van Brega, iets verderop, en 's anderendaags vielen Ugayla, Ras Lanuf en Bin Jawad op de weg naar het westen. De opstandelingen voorspelden dat ze tegen 27 maart in Sirte zouden staan, de geboorteplaats van de kolonel. De bevolking ontvluchtte de stad en er vertrok ook militair materieel richting hoofdstad. Regeringstanks vielen in het westen vanuit twee richtingen Misrata aan en namen woonwijken en de haven onder vuur. Terwijl de opstand als een broussevuur steden deed vallen in het oosten van Libië, kreeg de kolonel Misrata weer onder controle in het westen en trad de veiligheid op tegen de 'terroristen die de bevolking hadden gegijzeld'. De opmars van de opstandelingen uit het oosten stopte op de avond van 26 maart in Nufilia, omdat de rebellen hoorden dat Kadhafi hen vijftig kilometer verderop, op de weg naar Sirte, opwachtte. Ze hoopten dat die hindernis tijdens de nacht zou worden opgeruimd door de geallieerde luchtmacht. De weg naar Sirte werd inderdaad schoongeveegd door Britse Tornado gevechts-

vliegtuigen en de juichende rebellenkonvooien konden 's morgens probleemloos de honderd kilometer overbruggen naar Kadhafi's wingewest.
Intussen had de NAVO na veel palaveren het commando overgenomen
van de operatie. Dat was tegen de zin van de Fransen omdat het bondgenootschap door Washington werd gedomineerd, maar Turkije, Noorwegen en Italië hadden het zo gewild. Secretaris-generaal Anders Fogh Rasmussen beloofde 'onpartijdigheid' bij de 'bescherming van de burgers',
maar de Russische minister van Buitenlandse Zaken Sergey Lavrov vond
dat de bombardementen hun boekje te buiten gingen. Hij beschouwde
ze als een interventie in een burgeroorlog. Wapens zou de coalitie niet
leveren, zei de Britse minister van Defensie Liam Fox, want 'er is een
wapenembargo voor gans Libië'.

Washington maakte zich zorgen over Jemen. De val van president
Saleh, of zijn vervanging door een zwakkere figuur, zou zorgwekkend
zijn, zei minister Gates van Defensie. 'Vanuit Jemen opereert de meest
agressieve tak van al-Qaeda. We hebben veel aan Saleh en de Jemenitische veiligheid voor de terreurbestrijding.'

Gates gaf in de zondagmorgen nieuwsshows ook toe dat er menings-
verschillen waren met de Saoedi's, 'zoals die onder goede vrienden kunnen bestaan', maar hij deelde hun bezorgdheid dat Iran munt zou slaan
uit het tumult. Niet minder ongerust waren de VS over Syrië. Tot zeer
onlangs overheerste nog een diep wantrouwen tegenover president Bashar al-Assad, bondgenoot van Iran en beschermer van Hezbollah in Libanon. Maar misschien was hij het minste kwaad. Er waren tekenen van
verdeeldheid in Damascus tussen voor- en tegenstanders van een harde
aanpak. De geruchtenmolen wilde dat er een afrekening aan de gang
was binnen de regerende Assad-familie, maar minister van Buitenlandse
Zaken Hillary Clinton zag geen reden voor een interventie in Libische
stijl. Er was een verschil, zei ze, tussen 'politieacties' en bombardementen met gevechtsvliegtuigen. Bovendien werd de Syrische president door
zowel de Democraten als de Republikeinen beschouwd als een hervormer. Maar in Latakia, de soennitische kuststad aan de voet van de alawitische bergen, liepen de zaken uit de hand. Volgens verschillende getuigen waren gewapende vreemdelingen in de stad om soennieten en alawieten tegen elkaar op te zetten. De Republikeinse garde, onder alawitisch commando, en het (soennitische) leger waren Latakia binnengerukt
en er waren die zondag 27 maart een dozijn doden. Er heerste grote
verwarring en de meeste Syriërs aarzelden om partij te kiezen.

Amin Malouf, de briljante Libanese schrijver die in 1976, bij het begin van de burgeroorlog, naar Frankrijk was verhuisd, was verrukt over
de Revolutie. Onlangs, op zijn eenenzestigste, had hij *De ontregeling van*

de wereld geschreven, een boek waarin de moslims vol wrok keken naar de wereld en steeds verder wegzonken in een 'historische put'. Dat pessimisme was door de revolutie doorbroken. Decennialang onderdrukte frustraties kwamen naar buiten. De revolutie luidde een cultuurverandering in, had een nederlaag bezorgd aan het obscurantisme, de wanhoop en de haat, en met het einde van de dictaturen was voor Malouf ook een einde gemaakt aan de Arabische uitzondering die de hele wereld doodziek had gemaakt. Hij pleitte voor een onmiddellijke (weder)opbouw van het onderwijs en een Europees Marshallplan en zag in de toekomst een aansluiting van de zuidelijke oever van de Middellandse Zee bij de Europese Unie. Maloufs bedenkingen verschenen in nrc-*Handelsblad*. *The Observer* zocht en vond een tegenstem in de Nederlandse auteur van Marokkaanse afkomst Abdelkader Benali. Die was tegen de interventie in Libië omdat ze kon worden uitgelegd als een buitenlandse samenzwering. Veel Arabische leiders waren daar blij mee, in het bijzonder Syrië en Jemen. Saleh bijvoorbeeld sprak van een Zionistisch-Amerikaans complot. De westerse interventie maakte het volgens Benali een stuk moeilijker voor de revolutie om de brede conservatieve massa te bereiken.

Een ander probleem was dat de bondgenoten van de coalitie kort voordien nog de zoetste broodjes bakten met de kolonel. Dat bevestigde in Arabische ogen de dubbelhartige onbetrouwbaarheid van het Westen. In Egypte en Tunesië was de westerse afzijdigheid en aarzeling ten goede gekomen aan de geloofwaardigheid van de opstand, maar in Libië werd het Westen een partij aan de zijde van rebellen die niemand goed kende. Het was geen brede Arabische coalitie die de kolonel uit het zadel probeerde te lichten. Zo'n coalitie zou niet mogelijk zijn geweest. De Arabische landen liepen er niet warm voor en hielden de handen vrij om de schuld voor een eventuele mislukking van dit avontuur in de schoenen van het Westen te schuiven. Mocht het integendeel slagen dan zouden de nieuwe machthebbers er alles aan doen om niet te worden gezien als marionetten van het Westen. Voor de modale Arabier was de interventie geïnspireerd door de binnenlandse agenda's van buitenlandse machthebbers, zoals de slinkende populariteit van Sarkozy. Zelfs de val van de kolonel zou nog voldoende tragedie veroorzaken, schreef de jonge Rotterdamse Marokkaan. Mochten er grondtroepen aan te pas komen, en dat was voor Abdelkader Benali onvermijdelijk, dan zou dat al-Qaeda aantrekken en van het land een nieuw Irak maken. Eigenlijk was de terreurorganisatie al volop bezig om in alle stilte voordeel te halen uit de chaos.

TERRORISTEN

Hoe langer de val van Kadhafi uitbleef, hoe groter de kans dat de interventie zou vastlopen. In Londen kwamen 35 landen bijeen over Libië. Het land zelf was niet vertegenwoordigd. Wel was de politieke leider van de rebellen, Mustafa Abdul Jalil, geïnviteerd als waarnemer. Jalil kon geen briljant rapport voorleggen. De berichten over de snelle doorstoot naar Sirte bleken voorbarig, al was oppositiegeneraal Hamdi Hassi erg tevreden over de voorbereidende bombardementen van de coalitie op de thuisstad van de kolonel. Hij verzekerde dat de cirkels rond Kadhafi geleidelijk afpelden, maar het zou gemakkelijker zijn als ze zouden vechten, zei hij. Qatar, een van beide Arabische peilers van de coalitie, erkende als tweede na Frankrijk de Nationale Overgangsraad van de Libische oppositie als enige wettige vertegenwoordiger van het land. De Turkse premier Erdogan stelde voor om te bemiddelen tussen Kadhafi en de oppositie. De Amerikaanse generaal Carter F. Ham temperde het optimisme door te zeggen dat de kolonel de rebellen militair nog ruim de baas was en hen in korte tijd kon verslaan, waren er niet de voortdurende geallieerde bombardementen. Zijn manschappen liepen alleen in geïsoleerde gevallen over naar de oppositie.

Enkele uren later verdedigde Obama de interventie in een toespraak tot de officieren van de National Defence University in Washington. Ze werd rechtstreeks uitgezonden op televisie. 'Sommige naties kijken de andere kant op bij wreedheden, de Verenigde Staten kunnen dat niet. Als we onze verantwoordelijkheden zouden ontlopen tegenover onze medemensen zouden we verraad plegen tegenover onszelf. We kortwieken de kolonel en ijveren met andere landen om zijn vertrek te bespoedigen, al kan dat nog even duren, want als we hem met geweld zouden verdrijven zou de coalitie verbrokkelen.' Erg concreet was Obama niet, maar de volgende dag werd het vertrek aangekondigd van een Amerikaanse diplomaat naar Benghazi om contact te leggen met de Nationale Overgangsraad. De Republikeinse senator Rand Paul verweet Obama niet over de interventie te hebben overlegd met het Congres. Hij was geschrokken dat de Libische oppositie grotendeels onbekend was en militanten van al-Qaeda omvatte, zoals de *Daily Telegraph* had geschreven op gezag van rebellerende commandanten. 'We moeten eerst onze eigen problemen oplossen voor we ons met andere inlaten', vond Paul.

De *Telegraph* had op 25 maart een interview overgenomen van de Italiaanse *Il Sole 24 Ore* met een Libische rebellencommandant, Abdel-Hakim al-Hasidi, verantwoordelijk voor de verdediging van de ultraconservatieve kuststad Darnah. Hij zei dat hij persoonlijk twee dozijn vrijwilligers had geronseld voor al-Qaeda in Irak en dat sommigen van hen nu vochten in Ajdabiya. Hasidi zelf had tot zijn arrestatie in Peshawar in 2002 gevochten tegen de 'buitenlandse invasie' in Afghanistan. Hij zat enkele maanden vast in de Pakistaanse hoofdstad Islamabad en werd dan door de Amerikanen bezorgd aan Kadhafi, die hem in 2008 had vrijgelaten. Hij stond op Britse en Amerikaanse lijsten als lid van de Libische Islamitische Gevechtsgroep, LIFG, die in de streek van Darnah en Benghazi midden jaren negentig een guerrilla voerde. LIFG was geen officieel filiaal van al-Qaeda, maar had er wel erg nauwe banden mee. Noman Benotman, een voormalige leider van de LIFG, zei dat er in Libië een duizendtal jihadi's waren.

Het nieuws over de commandant van Darnah viel samen met een interview in *Jeune Afrique* waarin Idriss Deby Itno, de president van Tsjaad, zei dat al-Qaeda van het oproer gebruik had gemaakt om Libische arsenalen te plunderen en luchtdoelraketten te bemachtigen. Ze hadden de buit meegenomen naar het zuiden, in Tenere, het gebied van de Toearegs in het hart van de Sahara. 'Al-Qaeda in de Maghreb wordt het best bewapende leger in de regio en neemt actief deel aan de opstand', zei de president. Ook vanuit Mali en Niger kwamen berichten over de bewapening van al-Qaeda met materieel uit de Libische arsenalen. De terreurorganisatie had op 24 februari al zijn steun toegezegd aan de Libische revolutie en wereldwijd hadden islamisten opgeroepen tot de jihad in Libië. Zo bleek het Westen zich plots in een kamp te bevinden met zijn meest gevreesde vijand. Als dat maar niet te veel publiciteit zou krijgen…

Enkele weken later, na de dood van bin Laden, gaf Bernard Squarcini, de chef van de Franse veiligheid DCRI, toe dat er een 'liberalisering' was van de wapenmarkt in Libië en dat al-Qaeda om een dubbele reden geïnteresseerd was in de opstand: om kant-en-klaar materieel buit te maken en natuurlijk ook om Kadhafi te liquideren. De terroristen hadden volgens Squarcini vooral interesse voor draagbare SA7 luchtdoelraketten. 'We weten dat er Libiërs bij al-Qaeda zijn, maar we weten niets van hun mogelijke terugkeer naar hun land', zei de topspion van het land dat in de Libische kwestie de spits afbeet. Het aantal militanten van al-Qaeda in de Maghreb, waartoe Libië behoort, was volgens hem de afgelopen twee jaar gegroeid van 150 tot 400 met een logistieke cirkel van 150 tot 200 man. Er kwamen steeds meer bedreigingen tegen Frankrijk en Squarcini noemde al-Qaeda in de Maghreb, ondanks het overzichtelijke aantal militanten, het 'grootste gevaar voor Frankrijk'. Dat was even weinig opzienbarend als zijn bezorgdheid over de zelfradicalisering van geïsoleerde jongeren, ook in Frankrijk, voor wie bin Laden het ultieme idool is.

WERELD IN BEWEGING

In Londen arriveerden de delegaties van veertig landen en supranationale instellingen voor de Libische top, die besliste tot de oprichting van een contactgroep. Die contactgroep zou voor het eerst vergaderen in... Qatar. Kadhafi, die uiteraard niet was uitgenodigd, stuurde een brief waarin hij het einde vroeg van de 'barbaarse bombardementen'. In een videoconferentie met Merkel, Sarkozy en Cameron stemde Obama ermee in dat Kadhafi elke legitimiteit was kwijtgespeeld en dat hij de macht moest afstaan 'zodat het volk over zijn eigen toekomst kon beschikken'. Obama weigerde uit te sluiten dat de Libische oppositie wapens zou krijgen. Hillary Clinton en de Fransen waren daar iets minder behoedzaam over. Er was een zweem van vastberaden eensgezindheid op de top. Zelfs Clintons Duitse collega Westerwelle vond dat de tijd van de kolonel er opzat en dat hij moest ophoepelen. De Italianen wilden Kadhafi 'in absolute discretie' aan een ontsnappingsroute helpen, waarna snel een bestand zou kunnen volgen. Rome overlegde met Berlijn en Parijs. De top van Londen was een nieuwe supranationale hoogmis van 'de wereldgemeenschap', al was de Afrikaanse Unie er deze keer niet meer bij. Wel waren Irak, Jordanië, Libanon, Qatar, Tunesië, Marokko, de Emiraten en Turkije vertegenwoordigd. In Libië zelf was de opmars van de rebellen, die de dag ervoor nog een wervelwind leek, gestokt. Erger, ze werden teruggedreven tot Bin Jawad, 150 kilometer ten oosten van Sirte. De volgende dag werden ze gedwongen zich terug te trekken tot Ras Lanuf. Dat was koren op de molen van de voorstanders van wapenleveringen aan de rebellen.

De Egyptische Hoogste Raad had net gezegd dat de farao onder huisarrest stond en het land niet mocht verlaten, toen uit Jemen het bericht binnenliep dat 78 mensen waren omgekomen bij een zware ontploffing in een munitiefabriek vlakbij Jaar, in het zuiden. De stad en de fabriek, tien kilometer verderop, waar ook kalasjnikovs werden gemaakt, waren na gevechten met het leger veroverd door al-Qaeda. De gemaskerde militanten waren vertrokken met vier laadbakken vol wapentuig en daarna was de fabriek leeggeplunderd door de bevolking. Het dodencijfer liep verder op. Vermoed werd dat de ramp was veroorzaakt door een weggegooide sigaret. Enkele uren eerder waren zes soldaten door al-Qaeda vermoord in Marib, de legendarische hoofdstad van de koningin van Sheba in het noorden van Jemen, waar het al jaren onveilig was.

Intussen was nauwelijks opgemerkt dat Israël zijn IJzeren Koepel in werking had gesteld om zich met radar geleide raketten te beschermen tegen raketaanvallen uit Gaza. Meteen werden twee leden van de islamitische jihad, die raketten wilden lanceren, gedood. De afgelopen week waren er zo'n tachtig afgevuurd door Palestijnse groepen en had Israël tien Palestijnen gedood. Vrijwel onopgemerkt bleef ook de eerste dode in Jordanië toen het leger een betoging van monarchisten met wapenstok en waterkanon wilde scheiden van een demonstratie die het ontslag eiste van de pas benoemde premier al-Bakhit. De onrust in Jordanië kwam vooral van de oorspronkelijke stammen die zich geleidelijk verdrongen begonnen te voelen door de Palestijnse aanwezigheid, die wel voor eeuwig scheen. Die frustratie richtte zich specifiek tegen de spilzieke koningin Rania, een Palestijnse. Het is Marie-Antoinette, zei Fares al-Fayez, een professor politieke wetenschappen en invloedrijke vertegenwoordiger van de machtige Beni Sakr-stam. 'Koningin Nour (de weduwe van koning Hoessein) gaf ook veel geld uit, maar ze respecteerde tenminste de rode streep en beïnvloedde niet de keuze van ministers, gouverneurs en hovelingen.' Fares gaf de koning de 'broederlijke raad' zijn echtgenote onder huisarrest te plaatsen. Vooralsnog had niemand het op de monarchie gemunt, maar dat kon veranderen.

WISSELENDE KANSEN

In Syrië was een belangrijke mededeling aangekondigd en die kwam er in de namiddag van 29 maart. De regering was naar huis gestuurd. Het centrum van Damascus en van de andere grote steden werd overspoeld door steunbetogingen voor het regime in afwachting van president Assad, die het woord zou richten tot het parlement. Dat zou zijn eerste publieke optreden zijn sinds het begin van de onrust. Verwacht werd dat hij de noodtoestand zou opheffen die al sinds 1963 van kracht was, en beperkingen op de burgerlijke vrijheden zou afschaffen. Bashar al-Assad liet een dag op zich wachten. Toen kwam hij naar het parlement dat belegerd was door geestdriftige aanhangers en sprak hij van een samenzwering. 'Ik wilde niet emotioneel reageren maar heb gewacht tot ik alle gegevens had', zei hij. De parlementsleden riepen in koor 'God, Syrië en Bashar'. 'De samenzwering wil het land ten gronde richten', vervolgde Assad, 'de mensen worden bedrogen.' Op de verzuchtingen van de manifestanten reageerde hij met de belofte dat hij het pad der hervormingen niet zou verlaten. De speech lokte tegenstrijdige reacties uit en even was het onduidelijk of dit het oproer kon bezweren, maar twee dagen later waren er na het vrijdaggebed opnieuw betogingen in verschillende steden. De manifestanten eisten vrijheid, maar volgens de media, die in Syrië officieel zijn, wilden de betogers enkel dat er vaart werd gezet achter de hervormingen. Er waren zeker tien doden op deze Dag van de Martelaren, de helft van hen in een proletarische voorstad van Damascus. Ooggetuigen zegden dat er werd geschoten van op de daken door mannen in burger. Dat was tijdens de revolutie in verschillende landen een courante praktijk. Elders in Damascus was iemand doodgeslagen en ook in Deraa waren er opnieuw doden. De normaliteit is teruggekeerd over het hele grondgebied, zei het Syrische persbureau.

Het regime stond er in principe niet zo slecht voor. Het was antiwesters en dat was bij de Arabieren populair. Het kon ten allen tijde imposante steunmanifestaties op de been brengen. De religieuze minderheden verkozen het status-quo en wantrouwden politieke avonturen. Niet de minste troef was het repressieapparaat, maar dat werd door brutaal optreden een handicap. Het regime demonstreerde wie de macht had en dat die macht zich met alle middelen zou verdedigen. Assad bevond zich willens nillens in het kamp van de harde lijn. Mochten de beloofde hervormingen werkelijkheid worden, dan kon dat spanningen veroorzaken in het staatsapparaat, maar voorlopig bleven ze dode letter. Het regime voelde zich nog aan de veilige kant van de balans. Het was voorlopig bestand tegen de revolutie. De Arabische omwenteling scheen op haar grens te stuiten.

In Libië was het tij gekeerd in het voordeel van de kolonel. Die dreef de opstandelingen steeds verder terug, maar op 31 maart deserteerde zijn minister van Buitenlandse Zaken. Moussa Koussa was vanuit Tunesië met een Brits militair vliegtuig in Londen geland en zei dat hij niet langer wilde werken voor Kadhafi. Koussa werd in het Westen verdacht van betrokkenheid bij de Lockerbie-aanslag, maar eerder had zijn voormalige collega van Justitie gezegd dat het bevel voor de aanslag van Kadhafi zelf was gekomen. Koussa was dus hooguit een uitvoerder. Hij had geen onschendbaarheid gevraagd of gekregen in Londen. Hij briefte Britse functionarissen en diplomaten. Sinds 3 maart stond Moussa Koussa op de tweede plaats in de lijst van 'personages met een formele of de facto macht en controle over de troepen die zich schuldig maakten aan misdaden bij het neerslaan van de opstand', samengesteld door de aanklager van het Internationaal Strafhof.

De Amerikaanse media wisten intussen dat president Obama het licht op groen had gezet voor geheime steun aan de rebellen. Die waren nu ook Brega kwijt en hielden bijna niets meer over van wat ze het afgelopen weekend hadden veroverd. Toch wilde de gedeserteerde minister van Justitie Mustafa Abdul Jalil, voorzitter van de Nationale Overgangsraad, pas een bestand na het vertrek van de kolonel. Kadhafi noemde dat krankzinnig. De troepen zullen hun beleg van de rebellerende steden nooit opbreken, was de reactie van Tripoli. De opstandelingen waren 'tribaal, gewelddadig, zonder leiderschap en met banden met al-Qaeda'. 'Wij zijn de regering. Niet zij. Sommige waanzinnige en misdadige Europese eerste ministers en presidenten voeren een kruistocht tegen een Arabisch en islamitisch land. Dat is een misdaad tegen de menselijkheid', zei de vlotte woordvoerder van de kolonel. Hij sprak van zes nieuwe burgerdoden bij een geallieerde luchtaanval bij Brega. Later bleek dat het er zeven waren in een en hetzelfde gezin toen een wagen met munitie explodeerde bij een luchtbombardement. In de nacht van 1 april bombardeerde de coalitie per ongeluk een konvooi van de rebellen dat, onderweg van Ajdabiya naar Brega, een luchtdoelraket had afgevuurd. Er waren minstens tien doden. De hoofdstad gonsde van de geruchten over deserterende hoge functionarissen die nu lijfwachten kregen om nog meer vaandelvlucht te beletten, waardoor ze gijzelaars werden.

De krijgshandelingen in Libië en de onrust in Syrië drukten het oproer in Jemen naar de achtergrond en de ontwikkelingen in Bahrein zelfs helemaal weg. Op 3 april opende de Jeminitische oproerpolitie het vuur op betogers die een zitstaking hielden op het marktplein van het behoudsgezinde Taiz, de derde stad van het land. Er werden al gauw zeshonderd gewonden geteld. De dag voordien had de oppositie aan president Saleh gevraagd om de macht over te dragen aan vicepresident Hadi. Volgens de oppositie moest Hadi tijdens een interimperiode het veiligheidsapparaat en de Republikeinse Garde reorganiseren, twee instellingen die onder controle stonden van verwanten van de president. Saleh reageerde niet.

In Bahrein legde de regering op 3 april een verschijningsverbod op aan *al-Wasat*, de grootste oppositiekrant, wegens zijn 'immorele' berichtgeving over de opstand. De krant, onder leiding van een veteraan van de sjiitische opstand van de jaren negentig, werd beticht van het verspreiden van leugens over 'de veiligheidssituatie'. De laatste vrije stem van Bahrein is de mond gesnoerd, zei de uitgever. *Al-Wasat* was de enige krant zonder banden met de monarchie. Volgens de oppositie waren 329 tegenstanders van het regime aangehouden en lag dat cijfer misschien zelfs boven de vierhonderd omdat velen nog vermist waren. De oppositie werd hard aangepakt. Honderden sjiitische werknemers van de luchthaven werden op straat gezet omdat ze de omwenteling hadden gesteund met een staking. In de ziekenhuizen zochten de veiligheidsdiensten naar gewonde opposanten om ze een pak slaag toe te dienen, mee te nemen of te intimideren. Ook het medisch personeel was niet veilig. Soennieten en sjiiten zochten 'valse Bahreini's' in het andere kamp, sjiieten 'van Perzische afkomst' of soennietische 'Saoedi's die onlangs de nationaliteit hadden gekregen'. De nationale luchtvaartmaatschappij Gulf Air vloog sinds 23 maart niet meer op sjiitische bestemmingen als

Iran, Irak en Libanon en er was een nachtelijke maritieme blokkade voor de kust in het noorden en het oosten. Verschillende Libanezen werden aangehouden op beschuldiging van samenzwering, een 'complot van Hezbollah' waarvan de leider, Hassan Nasrallah, inderdaad de sjiitische geloofsbroeders in Bahrein had aangemoedigd. De Amerikaanse minister van Defensie Gates kwam op 6 april in de Saoedische hoofdstad Riyadh overleggen hoe kon worden voorkomen dat extremisten van de turbulentie zouden profiteren. 'We hebben aanwijzingen dat Iran de toestand in Bahrein wil uitbuiten en ook elders problemen wil veroorzaken', zei Gates.

Een week later, op 14 april, begon de regering van Bahrein een gerechtelijke procedure om twee sjiitische oppositieorganisaties te ontbinden. De bevelhebber van de interventiemacht uit Saoedi-Arabië en de Emiraten zei dat de troepen er waren om Bahrein te beschermen tegen buitenlandse agressie. Ze zouden blijven zolang dat nodig was, verzekerde hij. De rijke Golfstaten die pas nog hadden gezegd dat Iran ook een oog had laten vallen op Koeweit, probeerden intussen de situatie in Jemen, het arme broertje, te ontmijnen. Ze stelden het vertrek van de president voor en de oprichting van een overgangsraad voor een periode van hooguit drie maanden.

TOENEMENDE TWIJFEL

Op 31 maart kreeg de NAVO officieel de leiding van de operatie in Libië. Uit de verklaringen van verantwoordelijken bleek dat de lidstaten verschillende klemtonen legden. Acht van de 28 lidstaten hielden zich afzijdig, hetzij uit gebrek aan middelen, hetzij om politieke redenen. Duitsland bleef erg kritisch al aanvaardde het een zitje in het commando. Alleen de VS, Groot-Brittannië, Frankrijk, Canada, Noorwegen, België, Italië, en Denemarken deden mee aan bombardementen. Spanje, Nederland en Zweden beperkten hun aandeel tot verkenningsvluchten en ook de Emiraten en Qatar zouden geen aanvallen uitvoeren. Turkije, Griekenland en Roemenië stelden alleen schepen ter beschikking. Tegen begin april begon de Libische revolutie te stokken. Het nieuws erover zakte geleidelijk weg. De opstandelingen begonnen te mopperen over gebrek aan steun van de NAVO. De geestdrift en de fut waren er een beetje uit. De kolonel had zijn tactiek aangepast en om luchtaanvallen te ontlopen verplaatste hij zijn troepen en materieel, zoals het rebellenleger dat deed, met gewone auto's in plaats van militaire voertuigen. Tanks en pantserwagens werden aan het oog onttrokken en volgens generaal Mark van Uhm, de bevelhebber van de interventie, werden in Misrata menselijke schilden gebruikt. De Amerikaanse stafchef Michael Mullen zei op 31 maart voor het Congres dat een vijfde tot een kwart van de troepen van Kadhafi door de bombardementen was uitgeschakeld. Er waren tweehonderd Tomahawk raketten afgevuurd en zevenhonderd bombardementen uitgevoerd sinds 19 maart.

Maar wat vooral aan het licht kwam, waren de zwakheden van de oppositie. Het rebellenlegertje had een schrijnende behoefte aan opleiding, organisatie en leiderschap, constateerde de Amerikaanse minister Gates, maar hij zag dat niet als een taak voor zijn land. Er waren volgens hem genoeg anderen om die klus te klaren. Washington liet wel verstaan dat de CIA en elitesoldaten al actief waren op Libisch grondgebied en de Amerikaanse zender ABC wist op 30 maart van de aanwezigheid van tientallen agenten van de Britse MI6 en keurtroepen. In Parijs ontkende minister van Landsverdediging Longuet dat er ook Franse grondtroepen waren, maar volgens *Le Monde* waren er militairen van de inlichtingendienst in het oostelijk rebellengebied Cyrenaica. Ze waren nodig om de bombardementen op de grond te sturen met precieze informatie.

Boven Libië hing een vloot van spionageapparatuur, variërend van de Global Hawk, het grootste onbemande vliegtuig van de Amerikaanse luchtmacht en het radarvliegtuig J-Star die de bewegingen volgden op het terrein, tot de klassieke U2. Geen ervan benaderde de nauwkeurigheid van een informant op het terrein die de *collateral damage,* met andere woorden de kans op ongewenste burgerslachtoffers, kon inschatten. Het was de achillespees van de operatie, die tenslotte was opgezet om de bevolking te beschermen. Een andere reden voor manschappen op de grond was dat niet alle vliegtuigen beschikten over laserapparatuur en niet alle bommen over precieze GPS. De militairen zagen het conflict evolueren in de richting van een stadsguerrilla eens de oppositie bastions zou bereiken als Sirte of de hoofdstad Tripoli. 'We zullen luchtsteun moeten geven', zei admiraal Coindreau, bevelhebber van het Franse smaldeel in de Golf van Sirte. De oppositie zal standhouden 'mits luchtsteun en wapens'. Daarmee was nog eens het taboe doorbroken over de bewapening van de rebellen die volgens hardnekkige geruchten al een tijd via Egypte gebeurde. De kwestie zorgde voor grote internationale verdeeldheid. De Arabische partners in de coalitie waren tegen elke vorm van grondtroepen. Ook voor Rusland en China stond resolutie 1973 het inzetten van grondtroepen niet toe, maar dat was volgens sommigen een kwestie van interpretatie.

Op 7 april vergaderden de ambassadeurs van de NAVO in Brussel over de vraag hoe het verder moest met de interventie waarvan het bondgenootschap sinds een week de leiding had. Het plaatje was niet rooskleurig. Er dreigde een humanitaire catastrofe in het opstandige Misrata, dat onder vuur lag van de kolonel. Frankrijk en het Verenigd koninkrijk moesten verhoudingsgewijs veel meer doen dan de andere lidstaten, die bovendien beschikten over een rode kaart om bombardementen door hun vliegtuigen af te blazen als die niet strookten met het mandaat van hun regeringen. Het aantal burgerslachtoffers liep op. De rebellen vroegen gevechtshelikopters. De Fransen noemden de toestand ingewikkeld. Hillary Clinton twijfelde hardop of luchtsteun volstond om de rebellen aan de overwinning te helpen. Grondtroepen zouden in de VN-Veiligheidsraad op een *njet* stuiten van China, dat pas zijn wereldvermaarde kunstenaar Ai Weiwei had opgesloten nadat hij zich al te geestdriftig had uitgelaten over de Arabische Revolutie. Er moest ook niet worden gerekend op veel steun van Rusland of van de Arabische Liga. Londen droomde van een spoedopleiding van de rebellen, liefst nog door instructeurs uit Jordanië en de Emiraten en betaald door Qatar. Velen voelden voor het Turkse idee van een onderhandeld vertrek van Kadhafi en politieke veranderingen die tegemoet kwamen aan de verlangens van het volk.

Terwijl de ambassadeurs van de NAVO krijgsraad hielden in Brussel, was er een nieuw ongelukkig bombardement op een rebellenkonvooi. Dat was voor de tweede keer in een week en ongeveer op dezelfde plaats. Er waren vier doden en volgens artsen ter plaatse zelfs minstens dertien. De opstandelingen waren verbolgen en eisten tekst en uitleg, maar de NAVO zei niet te hebben geweten dat de rebellen beschikten over tanks en dat het de opdracht was om de bevolking te beschermen tegen de troepen van de kolonel én tegen de rebellen.

Een correspondent van de *Times* in Ajdabiya meldde op 17 april de dood van de leider van een rebellenkonvooi die hij enkele dagen tevoren had geïnterviewd. De commandant was met zo'n tweehonderd auto's onderweg om het puin van het bombardement op te ruimen. Abdel Monem Muktar Mohammed was 41 en had een bewogen leven achter de rug. Op zijn twintigste was hij naar Afghanistan vertrokken als vrijwilliger voor de jihad, die daar op zijn einde liep. Hij verbleef er drie jaar onder de hoede van de legendarische krijgsheer Jalaluddin Haqqani, ooit de beschermeling maar intussen een van de gevaarlijkste tegenstanders van de westerse legers in Afghanistan. Mohammed had Osama bin Laden en Ayman al-Zawahiri, ondertussen de nieuwe leider van al-Qaeda, persoonlijk ontmoet in 2000 en was medestichter van de LIFG, de groep die weigerde in te gaan op de vraag van bin Laden om aan te sluiten bij al-Qaeda. 'Ons doel is de dood van Kadhafi, we geloofden niet in oorlog met Amerika.'

Na de aanslagen van 11 september waren hij en alle andere Libische extremisten hals over kop het land ontvlucht richting Pakistan. Hij was daarna gestrand in Iran waar hij 7,5 jaar werd vastgehouden. Bij het uitbreken van de opstand was hij meteen naar Libië teruggekeerd. Met andere leiders van de LIFG herdoopte hij de groep tot Islamitische Beweging voor Verandering, IMC. Hij betrok een riante villa in Ajdabiya. Vijf dagen voor zijn dood ontmoette de correspondent van de *Times* hem op een toren aan de rand van de stad, vanwaar hij telefonisch de posities doorgaf van Kadhafi's troepen aan de NAVO, waarop ze een kwartier later met grote nauwkeurigheid werden gedecimeerd. Zijn Omar Muktar brigade, genoemd naar de leider van het oostelijk verzet tegen het Italië van Mussolini, was een van de weinige milities die door de Nationale Overgangsraad was erkend. Mohammed zelf was door de raad tot generaal gebombardeerd. Hij stierf in een tweedehands Amerikaans militair uniform, getroffen door een kogel toen hij in een hinderlaag liep. Zijn adelbrieven bestonden uit mislukte moordcomplotten tegen Kadhafi en een leven als internationale paria onder valse identiteiten. Hij ontkende dat de LIFG iets te maken had met al-Qaeda, maar dat werd tegengesproken door bewijsmateriaal dat terugging tot 1997 en waartoe ook de 'officiële' fusie van LIFG en al-Qaeda uit 2007 behoorde.

Er was geen duidelijk antwoord op de vraag of de militanten van de LIFG, tegenwoordig IMC, waren bekeerd tot geweldloosheid en democratisch patriottisme. Deed het er ook toe? Sommigen dachten van wel. Een ingewijde van de Amerikaanse strijd tegen het terrorisme, voorzitter Patrick Meehan van de daartoe bevoegde senaatscommissie, zei dat in Egypte alle gevangen jihadi's waren vrijgelaten. Hij noemde het gevaarlijk dat 'honderden radicale islamisten' nu rondzwierven in Noord-Afrika en het Midden-Oosten. Andere Amerikaanse parlementsleden vonden dat Amerika inzicht moest krijgen in wie de Libische rebellen precies waren, maar het gevaar werd door de meesten geminimaliseerd omdat al-Qaeda geen rol van betekenis speelde. President Obama beloofde de Libische Overgangsraad 25 miljoen dollar. De Raad was 'stabiel, democratisch en erkende de Conventies van Genève'. Het was net geen officiële erkenning maar de deur stond op een kier voor wapenleveringen.

Het was al een tijd een gerucht, maar het werd nu bevestigd dat de opstandelingen vanuit het buitenland militair werden bevoorraad. Hamad bin Khalifa al-Thani, de emir van Qatar, dat als geen ander Arabisch land belang scheen te hebben bij de omwentelingsgolf, had er op 14 april tegen CNN geen geheim van gemaakt. Hij begreep resolutie 1973 als groen licht voor wapenleveringen. Het ging om wapens waar 'een zekere opleiding' voor nodig was, en om Franse antitankwapens die al ter plaatse konden zijn, zei de emir. Twee dagen later bevestigden de rebellen dat ze wapens kregen 'uit het buitenland'. Toch achtte generaal Carter Ham, bevelhebber van de Amerikaanse troepen in Afrika, op een hoorzitting in de Senaat de kans klein dat de rebellen de kolonel zouden omverwerpen. Hij raadde af om Amerikaanse troepen te sturen. Hij wist van clandestiene wapenleveringen aan de rebellen door Arabische landen en waarschuwde dat die wapens in extremistische handen konden terechtkomen. Eerder had Ham met zoveel woorden duidelijk gemaakt dat het niet de opdracht was de oppositietroepen te helpen.

EEN DIPLOMATIEKE OORLOG EN HET PUBLIEK

Eind maart arriveerde op het kantoor van VN secretaris-generaal Ban Ki-moon in New York een brief van de Libische minister van Buitenlandse Zaken Moussa Koussa, die intussen geen minister meer was. Daarin deelde Koussa, toen nog minister, mee wie de opvolger was van de Libische ambassadeur bij de VN na de vaandelvlucht van Abdulrahman Shalgam en zijn adjunct Ibrahim Dabbashi, die Kadhafi hadden beticht van genocide op zijn volk. De keuze was zacht gezegd ongewoon. Het ging om Miguel d'Escoto, een voormalige priester en ex-minister uit Nicaragua. Men herinnerde zich de gewezen geestelijke uit de kring van sandinistenleider Daniel Ortega. In 2008 en 2009 was hij voorzitter van de Algemene Vergadering van de Verenigde Naties, een functie die hij benutte voor tirades ten gunste van het Iraanse atoomprogramma en tegen de VS, dat hij systematisch het 'Imperium' noemde, onder meer wegens de steun aan de contra's in Nicaragua. Hij moest ook niets hebben van het 'racisme' van het Internationaal Strafhof toen een arrestatiebevel werd uitgevaardigd tegen de Soedanese president Omar al-Bashir wegens misdaden tegen de mensheid.

'De kolonel gebruikt nu ook al huurlingen als diplomaten', zei d'Escoto's voorganger Shalgam, die tegenwoordig zijn tijd doodde met de verspreiding van boodschappen van de Libische Overgangsraad onder zijn voormalige collega's in de glazen toren van de VN in New York. Een van hen, de Amerikaanse ambassadrice Susan Rice, vond de brief van Moussa Koussa, die intussen geen minister meer was, met de benoeming van de 78-jarige d'Escoto 'curieus'. Het was het antwoord van Kadhafi op de Amerikaanse weigering om een visum te geven aan Ali Tikri, zijn aanvankelijke keuze voor de opvolging van Shalgam. Niet dat de kaarten voor de ex-priester, die zich nog steeds Vader d'Escoto liet noemen, veel beter lagen. Ofschoon hij in Los Angeles geboren was en een diploma had van de Columbia School of Journalism, kon d'Escoto, die het Amerikaans staatsburgerschap had verzaakt, het land alleen nog binnen met een toeristenvisum. Hij kondigde tot twee keer toe een pers-conferentie aan in New York, maar kwam niet opdagen en Ban Ki-moon kreeg zijn geloofsbrieven niet. Zo bleef de Libische leider zonder verte-genwoordiging op het diplomatiek wereldforum.

De kolonel stuurde een brief naar 'onze zoon' Obama waarin hij vroeg een einde te maken aan de 'onrechtvaardige oorlog tegen een klein volk in een ontwikkelingsland'. De opstandelingen, herhaalde hij, behoor-den tot al-Qaeda. Washington reageerde droogjes dat Kadhafi wist wat hem te doen stond: opstappen. Op zondag 10 april ontving de Gids en Broeder-Leider in zijn beroemde tent in Tripoli vier Afrikaanse staats-hoofden en een minister van Buitenlandse Zaken om te praten over een bestand. Na lang palaveren stemde hij in met een 'stappenplan', waarop de Zuid-Afrikaanse president Jacob Zuma aan de NAVO een einde vroeg van de bombardementen om het initiatief een kans te geven.

Het plan dat Zuma en zijn collega's van Mali, Mauretanië en de Re-publiek Congo namens de Afrikaanse Unie voorstelden, kwam neer op een onmiddellijk staakt-het-vuren, humanitaire bijstand en onderhande-lingen over een overgangsperiode waarin de rol van Kadhafi onduidelijk bleef. De volgende dag reisde het gezantschap naar Benghazi waar de Nationale Overgangsraad het vertrek van Kadhafi, de terugtrekking van de regeringstroepen en vrijheid van meningsuiting eiste voor er van een bestand sprake kon zijn. Tijdens het weekend verhevigden de bombar-dementen van de NAVO in de omgeving van Misrata en Ajdabiya 'om de burgerbevolking te beschermen'.

Over dat laatste rezen twijfels toen een verslaggever van *Le Monde* schreef dat de regeringstroepen op 26 maart waren vernietigd bij twee poorten van Ajdabiya, waar ze zich hadden ingegraven achter zandduin-nen en wallen in afwachting van een aanval van de rebellen. Er was vol-gens de correspondent geen sprake van dat ze de bevolking bedreigden of gebruikten als menselijk schild. Het was een dissonant in het media-concert. De televisieverslagen uit Libië waren partijdig. De beelden toonden juichende rebellen en de smeulende wrakken na de bombar-dementen, maar niet de lijken.

Des te meer doden waren er op dat moment in de reportages uit Abidjan, in Ivoorkust, waar de Fransen zich opmaakten voor een mili-taire interventie tegen president Laurent Gbagbo, die zijn land na de verkiezingen op de rand van een burgeroorlog dreef door te weigeren op te stappen als president. De Franse militairen waren er op verzoek van de VN. Juristen vroegen zich af of ze hun mandaat niet overschreden door partij te kiezen in het conflict tussen Gbagbo en Abassane Ouat-tara. De vermaarde Franse pleiter Jacques Vergès en oud-minister van

Buitenlandse Zaken Roland Dumas meldden zich voor de verdediging van het regime in Tripoli.

Nu de bemiddeling van de Afrikaanse Unie strandde op de voorwaarde van de oppositie dat Kadhafi zou opstappen, werd het bombardement van zijn troepen op Misrata weer heviger en Human Rights Watch zei dat er al 250 doden waren in de stad. Alain Juppé vond dat de NAVO niet genoeg deed en de zware wapens die Misrata bombardeerden moest uitschakelen. Uit peilingen in de belangrijkste landen van de coalitie bleek dat de interventie de meeste steun kreeg in Frankrijk. Daar was 63 procent voor. In de Verenigde Staten was dat maar 55 procent, in Groot-Brittannië ongeveer de helft en in Italië maar vier op tien. De Fransen bleken goed te weten van de leidende rol van hun president, maar dat bracht hem maar de steun op van de helft van het publiek. Obama moest het in eigen land met 47 procent stellen, Cameron met 43 en Berlusconi met nog amper 30 procent. Het Libisch avontuur had van Sarkozy niet een nieuwe Napoleon of De Gaulle gemaakt. Op 11 april moest hij in de maandelijkse barometer van *Le Point* vrede nemen met 29 procent, zijn slechtste score sinds mei 2007. Uit het onderzoek bleek ook dat alleen de Fransen het mandaat voor de interventie duidelijk vonden (65 procent). Net niet de helft van de Britten en 44 procent van de Amerikanen en de Italianen vonden dat ook.

In werkelijkheid werd resolutie 1973 door iedereen verschillend geïnterpreteerd. De publieke opinie was er niet massaal van overtuigd dat de bombardementen de Libische bevolking beschermden (53 procent in Frankrijk, 52 in het Verenigd Koninkrijk, 49 in de VS en 44 in Italië), maar wel dat hun doel de omverwerping van Kadhafi was (76 procent in Italië, 71 in de VS, 67 in Frankrijk en 63 in Groot-Brittannië). Ongeveer de helft van de Britten (51 procent) en de Amerikanen (49 procent) vond dat de Libische problemen hen niet aangingen en dat de interventie onwenselijk was. Ook 40 procent van de Italianen en 37 procent van de Fransen dacht daar zo over. Hoe het moest aflopen was ook voor de ondervraagden een raadsel. Bijna de helft van de Amerikanen (48 procent) en ruim een derde van de Britten (37 procent) en de Fransen (35 procent) had geen idee van de ontknoping van het Libisch avontuur. Weinigen verwachtten dat Kadhafi dit politiek zou overleven. De Italianen en de Fransen waren het meest optimistisch over de kans op democratie, maar in beide landen was dat ongeveer maar een derde (respectievelijk 34 en 30 procent). Ruim de helft van de Italianen (55 procent) verwachtte een impasse en dat was ook het oordeel van 31 procent van de Britten, 27 procent van de Fransen en eigenaardig genoeg van maar twee Amerikanen op tien.

DE GEEST VAN SCHENGEN

De toevloed van 22.000, hoofdzakelijk Tunesische, vluchtelingen in Italië zorgde voor spanningen in de Europese Unie. De Italiaanse regering wilde tijdelijke verblijfsvergunningen van een half jaar afleveren, goed voor alle Schengenlanden. Daarop eiste Frankrijk van deze 'illegalen' een geldig paspoort en voldoende financiële middelen voor de duur van hun verblijf en in afwachting van hun terugkeer naar Tunesië. Duitsland en Oostenrijk dreigden met de herinvoering van de grenscontroles. De Nederlanderse regering Rutte vond de aanpak van Berlusconi niet de manier waarop Europa hoorde te werken. Rome bleef aandringen op een verdeling van de last. Volgens Berlusconi wilde tachtig procent van de vluchtelingen, die volgens hem overwegend om economische redenen naar Europa kwamen, naar hun families in Frankrijk. Italië kreeg enkel steun van Spanje, dat overigens ook niet wist hoe het probleem moest worden opgelost. 'Ik vraag me af of het niet beter is om alleen te zijn dan in slecht gezelschap', morde de Italiaanse minister van Binnenlandse Zaken Maroni op 11 april na een vergadering met zijn Europese collega's in Luxemburg. 'Italië wordt in de steek gelaten omdat het doet wat het moet doen. De EU is goed om banken te redden en de oorlog te verklaren, maar als het erop aankomt om solidair te zijn met een land in moeilijkheden, zoals Italië nu, verstopt ze zich.'

Voor een keer had Berlusconi, die zijn magische greep op het publiek scheen te verliezen, een punt. In de voorbije weken had Frankrijk 2800 Tunesiërs opgepakt die vanuit Italië de grens waren overgestoken; 1700 waren teruggestuurd naar Italië en tweehonderd anderen naar Tunesië. Parijs verweet Rome de 'geest van Schengen' niet te respecteren. Het was lang geleden dat de betrekkingen tussen beide hoofdsteden nog zo koel waren. Er was een contrast met de behandeling die Malta kreeg, waar enkele honderden Afrikaanse vluchtelingen vanuit Libië waren aangespoeld. Voor die relatief kleine groep was bijstand toegezegd door een tiental lidstaten van de Unie. De Italiaanse regering moest vrede nemen met een belofte van financiële steun, de mobilisatie van Frontex voor de beveiliging van de grenzen en gemeenschappelijke observatiepatrouilles met steun van... Frankrijk.

Niemand sprak van Egypte waar de repatriëring van een half miljoen gastarbeiders uit Libië de economische catastrofe alleen nog zoveel groter maakte. Maar al wisten, blijkens een onderzoek van de Amerikaanse International Republican Institute, 81 procent van de Egyptenaren dat het economisch slecht tot zeer slecht ging, toch vond 89 procent dat het land op het goede spoor zat. Of dat zo zou blijven was niet gegarandeerd.

'GOD, SYRIË EN VRIJHEID'

Op 8 april, tien dagen na Bashar al-Assads toegejuichte optreden in het Syrisch parlement, kwam het voor de tweede keer tot heftige incidenten na het vrijdaggebed. Het was de Dag van het Verzet en in verschillende steden werd betoogd. Het waren de grootste massa's tot op dat moment. Opnieuw was Deraa het epicentrum. Niets had een nieuw bloedbad doen vermoeden. Het contact met de stamhoofden van Deraa was hersteld na de vervanging van de gouverneur en volgens een officieuze mededeling zouden betogingen worden getolereerd zolang de val van het regime niet werd geëist. De stenen gooiende betogers stuitten op traangas, rubberkogels en scherp en er vielen 27 doden, maar volgens de Syrische televisie waren er in Deraa negentien politiemannen gesneuveld door vuur van gewapende groepen. Elders werden betogers aangevallen door met stokken gewapende mannen in burger. In Duma, waar een week eerder acht doden vielen bij een steunbetoging voor Deraa, riep de imam van de al-Kebirmoskee op om de manifestaties te beïndigen, maar hij werd onderbroken door de kreet 'verrader', waarop een deel van de gelovigen 'vrijheid' begon te scanderen en naar buiten liep om daar het gebed voort te zetten en de slogans aan te heffen van Deraa: 'God, Syrië en Vrijheid' en 'Eén, één, één, de Syriërs zijn één.'

Net als elders waren in Duma beloftes gedaan voor een betere infrastructuur en dienstverlening, en was er gedreigd met de gevolgen als de contestatie zou voortduren. De dag voordien was nochtans het verbod ingetrokken op het dragen van de nikab, de integrale sluier, door onderwijzeressen, en kregen driehonderdduizend vaderlandloze Koerden de nationaliteit die ze al een halve eeuw vroegen. Deze toegevingen aan de vrome soennieten en de Koerden, twee bedreigingen voor het regime, konden niet voorkomen dat het buitengewoon onrustig werd. Op 10 april waren er minstens dertien doden in Baniyas, ten noordoosten van Damascus. Daar waren volgens het Syrische persbureau negen soldaten bij die in een hinderlaag waren gevallen. Daarop grendelde het leger de stad af. Tegelijk werden 190 betogers vrijgelaten die eerder waren opgepakt in Duma. Het regime sloeg en zalfde, maar de vraag naar zijn overlevingskansen bleef onbeantwoord.

Net als in democratieën circuleren er insidersverhalen in dictaturen. Een ervan werd opgetekend door Georges Malbrunot van *Le Figaro*, die in 2004 een nationale beroemdheid werd toen hij in Irak vier maanden door islamisten werd vastgehouden. Malbrunot vernam van een Syrische zakenman, die pas de chef van een inlichtingendienst had gesproken, dat president Bashar de gijzelaar was van het systeem en de voorstanders van een krachtig optreden binnen zijn clan. Twee dagen voor zijn toespraak in het parlement, de belangrijkste sinds zijn aantreden in 2000, had Boutheina Shaabane, de politieke en media-adviseur van Assad, de opheffing van de noodtoestand in uitzicht gesteld. Dat de president over deze belangrijkste eis van de oppositie toch niet had gerept, was toe te schrijven aan de druk van twee peilers van zijn clan: zijn broer Maher, commandant van de Republikeinse Garde en van de vierde tankdivisie, de legers die tegen de manifestanten werden ingezet, en zijn neef Rami Makhlouf, de rijkste man van het land, de 'geldpomp' van het regime. Tegen dit duo richtte zich ook de woede van de betogers.

De Makhloufclan dankte zijn macht en invloed aan Anisa Makhlouf, de moeder van president Bashar. Maar de verhoudingen bij de Assads en de Makhloufs waren niet steeds harmonisch. Vader Hafez had tijdens een ziekte in 1983 moeten afrekenen met een militaire staatsgreep door zijn eigen jongere broer Rifaat, die vicepresident was en vervolgens een enkel ticket naar het buitenland kreeg voor een 'werkbezoek'. Sindsdien bleef Rifaat met zijn twee zonen het presidentschap opeisen vanuit Spaans, Frans en Brits ballingschap. Rifaat had nog steeds een aanhang onder sommige alawieten in Latakia en omgeving en het was niet uit te sluiten dat hij probeerde een groep alawitische officieren rond zich te verenigen. Het boterde ook niet tussen Bashars jongste broer Maher en generaal Assef Shawkat, de man van zijn zus Bouchra, de oudste van de drie overlevende kinderen van Hafez. Maher, de bevelhebber van de elitetroepen, zag een rivaal in zijn zeventien jaar oudere schoonbroer die vicestafchef van het leger was en voormalig hoofd van de militaire inlichtingendienst. Het deed denken aan de rivaliteit tussen de zonen van Kadhafi of tussen Uday en Qusay, de twee zonen van Saddam Hoessein, waarbij Maher met Uday zijn opvliegendheid en brutaliteit gemeen had. Maher was voor de president zowel een noodzakelijke bondgenoot als een zware handicap omdat hij, verwend, impulsief en onverantwoordelijk, koos voor de harde aanpak en, net als Uday destijds in Irak, werd gehaat en gevreesd door de bevolking.

Ook aan zijn neef Rami Makhlouf zat president Bashar vast, want die controleerde volgens de *Financial Times* tot zestig procent van de Syrische economie. De Makhloufs waren rijk gemaakt door Assads vader die in hen trouwe bondgenoten zag voor zijn zoon en opvolger. Rami Makhlouf stond dicht bij de zus van Bashar en haar man, generaal Shawkat. Voor de betogers was hij een dief en het symbool van de corruptie. Neef Makhlouf en broer Maher mochten dan wel twee strekkingen vertegenwoordigen binnen de clan, allebei wilden ze hun belangen veiligstellen en verhinderen dat het revolutionair mechanisme van Egypte en Tunesië op gang kon komen. Maar de brutale repressie werkte averechts en het stijgend aantal doden verzwakte het verzet niet, maar versterkte het. Bashar, die niet was opgeleid voor het presidentschap, had noch het karakter, noch het gezag of de onafhankelijkheid om tegen de machtige clanleden in te gaan. Hij stond integendeel onder druk en daarom was zijn toespraak zo ontgoochelend compromisloos. Een toespraak met toegevingen zou een teken van zwakte zijn geweest, een keuze voor de val, maar Bashar overtuigde niet in de rol van dictator. Hij had niet, zoals zijn vader, genadeloos gestreden voor de verovering en het behoud van de macht. Hij behoorde tot de jonge, verwende generatie van zoveel nieuwe Arabische vorsten als Abdallah II van Jordanië of Mohammed VI van Marokko, die de macht hadden geërfd zonder de mechanismen ervan door en door te beheersen. Overleving en zelfbehoud waren de inzet van een spel dat Bashar nooit had moeten spelen. Vertwijfeld en bang leende hij zijn oor aan wie gespierde taal sprak.

De zeventien Syrische inlichtingendiensten behoorden tot vier grote takken. Ze moesten de Algemene Veiligheid, de Militaire- en de Politieke Veiligheid en die van de Luchtmacht, maar ook elkaar in de gaten houden. De agenten bewezen hun nut als spionnen, provocateurs en knokploegen door bij de poort van de grote en aloude Umayadenmoskee in het historische hart van oud-Damascus de identiteitskaarten te verzamelen van de gelovigen, om ze na het gebed mondjesmaat aan groepjes van drie terug te geven. Telkens deden ze de indrukwekkende poort tussen het binnenplein, met zijn oogverblindende mozaïeken, en de straat open en weer dicht terwijl ze erover waakten dat zich buiten geen samenscholing vormde. Het duurde vijf uur voor de laatste deelnemer aan het gebed de moskee kon verlaten. Wie vandaag werd aangehouden en ondervraagd door de Militaire veiligheid, riskeerde morgen arrestatie en verhoor door de Algemene Inlichtingendienst. In de provincie kregen de leden van de partijvakbond houten knuppels. Wanneer een groepje jongeren vijandige slogans aanhief, mengden anderen zich onder hen met leuzen ten gunste van het regime en werden de oorspronkelijke contestanten overmeesterd en afgevoerd. Honderden werden voor verhoor opgepakt en soms naar oude gewoonte gemarteld.

In Baniyas en Latakia, in het hartgebied van de alawieten, waren sluipschutters en militieleden actief. Een ervan bestond uit de beruchte *shahiba,* de 'spoken', zwaar bewapende mannen in zwarte uniformen die voor niets terugdeinsden en het vuile werk opknapten aan de zijde van de pantserbrigade van Maher. Er werden smsjes verspreid waarin soennieten werden gewaarschuwd dat de alawieten uit de bergen waren gekomen om hen aan te vallen. Alawieten kregen bericht dat er soennieten rondliepen om hen te vermoorden. Het was zelfs even onrustig geweest in het noordelijke Aleppo, de tweede stad van het land, maar in Damascus was voorlopig alles *business as usual*. Dat was onder meer de verdienste van Rami Makhlouf. De neef van Bashar bakte daar al jaren zoete broodjes met de rijke soennitische handelaars. Als het regime zou vallen, zouden ook zij niet worden gespaard. In de provincie begon de woede zich te richten op de president. Zijn portret en dat van zijn vader werden in brand gestoken in Deraa en Homs. De druk van de internationale gemeenschap op Bashar werd steeds sterker. De emir van het bevriende en steenrijke Qatar waarschuwde hem dat ook hij niet zou ontsnappen aan 'de algemene logica'.

De Amerikaanse ambassadeur, die in februari zijn functie had opgenomen na een diplomatieke breuk van vijf jaar, had hem discreet de raad gegeven om niet langer op zijn volk te schieten. Het was niet eens een kwestie van moraal, maar van gezond verstand. Er werd gevreesd voor de toekomst van de Israëlisch-Arabische betrekkingen. Israël verkoos de schurk die het kende, maar mocht hij zich in het nauw gedreven voelen, dan zou het regime misschien kiezen voor de vlucht vooruit en een oorlog met de joodse staat ontketenen om het tij in eigen land te keren. De Koeweitse *al-Raï* schreef dat Bashar hulp had gevraagd aan de Amerikanen en de uitlevering had aangeboden van sommige kopstukken van zijn regime en van Hezbollah aan het VN-tribunaal, dat de moord op de Libanese oud-premier Hariri onderzocht. Bashar was volgens de krant zelfs bereid om zijn bondgenootschap met Iran op te geven. Bij zijn volk, dat vrijheid wilde, slonk zijn krediet zienderogen ondanks beloftes en toegevingen. Hij probeerde deelgroepen te paaien terwijl van hem een revolutie van het systeem werd verwacht. Hij probeerde tijd te winnen, maar tikte de klok wel in zijn voordeel? In de officiële slogan 'God, Syrië, Bashar' had het volk zijn naam door 'Vrijheid' vervangen. Vrijwel niemand geloofde hem als hij het geweld toeschreef aan de al te voorspelbare 'gewapende infiltranten', 'agenten van het buitenland' of sommige minderheden, al spraken ook opposanten over mannen die geld en wapens gaven aan de jeugdige betogers. Mannen van de voormalige vicepresident en banneling Khaddam, werd gezegd. Er was ook sprake van losgeslagen bendes van de verbannen oom van de president, Rifat al-Assad, de beul van Hama, vooral in het alawitische bergland aan de kust. En vanzelfsprekend was er al-Qaeda dat de voorbije jaren vanuit Syrië mocht opereren in Irak.

De vijand, net als het regime zelf een zevenkoppige draak, wettigde het gebruik van geweld tegen de eigen burgers. Een ernstige blunder was de aanval op de moskee van Deraa, waar gewonden werden opgevangen. Daarvoor droeg generaal Rustom Ghazali, de gevreesde chef van een geheime dienst, een zware verantwoordelijkheid. Ghazali, die berucht was als chef van de Syrische veiligheid in Libanon, was aangewezen om met de bevolking te onderhandelen terwijl elitetroepen de stad omsingelden, telefoon, internet en elektriciteit afsneden, om dan een bloedbad aan te richten in de moskee. Op een bijeenkomst van de Baathpartij moet Bashar ooit hebben gezegd dat niet hij regeert, maar zijn vader vanuit het graf. Hij maakte geen einde aan de noodtoestand die op 8 maart 1963 was afgekondigd en de meest langdurige was uit de moderne wereldgeschiedenis. De wet was nooit door het parlement goedgekeurd. Hij voorzag in voorafgaande controle op alle media, beperkte de vrijheid van vereniging, huisvesting en verplaatsing, stond onbeperkte voorlopige hechtenis toe, en wettigde processen voor uitzonderingsrechtbanken en de afgrendeling van sommige streken.

Kort voor het oproer was begonnen had een parlementslid het gewaagd om voor te stellen dat een commissie zou onderzoeken of de noodtoestand misschien niet gedeeltelijk kon worden opgeheven, maar dat was door zijn collega's eensgezind weggestemd. De noodtoestand had het regime nooit helemaal uit de wind kunnen zetten. De laatste grote confrontatie met de bevolking dateerde van dertig jaar geleden toen de Moslimbroederschap een opstand ontketende. Wet 49 van 7 juli 1980 voorzag nog steeds de doodstraf voor wie er lid van was. In februari 1982 werden grote delen van de opstandige stad Hama letterlijk platgewalst en vielen er duizenden, volgens sommigen tienduizenden doden. In de gevangenissen zoals die van Tadmor, het antieke Palmyra, de bij toeristen geliefde 'bruid van de woestijn', werden op maandag en donderdag de namen voorgelezen van de Broeders die zouden worden opgeknoopt op de binnenkoer. Wachtte een herhaling van die donkere dagen onder vader Assad? Tussen 1980 en 1990 waren er vijftigduizend politieke gevangenen in Syrië en werden zestigduizend mensen gedood. vijftienduizend van hen in de gevangenissen van Palmyra en Mazzeh, een voorstad van Damascus, zegde de Syrische jurist en verdediger van de mensenrechten Haitham al-Maleh. 85 procent van de inkomsten van het land kwam terecht bij de kleine groep aan de top. Zestig procent van de Syriërs leefde onder de armoedegrens. Bijna een derde van de beroepsbevolking was werkloos. Een kwart miljoen Syriërs leefde in ballingschap. Artikel 16 van decreet nr.14 van 1969 bepaalde dat alleen de president kon beslissen of een lid van de ordetroepen kon worden vervolgd voor een misdaad bedreven tijdens de uitoefening van zijn functie. Bashar al-Assad had volgens de mensenrechtenactivist het pleit verloren zodra het eerste schot werd gelost op het volk, maar het kon wel eens de economie worden die hem uiteindelijk klein zou krijgen.

Op 14 april was er een nieuwe regering in Syrië. De volgende dag kwam het tot de grootste protesten sinds het begin ervan, precies een maand geleden in Deraa. Zelfs in de hoofdstad die grotendeels gespaard was gebleven van demonstraties werd betoogd. De manifestanten staken gele kaarten op en riepen dat ze bij een volgende gelegenheid 'rood' zouden trekken. Er weerklonken kreten tegen het regime en tegen de president.

EEN RUSTIG LANDJE

Een van Bashars weinige vrienden was de emir van Qatar, waar het in die historische weken van Arabisch oproer opvallend rustig was gebleven. Op 16 maart was er wel via Facebook een betoging georganiseerd in Doha, de ultramoderne sprookjeshoofdstad van Qatar, maar er was niemand komen opdagen. Toch waren niet alle tweehonderdduizend rijke inwoners even gelukkig. Sommige stammen vonden hun aandeel in de reusachtige gaswinst te klein. Sommigen ergerden zich aan het voortvarend modernisme van sjeika Moza, de vrouw van de emir die in de beste tradities van het verlichte despotisme de Qatar Foundation had opgericht en het Engels als gelijkwaardig aan het Arabisch behandelde. Niet iedereen zat te wachten op lawaaierige dronken hooligans die in 2022 massaal zouden neerstrijken voor het Wereldkampioenschap voetbal. Er was geen democratie in Qatar. Het parlement, de Majlis al-Shura, was enkel raadgevend en de leden ervan werden aangewezen door het Hof. En al-Jazeera mocht dan het orgaan zijn van de revolutie, over de zaken van Qatar, laat staan de problemen, was de zender zeer discreet. Er rommelde iets, misschien zelfs onder de officieren, maar tot nog toe streek de materiële overvloed alle plooien glad en hoefde de emir, die zelf zijn vader aan de dijk had gezet, voorlopig niets te vrezen.

Op 14 april kwam in Doha, de hoofdstad, de contactgroep voor Libië bijeen die gevormd was op de conferentie van Londen. De groep bestond uit vertegenwoordigers van twintig landen en supranationale instellingen en moest de interventie in Libië politiek sturen. Dat ze 'verenigd en vastbesloten' een 'robuuste' toepassing wilden van resolutie 1973 was geen teken van roerende eensgezindheid en ook niet van euforie. Washington vond dat de NAVO goed bezig was, maar Frankrijk en Groot-Brittannië wilden een 'agressiever' optreden tegen de zware wapens van Kadhafi. De terugtrekking na twee weken van Amerikaanse bombardementsvliegtuigen liet zich pijnlijk voelen en Parijs wilde ze liefst meteen terug, want samen met de Britten moesten de Fransen nu de helft van de bombardementen voor hun rekening nemen. Van de tweehonderd vliegtuigen die deelnamen aan de operatie mocht amper een derde bombarderen. Dat kwam doordat maar zes van de 28 bondge-noten daarvoor de toestemming hadden gegeven. De contactgroep in Doha riep op tot een 'politieke overgang' en een 'inclusief proces', waar-mee bedoeld werd dat de stammen, de burgerorganisaties en mogelijke overlopers erbij betrokken moesten zijn. Met militaire en financiële druk en juridische dreigementen hoopten de Fransen en de Britten Kadhafi uit te putten. Officieel was zijn vertrek geen voorwaarde voor onderhandelingen, maar het moest er wel het eindresultaat van zijn.

De Nationale Overgangsraad van de rebellen, die volgens een Franse diplomaat leek op 'een beetje een zotte gemeenteraad', zag dat anders. Ondervoorzitter Mahmoud Jibril had het woord mogen voeren, maar moest vrede nemen met beloftes van humanitaire en financiële bijstand en het statuut van 'legitieme gesprekspartner'. De Verenigde Naties had-den de voormalige Jordaanse minister van Buitenlandse Zaken Abdel Ilah al-Khatib belast met de leiding van een inter-Libische dialoog. Het was een eervolle maar weinig benijdenswaardige opdracht. Turkije, Grie-kenland en de Afrikaanse Unie ondernamen al bemiddelingspogingen. De 'internationale gemeenschap' was allerminst een hecht front en dat kwam de man in Tripoli goed uit.

Frankrijk, Italië en Qatar bleven maandenlang de enigen om de Overgangsraad formeel te erkennen. Qatar volgde het Franse voorbeeld op 28 maart, daags nadat het met de raad een akkoord had gesloten om de olie uit het rebellengebied te exporteren. De Libische uitvoer be-droeg in rustige tijden 1,6 miljoen vaten per dag. Dat was nu nog amper een derde en daarvan was het aandeel van de 'rebellenolie' een goede honderdduizend vaten. Hier en daar werd de factuur van de militaire interventie een onderwerp. Tenslotte kostte een kruisraket 1 miljoen eu-ro en bespaarden de vs, door zich na de eerste twaalf dagen terug te trekken, 47 miljoen dollar per dag. In Doha zag Jibril van de Overgangs-raad zijn oude vriend Moussa Koussa. Die was, ofschoon verdacht van betrokkenheid bij de moord op de Britse politieagente Yvonne Fletcher in 1984 en de aanslag van vier jaar later boven Lockerbie, vrijgelaten om in de hoofdstad van Qatar zijn bijdrage te leveren. Dat zette kwaad bloed bij al wie pijnlijke herinneringen had aan het Libische regime of aan de aanslag op het PanAm vliegtuig boven het Schotse stadje. Over de ge-sprekken die Koussa voerde in de luchtgekoelde paleizen van Doha lekte weinig of niets. Om de eenheid binnen de contactgroep te bewaren was de vraag van de rebellen naar wapens geen agendapunt. De bijeenkomst leek een overwinning van de landen die zich hadden onthouden bij de stemming over resolutie 1973. Voor hen was een 'politiek proces' het enige middel om tot duurzame vrede te komen in Libië. Zo dacht secretaris-generaal Rasmussen van de NAVO er eigenlijk ook over. De vraag was of Kadhafi kon worden overtuigd van troonsafstand. De Fransen en de Britten dachten van niet en vroegen tien extra vliegtuigen. De Amerikanen hadden sinds hun terugtrekking tien dagen eerder een honderdtal patrouillevluchten uitgevoerd en daarbij drie keer gevuurd uit zelfverdediging. Het voorbehoud tegenover de bewapening van de rebellen nam eerder toe dan dat het verminderde. De Libische revolutie heeft geen wapens nodig maar een leger, resumeerde Paul Smith, een expert van de Royal Academy of Strategic Studies in Londen.

Doha was een van de vele bijeenkomsten in een drukke diplomatieke week, die begon met een vergadering in Berlijn van de Europese ministers van Buitenlandse Zaken, die het over zowat alles oneens waren. Bovenaan de agenda stond de noodkreet van Parijs en Londen aan het adres van Washington. Maar Hillary Clinton herhaalde stoïcijns dat haar president van bij het begin een operatie wilde die beperkt was in de tijd. Londen en Parijs vonden de inspanningen van de NAVO ondermaats, maar Madrid, Rome en Stockholm zagen geen reden om van koers te veranderen. Ook secretaris-generaal Rasmussen was tevreden over het 'antwoord' van zijn organisatie. De NAVO beloofde 'alle noodzakelijke middelen en een maximale operationele flexibiliteit' voor de interventie, die intussen een nieuwe naam had gekregen, 'Operatie Verenigde Beschermer'. Officieel zou het tempo hoog blijven zolang de aanvallen en de 'dreiging met aanvallen' tegen de Libische burgerbevolking bleven duren, de troepen niet waren teruggetrokken uit een dozijn steden en er geen vrijgeleide kwam voor humanitaire hulp. Berlijn wilde wel meedoen aan een humanitaire operatie die Eufor Libya was gedoopt, maar de Zweden zagen een onverenigbaarheid in het vermengen van zo'n operatie met de militaire interventie. Ook de VN, die formeel bijstand aan Europa moesten vragen, maakten daar voorbehoud bij.

's Anderendaags verscheen in een aantal internationale kranten een paginagrote advertentie waarin Obama, Sarkozy en Cameron stelden dat er geen toekomst was voor Libië onder Kadhafi en dat de NAVO de bescherming van de burgerbevolking moest volhouden en de druk moest opvoeren.

De kolonel verzorgde zijn pr op zijn manier. Hij was tijdens een autoritje in de hoofdstad op televisie verschenen en zijn dochter Aïsha, 'de Claudia Schiffer van de woestijn', had de verzamelde aanhangers in Bab al-Aziziya, het domein van de leider, moed ingesproken. 'Vragen naar het ontslag van Kadhafi is een belediging van alle Libiërs, want Kadhafi is niet in Libië maar in het hart van alle Libiërs.' Het was de vijfentwintigste verjaardag van het Amerikaanse vergeldingsbombardement op Tripoli na de aanslag op de La Belle-discotheek in Berlijn.

DE WIJSGEER, DE REVOLUTIE
EN DE GROEILANDEN

Terwijl in Doha en elders werd vergaderd, dook andermaal de Franse filosoof Bernard-Henri Lévy op in Benghazi. Hij zag er wat verfomfaaid en ongekamd uit, met een baard van dagen en misschien wel vermagerd. Hij had gepraat met de Nationale Overgangsraad die hij eerder bij Sarkozy had geïntroduceerd en was 'onder de indruk' van de tactische en strategische vooruitgang bij de rebellen.

De filosoof speelde in het verhaal een heel eigen rol. Hij was voor het eerst in Benghazi verschenen op 3 maart, waar hij had gepraat met de Nationale Overgangsraad, die toen nog in oprichting was en in hem een boodschapper zag van de Franse president. Dat had hem op het idee gebracht een delegatie van de opstandelingen naar Parijs te inviteren om te worden ontvangen door Nicolas Sarkozy. De president had daar onmiddellijk telefonisch in toegestemd. 's Anderendaags juichte het Franse ministerie van Buitenlandse Zaken de oprichting toe van de Libische Overgangsraad, zijn 'principes en zijn doelstellingen', al was Lévy voor sommige diplomaten een oplichter en een 'profeet die het licht heeft gezien'. Bij zijn terugkeer van dat eerste bezoek aan de rebellenhoofdstad, op 7 maart, werd de schrijver-filosoof onmiddellijk ontvangen op het Elysée. Sarkozy, die al een week dacht aan luchtaanvallen, vertelde wat hij in Libië wilde gaan bombarderen en beloofde dat hij zou ingaan op de vraag van de rebellen om hun Overgangsraad te erkennen. Drie dagen later ontving hij een delegatie uit Benghazi. Sarkozy verzekerde de rebellenleiders dat hij een ruim mandaat zocht met de steun van de Arabische Liga, de Afrikaanse Unie en de VN, maar dat Parijs en Londen de zaak desnoods alleen zouden klaren. De Franse president was duidelijk van plan de diplomatieke blunders in Tunesië en Egypte in een klap te doen vergeten. Lévy hielp hem daarbij met alle macht en bleef onvermoeibaar pendelen tussen Parijs en Benghazi, zoals hij bijna twintig jaar tevoren als kampioen van de Bosnische zaak had gereisd tussen de Franse hoofdstad en Sarajevo. En hij bleef allerlei Libische opposanten introduceren bij Sarkozy. Net als toen bereidde hij een bezoek voor aan Benghazi van de Franse president, het liefst in gezelschap van de Britse premier Cameron. Minister van Buitenlandse Zaken bis, de 'minister van Libië', in de wandeling ook bekend onder zijn initialen BHL als was hij een luxemerk uit de stal van zijn grote vriend François Pinault, was nu gewoon 'monsieur Bernard' en zijn activiteiten werden met evenveel argwaan gevolgd door de officiële diplomatie als in de dagen van Sarajevo.

Obama was maar al te blij dat hij de zaak kon uitbesteden aan geestdriftige Europeanen. Het was meteen een gelegenheid om ze eens aan het werk te zien. Dat lokte nogal schampere commentaren uit, vooral toen halfweg april, na een maand vliegverbod, een tekort dreigde van lasergestuurde bommen. De Amerikanen hadden er voorraden van, maar ze pasten niet op de Britse en Franse vliegtuigen. Als hun bommen toen al, en dan nog in zo'n klein conflict, op waren, kon je je afvragen op welke oorlog Londen en Parijs zich al die jaren hadden voorbereid, vroeg John Pike, directeur van de denktank GlobalSecurity.org. 'Misschien wilden ze hun luchtmacht enkel voor luchtshows.' Terwijl het Westen van de ene vergadering naar de andere holde, hielden de BRICS, de aanstormende economische machten Brazilië, Rusland, India, China en Zuid-Afrika, goed voor 42 procent van de wereldbevolking, hun derde top. Dat gebeurde op een Chinees eiland en het ging er over kwesties als de onrust op de grondstoffenmarkt, de multipolaire wereld en de noodzaak van een nieuw internationaal muntsysteem. De BRICS hadden weinig met de Libische crisis te maken. Ze hadden zich bij de stemming over resolutie 1973 onthouden. Ze stonden zeer terughoudend tegenover wat ze beschouwden als westerse expansiedrang en vreesden de aanvallen op sacrosancte begrippen als nationale soevereiniteit en niet-inmenging.

NIEUWE DEMOCRATIEËN EN HUN VERLEDEN

In Tunis werden de eerste volledig gesluierde vrouwen opgemerkt in het straatbeeld en werden bordelen aangevallen. Dat was ook gebeurd in de toeristenstad Sousse. Er was een decreet uitgevaardigd dat vrouwen toestond om gesluierd te poseren voor officiële pasfoto's. Er mocht opnieuw gesluierd les worden geven. In de moskeeën waren imams van het oude regime vervangen door meer radicale predikanten. Zonder te veel de aandacht te trekken, maakten de islamisten hun comeback. De zwarte vlag van Hezb ut-Tahrir wapperde op 1 april boven een betoging in Tunis. Hezb, actief in vele landen, een officieel geweldloze afsplitsing van de Moslimbroederschap, streefde naar de oprichting van een kalifaat. De partij wilde een eigen lijst bij de parlementsverkiezingen van 24 juli en lonkte daarbij naar de rivaliserende en-Nahda, de Wedergeboorte, die na de terugkeer uit ballingschap van zijn leider Rachid Ghannouchi probeerde Europa ervan te overtuigen dat ze eigenlijk een soort christen-democraten waren of moesten worden vergeleken met de Turkse AKP: modern, gematigd, respectvol tegenover vrouwenrechten en tolerant waar het alcohol betreft.

Ook in Egypte waren er de eerste tekenen van verkiezingskoorts. Vijf maanden voor de parlementsverkiezingen rezen de nieuwe partijen als paddenstoelen uit de grond, intussen een dertigtal. Ze vertegenwoordigden het hele politieke spectrum en bereidden zich voor om het op te nemen tegen de machtigste van allemaal, de Moslimbroederschap, de grootste organisatie van het land, samen met wat er restte van Moebaraks Nationaal Democratische Partij. De leiders van het Tahrirplein verklaarden 8 april tot Dag van de Zuivering en eisten de arrestatie van de farao, die nog steeds in zijn villa verbleef in Sharm el-Sjeik, en die van zijn zoon Gamal en andere voormalige kopstukken die tot nog toe de dans ontsprongen. Er werd geroepen om het ontslag van maarschalk Tantawi, de leider van de Hoogste militaire Raad, en om de opheffing van de noodtoestand. In de vroege ochtend van 9 april, enkele uren na de demonstratie, die een van de grootste was sinds de val van Moebarak, veegden militairen de laatste honderden betogers weg met de (elektrische) wapenstok en onder het oorverdovend lawaai van machinegeweersalvo's. Er viel een dode en er waren tientallen gewonden. Er werden arrestaties verricht, ook onder de soldaten die zich bij de betogers hadden aangesloten.

Op 12 april werd Hosni Moebarak opgenomen in het ziekenhuis van Sharm el-Sjeik. Hij werd meteen voor twee weken onder voorlopige hechtenis geplaatst in het kader van een onderzoek naar de dood van bijna 850 manifestanten die tijdens de 'Revolutie van 25 januari' waren omgekomen. Het voormalige staatshoofd ontkende dat hij bevel had gegeven om geweld te gebruiken tegen de betogers en zei dat hij al op de vierde dag van de manifestaties van plan was geweest om af te treden. Hij had daarvan afgezien toen men hem waarschuwde voor chaos. Men had hem gezegd dat een kabinetsherschikking zou volstaan om de gemoederen te bedaren. Twee dagen voor zijn hospitalisatie annex arrestatie, zond de Saoedische nieuwszender al-Arabiya een boodschap uit van Moebarak waarin hij een andere beschuldiging tegensprak, die van corruptie en toe-eigening van overheidsgeld. Hij noch zijn vrouw hadden 'bezittingen in het buitenland of buitenlandse bankrekeningen'. Hij verdedigde zijn eer en scheen niet te begrijpen dat iemand kwaad over hem dacht. De geluidsopname was de eerste boodschap van Moebarak sinds zijn aftreden. Ze duurde vijf minuten. De uitzending ervan door de Saoedische nieuwszender versterkte het vermoeden dat Riyadh druk zette op de Egyptische legerleiding om te beletten dat Moebarak zou worden vervolgd. Zijn gezondheidstoestand was 'niet stabiel'. Er was sprake van een hartaanval tijdens zijn eerste verhoor. Op 13 april werden zijn twee zoons Gamal en Alaa overgevlogen naar Caïro en opgesloten. De politieauto die de twee naar de gevangenis voerde werd bekogeld met stenen, waterflessen en schoenen.

Het gerechtelijke offensief tegen de hoogste functionarissen van het gevallen regime was enkele dagen voor de arrestatie van Moebarak ingezet met de aanhouding van een aantal van zijn topmedewerkers, te beginnen met zijn oude trouwe stafchef Zakazeya Azmi. Hierop volgden de voormalige voorzitter van de Shura, Safwat al-Sherif, een andere beschermeling van Moebarak, ex-parlementsvoorzitter Fathi Sorour, de architect van het repressiesysteem, en ex-premier Ahmed Nazif. De Hoogste militaire Raad aarzelde om af te rekenen met het ancien régime en dat leidde tot spanningen met de 'erfgenamen' van Tahrir, verenigd in de Revolutionaire Jongerengroepen. Het nieuws over de arrestatie van de rais werd door hen met vreugde begroet en ook door de beurs die opveerde met bijna twee procent. Er was ook achterdocht, want in geen twee maanden waren foto's verschenen van Moebarak of van zijn zoons en het gerucht ging dat de voormalige president was gevlucht naar Saoedi-Arabië of Jordanië.

Het was ook onzeker of de meerderheid van de Egyptenaren een onwaardige behandeling van Moebarak zou goedkeuren. Zijn aanhouding was zonder voorgaande in de moderne Arabische geschiedenis en het nieuws werd op ongeloof onthaald. Zo werd er ook aan getwijfeld of de Hoogste Raad de vervolging van zijn voormalige leider zou toestaan. Op 16 april beval de rechter de ontbinding van Moebaraks Nationaal Democratische Partij en werd er beslag gelegd op haar bezittingen. De NDP was opgericht door Moebaraks voorganger Sadat bij de opheffing van de Arabische Socialistische Unie van Nasser. Dat paste toen bij de pro-Amerikaanse koers die Sadat ging varen na de alliantie van zijn voorganger met de Sovjet-Unie. De Egyptische aanklager vroeg het buitenland om hulp bij de recuperatie van het fortuin van Moebarak, geraamd op zevenhonderd miljard dollar. Anderen raamden het op veertig miljard, vooral verdiend met commissies op militaire transacties met de Amerikanen en de Sovjets in de jaren zeventig.

DE SYRISCHE KNOOP
Op 17 april, Onafhankelijkheidsdag in Syrië, werd de website van het ministerie van Justitie gehackt door een Egyptenaar onder de schuilnaam Red Virus. Het was een protest tegen 'de Zoroasters' van het Baath-regime. 'Bashar, ga je maar verstoppen bij je broeders in Iran want voor jou is er geen plaats in het islamitisch, soennitisch Syrië', stond er te lezen. 'Zoroaster' is een favoriet scheldwoord van radicale soennieten om sjiieten en handlangers van het sjiitische Iran te brandmerken. De actie van de computeractivist verraadde een stemming in Egypte, waar nogal wat mensen de hand van Iran zagen in de protesten in Bahrein. Bij een online peiling van al-Masry al-Youm was dat 52 procent van de 3644 deelnemers tegen 39 procent die Teheran niet verdacht.

Sektarische verdeeldheid speelde niet in de kaart van de protestbeweging in Syrië en was koren op de molen van het regime Assad, waarvan de milities volgens sommigen eerder al huis hadden gehouden in een kerk in Baniyas. Op 16 april, de vooravond van Onafhankelijkheidsdag, sprak Bashar de eerste bijeenkomst toe van zijn nieuwe regering. Hij scheen zenuwachtig, beloofde de opheffing van de noodtoestand 'binnen de week', zei dat hij lessen had getrokken uit 'Moebaraks vergissing' en noemde alle slachtoffers van de betogingen 'martelaren'. Die plotse toeschietelijkheid was een antwoord op het aanzwellend protest. De dag voordien waren volgens de oppositie een miljoen mensen op straat gekomen om vrijheid en het vertrek van het regime te eisen. Een televisiester van de staatsomroep, Maher Ziab, nam ontslag uit protest tegen de verslaggeving over de protesten en zei dat hoge officieren demonstranten lieten vermoorden zonder daartoe bevel te hebben gekregen van de president. Er kwam een kentering in de nogal makke verslaggeving over Syrië van al-Jazeera, waaruit kon worden afgeleid dat er een haar in de boter was tussen Damascus en Doha.

Voor het eerst was er sprake van een verzetsorganisatie, de Syrische Jeugd voor Verandering. Dat was in Duma, waar op Onafhankelijkheidsdag net als in een half dozijn andere steden opnieuw het vuur werd geopend op duizenden betogers. Vooral in Homs, waar sprake was van 25 doden, en in Latakia was de situatie grimmig. Het protest was niet langer beperkt tot het achtergestelde platteland. Het had ook de studenten en intellectuelen aangestoken. Als Bashar niet snel een einde maakte aan het geweld, zag het er niet goed uit voor hem. Dat de noodtoestand na bijna een halve eeuw zou worden opgeheven had niet overtuigd. De erkenning dat hervormingen nodig waren, zou vrijwel zeker leiden tot zijn val. Bashars fout was die van Moebarak. Hij wilde de absolute macht behouden door toe te geven. Die twee intenties waren onverzoenbaar. Zijn vrienden in Teheran hadden hem dat kunnen vertellen. Het Iraanse regime wist dat die onverenigbaarheid kon leiden tot zelfvernietiging. Toen de contestatie in Iran begon, wees het bewind die gewoon af als onwettig en volgde er een genadeloze repressie. Voor een dictatuur is dat het enige mogelijke antwoord. Op de woelige Onafhankelijkheidsdag, 65ste verjaardag van het vertrek van de laatste Franse soldaat uit Syrië, kwam via Wikileaks aan het licht dat de vs de Syrische oppositie financierden, onder meer via Barada tv, een satellietzender gebaseerd in Londen en genoemd naar de rivier die Damascus bevloeit. Uit de telegrammen bleek hoe bang Washington was dat dit zou uitlekken en ook hoe onwaarschijnlijk het was dat opposanten in Syrië zelf geld zouden (durven) aannemen van de Amerikanen. Barada tv, die in april 2009 in de ether was gegaan, zette intussen alle zeilen bij.

Af en toe werd stilgestaan bij de sociale wortels van de onvrede. In een zone die zich uitstrekte van Noord-Afrika tot Pakistan moesten jaarlijks minstens acht miljoen banen worden gecreëerd om de werkloosheid niet verder te doen stijgen. Dat was een onmogelijke opdracht en dus was het twijfelachtig dat het gebied snel tevreden en vreedzaam zou worden. Af en toe werd gevreesd dat het Syrische model van religieuze co-existentie in een bloedbad ten onder zou gaan. Moslimbroeder Qaradawi had aangeklaagd dat de macht in het overwegend soennitische Syrië in handen was van de alawieten. De Broederschap zelf verklaarde op 3 april met zoveel woorden dat ze mee de leiding had genomen van het protest en dat daar pas een eind aan zou komen 'wanneer het regime ten val was gebracht'. Net als in Egypte had de Broederschap in Syrië gewacht om de oude strijdbijl op te graven en de Rubicon over te steken. Jihadi's die hun strepen hadden verdiend in Afghanistan en Irak keken al jaren uit naar dit moment, de ultieme strijd om Sham, zoals ze Syrië (en Libanon) noemden bij zijn historische naam. Staatsgrenzen waren niet alleen tijdens de revolutie een relatief begrip. Zo stond in revelaties van Wikileaks dat Saad Hariri, de leider van de Libanese soennieten, al minstens vijf jaar probeerde de Amerikanen te overtuigen van steun aan de Syrische Moslimbroeders en verbannen kopstukken van het regime zoals oud-vicepresident Khaddam om de macht in Damascus over te nemen. Voor Hariri was Syrië deel van het groter probleem genaamd Iran.

'Sommige bendes hebben opgeroepen tot een gewapende opstand onder het motto van de Heilige Oorlog om een salafistische* staat te vestigen', zei Binnenlandse Zaken in Damascus. 'Ze willen terreur zaaien in heel het land en dat is een misdaad die zwaar wordt bestraft.' De opstand was met andere woorden het werk van soennitische radicalen, lees de Moslimbroederschap, en zijn extremistische afsplitsingen. Duizenden betogers hielden in Homs, de derde stad van het land, een zitstaking die ze pas wilden opbreken wanneer het regime omver was geworpen. Het oproer was twee dagen eerder begonnen op een zondagavond, toen zo'n veertig betogers voor de moskee bij de Sibaa-poort de kreet 'vrijheid' aanhieven. Al gauw kwamen zeven auto's aangereden met agenten in burger die zonder waarschuwing het vuur openden op het groepje. Zeventien doden. De gewonden durfden niet naar het ziekenhuis uit

---

* Salaf(ist): afgeleid van salaf, 'voorganger', 'voorvader', een term gebruikt voor de eerste moslims. Hun visie op de islam wordt door hedendaagse salafisten als de juiste beschouwd. Salafisten volgen een letterlijke en puriteinse interpretatie. Ze worden vaak in een adem genoemd met de gewelddadige jihadi's van o.m. al-Qaeda, al kanten de meeste salafistische theologen zich tegen het terrorisme. Tot de terroristische strekking behoren de volgelingen van de Egyptische moslimbroeder Sayid Qutb die in 1966 onder Nasser werd geëxecuteerd.

vrees daar te worden opgepakt. Diezelfde dag waren er volgens opposanten vijf doden in een stadje vlakbij. Catherine Ashton, chef Buitenlandse Zaken van de EU, was 'erg bezorgd'. Er moet een einde komen aan het geweld en aan de noodtoestand, zei ze. Minister van Buitenlandse Zaken Moallem ontving het diplomatieke korps. De corpulente sfinx van Damascus verzekerde dat er hervormingen kwamen en dat vreedzame protesten zouden worden geduld, maar geen ordeverstorend gedrag en ook niet de vernietiging van overheidsbezit. Kort daarna besliste de Syrische regering om na 48 jaar de noodtoestand op te heffen. Bashar moest enkel nog tekenen, maar dat was een 'formaliteit'. Volgens het Syrische persbureau SANA was ook de Staatsveiligheidsrechtbank afgeschaft en een wet goedgekeurd die het recht op vreedzaam protest toestond.

Er was ingegaan op een eis van het eerste uur, maar dat uur was al lang verstreken en de vraag was dus of de concessies nog wel tijdig kwamen. De opstand werd immers steeds meer een opstand tegen het regime. Hoe spectaculair en verregaand de regeringsmaatregelen ook schenen, in werkelijkheid waren ze een lege doos. De zeventien veiligheidsdiensten werden er niet door verontrust, want ze hadden in 2008 bij presidentieel decreet onschendbaarheid gekregen. Een massa uitzonderingsmaatregelen was opgenomen in de strafwet en in de Grondwet en dus was er veel meer nodig vooraleer Syrië geen politiestaat meer zou zijn. Het 'verzwakken van het nationaal gevoel', 'lidmaatschap van een geheim genootschap' en 'verspreiding van valse berichten' waren en bleven misdrijven voor de gewone Strafwet. Wet 49 met de doodstraf op lidmaatschap van de Moslimbroeders werd niet geschrapt. Het bleef mogelijk om mensen op te sluiten die 'de doelstellingen van de revolutie tegenwerken'. Er moest voorlopig ook niet te veel worden verwacht van een doorbreking van de eenpartijstaat. De Baath bleef met anderhalf miljoen leden oppermachtig. Een half uur na het nieuws over de opheffing van de noodtoestand waarschuwde Binnenlandse Zaken 'in het belang van de veiligheid' tegen betogen 'om wat voor reden ook'.

Enkele uren voor de regeringsbeslissingen was nog het vuur geopend op betogers in Homs met zes nieuwe doden tot gevolg, drie kinderen en drie soldaten zeiden de staatsmedia, 'in koelen bloede vermoord door gangsters'. Voor het regime was in Homs een 'gewapende opstand' aan de gang. En ook in Baniyas, waar meteen na de opheffing van de noodtoestand opnieuw werd betoogd. De Damascus Verklaring, een koepel die in oktober 2005 was opgericht door een half dozijn oppositiegroepen waarbij de Moslimbroeders, riep op tot vreedzaam verzet en stelde de regering verantwoordelijk voor het bloedvergieten. Volgens mensenrechtengroepen waren er in een maand tijd tweehonderd mensen gedood. Waartoe dat manifesteren kon leiden was op dat eigenste moment te zien in Egypte, waar oud-vicepresident Suleiman door de Openbare Aanklager aan de tand werd gevoeld over zijn aandeel in het geweld tegen de revolutie die bijna 850 mensenlevens had gekost, over de informatie die werd verzameld door de Inlichtingendienst die hij zoveel jaren had geleid, en over het fortuin van de oud-president wiens vertrouweling hij was.

MEER BELOFTES EN HULP

Dankzij de Britse regering veroverde ook Libië die negentiende april een plaats in het nieuws, al was er weinig beweging in de posities en leek de opstand vast te lopen. Daar wilde Londen iets aan doen. Een team Britse militaire adviseurs werd naar Benghazi gestuurd om de rebellen bij te staan. 'Ze zullen de Overgangsraad helpen bij de militaire organisatie, communicatie en logistiek, maar', zei minister Hague van Buitenlandse Zaken, 'ze zullen de opstandelingen niet trainen of bewapenen.' Even later volgden de Fransen en de Italianen het Britse voorbeeld. Alles samen zo'n dertig instructeurs moesten de overwinning bezorgen aan het hopeloze rebellenleger, dat overigens geen tekort had aan voortreffelijke wapens. Eerder had Londen communicatieapparatuur geleverd. 'We zijn niet van plan grondtroepen te sturen', zei de Franse regeringswoordvoerder, maar minister van Defensie Longuet vond dat die aangelegenheid de aandacht moest krijgen van de VN-Veiligheidsraad. De humanitaire situatie bleef zorgwekkend. De opstandelingen zegden dat sinds het begin van het conflict minstens tienduizend mensen waren gestorven.

De Britten bereidden de evacuatie voor van duizenden migranten uit Misrata, dat nog altijd gedeeltelijk in handen was van de opstandelingen en waar drie ziekenhuizen in de vuurlijn lagen. De Verenigde Naties kregen van Kadhafi een vrijgeleide voor humanitaire hulp aan de havenstad, maar hij verzette zich tegen een escorte door vreemde troepen. De Libische leider reageerde ook uiterst geprikkeld op de komst van Britse, Franse en Italiaanse militaire adviseurs naar Benghazi. 'Dat beschadigt de vredeskansen', zei zijn nieuwe minister van Buitenlandse Zaken. Hij stelde een bestand voor, gevolgd door een interimperiode van een half jaar om verkiezingen te organiseren onder toezicht van de Verenigde Naties. Dat was ook het voorstel van de Afrikaanse Unie. Human Rights Watch, dat eerder had gezegd dat Kadhafi gebruik maakte van landmijnen en clustermunitie, kwam nu met bewijzen dat ook de rebellen mijnen gebruikten in de buurt van Ajdabiya. Het waren Belgische antitankmijnen die in de jaren zeventig en tachtig waren geproduceerd. In de opslagplaatsen van Benghazi lagen er tienduizenden van. De mijnen waren vooral voor de burgerbevolking gevaarlijk en bovendien een schending van een belofte van de opstandelingen. Maar de aandacht was verdeeld tussen Misrata, waar de haven nog altijd onder controle was van de rebellen, en Parijs, waar de voorzitter van de Nationale Overgangsraad, Mustafa Abdul Jalil, kwam bedanken voor de 'moedige' steun aan de revolutie. Hij beloofde dat de democratie zou worden opgebouwd via de stembus en niet bovenop tanks. Zoals gewoonlijk in oorlogsomstandigheden deden van alle correspondenten de fotografen het gevaarlijkste werk. In Misrata werden er twee, die hun sporen al ruimschoots hadden verdiend, Tim Hetherington, een Brit die werkte voor *Vanity Fair*, en Chris Hondros, een Amerikaan in dienst van Getty Images, doodgeschoten. Een derde werd gewond. Ze trokken zich terug uit de vuurlijn tijdens een pauze in de gevechten, toen ze door een granaatwerper onder vuur werden genomen. Die dag, 21 april, werden er honderd gewonden binnengebracht in het ziekenhuis. Eerder, op 13 en 19 maart, waren twee Arabische journalisten gedood in Benghazi.

Op 22 april zei minister Gates dat de vs onbemande vliegtuigen in de strijd wierpen. Die hadden de afgelopen paar jaar steeds betere diensten bewezen in het Afghaans-Pakistaanse grensgebied. Ze werden bestuurd vanuit het veilige Amerika, duizenden kilometers verderop, voor spionageopdrachten en uiterst precieze bombardementen. Ongetwijfeld ging bij dit nieuws een zuchtje van verlichting op in Londen en Parijs. Voor het eerst zouden de Predators optreden tegen een georganiseerd, zij het gehavend en niet erg conventioneel leger. Tegen begin juli hadden ze in Libië 46 aanvallen op hun actief. De oorlogen van de voorbije jaren schreven militaire geschiedenis. In het bijzonder het conflict met al-Qaeda in Irak en met de terroristen en de Taliban in Afghanistan en de Pakistaanse autonome stamgebieden had bijgedragen tot de snelle ontwikkeling van vuurkracht en precisie van op verre afstand. De asymmetrische oorlogen hadden een technologische revolutie veroorzaakt en hadden geleid tot de snelle ontwikkeling van onbemand wapentuig. Duur maar nauwkeurig en zonder verliezen in eigen rangen. Gates liet niet na er fijntjes op te wijzen dat de vliegtuigen precisie zouden geven aan de militaire operatie. Erg gul was Washington echter niet. De NAVO kreeg maar twee Predators ter beschikking, toestellen uitgerust met Hellfire raketten die hun naam niet hadden gestolen. Volgens de Libische regering maakten ze nog meer burgerslachtoffers, maar zou het inferno uitbreken mochten ze worden gevolgd door buitenlandse troepen. De eerste Hellfire explodeerde de volgende dag als een soort welkomstsaluut voor de voormalige Republikeinse presidentskandidaat John McCain, een voorstander van de interventie, die op visite was bij de Nationale Overgangsraad in Benghazi. Het was het hoogste Amerikaanse bezoek dat de rebellenhoofdstad tot nog toe had ontvangen. McCain vond dat de rest van de wereld het Franse en Italiaanse voorbeeld moest volgen en de Raad moest erkennen.

EEN VOORSPELLING

De profetie van Johan Galtung, de Noorse socioloog en vader van de polemologie en daarmee ook van de vredesstudie, veroorzaakte amper een rimpeling, al had hij eerder de val voorspeld van de Sovjet-Unie en de weigering van de Egyptische soldaten om op het eigen volk te schieten. Tijdens een lezing aan de University of Virginia zei de oude geleerde dat de oorlog in Libië maar liefst twintig jaar zou duren. Mochten de NAVO en de oppositie Kadhafi willen doden, dan zou twintig jaar zelfs niet volstaan. De prognoses die waren verspreid van een snel succes waren gebaseerd op onwetendheid en op de karikaturale herleiding van de maatschappelijke dynamiek in Libië tot een persoon. Volgens Galtung waren vijf krachten aan het werk in de Arabische omwenteling: verzet tegen dictatuur, verzet tegen ongelijkheid en armoede, verzet tegen de vs en Israël, verzet van de jeugd en verzet van de vrouwen. Een regering, zoals die van Moebarak, die aan de foute kant zat van alle vijf was tot de ondergang gedoemd. Tunesië scoorde een vier omdat de vrouwenrechten onder Ben Ali relatief goed werden gerespecteerd; Libië een drie dankzij de positie van de vrouw en de antiwesterse reputatie van Kadhafi. Op de schaal van Galtung scoorden Jemen, Bahrein en Saoedi-Arabië even slecht als Egypte. Maar Syrië en Iran deden beter wegens hun geschiedenis van strijd tegen de westerse hegemonie. Voor Galtung stevende Libië af op een burgeroorlog en zou een aanslag op Kadhafi van hem een martelaar maken.

Eigenlijk beaamde de Amerikaanse stafchef Mike Mullen dat tot op zekere hoogte door te waarschuwen dat de oorlog in Libië dreigde in een impasse te verzeilen, al was dertig tot veertig procent van Kadhafi's militaire capaciteit uitgeschakeld. Maar Mullen zag geen tekenen dat al-Qaeda vertegenwoordigd was in de Libische oppositie en sprak daarmee persberichten en een eerdere verklaring van een NAVO-commandant tegen. Een vierde evacuatieschip van de Internationale Organisatie van de Migratie stoomde op naar Misrata om er achtduizend gestrande gastarbeiders te evacueren. Het regime gaf een sinister accent aan de vage maar verontrustende berichten uit de havenstad over rottende lijken in de straten en het tekort aan voedsel, water en geneesmiddelen door aan te kondigen dat de stammen het werk van de strijdkrachten zouden overnemen. Die zouden 'minder terughoudend' optreden tegen de burgerbevolking, luidde het onverholen dreigement van onderminister van Buitenlandse Zaken, Khaled Kaim. Kaim zei dat het leger een pauze in acht nam om de stammen de kans te geven de kwestie vreedzaam te regelen, maar tegelijk waren er bombardementen op woonwijken in het stadscentrum. Correspondenten in Misrata zegden dat de troepen bevoorradingsproblemen begonnen te krijgen. Volgens mensenrechtenorganisaties waren er inmiddels minstens duizend doden. De Nationale Overgangsraad kreeg een paasei van Koeweit onder de vorm van een cheque van 180 miljoen dollar. In de nacht van Pasen op paasmaandag werd het hoofdkwartier van Kadhafi zwaar gebombardeerd maar de kolonel bleef ongedeerd.

BEWOGEN PASEN

De vraag was waar de situatie het ernstigst was, want op 22 april werd in verschillende Syrische steden opnieuw het vuur geopend op betogers. Het was een vrijdag na een week waarin het regime wanhopige pogingen had ondernomen om de rust te herstellen met allerlei beloftes, maar ook met de verordening dat voor alle manifestaties toestemming moest worden gevraagd. De straat was niet overtuigd en gaf massaal gevolg aan de oproep om te betogen op Grote Vrijdag, die voor de christelijke minderheid ook Goede Vrijdag was. Het waren de grootste en de bloedigste betogingen sinds het uitbreken van de onrust. De troepen antwoordden met scherp. Er waren minstens 88 doden. De meeste slachtoffers waren er in Izraa, in de buurt van Deraa, de wieg van de revolutie. Er was ook een eerste dode in de hoofdstad Damascus. Een nieuwe organisatie, de Syrische Plaatselijke Organisatiecomités, zei de betogers te vertegenwoordigen en eiste het einde van het geweld, de folteringen, moorden en arrestaties, een driedaagse nationale rouw voor de slachtoffers, een onafhankelijk onderzoek naar de verantwoordelijkheid voor het geweld, de vrijlating van alle politieke gevangenen en een grondwettelijke beperking van het presidentieel mandaat tot twee ambtstermijnen. Dat laatste punt was een regelrechte aanval op het alawitische machtsmonopolie. Het artikel 8 van de Grondwet gaf aan de Baath-partij een ijzeren greep op het presidentschap. Op voordracht van de partij mocht het parlement, waarin 167 zetels van de 250 waren voorbehouden aan Baath, een kandidaat voordragen die dan bij referendum werd verkozen. Zijn ambtstermijn was zeven jaar. Er moest niet onmiddellijk worden verwacht dat Baath zou instemmen met meerdere kandidaturen voor het presidentschap.

President Obama protesteerde 'in de sterkst mogelijke bewoordingen' tegen het 'buitensporig' geweld en de miskenning van de rechten van de betogers. Hij zei dat zijn Syrische ambtgenoot zijn toevlucht zocht tot dezelfde tactieken als zijn bondgenoten, de ayatollahs in Iran. Volgens Obama kreeg Assad van Iran trouwens hulp bij de repressie.

Het hoge dodenaantal van Grote Vrijdag voorspelde vele onrustige begrafenissen. Het protest spaarde Assad niet langer persoonlijk, al was er in zijn ogen geen reden meer om te betogen nu hij de de noodtoestand had opgeheven. Op de manifestaties werd nu onomwonden de val geëist van een regime dat reageerde met de enige taal die het kende: onderwerping. De Syrische revolutie kwam daarmee in een nieuwe, gevaarlijke fase. Op Grote Vrijdag waren doden gevallen in het Maydandistrict, in het hart van de hoofdstad, een wijk van soennitische graan- en voedselhandelaars in de schaduw van de oude stadsmuren. Velen van hen voerden handel met boeren uit de streek van Deraa. Daar was het kantoor van de burgemeester bestormd. De begrafenissen werden zoals kon worden verwacht nieuwe manifestaties en opnieuw openden de ordediensten het vuur in Damascus en elders. Al gauw waren er nieuwe doden. Twee parlementsleden uit Deraa namen ontslag uit protest tegen de cyclus van geweld. Andermaal rukte het leger op naar de opstandige provinciestad. In de vroege uren van paasmaandag namen drieduizend soldaten onder dekking van tanks posities in. Op de daken verschenen sluipschutters. Volgens inwoners schoot de veiligheid op alles wat bewoog. Hetzelfde gebeurde in Duma, de onrustige voorstad van Damascus.

Er was buiten de aanhoudende manifestaties geen specifieke aanleiding voor die machtsontplooiing. Het was een offensief tegen 'de terroristen'. De twee grensposten tussen Jordanië en Syrië werden gesloten voor een 'grote veiligheidsoperatie' in de wijde omtrek van Deraa. Het dodencijfer lag volgens de berekeningen van het Franse persbureau AFP na vijf weken opstand op 352. Londen riep zijn onderdanen op om Syrië te verlaten, een signaal van naderend onheil. De Verenigde Staten overwogen 'gerichte maatregelen'. Het Syrische persbureau SANA ontketende een aanval op de buitenlandse media, inclusief al-Jazeera, en op 'de leugens' die ze verspreidden. Damascus, altijd al argwanend tegenover pottenkijkers, had zijn grenzen gesloten voor de wereldpers. De afwezigheid van buitenlandse media werd maar ten dele gecompenseerd door onstuimige 'burgerjournalistiek'. Er waren ook nieuwe Facebookpagina's en internetsites zoals het semi-officiële *Champress,* gebaseerd in Damascus, die het opnamen voor het regime en tegen de vloed van onheilsberichten. De lezing van de feiten verschilde er grondig van die in het

Westen. Obama was 'fout geïnformeerd'over Syrië. De 'leugens' op verschillende satellietzenders waren afkomstig van 'zogenaamde ooggetuigen' die zich uitgaven voor wie ze niet waren of hun verhalen hadden van horen zeggen. Amerika's instrumenten in Libanon – lees Hariri en de Cederbeweging – complotteerden tegen Syrië (aldus Hezbollah). Het complot dateerde van bij het begin van de bezetting van Irak in 2003 (een mediaspecialist). Er was een zitstaking voor het kantoor van al-Jazeera in Damascus om verontschuldigingen te eisen, zo niet de sluiting van de zender. De directeur van al-Jazeera in Beiroet nam ontslag omdat de redactie een 'commandokamer' was geworden van de opstand. Er woedde een media- en propagandaoorlog op leven en dood. Het Syrische persbureau zei dat digitale camera's waren gevonden met getrukeerde beelden en dat er flessen bloed circuleerden om te gebruiken in de opnames. De Syrische televisie zond gruwelijke beelden uit van 'politiemannen en anderen, vermoord door de demonstranten'.

De Libanese president Suleiman zegde op Pasen, na een bezoek aan de nieuwe Maronitische patriarch, zijn steun toe aan het hervormingsprogramma van Assad en verwierp alle pogingen om sektarische tweespalt te zaaien. Assad kreeg ook de schriftelijke steun van de emir van de Verenigde Arabische Emiraten, overhandigd door zijn jongere halfbroer, de minister van Buitenlandse Zaken. De ontmoeting tussen de prins en de Syrische president stond helemaal in het teken van de omwenteling, niet alleen in Syrië maar ook in Jemen en Bahrein, waar de Emiraten troepen hadden. Het bezoek van de prins was betekenisvol. De Emiraten stonden in beide kampen, met de revolutie in Libië en tegen de opstand in Bahrein. Over enkele dagen zou de uitgesproken westers gezinde kroonprins van de Emiraten, tevens minister van Defensie, worden ontvangen door Obama. Het bleef onopgemerkt dat de Emiraten enkele dagen voor het bezoek aan Damascus de Juristenvereniging ontbond en wegens de ondertekening van een petitie voor politieke hervormingen. Abu Dhabi was even discreet als actief en als weinigen op de hoogte van de geheimen van het omwentelingskluwen. Tot die geheimen behoorde wie schuil ging achter de internetcampagne die de revolutie aandreef.

De meest populaire Facebookpagina van de oppositie was Syrian Revolution 2011 met 120.000 tot 200.000 volgers. Het was een belangrijk contactpunt voor de buitenlandse media die het land niet binnen mochten. De pagina verspreidde foto's en video's en kon 'ooggetuigen' leveren. Sommige activisten van de pagina waren al jaren actief. Ze organiseerden de manifestaties niet, maar ondersteunden ze en coördineerden de plaatselijke comités. De officiële woordvoerder van Syrian Revolution

2011 was volgens *Champress* een in Zweden woonachtige Moslimbroeder. Toen hij begin mei in zijn woonplaats in Eskiltuna, vlakbij Stockholm, telefonisch werd geïnterviewd door Adam Almkvist, een projectassistent van een Syrisch onderzoeksprogramma van de universiteit van Lund, zei hij productontwerpen te studeren en een militant te zijn van de Zweedse Jonge Moslims, een nogal radicale ngo die eerder een notoir joden- en homohater had geïnviteerd voor een lezing. Wegens zijn kennis van de godsdienst werd hij door de gelovigen in zijn gemeenschap 'imam' genoemd. Hij was in een Arabisch land geboren maar weigerde te zeggen welk en vertelde dat hij als kind met zijn ouders naar Zweden was geëmigreerd. Hij beweerde te spreken namens een kwart miljoen leden, verspreid over zeven, acht sociale netwerkpagina's. Ruim een derde van hen woonde in Syrië, de helft kwam uit de Syrische diaspora en de overigen uit de rest van de Arabische wereld.

Hij zei dat Syrian Revolution 2011 richtlijnen gaf aan de opstand. 'Wij leggen in ruggespraak met plaatselijke militanten de data vast van de betogingen en leiden de jongeren.' Er was een werkverdeling over verschillende comités: zo werkte de Moslimbroeder uit Eskiltuna voor het mediadepartement. De Facebookpagina werd gerund door tien man met 350 actief in het netwerk, waarvan 250 in Syrië zelf en de rest verspreid over de wereld. Ze documenteerden de opstand en verzamelden informatie. De pagina beschouwde zichzelf als een informatieplatform voor grote nieuwsnetwerken als al-Jazeera, de BBC, CNN en al-Arabiya. De woordvoerder ontkende de Syrische beschuldiging dat hij een salafist was. Het interview verscheen op de blog van Joshua Landis, al jaren een van de meest gezaghebbende stemmen over Syrië, en voedde de verdenking dat de revolutie het werk was van jonge Moslimbroeders. Dat werd ook gesuggereerd door de sektarische teneur van de Facebookpagina en de oproepen tot geweld.

DE JEMENITISCHE STOELENDANS

Syrian Revolution 2011 bracht ook het grote nieuws uit Jemen dat het lot van president Saleh scheen te bezegelen. Scheen, want Saleh was een hardnekkige overlever. Op 19 april kwam de VN-Veiligheidsraad voor het eerst bijeen over Jemen. Enkele uren voor die vergadering zei Unicef dat er bij de protesten van de afgelopen twee maanden 26 kinderen waren doodgeschoten in Jemen. Maar de vergadering van de Veiligheidsraad leverde zelfs geen persmededeling op. Het was het begin van een spelletje schaduwboksen dat nog maanden zou duren in Jemen zelf en daarbuiten.

Er werd volop onderhandeld op hoog niveau. President Saleh had een gezantschap gestuurd naar de Emiraten om te praten over het plan voor een machtsoverdracht van de rijke broeders van de Samenwerkingsraad van de Golf, de GCC. Daar was de oppositie twee dagen eerder over komen onderhandelen in de Saoedische hoofdstad Riyadh. Waren de rijke landen van het schiereiland in staat om de rust te herstellen in hun arme achterbuurt en werd Jemen een keerpunt en een dijk tegen een verdere uitbreiding van de revolte in hun eigen gebieden? Door de interventie in Bahrein was de GCC partij geworden in een veel groter conflict, waarvan zowat alle spelers in Jemen vertegenwoordigd waren. Intussen had een groep voormalige ministers en parlementsleden van het Algemeen Volkscongres, de regeringspartij in Jemen, het Blok van Recht en Opbouw gevormd en het onmiddellijk ontslag gevraagd van de president. Opnieuw was het vuur geopend op betogers in het onrustige Taiz, de belangrijkste stad van het centrum. In Sanaa manifesteerden duizenden vrouwen tegen Saleh die het 'onislamitisch' had genoemd dat vrouwen met vreemde mannen in betogingen liepen. Sommigen zagen daarin een poging van een radeloze president om naar het laatste wapen te grijpen: godsdienst en het in Jemen sterk ontwikkelde en licht ontvlambare mannelijke eergevoel. Het was ook een uitval tegen Tawakul Karman, de jonge vrouw die de eerste protesten had georganiseerd aan de universiteit van Sanaa.

Op 20 april zonden zowel de VN als de GCC signalen uit dat een door de VS en Groot Brittannië gesteund akkoord op handen was over het vertrek van Saleh. Hij zou de macht overdragen aan vicepresident Hadi en onschendbaarheid krijgen voor zichzelf en zijn familie.

Het regerende Volkscongres van Jemen, de partij van de president, aanvaardde het voorstel 'in zijn volledigheid'. Buitenlandse Zaken in Sanaa zei dat ook de regering akkoord was en ook de oppositie stemde ermee in, zij het met enige reserve. Uiteindelijk scheen Saleh, die daags tevoren nog de oppositie verweet het land in een burgeroorlog te storten, de handdoek in de ring te gooien. Hij koppelde zijn principiële goedkeuring aan die van de oppositie. Volgens het plan had hij een maand om de macht over te dragen aan de vicepresident. Twee maanden later zouden presidentsverkiezingen volgen. Zou in het kruitvat Jemen de ontknoping van de opstand een onverhoopt vreedzaam en voorbeeldig scenario volgen? Het alternatief was weinig aantrekkelijk, en niet enkel voor de buren. De Verenigde Staten waren opgelucht, maar de oppositieleiders in Jemen, die een valstrik vermoedden, wilden niet toetreden tot een overgangsregering, zoals voorzien was in het plan van de GCC. De Vreedzame Jongerenopstand, de speerpunt van de omwenteling, verwierp het plan omdat Saleh niet onmiddellijk moest vertrekken en omdat het hem, zijn familie en zijn vertrouwelingen, een vrijgeleide gaf.

De opstand was drie maanden aan de gang en had ruim 130 mensenlevens gekost. Dat was amper de helft van de doden na een maand onrust in Syrië. Maar op het Universiteitsplein dat intussen Veranderingsplein was gaan heten, bleef het wantrouwen tegenover het establishment, inclusief de GCC, groot. De idealistische jeugd uit de begintijd was net als in Libië verdrongen door minder onbaatzuchtige sektarische en tribale krachten. Daar kwam bij dat de VS weinig gewicht in de schaal konden werpen. Obama gaf zelf toe dat zijn populariteitscijfers de schommelende benzineprijs volgden. Veel druk kon hij bijgevolg niet zetten op Saoedi-Arabië, dat zich assertief opwierp als leidende regionale grootmacht tegen de eeuwige vijand Iran in de oplopende spanning tussen de soennieten en de sjiieten. De al dan niet oprechte aanmaningen van het Witte Huis tot terughoudendheid en hervormingen kregen in Riyadh weinig gehoor. Het Egyptische voornemen om de betrekkingen met Iran te normaliseren deed de Saoedische twijfel over de democratisering alleen maar groeien. Teheran zocht in Egypte een nieuwe korf voor zijn eieren nu ze in Syrië, enige bondgenoot in de Arabische wereld, gevaar liepen te bederven.

WESTERSE AARZELINGEN

Het unieke aan de contestatie in Syrië was dat ze zich richtte tegen het héle staatsapparaat, inclusief de veiligheidsdiensten die in Tunesië en Egypte uiteindelijk het staatshoofd geen keuze hadden gelaten tenzij ontslag. Ofwel zou het hele systeem in Syrië overeind blijven, of het zou helemaal ten onder gaan. Er waren meer dilemma's. Ofwel zouden de Syriërs kiezen voor stabiliteit en dictatuur, of ze stevenden af op grote onzekerheid en vermoedelijk ook chaos die zich kon verspreiden over de hele regio. Maar voor de massa's demonstranten was er geen weg terug. Ze riskeerden zware represailles als ze bakzeil zouden halen. Vanuit de brandhaard Deraa kwam nog maar weinig nieuws nu de telefoonverbindingen waren verbroken en de grens met Jordanië dicht was, maar uit de schaarse berichten viel af te leiden dat de betogers zich verschansten in een moskee in het stadscentrum en dat het straatbeeld werd beheerst door tanks en pantserwagens. Het begon te lijken op Hama 1982. In de VS kreeg Hillary Clinton kritiek voor haar verklaring dat 'vele volksvertegenwoordigers en senatoren van beide partijen die onlangs Syrië hadden bezocht in Assad een hervormer zagen'. Clinton zei dat op 27 maart toen de bloedige onderdrukking al volop begonnen was. Ook de Syrische crisis werd in Washington aanvankelijk onderschat. Pas een maand later kondigde ze 'nieuwe initiatieven' aan als protest tegen de behandeling van de betogers. Of die veel zouden uithalen was onzeker. Zoals het ook onzeker was wat de westerse publieke opinie over de omwentelingen dacht. De kranten stonden vol nieuws over de revoluties, maar vier maanden na de zelfverbranding van Bouazizi hadden de omwentelingen nog geen enkele keer aanleiding gegeven tot steunbetogingen in de westerse steden. Ofschoon met verbazingwekkende snelheid wereldgeschiedenis werd geschreven, deed de geleidelijk minder weldoorvoede westerling weinig meer dan even opkijken van het bord tijdens het televisiejournaal. Betogen was in het Westen al een tijdje compleet passé. Het was van de voorbereiding tot de oorlog in Irak geleden dat de massa nog voor een buitenlandse kwestie op straat was gekomen.

Washington zag de Arabische revolutie als *work in progress*. De intuïtieve sympathie van Obama voor de omwenteling vroeg om te worden omgezet in een samenhangende doctrine die de betrekkingen voor decennia zou bepalen. Het probleem daarbij was dat Tom Donilon, Obama's veiligheidsadviseur, weliswaar een goed manager was en een voortreffelijk communicator, maar geen strateeg. Een ander en groter probleem was dat de Amerikaanse waarden botsten met de Amerikaanse belangen. Daardoor was er geen klare lijn in de reacties van Washington op de verschillende revoluties. Ze werden bepaald door pragmatisme. Donilon sprak van een historische gebeurtenis, vergelijkbaar met de val van het Ottomaanse Rijk na de Eerste Wereldoorlog of de naoorlogse dekolonisatie van het Midden-Oosten. Geen land was volgens hem immuun voor de omwenteling. De revoluties waren het gevolg van wanbestuur, bevolkingsexplosie en de nieuwe communicatietechnologie.

Een vierde richtsnoer voor de Amerikanen was dat de omwentelingen een interne aangelegenheid waren – behalve dan in Libië – waarmee niemand zich mocht bemoeien, ook niet de vs, laat staan Iran of welke buitenlandse macht ook. Voor Donilon was de omwenteling nog in een vroeg stadium en was daarom behoedzaamheid geboden. In de woelige aprildagen reisde hij naar Saoedi-Arabië, dat getraumatiseerd was door het 'verraad' aan Moebarak en de aanvankelijke steun van Washington voor de sjiieten van Bahrein. De Veiligheidsadviseur praatte twee uur met de Saoedische koning en gaf hem een brief van zijn president waarin werd herinnerd aan 'de band die we al zeventig jaar hebben en die wortelt in gemeenschappelijke strategische belangen'.

Syrië, niet bepaald de beste vriend van zijn Saoedische gastheer, eiste nu al zijn aandacht. Assad had een vreselijke fout begaan door 'geconstipeerd' te zijn over hervormingen. De vs stonden niet te springen voor een militaire interventie in Syrië, die volgens Donilon niet raadzaam was. De Amerikaanse regering zou bij haar principes blijven: tegen gewelddadige repressie en voor hervormingen. Frankrijk daarentegen stelde op de bijeenkomst van 27 april van de vn-Veiligheidsraad 'krachtige maatregelen' voor als de Syrische president de internationale oproepen tot geweldloosheid bleef negeren. Een ontwerp van perstekst in die zin kreeg steun van de Europese landen Groot-Brittannië, Duitsland en Portugal, maar zo'n mededeling was geen resolutie. Washington vond dat Assad het roer moest omgooien en moest luisteren naar het volk. De Russen waren tegen het geweld, maar blokkeerden samen met Libanon en China het Franse voorstel, omdat ze geen bedreiging zagen voor de internationale vrede en dus geen reden voor actie. De vrede zou pas worden bedreigd als de buitenwereld zich zou gaan bemoeien en daarmee een geweldspiraal ontketenen, betoogde de Russische afgevaardigde. China en India riepen op tot een politieke dialoog en een vreedzame oplossing van de crisis.

Syrië was gesterkt door de onenigheid in de Veiligheidsraad en allicht ook door het verslag van de ondersecretaris-generaal van de vn, Lynn Pascoe, die uit de verslagen van media, mensenrechtenorganisaties, vn-vertegenwoordigingen en diplomaten distilleerde dat het protest overweldigend vreedzaam was, maar dat er ook geloofwaardige berichten waren van gevallen waarin manifestanten geweld hadden gebruikt en veiligheidsagenten hadden gedood. Hij raamde het aantal doden van de voorbije anderhalve maand op driehonderdvijftig tot vierhonderd.

Terwijl de Arabische landen zich opvallend afzijdig hielden en Libanon steun gaf aan het hervormingsprogramma van de Syrische president, bleef Parijs de spits afbijten. Dat was hoog spel wegens het Franse prestige in de Arabische wereld, die traditioneel betere betrekkingen onderhield met Parijs dan met eender welk ander westers land, en in het bijzonder in de Levant, Syrië en Libanon, die Franse mandaatgebieden waren geweest. Frankrijk dreigde nu met een unilaterale actie en Gerard Araud, de Franse ambassadeur bij de vn, zei dat zijn land met anderen een 'reeks opties zou onderzoeken om de druk op te voeren zodat het Syrische regime ophield met de repressie en zou kiezen voor hervormingen'. In Frankrijk, Groot-Brittannië, Spanje, Italië, België en Duitsland werden de Syrische ambassadeurs ontboden voor een protest tegen het geweld en om Assad op het hart te drukken van koers te veranderen. Parijs zei dat de eu zou vergaderen over sancties en dat alle opties op tafel lagen. Washington beraadde zich afzonderlijk over een reactie. Syrië zei dat een 'volledig transparant' onderzoek was begonnen naar de burgerslachtoffers en dat daarbij geen buitenlandse hulp nodig was. Het herhaalde dat er verborgen agenda's speelden en beschuldigde 'sommige landen' ervan Syrië te willen destabiliseren.

SAMENZWERINGEN

Op 28 april meldde *Champress*, een spreekbuis van het regime, dat er nieuwe confrontaties waren tussen het leger en terroristische groepen in Deraa. De terroristen hadden volgens het leger wegblokkades opgeworpen en geschoten op burgers. In auto's met valse nummerplaten waren wapens aangetroffen. Bij een vuurgevecht was een soldaat gesneuveld en vijf gewond, bij wie de chauffeur van een ziekenwagen en een verpleger. Bij aanvallen op militaire posten op de weg naar de Golan werden nog eens drie soldaten gedood en vijftien gewond. Sommige terroristen werden aangehouden en verhoord. Het leger maakte jacht op 'extremistische bendes' om de rust in Deraa te herstellen.

Het tweede hoofdpunt van *Champress* was een ontkenning van de berichten over vaandelvlucht die waren verspreid door een aantal 'partijdige televisiestations'. 'Dat is een poging om de goede naam van de strijdkrachten te besmeuren en het land te destabiliseren', zei de legerleiding. 'De verspreiders van die leugens vergeten dat het Syrisch-Arabische leger een nationaal leger is dat altijd klaar staat om uitdagingen en samenzweringen tegen volk en land het hoofd te bieden.' Assads volslanke minister van Buitenlandse Zaken, Moallem, verschafte aan de ambassadeurs van de vs en de Europese landen uitleg over de terroristen en een nieuw pakket hervormingen dat op stapel stond. Moallem had eerder de Arabische ambassadeurs gebrieft over de betrokkenheid van sommige Arabische landen bij de 'sektarische agitatie'.

Wie waren die landen? De Libanese bondgenoten van Assad spraken van het gebruikelijke Amerikaans-Israëlische complot. De 'gematigde' Arabische staten, voor Damascus sowieso de uitvoerders van Amerikaanse bevelen, wakkerden het oproer aan. Syrië was het slachtoffer van een grote samenzwering omdat Assad weigerde Hezbollah te dumpen. Volgens het socialistische Franse parlementslid Gérard Bapt, voorzitter van het Frans-Syrische parlementaire vriendschapscomité, betaalden Qatar en de Verenigde Arabische Emiraten de dure rekening van de stokkende interventie in Libië en moest daarom niet worden gevreesd voor een nieuw en nog veel hachelijker militair avontuur in Syrië.

Het voormalige Libanese parlementslid Naser Qandil betrok in zijn samenzweringstheorie zowel landen als media en had het expliciet over de rol van al-Jazeera, de zender uit Qatar. Het was volgens deze steunpilaar van Damascus de bedoeling het 'verzet' (tegen Israël, lees Hezbollah) te breken. Belangrijker dan de voorspelbare bijval van zijn Libanese paladijnen was dat de Syrische president niet in de steek werd gelaten door zijn machtige noorderbuur, Turkije. Ankara maakte zich zorgen en wilde niets liever dan dat de rust aan zijn zuidgrens zou terugkeren. De regering Erdogan was tegen strafmaatregelen en beschouwde elke vorm van chaos in Syrië als bedreigend voor de regionale stabiliteit, 'in het bijzonder die van Libanon'. In werkelijkheid was Turkije er vooral voor beducht dat een opstand van de Koerden in Syrië zou overslaan. Op 28 april, daags na de vruchteloze vergadering van de VN-Veiligheidsraad over Syrië, werd in Damascus een Turks gezantschap verwacht voor gesprekken met Assad.

Voor de volgende dag plande de oppositie Azadi-Vrijdag, daarbij het Koerdisch en Farsi woord voor 'vrijheid' gebruikend. Het beleg van Deraa duurde nog altijd voort en ook Douma, de voorstad van Damascus, was hermetisch afgesloten. In het Westen was het grote nieuws dat de uitnodiging aan de Syrische ambassadeur om het huwelijk bij te wonen van de Britse kroonprins William, was ingetrokken. In Bahrein werden die dag vier sjiieten ter dood veroordeeld door een militaire rechtbank wegens de moord op twee politiemannen tijdens de onlusten van een maand tevoren. Drie anderen kregen levenslang. Plaatselijke mensenrechtengroepen protesteerden tegen het proces dat achter gesloten deuren was gevoerd. Eerder waren vier dissidenten gestorven in het politiebureau.

PALESTIJNS INTERMEZZO

Terwijl de Arabische Revolutie zijn bloedige gangetje ging, verrasten de Palestijnen de wereld met een onverwacht akkoord tussen Hamas en Fatah. Op 27 april kondigden ze aan dat ze samen een overgangsregering zouden vormen en in 2012 verkiezingen zouden organiseren. In het verleden waren verschillende verzoeningspogingen tussen de rivalen mislukt. Deze overeenkomst maakte het voor de Palestijnse Autoriteit mogelijk om enkele maanden later, in september, aan de Algemene Vergadering van de Verenigde Naties uit naam van alle Palestijnen de erkenning te vragen van een eigen staat. De Palestijnse 'president' Mahmoud Abbas haastte zich om te verzekeren dat hij verantwoordelijk bleef voor de vredesgesprekken met Israël en dat er geen activisten in de nieuwe regering zouden zitten. De Israëlische premier Netanyahu antwoordde dat er geen vrede mogelijk was met Hamas.

In de straten van Gaza werd de plotse verzoening op gemengde gevoelens onthaald en in verband gebracht met de omwentelingsgolf in de Arabische wereld. Die had de positie van Hamas eerder verzwakt dan versterkt. Het veilige asiel van de top van Hamas in Damascus was niet meer verzekerd en de leiders van de organisatie begonnen uit te kijken naar een ander onderkomen. Drie dagen na het nieuws over het akkoord schreef *al-Hayat* dat de leiding van Hamas zou verhuizen van Syrië naar Qatar en dat er een officieel kantoor zou worden geopend in Egypte. Beide berichten werden onmiddellijk door Hamas zelf tegengesproken. Maar geen rook zonder vuur. Dat Hamas veel gelegen was aan de toekomst van Syrië stond buiten kijf. Dat Qatar goede betrekkingen onderhield met de Moslimbroeders, inclusief Hamas, was een publiek geheim. In Egypte, de bakermat van de Moslimbroederschap, waren de vooruitzichten voor de beweging erg gunstig. Die internationale context leidde tot enige beweging in de onwrikbare opstelling van de Palestijnse Moslimbroeders. Hamas bleef bij zijn afwijzing van gesprekken met Israël maar accepteerde dat Fatah die verder zette. Beweging was er ook aan de andere kant. Efraim Halevy, een voormalige chef van de Mossad, was van oordeel dat er geen ernstige vooruitgang in de onderhandelingen mogelijk was zonder Hamas daar op een of andere manier bij te betrekken. De Broeders moesten een deel worden van de oplossing in plaats van het probleem.

Egypte had achter de schermen een belangrijke rol gespeeld bij de principeovereenkomst tussen Hamas en Fatah en gaf daarmee de eerste signalen van zijn nieuwe regionale ambities. 'We beginnen een nieuwe bladzijde', zei Caïro, 'Egypte neemt weer de rol op die het ooit heeft opgegeven.' Dat betekende toenadering tot zowel Hamas als Iran, al beloofde Egypte ook om het vredesakkoord met Israël te blijven respecteren. De grens met Gaza die onder Moebarak geblokkeerd was, zou binnenkort worden geopend. Iran zou voortaan als een buur worden behandeld waarmee vriendschappelijke betrekkingen werden onderhouden. Die nieuwe wind was in de Egyptische hoofdstad zowel een verfrissende zeebries als een teken van beginnende verkiezingskoorts. Voor Hamas zou de wind uit de richting van de Nijl waaien, eens de bescherming van Damascus zou wegvallen. Leiders van de organisatie waren officieel ontvangen op Buitenlandse Zaken, en zelfs door voorzitter Tantawi van de Hoogste Raad van het leger. Egypte zei niet langer te willen praten over vredesprocessen maar over vrede.

Op 30 april kondigde de Egyptische Moslimbroederschap aan dat ze als partij zou deelnemen aan de parlementsverkiezingen van september onder de naam Partij voor Vrijheid en Rechtvaardigheid. Een niet-theocratische partij. Ze zou kandidaten in het veld sturen voor maximaal de helft van de zetels en, zoals eerder aangekondigd, geen eigen kandidaat naar voren schuiven voor het presidentschap. De Moslimbroeders koesterden niet de ambitie om van Egypte voor het eind van het jaar een nieuw Iran te maken.

Revoluties zijn het lievelingsseizoen van de dichters. Op Tahrir verscheen in mei een spandoek met de bitterzoete tekst: 'Als we ophouden te dromen, dan is het beter te sterven, sterven, sterven.'

SALAFISTISCH INTERLUDIUM

In Marokko had koning Mohammed met een ontwerp van grondwetsherziening gereageerd op de rimpelingen van de protestgolf aan de Atlantische kust, maar pas was het akkoord tussen Hamas en Fatah aangekondigd of in Marrakesh explodeerde een krachtige bom in een druk beklant toeristencafé. Er waren minstens zestien doden, bij wie zeven Fransen, twee Canadezen, twee Marokkanen, een Brit, een Nederlander, een Zwitser en een Portugees. Vrijwel zonder aarzelen wezen alle vingers naar al-Qaeda. Marrakesh was het rendez-vous van de Europese jetset geworden, een nieuw Saint-Tropez. Dominique Strauss-Kahn, Bernard-Henri Lévy, Pierre Bergé, Liliane Bettencourt en Albert Frère hebben er een paleis in het hart van de stad. De oorspronkelijke bevolking werd verdreven door exorbitante huurprijzen. Daarom en wegens de aanwezigheid van de ontaarde Europeanen, was Marrakesh voor de salafisten een oord van verderf. Café Argana was er een symbool van.

Hervormers van de Marokkaanse Beweging van 20 februari improviseerden voor de plaats van de misdaad een bescheiden betoging onder spandoeken met 'neen aan het terrorisme' en 'het volk wil verandering'. Er werd een verband gezocht met de koninklijke gratie van 14 april waarbij politieke gevangenen, ook islamisten, waren vrijgelaten en met de pogingen van al-Qaeda in de Maghreb om weer voet aan de grond te krijgen in Marokko. Na de grote aanslag van 16 mei 2003 in Casablanca, toen er 45 doden waren waarbij twaalf kamikazes, was het rustig gebleven in het koninkrijk, maar enkele dagen voor de aanslag was op YouTube een filmpje gepost met een bedreiging aan het adres van Marokko door mannen die spraken voor al-Qaeda in de Maghreb. Ze eisten de vrijlating van hun medestanders.

Het viel ook niet uit te sluiten dat bedreigde regimes als Syrië of Libië het Westen wilden herinneren aan het echte gevaar, het terrorisme. Sommigen verdachten het regime ervan de aanslag op het café als excuus te zullen gebruiken om de revolutie in Marokko te fnuiken. Op 5 mei, een week na de aanslag in Marrakesh, werden drie mannen aangehouden in Safi, 350 kilometer ten zuiden van Casablanca. Ze waren bij het gerecht bekend als ronselaars voor al-Qaeda in Irak. Volgens de regering had de bommenmaker het vak geleerd op het internet. De Franse recherche maakte er geen geheim van dat de snelle oplossing aan haar hulp te danken was en sprak van een geïsoleerd incident van leerling-jihadi's die via het internet waren geradicaliseerd. Deze nieuwe variëteit van selfmade-terroristen was een groeiend zorgenkind.

DE FILOSOOF, DE AMBTENAAR EN DE KEIZER
De nieuwe Franse minister van Binnenlandse Zaken Claude Guéant achtte het mogelijk dat al-Qaeda profiteerde van de Arabische lente en dat 'sommige omstandigheden' haar operationele capaciteit versterkten, 'zoals in Libië waar een hoeveelheid wapens het land heeft verlaten naar Mali'. Voor het eerst gaf Frankrijk toe dat al-Qaeda baat vond bij de opstand in Libië. Even later verwierp de door Parijs erkende Nationale Overgangsraad in Benghazi het laatste onderhandelingsvoorstel van Kadhafi. De tijd van compromissen was voorbij. De avond voordien, op 29 april, had de kolonel op televisie herhaald dat hij niet zou vertrekken en dat hij niet dacht aan ontslag omdat hij geen officiële functie had. 'Ik ben voor mijn volk heiliger dan de keizer van Japan voor de Japanners', zei hij. De NAVO beloofde dat de bombardementen zouden voortduren zolang Kadhafi zijn volk bedreigde.

Claude Guéant was pas op 27 februari, bij de herschikking van het kabinet Fillon, in opvolging van Brice Hortefeux minister geworden van Binnenlandse Zaken, Overzeese gebieden en Immigratie. Hij was een hoge ambtenaar toen Sarkozy hem bij zijn verkiezing tot staatshoofd benoemde tot secretaris-generaal van het Elysée. Guéant was op de politieke ladder geklommen onder de bescherming van Charles Pasqua, ooit minister van Binnenlandse Zaken en verwikkeld in tal van schandalen, maar had gekozen voor Sarkozy toen president Chirac hem weigerde te benoemen tot politieprefect van Parijs. Guéant had de verkiezingscampagne van Sarkozy geleid. Hij had de president het idee van de Union de la Méditerannée ingefluisterd, een vereniging van alle oeverstaten van de Middellandse Zee. Zijn invloed bij het staatshoofd, voor wie hij speeches schreef, was zo groot dat hij in de wandelgangen de kardinaal, de onderkoning, de vicepresident en de machtigste man van Frankrijk werd genoemd. Al kort na zijn aantreden als minister deed hij enkele omstreden uitspraken over migranten en moslims.

Het oor van de president moest deze Richelieu delen met de afgeborstelde filosoof Bernard-Henri Lévy. Die had voor zichzelf een parallelle carrière bedacht als wijsgeer-politicus, een soort de Toqueville met interesse voor de moslimwereld. Hij had een terrein veroverd in de schemerzone tussen diplomatie en journalistiek. Zijn jongste boek, *De la guerre en philosophie* was niet bepaald lijvig. Het troonde de lezer mee naar problematische plekken als Darfour, Bosnië en Gaza. Het was 'echte maar heldere en toegankelijke filosofie', schreef een vurige recensente op de website van de wijsgeer. Gelijktijdig verscheen van BHL op 10 februari een tweede boek, een turf van bijna 1500 pagina's met essays over hedendaagse internationale vraagstukken, reportages, kunst- en literatuurkritiek. Toch was het voor Lévy nog geen tijd om even te rusten. Op zijn website verscheen de ene tekst na de andere en hij reisde onvermoeibaar als Sarkozy's boodschapper. Dat had hij al eerder gedaan. In 2002 was hij de speciale gezant van president Chirac in Afghanistan. Daar kreeg hij definitief de smaak te pakken van het oosten en van een geëngageerde filosofie.

In 2006 had hij met Salman Rushdie en tien andere intellectuelen het manifest 'Samen tegen het nieuwe totalitarisme' ondertekend, als reactie op het tumult in de moslimwereld naar aanleiding van de Deense Mohammed-spotprenten. Twee jaar later was hij de Georgische president Saakashvili gaan bijspringen tijdens zijn conflict met de Russen. Hij had het opgenomen voor de pausen Pius XII en Benedictus XVI tegen politieke aanvallen uit joodse hoek, maar Libië was een onbetwist hoogtepunt in zijn bemoeienis met de wereldpolitiek. BHL, die niet door iedereen om zijn diepzinnigheid werd geprezen, beroemde zich niet alleen op machtige politieke vrienden, maar ook op mecenassen uit het bedrijfsleven als de miljardair François Pinault. Hij was voorzitter van de raad van bestuur van de Frans-Duitse cultuurzender Arte. Hij hield van macht en glamour.

Na het verschijnen van zijn geruchtmakende boek over de moord, begin 2002, op Daniël Pearl van de *Wall Street Journal* in Karachi, zei Marianne Pearl, de weduwe van de journalist, dat Lévy's ego zijn verstand verwoestte. De filosoof paste zich gemakkelijk aan en was niet rancuneus. De betrekkingen tussen de echtgenoot van Arielle Dombasle en die van Carla Bruni bereikten een dieptepunt tijdens de presidentscampagne van 2007, toen Lévy de socialistische kandidate Ségolène Royal steunde en Sarkozy betichtte van een oorlogsvisie op de politiek. Maar de plooien waren gladgestreken en BHL voelde zich kiplekker in de rol van advocaat en mentor van de hyperkinetische president. Het spreekt voor zich dat vooral minister Juppé van Buitenlandse Zaken niet verrukt was over de concurrentie van de flamboyante presidentiële pendelaar. Als lid 'van een der oudste stammen ter wereld' probeerde Lévy ook Israël gerust te stellen over het vreedzame, democratische en uiteindelijk heilzame karakter van de Arabische Revolutie. Zijn bevlogenheid scheen geen grenzen te kennen.

BHL was misschien wel de meest fervente verdediger van de 'plicht en verantwoordelijkheid' tot het beschermen van de burgers van Libië, maar hij stond niet alleen. Deze kwestie had de doctrinaire strijdbijl doen begraven door de Franse intelligentsia. Het waren witte raven die een kritisch geluid lieten horen. Régis Debray was er een van. Hij merkte op dat hij zich geen Franse intellectueel voelde en ook niet wenste te voelen, want het ging om 'een hoogst komische soort wanneer ze zich bemoeit met internationale politiek'.

DE KLEINE BELANGHEBBENDE

Men kon er niet naast kijken. Van alle Arabische landen liep Qatar, het kleine schiereiland van het immense Arabische schiereiland, het meest warm voor de omwentelingen. Het landje van 1,7 miljoen inwoners, waarvan amper driehonderdduizend met de nationaliteit, is een van de rijkste op deze steenrijke Golfkust. Het heeft per inwoner de grootste productie en reserves van olie en gas ter wereld. Het hoofdkwartier van Central Command, de Amerikaanse troepen in dit zeer onrustige en zeer vitale deel van de wereld, is er gevestigd. De zevende emir, Hamad bin Khalifa al-Thani, had in 1995 zijn vader opzij geschoven, maar de macht was volledig binnen de clan gebleven die sinds de vroege negentiende eeuw over het schiereiland de scepter zwaaide.

De energieke en onafhankelijke regeerstijl van Hamad had zich met-een na zijn machtsgreep gemanifesteerd in de oprichting van al-Jazeera. Kort daarop waren handelsbetrekkingen aangeknoopt met Israël. In 2002 vestigde het Amerikaans leger er zijn regionaal hoofdkwartier. Van hieruit werden de oorlogen in Irak en Afghanistan geleid. Geholpen door zijn reusachtig fortuin had de emir zich gaandeweg opgeworpen als de vredestichter en politieke makelaar van de wijde omgeving. De Libanese regeringscrisis, de conflicten tussen de Soedanese regering en de rebellen van Darfour en tussen Soedan en Tsjaad werden opgelost in de nagelnieuwe, witte en spiegelende paleizen van Doha, de hoofdstad van Qatar. Daarnaast legde de al-Thani-clan een interesse aan de dag voor islamitische cultuurgeschiedenis en grote sportevenementen met indrukwekkende prijzenpotten. De wielerronde van Qatar, een tennis-tornooi, autoraces, een sportstadion met bewegend dak zodat niemand werd blootgesteld aan de verschroeiende zon. De kroon op het werk was het wereldkampioenschap voetbal dat er zou worden gespeeld in 2022.

Het enige vlekje op dit sprookje was de Israëlische weigering om de handelsbetrekkingen te herstellen, nadat ze in de winter van 2008-2009 waren verbroken als reactie op de Israëlische invasie van Gaza. Toen had-den Hamas, Assad van Syrië en Ahmadinejad van Iran op een spoedbij-eenkomst van de Arabische Liga, waarop uitzonderlijk Iran was uitgeno-digd, opgeroepen om de schaarse banden met Israël te verbreken. Ha-mas, en niet Fatah, was uitgenodigd op die top in Doha. Dat weerspiegelde toen een evolutie in de Arabische wereld. Qatar en Mauretanië gaven gevolg aan de oproep, maar in 2010 begon Qatar te ijveren voor een herstel van de handelsbetrekkingen en de heropening van het Israëlische gezantschap in Doha, in ruil voor de levering van bouwmaterialen en geld van Qatar voor de wederopbouw van Gaza. Israël was dat blijven weigeren uit vrees dat Hamas die hulp zou gebruiken voor de aanleg van bunkers en versterkingen om raketten af te vuren. Israël hield zich afzijdig bij de rivaliteit tussen Egypte en Qatar als bemiddelaars in de regio.

Al-Jazeera was het belangrijkste wapen van de opstand. De zender van de emir verijdelde de pogingen van Moebarak om hem het zwijgen op te leggen. Hij koos daar en in Libië meteen de kant van de revolutie. Op 29 april beschuldigde de Jeminitische president Saleh de emir van Qatar ervan de opstanden in zijn land, Egypte en Syrië te financieren. Hij dreigde ermee het akkoord over zijn machtsoverdracht niet te ondertekenen als de vertegenwoordiger van Qatar daarbij aanwezig zou zijn. Begin maart had ook Libië gezegd dat de opstand werd betaald door Doha.

Het eigenaardige was dat Qatar zelf helemaal geen tekenen gaf van de hervormingskoorts die de rest van de Arabische wereld trof. Uit onderzoek bleek integendeel dat zijn schatrijke inwoners meer dan elders de voorkeur gaven aan veiligheid en stabiliteit. De achillespees van Qatar en de andere rijke Golfstaten, was naast de absolute monarchie, de massale aanwezigheid van onmondige en rechteloze gastarbeiders, Indiërs en Pakistanis op de megalomane bouwwerven onder de genadeloze woestijnzon, en Filippijnse slavinnen als huispersoneel.

In maart dreigden 130 kunstenaars met een boycot van de nagelnieuwe, door Frank Gehry ontworpen dependance van het Guggenheimmuseum in Abu Dhabi, de hoofdstad van de Verenigde Arabische Emiraten, waar dezelfde toestanden heersten als in Qatar. Ze eisten een verbetering van de werkomstandigheden op de werf van het museum. Daarop volgde de arrestatie van drie mensenrechtenactivisten, bij wie een economist die doceerde op de plaatselijke campus van de Parijse Sorbonne. Ook Qatar had honderdduizenden onderbetaalde, arme gastarbeiders en vestigingen van grote westerse universiteiten en culturele instellingen.

De houding van Doha tegenover de regionale potentaten verschilde naar gelang van het geval. Ben Ali in Tunesië en Moebarak in Egypte moesten niet op veel krediet rekenen. Bijgevolg deed al-Jazeera weinig om hun val te beletten. Integendeel. De beelden van het protest in beide landen werden als reclameboodschappen op muziek gezet, wat de zender tot dan toe alleen deed voor Palestijnse manifestaties. In Libië engageerde Qatar zich met de Emiraten als enig Arabisch land aan de zijde van de NAVO en deed daardoor ervaring op die nog van pas kon komen. Ook Jemen lag in het vizier van al-Jazeera, maar Bahrein niet meer. De poort tot de Perzische Golf werd goed bewaakt en het was alsof de omwentelingstsunami daar moest stoppen. Syrië was een probleem. De betrekkingen met Syrië waren, net als met Iran, altijd goed geweest. Daarin verschilde Qatar van zijn machtige buur Saoedi-Arabië. Maar toen Assad de broer van de emir met lege handen terugstuurde naar Doha, was de eer gekrenkt. Op 2 april, bij het begin van de onrust, was de premier van Qatar nog steun komen betuigen tegen 'de pogingen om de veiligheid en stabiliteit van het land te ondermijnen'. Maar hoe oprecht was dat na de steunbetuiging van Youssef al-Qaradawi, de predikant van al-Jazeera, een week eerder aan de revolutie? Qatar had sinds de moord op Rafik Hariri in 2005 veel gedaan om de respectabiliteit van Syrië te herstellen. Het had er onder meer voor gezorgd dat Bashar in 2008 een eregast was op het defilé van 14 juli in Parijs.

Van die vriendschap bleef niets over. Tegen 7 juni 2011 was de temperatuur onder het vriespunt gezakt en trokken drie grote bedrijven uit Qatar hun investeringen weg uit Syrië. Een ervan zou twee elektriciteitscentrales bouwen. Op 18 juli sloot de emir zijn ambassade in Damascus na twee aanvallen met tomaten en stenen van aanhangers van het regime, die protesteerden tegen de berichtgeving van al-Jazeera. De ambassadeur werd teruggeroepen. Daarmee dreef Qatar weg van de gemeenschappelijke bondgenoot Iran en kwam het dichter bij de grote Saoedische buur. Tot de redenen daarvoor behoorde dat de Syrische invloed op de Palestijnen danig was verzwakt en Qatar Damascus niet meer nodig had om zich via Hamas te mengen met de Palestijnse kwestie. Plaatselijke analisten zagen er een berekende echtscheiding in. Het was niet langer nodig om Assad te steunen.

Wie dacht dat Qatar onder een hoedje speelde met de machtige buur Saoedi-Arabië had het mis. De betrekkingen waren koel tot vijandig geweest sinds het grensincident van 1992, waarbij twee doden waren gevallen. Er was een jaren aanslepend conflict over de aanleg van een pijplijn die Qatar via Saoedisch grondgebied met Koeweit moest verbinden. Sjeika Moza, de echtgenote van de emir, had in 2005 een rechtszaak aangespannen en gewonnen tegen de Londense krant *Ashraq al-Awsat*, die ze verweet te worden gecontroleerd door de Saoedische inlichtingendienst. Tijdens dat decennium van koude oorlog was Qatar gaan aanleunen bij Syrië en daarover hadden de Saoedi's geregeld hun ongenoegen gelucht. Aan die kilte kwam in september 2007 een einde bij een verrassingsbezoek aan Riyadh van de emir en zijn eerste minister, het brein achter het buitenlands beleid van Qatar. Er volgden tegenbezoeken en de dooi was voelbaar. De emir verscheen in juli 2008 op een topontmoeting in Jeddah met de voorzitter en bestuurder van al-Jazeera. Tegen *The New York Times* zei een medewerker van de omroep dat daarna een richtlijn werd verspreid waarbij alle Saoedische nieuws moest worden voorgelegd aan de hiërarchie. 'Alle dissidente stemmen verdwenen van onze schermen.' Toch waren daarmee niet alle plooien gladgestreken, ook niet met de gratie voor een aantal Saoedische samenzweerders die hadden deelgenomen aan een mislukte coup tegen de emir kort na zijn eigen machtsgreep in 1996. De Saoedi's bleven Libanon en Syrië zien als hun jachtterrein en namen aanstoot aan de toenemende bemoeizucht van Qatar in dat gebied. Over de Arabische revolutie verschilden ze grondig van mening. Riyadh steunde Moebarak, al-Jazeera de revolutie. Qatar nam deel aan de militaire interventie tegen Kadhafi. Riyadh riep op geen enkel ogenblik op tot de val van de kolonel, al was hij verre van een vriend. De achillespees van Qatar is Iran. Beide landen controleren het grootste gasveld ter wereld. Daardoor is Teheran in een positie om druk te zetten op Doha, bijvoorbeeld in de kwestie Syrië, waar voor de ayatollahs veel aangelegen was. De emir bleef niettemin zijn koers trouw en even snel als de betrekkingen met Damascus afkoelden, werden die met de Saoedi's, de rivaal van Iran, hartelijker.

ZWANENZANG VAN DE ENGELACHTIGE
MET DE HONINGZOETE STEM

Vroeg in de ochtend van 2 mei werd de wereld getrakteerd op nieuws waar niemand zich nog aan verwachtte. Osama bin Laden, de Arabische ridder op het witte paard, de genereuze miljardair die zijn rijkdom had geofferd voor de Heilige Oorlog, was gedood. Het nieuws verdrong al het andere, ook de dood, de dag voordien, van Saif al-Arab, de jongste zoon van Kadhafi, bij een bombardement op Tripoli. De kolonel was op dezelfde plaats maar ontsprong de dans.

Tien jaar was erop gewacht. Tien jaar bleef bin Laden ontglippen. Veel langer dan tien jaar, want hij was ook verdacht van de eerste aanslag op het WTC, in 1993. Na 11 september geloofde niemand dat hij de almachtige Amerikaanse inlichtingendiensten lang zou verschalken, maar na verloop van tijd werd hij een monster van Loch Ness en dacht niemand nog dat hij ooit zou worden gevat. Intussen was publieke vijand nummer een uitgegroeid tot mythische proporties en verwierf hij wereldwijd een positie in het collectieve (onder)bewustzijn. Zijn dood sloeg daarom in als een bom en door een immer voortvarende pers werd gesproken van het nieuwsfeit van het decennium. Een soort 11 september. De jacht op bin Laden was eind 2001 ontspoord doordat de Amerikanen de klus domweg hadden uitbesteed aan Afghaanse stamhoofden, die hem lieten ontkomen uit de bergen van Tora Bora. Vanuit het niets dook hij af en toe op in de jaren die volgden. Een duiveltje uit een doosje dat op zorgvuldig getimede momenten via al-Jazeera rillingen bezorgde met zalvend uitgesproken bedreigingen. Soms werd hij gesignaleerd in de steden van Pakistan, soms in Afghanistan of in het grensgebied tussen beide landen. Steeds liep het spoor dood. Hij bleek zich uiteindelijk op te houden in Abbottabad, zo'n honderd kilometer van de Pakistaanse hoofdstad Islamabad, in een grote villa die tegelijk een ommuurde vesting was die zes jaar eerder was gebouwd.

Eigenlijk was het altijd al vreemd dat niemand scheen te weten waar de nierpatiënt bin Laden aan zijn dialyse kwam. Nog vreemder was waarom het alziend oog van de Pakistaanse inlichtingendienst, de roemruchte Inter Services Intelligence, ISI, hem niet had opgemerkt. Zijn fort bovenop een heuvel, acht keer de oppervlakte van de andere villa's in de omgeving, was niet bepaald onopvallend. Abbottabad is geliefd om zijn goed klimaat. Het is ook een garnizoensstad en de trots van de natie is er gevestigd: de Pakistaanse militaire academie, waar de stafchef van het leger, generaal Kiyani, de machtigste man van het land, de rector van is. De villa van de topterrorist lag op amper een kilometer van de toegangspoort. Pakistan had altijd ontkend dat bin Laden zich op zijn grondgebied bevond. Erfvijand India, die nog altijd verhaal zoekt voor de aanslagen van eind 2008 in Mumbai, aarzelde niet daar de vinger op te leggen. Er viel niet naast te kijken, Pakistan was een schuilplaats voor terroristen. President Zardari ging in spoedoverleg met zijn nagelnieuwe coalitiepartner, de partij van zijn voorganger generaal Musharraf. Shahbaz Sharif, de broer van oud-premier en oppositieleider Nawaz Sharif, die ooit nog geld had gekregen van bin Laden, reisde ijlings naar de hoofdstad voor een gesprek met stafchef Kiyani. Vermoedelijk had Washington niet het risico genomen Pakistan vooraf op de hoogte te stellen van de operatie tegen de leider van al-Qaeda.

Het hoefde niet te verwonderen dat de villa in Abbottabad geen internet of telefoonverbindingen had. Osama bin Laden had alle moderne communicatiemiddelen in 1998 afgezworen nadat was gebleken hoe gemakkelijk hij op te sporen was door het gebruik ervan. De uiteindelijke doorbraak in de klopjacht was er gekomen toen de Amerikanen zijn koerier op het spoor kwamen. Sjeik Abu Ahmed, alias Abu Ahmed al-Kuwaiti, een in Koeweit geboren Pakistaan, genoot zijn blind vertrouwen. Het welhaast middeleeuws gebruik van een ketting tussenpersonen was hoogst efficiënt. Al-Qaeda mocht dan al een multinational zijn, zoals na 11 september werd gezegd, de organisatie opereerde op een anachronistische manier waardoor sommigen dachten dat hij al een tijd uitgeteld was of misschien wel dood. De aanslagen werden niet bedacht in de grotten van Afghanistan en ook niet in Abbottabad. Osama had zelden meer gedaan dan geknikt en zijn stem en gezicht verleend aan een revolutionaire boodschap, maar hij beschikte over een onaantastbaar gezag en ontegensprekelijk leiderschap, niet alleen symbolisch, ook daadwerkelijk.

Osama bin Laden belichaamde dertig jaar lang de opkomst van de offensieve soennitische jihad, het antwoord op de sjiitische revolutie van Khomeiny in Iran. Hij dook voor het eerst op enkele weken na de inval van het Rode Leger in Afghanistan op de gedenkwaardige kerstavond van 1979, toevallig ook het jaar van de revolutie in Iran en de bezetting van de Kaaba in Mekka. Hij was toen een jeugdig en bevlogen ingenieur, telg uit een van de meest succesvolle Saoedi-Arabische families. In het decennium dat volgde werd het Pakistaans-Afghaans grensgebied zijn tweede thuis en leerde hij zijn toekomstige vijand kennen. De CIA voerde er met hem als bondgenoot de duurste oorlog uit haar geschiedenis. En naast elke Amerikaanse dollar lag er een uit het land van bin Laden, Saoedi-Arabië. Afghanistan moest het Vietnam van Moskou worden. De Sovjet-Unie ging kort na zijn smadelijk Afghaans decennium roemloos ten onder.

Zijn kennis van de Amerikanen, het lot van de goddeloze sovjets, de ambities van Saoedi-Arabië, strevend naar het leiderschap in de soennitische en, tegen Iran, in de gehele islamitische wereld, zijn ambitie en inzicht in wereldzaken, maakten bin Laden mettertijd overmoedig. De afwijzing van zijn voorstel om zijn Afghaanse veteranen Koeweit te laten bevrijden na de bezetting door Saddam Hoessein in 1990, had hem wrokkig gestemd tegenover de Saoedische monarchie. Na een ballingschap in Soedan, waar de radicale Moslimbroeder Hassan al-Turabi de plak zwaaide, werd hij halfweg jaren negentig de gast van de Taliban in het Afghaanse emiraat van Mullah Omar, de paria onder de staten, enkel erkend door Pakistan, de Verenigde Arabische Emiraten en zijn geboorteland Saoedi-Arabië. Zijn contacten met de Saoedische inlichtingendienst bleven. De chef ervan, zijn vriend prins Turki, nam tien dagen voor de aanslagen van 11 september ontslag. Dat was ongewoon. Ook met de Pakistaanse ISI bleef bin Laden over lijnen beschikken. Hij had daarbij de keuze uit onder meer de broers die de radicale Rode Moskee van Islamabad leidden, radicale religieuze partijen en predikanten, zijn oude gastheer, Jalaluddin al-Haqqani, levende legende en terroristisch meesterbrein van de Afghaanse Taliban, en hoge officieren van ISI en het leger. Pakistan voerde een oorlog tegen de eigen Pakistaanse Taliban, maar steunde de Afghaanse. De Saoedische miljardair had eieren in beide korven. Beschermd door de *Pashtunwali,* het gewoonterecht van de Pathaanse bevolking in het grensgebied die gastvrijheid als een heilige plicht aanziet, had bin Laden zich jarenlang in een groot deel van Afghanistan en Pakistan veilig gevoeld. Hij sprak liefkozend van Khorassan, naar het schitterende islamitische zijderouterijk van de middeleeuwen. Osama was ervan overtuigd een rol te spelen in de Apocalyps. Daarom, als de bereider van een nakend Godsrijk, zag hij zich ontslagen van oude regels die zelfmoord *haram* verklaarden, en schokte hij de wereld, en inzonderheid het hoogtechnologische Westen, door de menselijke bom in te zetten. Hij was, zoals terroristen dikwijls zijn, een idealist die geen middel schuwde voor het heilige doel.

Zijn dood verloste de wereld uit een angstige kramp die geleidelijk een verkramping was geworden in onbewuste regionen. Het terrorisme zou na hem nooit meer hetzelfde zijn, maar er was een blijvend letsel. Door de fixatie op bin Laden en de politieke islam was in het afgelopen decennium een vertekening ontstaan en een realiteit uit het oog verloren die zich intussen al enkele maanden opdrong in de Arabische wereld. Plots dacht men dat de gevreesde terrorist niet alleen letterlijk een *yesterday's man* was. Maar het was voorbarig te denken dat zijn boodschap definitief kon gaan verstoffen.

De torens waren zijn meesterwerk, een thriller die al wie hem zag, en dat waren honderden miljoenen tegelijk, ademloos in de ban hield en vragen deed stellen over goed en kwaad. Het psychodrama van 11 september transformeerde in stof, hitte, paranoia, twee oorlogen waarvan een overbodige, en uiteindelijk een torenhoge financiële crisis. De brandende torens werden een icoon, een beeld van de illusie van de almacht. Hun instorting symboliseerde het wankelen van vele zekerheden. Met de vliegtuigen in de tweelingtorens drong een haast irrationele angst binnen. Bin Ladens aanwezigheid volstond om die te onderhouden. Dat was van een perverse genialiteit. Hij raakte het Westen nog dieper dan ayatollah Khomeiny, die andere, in dit geval sjiitische, boeman van wie hij het gebruik van de menselijke bom had geleerd. De vrees voor de strenge, stuurse Khomeiny verbleekte bij wat de jezuskop van bin Laden en zijn honingzoete stem wisten op te wekken. Zijn gezicht werd even bekend als het beeld van de brandende torens. Hij verdween met passend mysterie, want urenlang circuleerden uiteenlopende verhalen over wat gebeurd was met zijn lijk. De leiding over al-Qaeda werd overgenomen door een handvol vooraf aangewezen commandanten, maar zijn dood scheen te zeggen dat zijn tijd voorbij was. Althans zo hoopte men.

De media waren eensgezind gefascineerd door de ontknoping van de thriller die tien jaar eerder was begonnen. Pakistan was ernstig in verlegenheid gebracht. China, grootste handelspartner en net als de vs bondgenoot van Islamabad, bood hulp aan voor de terreurbestrijding en anticipeerde daarmee op de schrapping van een derde van de Amerikaanse bijstand, twee maanden later. Maar eerst wendde premier Gilani zich tot Frankrijk, haantje de voorste in de Arabische Revolutie. Midden in de diplomatieke storm over wat Pakistan wist en wat niet, vertrok hij naar Parijs om de banden aan te halen. Voor zijn vertrek had hij de dood van bin Laden geprezen als een 'grote overwinning', maar dat overtuigde de hoofdsteden niet van de Pakistaanse onschuld. Alleen Londen had het voor Islamabad opgenomen, al bleven er vragen genoeg te beantwoorden. Als die antwoorden niet kwamen, dan was voor Salman Rushdie misschien de tijd rijp om Pakistan als een terroristische staat uit de wereldgemeenschap te stoten.

Terwijl premier Gilani onderweg was naar Parijs schreef president Zardari inderhaast een zelfverdediging in de *Washington Post*. De aantijgingen over de onwil om de terroristen aan te pakken noemde de weduwnaar van Benazir Bhutto ongefundeerd. 'We wisten niet dat bin Laden daar zat en ook wij willen de terroristen bestrijden, maar dit was geen gemeenschappelijke operatie', schreef hij. De boodschap was duidelijk: de Amerikanen hadden volgens Zardari op eigen houtje gehandeld. Of liever, hij wist van niets. Luitenant-generaal Ahmad Shuja Pasha, de chef van ISI, zei het omgekeerde. Zijn dienst had 'van begin tot eind' meegewerkt met 'operatie Geronimo'. Als er een Pakistaan vooraf op de hoogte kon zijn geweest van bin Ladens verblijfplaats, moest het Pasha zijn. Hier sprak de pijnlijke realiteit van een onmachtige, onwetende (en corrupte) president en een feitelijk regerend leger. In Parijs vertelde ook premier Gilani iets anders dan zijn president door te verklaren dat de operatie zonder de hulp van zijn land niet zou zijn geslaagd. Hij verwachtte 'zeer gewelddadige' reacties van de jihadnetwerken waarvan Pakistan het eerste slachtoffer zou zijn. Gilani werd koeltjes ontvangen in de Franse hoofdstad en hij ving bot met zijn vraag de Pakistaanse luchtmacht te moderniseren.

VLIEGTUIGEN ZONDER PILOOT

Het Pakistaanse leger aasde al een tijdje op de slimme bommen en de Predators die het als bevoorrechte getuige en ongevraagd in actie kon zien in zijn luchtruim. Amerika, geplaagd door exorbitante schulden, uitzichtloze oorlogen en navenant prestigeverlies, had inzake militaire spitstechnologie in korte tijd een lange weg afgelegd en een benijdenswaardige voorsprong opgebouwd. Het was daartoe gedwongen door de uitzichtloosheid en het asymmetrisch karakter van zijn oorlogen. Zijn conventionele strijdmacht, uitgerust met de beste wapens, deed jarenlang kostbare ervaring op in de meest onveilige gebieden ter wereld, maar dat leidde niet tot de gewenste resultaten. Daarom hadden de VS een computergestuurd leger uitgebouwd, geleid vanuit veilige commandokamers op het thuisfront. Een vloot van onbemande vliegtuigen was daarvan het koninginnestuk en het gebruik ervan was onder Obama dramatisch gestegen. In de eerste twintig maanden van zijn mandaat voerden ze minstens 126 aanvallen uit in Pakistan, vier keer zoveel als tijdens de hele ambtstermijn van zijn voorganger. Daarbij waren sinds hun eerste optreden in 2004 zeker achthonderd mensen gedood. Het ging om commandanten van al-Qaeda en de Taliban, zoals Baitullah Mehsud, de leider van de Pakistaanse Taliban, en hun militieleden, maar bijna een derde waren onschuldigen, vooral in de experimentele beginfase toen de onbemande bommenwerpers nog preciesie misten. Officieel gebruikte Amerika de vliegtuigen niet. Dat liet de CIA toe ze in te zetten buiten het normaal wettelijk kader. Ze vlogen in een juridisch vacuüm. Met dit nieuwsoortig leger was Amerika toegerust om alle militaire uitdagingen het hoofd te bieden en zijn suprematie nog enige tijd te laten gelden. Washington was niet bereid om die voorsprong uit handen te geven en bracht zijn onbemande vliegtuigen onder in de categorie van de kruisraketten met dezelfde voorwaarden voor de uitvoer of de verkoop. Dat was niet naar de zin van Northrop Grumman, de belangrijkste bouwer van *drones*. Volgens een van de directeurs van het bedrijf was er in de wereld een niet te stillen honger naar deze toestellen. Naast de Israëli's en de Amerikanen waren ook de Fransen, de Italianen, de Australiërs, de Russen, de Britten en zelfs de Belgen (de Sperwer sinds de vroege jaren zeventig al, later vervangen door de IAI Hunter) producenten van onbemande vliegtuigen. De Fransen deden dat in de samenwerking met Duitsland in EADS.* Het Franse leger had een bestelbon voor zeven nieuwe toestellen voor observatieopdrachten, naast de vier die het al had gekocht bij EADS. Rivaliteit met de Duitsers zorgde ervoor dat niet EADS maar Dassault de order in de wacht sleepte, al had de Franse vliegtuigconstructeur nog nooit een *drone* gebouwd. Dat zou Dassault, favoriet en partijgenoot van Sarkozy, nu gaan doen in samenwerking met het Israëlisch bedrijf Aerospace Industries. Op het moment van het bezoek van

---

* EADS: European Aeronautic Defense and Space Company. Ontstaan in 2000 door de fusie van Aerospatiale-Matra uit Frankrijk met het Duitse Daimler-Chrysler Aerospace AG en het Spaanse Construcciones Aeronáuticas SA. Producent voor de civiele en militaire luchtvaart.

Gilani was de stille strijd om het contract nog volop aan de gang. De toekomst van de onbemande en militaire luchtvaart zag er schitterend uit, de belangrijkste vraag was nog hoe het luchtverkeer veilig kon worden geregeld. Voor het overige was Pakistan al jaren het Amerikaans testgebied voor geavanceerd militair materieel als de onbemande vliegtuigen waarvan er nu twee zweefden boven Libië. Alleen al in 2010 hadden ze volgens officiële cijfers 957 mensen gedood, hoofdzakelijk en niet toevallig in dezelfde tribale gebieden in het grensgebied met Afghanistan die in de jaren tachtig de uitvalsbasis waren van de oorlog tegen het Rode Leger.

Rachid al-Ghannouchi, de leider van en-Nahda, de Tunesische Moslimbroeders, zei dat bin Laden in Tunesië was gestorven voor hij de dood vond in Pakistan. Robert Fisk wees er op dat niet bin Laden maar het volk de dictators in de Arabische wereld verdreef. Of al-Qaeda politiek dood was, zoals hij beweerde, zou pas blijken wanneer het stof wat ging liggen. De terreurorganisatie had inderdaad geen noemenswaardige rol gespeeld in de revoluties, maar ze profiteerde ervan. De mediastrategie waarin de schatrijke Saoedi ooit had geschitterd, had al een tijd geen ijzingwekkend vuurwerk meer gebracht en hoe belangrijk de onthoofding van al-Qaeda ook was, de Arabische pletwals stopte niet. Bij het nieuws over zijn dood hield de revolutie hooguit even de adem in en sommigen toonden hun kaarten en rouwden, zoals Hamas, waarvan Ismail Haniyeh, de leider in Gaza, de 'moord op de heilige strijder' zag als het zoveelste bewijs van de bloedige Amerikaanse onderdrukking van moslims en Arabieren. Iran vond dat Washington nu geen excuus meer had om in de regio te blijven.

GEMENGD IN MEMORIAM

Osama was, zoals in de sterren stond geschreven, binnengetreden in het mythische rijk der martelaren. Op de Urdu-zenders van Pakistan, die massaal worden bekeken, werd hij een *shahid* genoemd. Er was te horen dat de aflijvige geen terrorist was. Het debat in Pakistan ging over de vraag of het voor buitenlandse troepen, in casu uit het gehate Amerika, geoorloofd was het grondgebied te schenden. Daarbij werd de spits afgebeten door Osama's beschermheer Hamid Gul, de voormalige chef van ISI. De Pakistaanse terreurspecialist Syed Saleem Shahzad, schreef dat het Pakistaanse leger alle hulp had geboden zonder te weten wie het doelwit was. De Amerikaanse helikopters waren niet in Afghanistan opgestegen maar in Tarbella Ghazi, vlakbij de Pakistaanse hoofdstad. De Pakistanen verkeerden in de mening dat de Navy SEALs de resten gingen opruimen van het netwerk van Umar Patek, het brein achter de aanslagen van 2002 op Bali. Patek was in januari in Abbottabad gearresteerd. De Amerikaanse expeditie had een vrijgeleide gekregen en pas op het eind wist Pakistan de ware toedracht. Daags na de operatie zei ISI in verlegenheid te zijn gebracht omdat de inlichtingendienst de verblijfplaats van bin Laden niet kende.

Zeventien of achttien mensen waren nog in het gebouw na het vertrek van de SEALs, bij hen een vrouw van Osama en acht of negen kinderen. Een van zijn dochters had haar vader zien doodschieten. Een deel van de schedel was weggeblazen toen de kogel insloeg boven het linkeroog. De operatie had geen drie kwartier geduurd. Ze was voorbij voor we er erg in hadden, zei een officier van de inlichtingendienst tegen de BBC. 'Recht is geschied', zei Obama. De president feliciteerde de manschappen van Navy SEAL Team Six die de opdracht hadden uitgevoerd. Hij stelde veel vertrouwen in het Joint Special Operations Command, de elite-eenheid waarvan de SEALs het neusje van de zalm zijn, en die steeds ruimere bevoegdheden kreeg om te opereren buiten het klassieke slagveld, met of zonder de toestemming van plaatselijke overheden. Weinigen stelden vragen over de twijfelachtige juridische bewijslast tegen de dode.

In Pakistan werd operatie Geronimo door de extremisten opgevat als een oorlogsverklaring. Meteen kondigden de Pakistaanse Taliban, een ruime coalitie van extremistische groepen onder aanvoering van al-Qaeda, wraakacties aan. Sommigen verwachtten die binnen de 48 uur. Ze stonden er niet bij stil dat de dood van de leider enkel kon worden gewroken door een operatie zijn reputatie waardig. In Pakistan zelf konden onmiddellijk gewelddadige reacties worden verwacht. De wraak op het Westen zou onvermijdelijk enige tijd op zich laten wachten. Het mocht niet zomaar een aanslagje worden met twintig, dertig doden in een discotheek. Dat was de uitdaging waar al-Qaeda voor stond, de enige manier om zichzelf opnieuw stevig op de kaart te zetten. De media raakten niet uitgepraat over wat in de villa was aangetroffen. Daartoe behoorde, naast onder meer porno, een geluidopname van eind april, enkele dagen voor zijn dood, waarin Geronimo zijn steun uitsprak voor de omwentelingen in Tunesië en Egypte. Men brak zich het hoofd waarom hij niets zei over Jemen, Syrië en Libië.

Pakistan lag in de luwte van de omwentelingskoorts. Het had de handen vol met de gebruikelijke chaos, veroorzaakt door onverbeterlijk corrupte politici, levensgevaarlijke terreurgroepen en fanaten die het systeem zelf had gecultiveerd. 'De ene extremist wilden we uitroeien, de anderen beschermen', gaf de Pakistaanse *The Nation* toe. 'Er is ernstige verdeeldheid binnen ISI, tussen ISI en een deel van het leger, en tussen het leger en de regering', vatte *Asia Times* de toestand samen. Toch was ook Pakistan betrokken bij de Revolutie, al was het maar wegens de actieve interesse van Saoedi-Arabië, dat in Pakistan niet alleen een goedkoop arbeidsreservoir vond, maar ook een bevriende atoommogendheid mocht het conflict met Iran ooit ontaarden. De banden van Pakistaanse leiders met de Saoedi's konden beslissend zijn voor hun loopbaan. Het Saoedische hof had Musharraf in 2007 gedwongen de terugkeer te aanvaarden van de verbannen opposanten Benazir Bhutto en Nawaz Sharif. De nauwe banden dateerden van de oorlog in de jaren tachtig tegen de Sovjets in Afghanistan.

Al-Jazeera kon de rouw om de dood van Geronimo amper verbergen en reageerde onwennig. De zender was groot geworden met de exclusiviteit van bin Ladens boodschappen en volgens kwatongen was het steenrijke Qatar daarom gevrijwaard gebleven van terrorisme, ondanks de aanwezigheid van een der belangrijkste Amerikaanse militaire bases van de planeet. In de Arabische verslaggeving van al-Jazeera werd herinnerd aan het idealisme van bin Laden en niet aan zijn bloedig palmares. *Le Monde* merkte op dat de zender in de rouw was en een dubbele terminologie hanteerde, *shahid*, martelaar, voor de slachtoffers die het Westen maakte, en *maqtoul*, gewone doden, voor die van al-Qaeda. Op het discussieforum van de Engelstalige website stonden opgeluchte reacties tegenover een lawine van kritiek en een boeket samenzweringstheorieën. Een In Memoriam besloot dat de dode bin Laden een nog machtigere inspiratiebron kon worden. Andermaal bleek de dubbelzinnige positie van Qatar en al-Jazeera, de ene keer met, de andere keer tegen het Westen.

AL-QAEDA EN DE REVOLUTIE

'Het is niet omdat we hun namen niet kennen of hun hiërarchie dat de islamitische extremisten niet hard werken om de vruchten te plukken van de Arabische Lente', schreef Richard Clarke, de Amerikaanse contraterreurchef op het moment van de aanslagen van 11 september, in *The New York Times*. Het was een van de vele waarschuwingen. Tegen *Le Monde* zei de nieuwe minister van Buitenlandse Zaken van Mali, de voormalige chef van de inlichtingendienst Soumeylou Boubèye Maiga, dat de dood van bin Laden het risico deed stijgen dat al-Qaeda in de Maghreb zou kiezen voor de vlucht vooruit. Hij sprak van de aanvoer van zware wapens, gestolen uit de Libische arsenalen en zag daarin een bedreiging voor zijn land. De aanvankelijke opluchting over de dood van bin Laden kreeg een wrange bijsmaak toen het Witte Huis toegaf dat de foto van het lijk te gruwelijk was om te worden vrijgegeven en dat Osama ongewapend was toen hij werd neergeschoten. Andermaal was de vraag die niet werd gesteld of het gebrek aan tastbare bewijslast tegen Osama bin Laden de reden was waarom de SEALs de opdracht hadden gekregen niet met een gevangene terug te keren maar met een lijk.

Geronimo, heette hij in zijn laatste uren voor zijn vijanden, maar dat zou een tijdelijke naam blijven. Het materiaal dat in beslag was genomen in zijn arendsnest op de heuvel in het groene Abbottabad zou ongetwijfeld goede diensten bewijzen in de strijd tegen zijn netwerk. Washington deed zijn best om de operatie, waarover steeds meer vervelende details aan het licht kwamen, inclusief het uitblijven van een bewijs van de dood van de terrorist, te rechtvaardigen tegen wie de wettelijkheid ervan betwistte. De voormalige bondskanselier Helmut Schmidt was niet de enige om te spreken van een schending van het internationaal recht. Schmidt was ook bezorgd voor het effect op de Arabische Revolutie.

Rushdie vond het passend dat de Grote Tovenaar was gedood op Walpurgisnacht, de grote heksensabbat. Als een van de eersten vroeg hij aandacht voor de bron van de eerste represailledreigementen. Die kwamen niet rechtstreeks van al-Qaeda maar van de Pakistaanse Taliban, de Tehrik-e-Taliban Pakistan, TTP, die de Pakistaanse regering de oorlog had verklaard toen Musharraf in de zomer van 2007 de Rode Moskee in Islamabad met geweld aan de extremisten had ontworsteld. Uit die tijd dateerde de fusie met al-Qaeda van de Pakistaanse extremistische groepen en tribale legertjes in de onbestuurbare tribale gebieden. Kort voor de dood van bin Laden ontmoette de Pakistaanse journalist Syed Saleem Shahzad, goed geïntroduceerd in de schemerwereld van het extremisme, de leider van de Wazir-stam in Zuid-Waziristan, een van de tribale republiekjes. Mullah Nazir was een van de belangrijkste commandanten van de Afghaanse Taliban én een beschermeling van Pakistan, een 'goede Talib' dus. Hij poseerde als een succesvolle negentiende eeuwse struikrover met zijn wapen op de schoot voor een foto bij zijn eerste echte interview, na dat met al-Sahab, de spreekbuis van al-Qaeda. In Pakistan had hij nooit last veroorzaakt. In Afghanistan verdeelde hij de militaire koek met Sirajuddin Haqqani, een collega-krijgsheer uit het aangrenzende Noord-Waziristan. Ook Sirajuddin, de veelbelovende zoon van de levende legende Jalaluddin Haqqani, was voor Islamabad een 'goede Talib'.

In 2006, ongeveer gelijktijdig met Sirajuddin, raakte Nazir gewonnen voor samenwerking met al-Qaeda, wat meer geld en meer en betere strijders uit de rijke reservoirs van de Pakistaanse extremistische groepen opleverde. Met de NAVO, die hem nochtans ook als een 'goede Talib' beschouwde, wilde hij niet praten zolang er vreemde troepen waren in Afghanistan. Pas als die weg zouden zijn, kon worden onderhandeld over aanslagen op doelwitten in het Westen. Tijdens het vraaggesprek zei Mullah Nazir dat hij behoorde tot al-Qaeda en dat al-Qaeda en de Taliban een en dezelfde organisatie was. Hij was ervan overtuigd dat de omwentelingsgolf in de Arabische wereld uiteindelijk de jihad ten goede kwam. 'De toestand wordt snel gunstiger voor ons en daarom zullen de *mujahedin* van Afghanistan hun krachten bundelen met de Arabieren.' 'Jemen is de eerste bestemming van onze mannen.' Rond dezelfde tijd werden drie al-Qaeda militanten aangehouden in Duitsland. De leider van het trio, een 29-jarige Marokkaan, had een opleiding achter de rug in Waziristan.

De dood van bin Laden bleef in vele mysteries gehuld. Een ervan was dat hij in zijn schuiloord niet beschikte over telefoon- of internetverbinding. Wel was op de foto's een grote schotelantenne te zien en slingerden kabels over binnen- en buitenmuren. Er was sprake van vijf computers en honderd opslagapparaten zoals usb-sticks waarmee hij zijn instructies bleek door te geven. Waarom waren er geen lijfwachten en geen wapens? Waarom had dit grote gebouw torenend op een heuvel nooit argwaan gewekt en waarom was negen maanden gewacht om toe te slaan?

Het contrast tussen waar de meest gezochte man ter wereld woonde en de plaatsen waar hij zich in de collectieve verbeelding verstopte, kon niet groter. Een Pathaans spreekwoord zegt dat de bergen eer verslinden en de vlakte belastingen. Dat sloeg op het verschil tussen vrije nomaden en sedentairen die zich onderwerpen aan de staat. Akbar Ahmed, een Pakistaans functionaris met bestuurservaring in Abbottabad én Waziristan, dacht dat isi bin Laden er op een bepaald moment toe had bewogen om af te dalen uit de bergen en zijn intrek te nemen in een schuiladres van de dienst. Daarmee was op termijn zijn vonnis getekend. Geronimo was voor zijn veiligheid beter in Waziristan gebleven, zei Ahmed, in het bergland dat geen veroveraar ooit heeft kunnen onderwerpen.

Waarom was de operatie uitgevoerd op 1 mei en was er een verband met de Arabische Revolutie? Het verband werd door Washington zelf gesuggereerd. 'De dood van bin Laden valt samen met de afwijzing van het extremisme en de keuze voor vrijheid en democratie', zei Hillary Clinton. Obama's terrorismeadviseur John Brennan hoopte dat de volkeren van het Midden-Oosten zouden begrijpen dat de terreur zijn tijd had gehad. Zijn fysieke dood was een argument om hem ook politiek dood te verklaren. Bovenop de versies en visies van Washington kwam de wraak van Pakistan, dat volgens cia-directeur en toekomstig minister van Defensie Leon Panetta niet op de hoogte was gesteld. Islamabad stond de Saoedische nieuwszender al-Arabiya toe om de dochter van bin Laden te interviewen. Washington zag zich na haar relaas genoodzaakt de oorspronkelijke versie van operatie Geronimo te herroepen. Hij had zich niet verscholen achter een vrouw, hij was ongewapend en had zich niet verzet.

Het interview deed vermoeden dat operatie Geronimo de ergernis van de Saoedische koning Abdullah over de rol van de Amerikanen bij de omwentelingen in Egypte en Libië alleen maar had doen toenemen. In zijn ogen werd de oorlog die Bush na 11 september was begonnen, gewoon voortgezet op een andere, nog veel ingrijpendere manier onder leiding van de toekomstige chef van de CIA, generaal Petraeus. Petraeus was in de vroege dagen van de bezetting van Irak opgevallen als de enige topmilitair met voeling voor de Arabische wereld. Dat had hem uiteindelijk het bevel opgeleverd over alle Amerikaanse troepen in de regio. De voormalige professor diplomatieke wetenschappen van West Point leidde nu de oorlog in Afghanistan, die voor Obama prioritair was. Twee dagen voor operatie Geronimo kondigde Obama zijn promotie aan tot opvolger van Leon Panetta aan het hoofd van de CIA. Dat bewees dat Petraeus, net als bij Bush, in de bovenste schuif lag. Van de operatie in Abbottabad was hij de man achter de schermen. Deze modelmilitair, die veeleisend was voor zichzelf, paarde geopolitiek inzicht aan grote terreinkennis en nuchtere zakelijkheid. In februari 2010 waren hij en minister van defensie Gates nog te gast geweest op de Militaire Academie, in de achtertuin van bin Laden. Petraeus had er de kadetten toegesproken. Een half jaar later zei hij te vermoeden dat bin Laden zich schuil hield in het afgelegen berggebied van Pakistan. 'Als je ziet dat het hem in het voorbije jaar vier weken kostte om een boodschap in de buitenwereld te krijgen, dan betekent dat letterlijk hoe diep begraven hij is, waarschijnlijk in de meest afgelegen en bergachtige gebieden', zei hij in augustus 2010 op NBC. Dat was een rookgordijn, want omstreeks die tijd vernam Obama naar eigen zeggen waar bin Laden zich precies ophield.

Petraeus maakte zich weinig illusies over de rol van Pakistan en zei onomwonden dat de Afghaanse Taliban vanuit Pakistan werd geleid. In zijn visie was er geen monolithische Talibanbeweging, maar bestond de vijand uit een 'syndicaat van terreurorganisaties'. Al gauw gaf het eerste onderzoek van de documenten uit bin Ladens fort ongelijk aan wie had beweerd dat hij enkel nog een symbool was zonder operationele controle over al-Qaeda. Hij stond, ondanks zijn kluizenaarsleven, in contact met de netwerken die hij in het leven had geroepen en beraamde zelfs een grote herdenkingsaanslag voor de tiende verjaardag van 11 september. Dat bleek uit een aantekeningenboekje uit februari 2010, dat meteen was ontcijferd. Daarin onderzocht hij de mogelijkheid om een trein te laten ontsporen en hetzij te laten neerstorten in een ravijn, hetzij van een brug te doen vallen. Een functionaris die betrokken was bij het onderzoek bevestigde dat bin Laden nog altijd de macht had. 'Hij bleef samenzweren, plannen en ideeën voorstellen aan de andere bonzen van al-Qaeda', zei hij tegen *The New York Times*. Op 6 mei, bij de voorstelling van vijf video's die in de villa waren gevonden, zei het Pentagon dat bin Laden een actieve leider van al-Qaeda was gebleven en zelfs gedetailleerde tactische instructies gaf. Andere militaire bronnen zeiden dat hij ook de strategie bepaalde van filialen zoals de Shabab in Somalië of al-Qaeda op het Schiereiland in Jemen. De laatste twijfels over de dood van Geronimo bin Laden verdwenen toen al-Qaeda het nieuws bevestigde en het Pakistaanse volk vroeg het land te zuiveren van Amerikanen en in opstand te komen tegen de regerende 'kliek van dieven en verraders'. Iedereen vroeg zich af of bin Ladens voorspelling zou uitkomen dat zijn opvolger nog gewelddadiger zou zijn. Niemand maakte zich wat dat betreft veel illusies over Ayman al-Zawahiri, de nummer twee van al-Qaeda.

Er rezen zelfs vragen over de codenaam van de operatie. Dat bin Laden Geronimo werd genoemd naar de laatste grote leider van de Apaches, raakte gevoeligheden bij de Indiaanse bevolking van de vs. Er werden excuses geëist voor dit impliciet racisme. Er kwamen ook herinneringen boven aan de roof van Geronimo's schedel in 1918, negen jaar na zijn dood, door leden van Skull and Bones, de geheime, elitaire studentenclub van de universiteit van Yale. Bij de zes grafschenners behoorde naar verluidt Prescott Bush, de grootvader van de 43ste president van de Verenigde Staten. Vader en zoon Bush waren op hun beurt lid van de club waarvan werd beweerd dat de ze de CIA controleerde.

CHANGE

Het was moeilijk aan te nemen dat de dood van bin Laden geen nieuwe factor was in de Arabische Revolutie. De Saoedische en Pakistaanse media zetten de gaten in de Amerikaanse versie en het verhaal van de twaalfjarige dochter van bin Laden in de verf. Daardoor ontstond het beeld van een aanslag met bruut geweld op een ongewapende man, die volgens zijn dochter eerst gevangen was genomen en daarna gedood. Washington moest toegeven dat alleen geweld was gebruikt door de koerier en dan nog vanuit het gastenverblijf.

Terwijl de wereld gebiologeerd keek naar Abbottabad, gaf de Syrische regering al wie de wet had overtreden twee weken tijd om zichzelf aan te geven. Aan de bevolking werd gevraagd om wie dat niet deed te verklikken. Er waren de voorbije dagen weer tientallen doden bij nieuwe betogingen tegen het bewind van de Assads en een militaire woordvoerder zei dat in een week tijd 499 mensen waren aangehouden in Deraa. Op de vooravond van nieuwe vrijdagbetogingen was het wachtwoord van Damascus 'Bashar of de chaos' en 'vrijheid is niet gelijk aan sabotage'. De hoofdstad hing vol van dergelijke slogans, naast oproepen tot nationale eenheid en co-existentie en portretten van de president. Op Facebook werkten vijftien pro-Assad-pagina's dag en nacht om de 'valse propaganda' van de oppositie te counteren, die op haar beurt het internet gebruikte om de buitenwereld te alarmeren over het verloop van de 'revolutie tegen de angst'. Hoewel de officiële radio en televisie het patriottisme opklopten en ondanks de herhaling dat er een buitenlands complot was tegen Syrië, riepen soennitische sjeiks in Damascus op om te gaan betogen. Er was sprake van aanvallen op christelijke doelwitten in het hele land en over de kaping van het protest door salafisten die andere geloofsgemeenschappen dwongen deel te nemen aan de protesten.

Er werd gevreesd voor een massale exodus van christenen zoals die er ook geweest was uit Irak, na de val van Saddam Hoessein. Op 4 mei werden door de regering maatregelen genomen tegen kapitaalsvlucht door rekeningen toe te staan in euro's en dollars en de rente op rekeningen in Syrische ponden met twee procent te verhogen tot negen procent. Het afhalen van dollarbiljetten werd beperkt. De groeiprognose werd herzien wegens de instortende inkomsten uit het toerisme en de textielindustrie. De religieuze diversiteit, een onderwerp dat jarenlang taboe was, werd de ultieme troefkaart van Assad. Tegenover de bewering dat het land ten prooi was aan een buitenlandse samenzwering uitgevoerd door salafistische groepen, stond de beschuldiging dat geheime agenten de tegenstelling aanwakkerden met waarschuwingen voor aanvallen van de ene geloofsgemeenschap tegen de andere, zoals was gebeurd in het alawitische hartland aan de kust.

De zwakheid van het regime was dat de top, inclusief die van het leger en de veiligheid, in handen was van enkele clans behorend tot een geloofsgroep die goed was voor hooguit een achtste van de bevolking. Doordat het protest hoofdzakelijk kwam van de soennieten, die in Syrië in de meerderheid zijn, waren moskeeën soms het mikpunt van militaire acties. Er waren de eerste berichten over soennitische soldaten die weigerden te schieten op geloofsgenoten. Enkel het vreedzaam co-existentiemodel kon het regime redden. Assad presenteerde zich als de enige garant van dat model, maar doordat hij koos voor geweld overtuigde zijn boodschap niet. Bovendien had een alawitische kapitein in het leger meer te zeggen dan een soennitische generaal. Zo werd de president op de vooravond van de vrijdagbetogingen van 6 mei steeds meer de man van gisteren. De vierde tankdivisie van zijn jongere broer Maher had Deraa getemd en begon zich terug te trekken uit de stad. De Republikeinse Garde, ook onder Mahers bevel, legde een ring rond Damascus. Andere dan deze trouwe elitetroepen werden niet ingezet tegen het protest. De teller stond volgens mensenrechtengroepen op 560 doden.

Op het diplomatieke front kwam het tot een felle woordenstrijd met de oude kolonisator Frankrijk, dat sancties eiste en zijn onderdanen opriep Syrië te verlaten. Sarkozy wilde een gespierde actie die Bashar persoonlijk zou treffen met Europese strafmaatregelen, maar ook hierover waren de 27 lidstaten het oneens. Het kwam tot een Europees reisverbod voor veertien Syrische functionarissen en de bevriezing van hun tegoeden, maar Assad was daar niet bij en niemand vroeg zijn ontslag. Op steun van Rusland, China, de Arabische Liga en de Afrikaanse Unie hoefde Sarkozy nog minder te rekenen, al betoogde minister Juppé van Buitenlandse Zaken dat een regering die zijn burgers doodde, onwettig werd. De Amerikanen bleven op de vlakte. Ambassadeur Robert Ford zei dat de Syriërs zelf en niet de Amerikanen of de Turken moesten beslissen over hun toekomst. De sociale netwerken op het internet gaven een vertekend beeld en daarom gaf hij Damascus de raad om de grote nieuwsmedia binnen te laten. Hij sprak vanzelfsprekend tegen dovemansoren. Ford riep op tot nationale dialoog en sloot een Amerikaanse interventie als in Libië uit. De omwenteling was niet door Amerika veroorzaakt, maar Washington had begrip voor de frustraties van de Syrische straat en beloofde betere betrekkingen mochten er daadwerkelijke veranderingen komen. De Russen verdachten de Amerikanen ervan gemene zaak te maken met de Moslimbroeders en ze keken ook argwanend naar Israël.

Terwijl de belaagde leiders in Damascus met afgrijzen zagen hoe in Caïro elk spoor van de gevallen farao werd weggeschrobd en zijn voormalige minister van Binnenlandse Zaken Habib al-Adly werd veroordeeld tot twaalf jaar cel wegens witwasoperaties in het eerste proces tegen een kopstuk van het vroeger bewind, was 6 mei voor de zoveelste week op rij een beslissende vrijdag. Er kwam minder volk op straat op deze 53ste dag van de Syrische opstand. Deraa bleef afgesloten. Ook de grens met Jordanië bleef dicht. Er verschenen tanks in de straten van Homs en Baniyas. Er vielen doden, zestien in totaal volgens de nationale mensenrechtenorganisatie. Dat was minder dan kon worden gevreesd, maar het werd steeds moeilijker om een beeld te krijgen van de toestand omdat de satelliettelefoons buiten werking waren gesteld. Er was sprake van honderden arrestaties.

DE ISLAMISTEN NA DE REVOLUTIE

In Tunesië heerste, net als in Egypte, volop verkiezingskoorts toen voormalig minister van Binnenlandse Zaken en volksheld Farhat Rajhi op 5 mei zei dat de militairen de macht zouden grijpen, mochten de islamisten van en-Nahda op 24 juli de parlementsverkiezingen winnen. 'De mannen van de Sahel zullen dat niet laten passeren', zei hij, doelend op de vruchtbare landstreek met zijn grote olijfgaarden die sinds Habib Bourguiba, de vader van de onafhankelijkheid, altijd het staatshoofd had geleverd. Uit de Sahel was ook generaal Rachid Ammar afkomstig, een held van de omwenteling, die op 18 april stafchef was geworden. De uitspraken van Rajhi, Mister Proper zoals hij werd genoemd, vielen slecht bij de regering. Een dag later braken incidenten uit in Tunis. Er tekende zich bij de publieke opinie een kloof af tussen aanhangers van premier Essebsi en die van oud-minister Rajhi, die hoofdzakelijk een minderheid van Facebookgebruikers aansprak. En-Nahda zei zijn vertrouwen te bewaren in het leger. Maar er waren steeds meer meldingen van incidenten met islamisten van en-Nahda of de nog radicalere Ut-Tahrir. En-Nahda had de nieuwe kieswet mee goedgekeurd en zich daarbij geprofileerd als confessioneel-democratisch. De kieswet was een bijna revolutionair compromis tussen alle partijen, van uiterst links tot islamitisch. Het bepaalde onder meer dat mannen op de lijsten moesten afwisselen met vrouwen en dat de nieuwe grondwet zou worden geschreven door een verkozen constituante en niet door de heersende macht zoals in Egypte, Marokko of Algerije.

Het nieuwe Tunesië, dat naast een *république de professeurs* ook een *république d'avocats* was, stond voor grote uitdagingen, waarvan de armoede en de werkloosheid niet de minste waren, maar de ontwikkelingen waren hoopgevend. De macht was verdeeld tussen de voorlopige regering van technocraten en een comité waarin twaalf politieke partijen, negentien vakbonden en andere verenigingen en 72 nationale prominenten zetelden. Er was een eerste noodenveloppe goedgekeurd voor de achtergestelde 'rode driehoek van de revolte' waar Sidi Bouzid toe behoorde, en er stond een ambitieus ontwikkelingsprogramma op stapel, het Plan Bouazizi. Dat was nodig want in de steden nam de misdaad snel uitbreiding. Geld was een probleem want de inkomsten uit het toerisme waren opgedroogd. Een blogger schreef dat de vruchten niet meteen werden geplukt na het zaaien en dat er veel zorg en geduld nodig was voor kon worden geoogst. Een ander merkte op dat iedereen politicus was geworden terwijl het land balanceerde op de rand van de afgrond.

Op 7 mei braken zware rellen uit in Caïro tussen christenen en moslims. Een christelijke vrouw werd volgens geruchten vastgehouden in een kerk van de noordelijke voorstad Imbaba om haar bekering tot de islam te beletten. Daarop waren enkele honderden salafistische heethoofden voor de kerk samengetroept om haar uitlevering te eisen. Het kwam tot gevechten waarbij twaalf mensen stierven. De chaos werd nog groter toen een stroompanne de wijk in het donker zette. Het geweld was een zoveelste teken van de toenemende wetteloosheid in Egypte en de laksheid van de veiligheidsdiensten tegenover zowel kleine criminaliteit als salafistische fanaten. Meteen begon een manifestatie voor de Amerikaanse ambassade om internationale bescherming te vragen voor de koptische christenen. Het waren veelal dezelfde betogers die eerder voor het omroepgebouw hadden gedemonstreerd na vergelijkbare rellen op een andere plaats. Na ruim een week werden de manifestanten onder vuur genomen vanuit een voorbijrijdende auto en kwam het voor het omroepgebouw tot een gevecht in regel met brandbommen en stenen. Het duurde uren voor het leger de orde kon herstellen.

Paus Shenouda III, de leider van de Egyptische kopten, riep op tot een einde van het protest dat al negen dagen duurde. 'Jullie verliezen als dit blijft duren, de machthebbers verliezen hun geduld', waarschuwde hij. Het was een nieuw signaal van de onrust in de koptische gemeenschap die zich steeds meer bedreigd voelde. Dat kwam door de toenemende assertiviteit van de salafisten, die volgens sommigen talrijker waren en meer invloed hadden dan de Moslimbroeders. Hun boodschap werd in Egypte uitgedragen door een dozijn religieuze satellietzenders. Er werden tien verdachten aangehouden in verband met een internetvideo die moslims ophitste om kerken aan te vallen. Er waren steeds meer religieuze incidenten op het platteland en de salafisten maakten van het machtsvacuüm gebruik om een theocratie te propageren, gebaseerd op de sharia. De regering had zo'n drieduizend jihadi's laten terugkeren zonder vorm van onderzoek. De spanning tussen moslims en kopten kon de voorbode zijn van een totale ineenstorting. De voorzitter van de Egyptische Toeristische Federatie waarschuwde dat verschillende ondernemingen ten onder zouden gaan als het religieus geweld bleef voortduren en dat veel van de 3,2 miljoen banen in de toeristische sector verloren dreigden te gaan.

Egypte kampte bovendien, ondanks de vruchtbare Nijlvallei, met een ernstig voedselprobleem. Dat werd alleen groter door de stijgende Aziatische vraag naar levensmiddelen op de wereldmarkt en de stijgende prijzen die er het gevolg van waren. Egypte importeerde de helft van zijn graan en veel van zijn ander voedsel. Hoge functionarissen waarschuwden voor acute tekorten aan plaatselijk geproduceerd voedsel als gevolg van de revolutie en voorspelde een daling van de invoer van pluimvee, vlees en keukenolie, met schaarste en nieuwe prijsstijgingen als gevolg. Officieel was er nog een maand rijst en vier maanden graan in voorraad. De buitenlandse wisselreserves waren met een derde geslonken tijdens de revolutie. Tegen half mei was er een benzinetekort in verschillende districten. Dat bedreigde de graanoogst die moest worden vervoerd en deed de visprijs stijgen. Sommige benzinestations logen wanneer ze zegden dat de tanks droog stonden. Als dit speculatief hamsteren en de snelle stijging van voedsel- en brandstofprijzen zouden voortduren dan stevende Egypte af op het bankroet, sociale chaos en hongersnood voor minstens die helft van zijn bevolking die leefde op minder dan twee dollar per dag. In combinatie met religieuze spanningen was dat een explosief vooruitzicht.

Na de incidenten in Imbaba riep de seculiere hervormingsbeweging op tot een demonstratie van één miljoen op het Tahrirplein voor de nationale eenheid en tegen het religieus geweld. De Moslimbroederschap en de salafisten verspreidden diezelfde dag op Tahrir andere ordewoorden. Zij riepen op tot rouw voor de 63ste verjaardag van Israël en domineerden het plein met vlaggen, slogans en een grote tribune. De volgende dag, op 14 mei, vertrok een konvooi jonge Egyptenaren van Tahrir naar de Sinaï voor de 'Derde Palestijnse Intifada'. Op hetzelfde moment stelde de leider van de hervormers bij de Moslimbroeders, Abouel Fotouh, een zestigjarige arts, zich kandidaat voor het presidentschap. Hij zag zich als de schakel tussen moslims, christenen en liberalen en rekende op de steun van een jonge garde van de Broederschap met prille Facebookpagina's. Fotouh zou het moeten opnemen tegen onder meer Amr Moussa, secretaris-generaal van de Arabische Liga, die tegen de Deutsche Welle zei dat hij het buitenlands beleid van Moebarak wilde voortzetten. Dat werd ongetwijfeld graag gehoord in de vs, Israël en de EU. Voor de opvolging van Amr Moussa bij de Liga had Qatar een kandidaat voorgedragen, hoewel Egypte traditioneel de leider leverde aan de organisatie. Doha trok de kandidatuur pas in nadat Egypte zijn oorspronkelijke kandidaat, een lid van de partij van Moebarak, verving door de populaire minister van Buitenlandse Zaken Nabil Elaraby die de opstand had gesteund. Elaraby sprak zich uit voor een 'wetenschappelijk' beleid, gebaseerd op het internationaal en humanitair recht, goede betrekkingen met Iran en een heropening van de Egyptische grens met Gaza. Dan was het de beurt aan de Jama'a al-Islamiya om een miljoenenbetoging aan te kondigen voor de vrijlating van hun leider, de blinde sjeik Omar Abdel Rahman die in de vs levenslang uitzat als brein achter de eerste aanslag op het WTC in New York, in 1993.

Op 15 mei, Nakba-dag, hoogdag van het panarabisme, brak geweld uit. Er waren minstens acht doden op deze meest onrustige herdenking in jaren van de stichting van Israël en het verlies van Palestina. Er was geweld aan de grenzen van Israël met Gaza, Libanon en Syrië. Vooral dat laatste viel op, omdat het aan de Syrisch-Israëlische grens al jaren rustig was op deze verjaardag. Tientallen, volgens sommige berichten zelfs honderden Palestijnen waren aangevoerd om de bezette Golan binnen te dringen zonder dat hen dat werd belet door de Syrische grenspolitie. De helft van de doden bij het Nakba-protest viel in de Golan. Damascus veroordeelde Israëls 'crimineel gedrag' en de officiële media zetten de incidenten op de Golan dik in de verf. Maar niet alleen de Israëli's spraken van een doorzichtige poging van het Syrische regime om de aandacht af te leiden. Laat op de avond van Nakba kwam het bij de Israëlische ambassade in Caïro tot gevechten tussen betogers, oproerpolitie en leger die met scherp schoten.

VRAGEN EN DRIJFVEREN

Waarom stak de vloot van de NAVO op de Middellandse Zee geen poot uit om zwalpende vluchtelingen te helpen? Waarom negeerde het bondgenootschap de noodkreten? Eind maart geraakte een schip met 72 passagiers, bij wie vrouwen en kinderen, in moeilijkheden voor de Libische kust. De NAVO wist daarvan maar deed niets. Dat was een schending van het internationaal scheepsrecht. 'Elke morgen waren er nieuwe lijken die we overboord moesten gooien, op het einde kenden we onszelf niet meer en konden we enkel nog bidden en sterven', zei een van de negen overlevenden. Het Hoog Commissariaat voor de vluchtelingen van de VN was geschokt en eiste een proces tegen de verantwoordelijken. Het schuldig verzuim en de harteloosheid plaatsten de 'humanitaire' interventie van de coalitie in een nieuw licht.

Vragen rezen ook over een geruisloze verschuiving in het internationaal recht. In een maand tijd gaven de VN tot twee keer toe groen licht aan een militaire interventie in een lidstaat. Na resolutie 1973 volgde op 30 maart resolutie 1975 om de burgerbevolking van Ivoorkust te beschermen tegen het gebruik van zware wapens. Daarop had Ban Ki-moon opdracht gegeven om 'alle noodzakelijke middelen' in te zetten en smolten de blauwhelmen samen met de Franse interventiemacht om uittredend president Gbagbo te laten arresteren door zijn uitdager Ouattara. De VN zijn opgericht om internationale geschillen vreedzaam te beslechten. Volgens het Handvest is militair geweld enkel toegestaan bij wettige zelfverdediging of bedreiging van de wereldvrede. Het recht op zelfbeschikking en op bescherming tegen buitenlandse agressie waren na de

Tweede Wereldoorlog duur bevochten door de kleine, zwakke staten. Vrijwel ongemerkt waren die verworvenheden aangetast door het zogenaamd recht op interventie. Dikwijls verdedigden de media dit dubieuze recht zonder veel aandacht voor de arbitraire toepassing ervan en de uiteenlopende en niet altijd even nobele doelen die erdoor konden worden gediend. Bernard Kouchner, de voormalige Franse minister van Buitenlandse Zaken en ex-topman van Artsen zonder Grenzen, vond het al jaren de plicht van de wereldgemeenschap om tussenbeide te komen waar flagrant en grootschalig onrecht werd gepleegd. Nu dat beginsel burgerrecht verwierf, moest worden gerekend op de integriteit en de zuivere bedoelingen, kwaliteiten die zelden primeren in de internationale politieke moraal.

Het oorspronkelijk vliegverbod boven Libië evolueerde even geruisloos als snel naar een interventie om Kadhafi ten val te brengen. Obama, Cameron en Sarkozy maakten daar geen geheim van in hun internationale advertentie getiteld *Kadhafi moet vertrekken*. De advertentie verschoof de grenzen van resolutie 1973 en stond haaks op de principes van soevereiniteit en niet-inmenging, die hoekstenen zijn van de naoorlogse diplomatie. Het 'beschermen van de bevolking' was een excuus om op te treden waar dat het beste uitkwam: wel in het olierijke Libië, maar niet in Syrië, Jemen, Bahrein of Somalië. Het was geen morele werderopstanding die het mensenleven plots zo belangrijk maakte nu het hier wel en daar niet verdedigd werd met bommen en cynisch selectieve menslievendheid. Frankrijk, dat als was Bush jr. herboren, in de greep was van neoconservatieve voortvarendheid, was zelf niet onbesproken. Het onderhield met menig dictatoriaal regime rimpelloze betrekkingen. Net als in de vs na 11 september heerste in Frankrijk een opvallende kritiekloosheid tegenover het buitenlands beleid van Sarkozy. Toen bleek dat de operatie vastliep in het Libische zand, gleed het nieuws erover weg naar de binnenpagina's en verschoof de aandacht naar Syrië. Al zeshonderd doden, klonk het bijna triomfantelijk in de ether. Maar ondanks de kritieke toestand in Syrië bleef de reactie bij woorden. Libië mocht in de ogen van secretaris-generaal Ban Ki-moon een test zijn voor het nieuwe Recht om te Beschermen, in resolutie 1973 hip afgekort tot R2P *(right to protect)*, niet iedereen liep er even warm voor.

De internationale pers, noodgedwongen verzameld in de Libanese hoofdstad Beiroet, de meest westerse stad in de wijde omtrek, hoorde van schoten in de westelijke buitenwijken van Damascus en van huiszoekingen. De regering had naar eigen zeggen de rust hersteld in Baniyas na de verwijdering van een 'takfiri-tumor', een verwijzing naar de meest fanatieke salafisten. Ze hadden volgens Damascus zware wapens en mortieren gericht tegen het leger en waren zo talrijk dat ze moesten worden opgesloten in het plaatselijk sportstadion. Intussen was niets meer gehoord van Dorothy Parvaz, een correspondente van al-Jazeera die tien dagen voordien bij haar aankomst op de luchthaven van Damascus was opgepakt. Na verloop van tijd vernam de zender van de Syrische ambassadeur in Washington dat ze was doorgestuurd naar Iran. Volgens Damascus was ze het land binnengekomen met een oud en ongeldig Iraans paspoort en daarom op een vliegtuig naar Teheran gezet. Op 17 mei zei Buitenlandse Zaken in Teheran dat Parvaz verschillende wetten had overtreden en dat de kwestie ook voor Iran van belang was, maar de volgende dag zat ze op een vlucht naar Qatar, de thuisbasis van al-Jazeera. Bij haar terugkeer vertelde ze uitvoerig over het Syrische inferno waar ze was opgesloten en gevangenen hoorde martelen. Ze zei dat ze in de beruchte Evin-gevangenis van Teheran tactvol was behandeld. Daar zat ongetwijfeld haar werkgever voor iets tussen, want een voorkomende behandeling van de pers was niet de regel. Met journalisten hadden de ayatollahs niet veel op. Iran hield eind 2010 vierendertig journalisten vast. Alleen China deed beter. Syrië kreeg hulp van Iran bij de onderdrukking. Dat was een tijd geleden gezegd door Obama en werd nu bevestigd door westerse diplomaten in Damascus, die de plotse aanwezigheid signaleerden van honderden Iraanse adviseurs. Teheran had ervaring met contestatie. Het had het protest na de herverkiezing van Ahmadinejad deskundig en gewelddadig de nek omgedraaid met massale arrestaties en controle over de telecommunicatie. Drie maanden later kwam een onderzoek van het VN Commissariaat voor de Mensenrechten tot de conclusie dat de Iraniërs samen met hun Libanese bondgenoten van Hezbollah doodseskaders leverden voor de liquidatie van weerspannige Syrische soldaten.

Het was ook eigenbelang, en niet de heilige beginselen van het internationaal verkeer, die Russen en Chinezen deed overleggen hoe de westerse expansie in de Arabische wereld kon worden gestopt. Ze deelden een diep wantrouwen tegenover de westerse bedoelingen in het olierijke Midden-Oosten en verdedigden het principe dat elk land zelf moest kunnen beslissen over zijn toekomst zonder buitenlandse inmenging. De contactgroep voor Libië was voor Moskou een comité dat, buiten de VN om, niet alleen Libië maar de hele regio wilde inrichten naar westers inzicht. De liquidatie van bin Laden en de dood van Kadhafi's jongste zoon Saif al-Arab waren gerichte moorden. Stephen Walt, professor internationale betrekkingen aan de universiteit van Harvard, noemde dit soort van eliminaties een steeds geliefder instrument van het Amerikaanse veiligheidsbeleid in Pakistan en een piste die de NAVO in Libië bewandelde, al zou dat nooit hardop worden gezegd. Zijn woorden waren nog niet koud of er waren nieuwe bombardementen op het paleis van Kadhafi in Tripoli. 'We weten niet wat Kadhafi op dit moment uitspookt, en om eerlijk te zijn, het kan ons niet schelen', zei brigadegeneraal Gabellini op het hoofdkwartier in Napels.

DE RIJKE EN DE ARME GOLF

In de Golf probeerden de rijke absolute monarchen het debat in de kiem te smoren door de weinige vrijheden van hun onderdanen nog verder te beperken. De Saoedische koning Abdullah verbood op 29 april alle nieuws dat in tegenspraak was met de sharia, 'buitenlandse belangen' diende of de nationale veiligheid in gevaar bracht. Er werden sluitingen voorzien voor overtreders. Een maand tevoren was een poging verijdeld om voor het eerst een politieke partij op te richten. Vijf stichters van de Islamitische Umma Partij, die wilde opkomen voor hervormingen, werden een week later aangehouden. Ze weigerden te zwijgen in ruil voor hun vrijlating. De wind van de omwenteling was tot in Riyadh voelbaar en koning Abdullah kon niet voorkomen dat een oproep werd gepubliceerd, een Verklaring van Nationale Hervorming, voor de vestiging van een constitutionele monarchie. Al voor de zelfmoord van Bouazizi in Tunesië waren manifestaties van sluimerende onrust met harde hand de kop ingedrukt in Koeweit en Bahrein. Voor de parlementsverkiezingen van oktober 2010 waren in Bahrein ruim twintig opposanten en mensenrechtenactivisten aangehouden. In Koeweit leidden confrontaties tussen de regerende familie en de oppositie in december tot een dode bij een gewelddadig optreden van de veiligheid tegen betogers. Vooral de kwetsbaarheid van de monarchie in Bahrein was alarmerend voor de andere absolute monarchen in de regio, die hun populariteit afkochten met loonsverhogingen, meer banen in de ambtenarij en andere voordelen. In Bahrein liep een sociaal conflict samen met religieuze verdeeldheid. Eensgezind probeerden de olievorsten de schijnwerpers ver weg te houden. Daar had ook het Amerikaanse leger, dat in Qatar zijn regionaal hoofdkwartier en in Bahrein zijn belangrijkste haven heeft, belang bij. Het was ook in het belang van prestigieuze westerse instellingen als de Sorbonne, het Louvre, het Guggenheim-museum en verschillende Amerikaanse universiteiten die zich sinds enkele jaren hadden genesteld in de Verenigde Arabische Emiraten en Qatar. De vraag was of dat klopte met de verheven waarden waar deze eerbiedwaardige instellingen voor stonden.

Van de Golfmonarchieën onderhield alleen Qatar tot voor kort goede betrekkingen met Syrië, maar nu trokken de rijke staten aan een zeel en verzetten ze zich tegen de veroordeling van Damascus door de Mensenrechtenraad van de Verenigde Naties. De Saoedi's vergaten hun vete met Assad en onthielden zich bij de stemming. Jordanië, Qatar en de Verenigde Arabische Emiraten kwamen niet opdagen. De Organisatie van de Islamitische Conferentie, die 57 landen vertegenwoordigt, vond dat Syrië 'op de goede weg' was en Egypte, dat geen stemrecht had, brak een lans voor het principe van de niet-inmenging.

Een maand eerder hadden de Arabische landen de Syrische kandidatuur gesteund voor een zitje in de Mensenrechtenraad ter vervanging van Libië, dat op 1 maart door de Algemene Vergadering van de vn was geschorst. Zoiets was in de vijfjarige geschiedenis van de Mensenrechtenraad nooit gebeurd. China en Rusland hadden toen de hoop uitgedrukt dat dit geen precedent zou zijn. Een week later was Libië's bondgenoot Syrië officieel kandidaat. Op 29 april veroordeelde de Mensenrechtenraad kandidaat-lid Syrië met een krappe meerderheid van 26 op 47 landen. Tot de tegenstemmen behoorden China, Rusland en Pakistan. De veroordeling belette niet dat Damascus kandidaat bleef. Het Aziatische blok dat vier landen mocht nomineren voor de geplaagde Raad en een zitje reserveerde voor een Arabisch land, wijzigde pas op 11 mei onder westerse druk zijn kandidatenlijstje en verving Syrië door Koeweit.

Assad bleef zich weren als een duivel in een wijwatervat. Zijn spreekbuis, *Champress,* citeerde een Koeweitse krant, *an-Anbaa,* over het cowboyverhaal dat in Baniyas en omgeving een hoge officier van de Mossad en agenten van de Libanese veiligheid waren aangehouden. De Libanezen hadden banden met hun soennitische leider Saad Hariri. Een van hen was een parlementslid van Hariri's Toekomstpartij. Volgens de ongedefinieerde bron was een commandokamer ontdekt van waaruit 'terreurgroepen' werden gecoördineerd en van wapens voorzien. Waarom moest zo'n groot nieuws uit Koeweit komen? De rust was teruggekeerd in Baniyas na de arrestatie van de 'emir' Anas Airout en een aantal van zijn handlangers. Airout was de imam van de grootste moskee van Baniyas, dat nu een spookstad was met 250 gevangenen op het sportveld. Over hem stond op een erg actieve oppositiepagina op Twitter al een maand het bericht dat hij de verdediger was van 'vreedzame betogers met de olijftakken van de vrijheid'. Arioet had toen gezegd dat de 'grotendeels ongewapende' inwoners van het nabijgelegen Baida met een razzia van de geheime politie – een activist sprak van een gewapende confrontatie – de prijs betaalden voor hun 'geweldloze roep naar vrijheid'. Blijkbaar ging de imam op 26 april zijn boekje te buiten toen hij een paar duizend volgelingen in Baniyas, zijn thuisbasis, op het hart drukte: 'Als ze ons doden, dan zullen onze zielen het graf verlaten om vrijheid te eisen', waarna werd betoogd tegen het regime en er tanks verschenen in de straten. Sawasiah, een prominente Syrische mensenrechtengroep, vroeg onmiddellijke internationale actie om de 'moordenaars' te stoppen.

DE POORTWACHTER VAN DE HEL

Het Syrische regime zag de hand van al zijn vijanden in de onrust: de Moslimbroeders, soennitische baronnen als de wraakzuchtige Libanees Saad Hariri en zijn Saoedische beschermheren, de Libanese 14 maart-beweging en Israël, de Fransen en de Amerikanen en natuurlijk ook de voormalige vriend, de emir van Qatar. Over de officier van de Mossad werd niets meer vernomen en ook niet over het Libanees parlementslid.

Des te dikker werd door Damascus in de verf gezet dat de Israëlische premier Netanyahu in het geheim had overlegd met de emir van Qatar in een hotel in Londen. Een 'diplomatieke bron' in de Britse hoofdstad had verklapt dat enkele uren daarna door Doha gas werd beloofd aan Israël, ter compensatie van het uitvallen van de bevoorrading door Egypte na een tweede sabotage van een pijplijn in de Sinaï.

Damascus wees op Wikileaks' telegrammen waaruit niet alleen economische- maar ook veiligheidssamenwerking moest blijken tussen Israel en Qatar. Die telegrammen bevatten explosieve inzichten. In een ervan stond dat de emir de vs aanbood om vanuit zijn land luchtbombardementen uit te voeren op Iran. Een ander bevatte de aanbeveling in juli 2010 van Meir Dagan, hoofd van de Mossad, aan de Amerikanen om Centcom weg te trekken uit Qatar, dat instond voor zestig procent van de kosten van de basis, omdat de emir daarmee en met al-Jazeera alle Arabische leiders op de zenuwen werkte, terwijl hij iedereen probeerde op te vrijen. Dagan, die eind dat jaar met pensioen zou gaan, hield het voor mogelijk dat al-Jazeera een oorlog zou uitlokken omdat de Arabische leider de emir verantwoordelijk hield voor de uitzendingen. Dat was een eigenaardige profetie.

Het bericht van Damascus over de gasleveringen aan Israël was voedsel voor de meest uiteenlopende berichten en verhitte discussies op het internet. Qatar zag zich verplicht te zeggen dat al lang over leveringen werd gepraat maar dat Israël niet beschikte over een LNG-haven. Vraag was of Israël het gas nog lang nodig had. Voor zijn kust waren immers veelbelovende voorraden aangetroffen. De ontdekking van de velden van Tamar en Dalit in 2009 en vooral van Leviathan, waarvan officieel melding was gemaakt op de laatste dag van 2010, had de kaarten geschud. De eerste metingen van Leviathan, genoemd naar een bijbels zeemonster en een van de zeven prinsen van de hel, waren verricht in de zomer, kort voor het begin van de Arabische Revolutie. Het veld, met zijn geschatte reserve van 450 miljard kubieke meter gas, was het grootste nieuwe offshore veld van de afgelopen tien jaar. Het kon van Israël een exporteur maken en garandeerde onafhankelijkheid van Arabische leveranciers zoals Egypte, dat veertig procent leverde van Israëls gasverbruik. De ontdekking opende ook perspectieven voor Europa, dat niet onverdeeld gelukkig was met de toenemende afhankelijkheid van Russisch gas. Er werd hardop gedroomd van een pijplijn naar Griekenland en zo naar de rest van Europa. De prille contouren van een nieuwe as met Israël, Cyprus en Griekenland wekte de argwaan van Israëls voormalige bondgenoot Turkije, transitland voor gas uit Centraal-Azië, Rusland, Syrië en Iran. Het zevenkoppige monster was amper geboren of het toonde zijn ware aard. Teheran zei dat driekwart van Leviathan in Libanese wateren lag. Beiroet wilde snel werk maken van de verkoop van exploitatierechten. Het Russische Gazprom bood meteen zijn diensten aan. Libanon stuurde in januari een kaart naar de VN met een afbakening van zijn maritieme grens. Leviathan was in dat document grensoverschrijdend en lag gedeeltelijk in Libanese wateren. Daarop zei Israël dat de kaart verschilde van de grens in een akkoord van 2002 tussen Libanon en Cyprus en bakende zijn eigen maritieme grens af. Hezbollah, politiek aan zet in Libanon, sprak van een annexatie door de 'Zionistische entiteit'. De Partij van God kon een nationalistisch strijdros gebruiken nu ze de regering controleerde en onder vuur lag voor steun aan de contrarevolutie in Syrië. De Libanese olieminister Gebran Bassil stelde niet alleen Israël maar ook de oliemaatschappijen waarmee dat land zou samenwerken, verantwoordelijk voor de gevolgen van een mogelijke grensschending. Beiroet nam een Noorse maatschappij onder de arm voor een seismologisch onderzoek. Israël nam zich voor om tientallen bronnen aan te boren en zocht bescherming tegen aanvallen op een gebied anderhalve keer de oppervlakte van het land zelf.

Waarom diste Damascus het verhaal van de leveranties door Qatar op, tenzij om te suggereren dat Doha – voor Assad, net als voor de andere belaagde Arabische leiders, de aanstoker van de Revolutie – onder een hoedje speelde met de gehate Israëli's? De nog altijd vage 'internationale samenzwering' kreeg een contour. Voor het overige bleef de onverwachte entree van de joodse staat in de selecte club van veelal Arabische energieproducenten vrij onopgemerkt. Vermoedelijk stak er nog veel meer gas en ook olie in het Bassin van de Levant en mochten er grote ontdekkingen worden verwacht voor de kusten van Egypte, Gaza en Cyprus. Een Amerikaans geologisch onderzoek schatte dat er 1,7 miljard vaten olie en 122 triljoen kubieke voet gas (de helft van de Amerikaanse gasreserves) wachtten op exploitatie. De ontginning van het gasveld van Tamar was gepland voor 2013. Voor Leviathan was dat 2017. Zou de vondst van Leviathan leiden tot internationale samenwerking tussen voormalige tegenstanders, of werd het een twistappel en zou de 'poortwachter van de hel' nog meer onheil afroepen over de geteisterde regio?

VRIJHEID IS GEEN GIFT VAN HEERSERS

Op de dag dat in Manama, de hoofdstad van Bahrein, het proces begon tegen 21 sjiitische opposanten wegens 'contacten met een terreurgroep die werkt voor een vreemde mogendheid' – Iran dus – en 'samenzwering tegen de grondwet en de monarchie', ontving Bashar al-Assad de volle steun van de koning van Bahrein. De 21 sjiieten riskeerden de doodstraf. Op 9 mei zei Bashars woordvoerster en adviseur Bouthaina Shaaban tegen *The New York Times* dat de regering de rebellie onder controle had. 'Ik denk dat het ergste voorbij is en dat we het einde van het verhaal beleven', zei ze. De 'gewapende rebellen' waren een verzameling van 'fundamentalisten, extremisten, smokkelaars en ex-gevangenen die zich lieten gebruiken'. Diezelfde dag vroeg de Amerikaanse ambassadeur Ford aan de Syrische regering de banden te verbreken met Hezbollah en de wapenleveringen aan de Libanese militie te staken. De Syrische oppositie riep op tot dagelijkse betogingen uit protest tegen de massale arrestaties. Via Youtube weergalmde het protestlied:

'Ze noemen ons infiltranten,
Ze noemen ons vandalen,
Ze noemen ons gewapende groepen,
Ze noemen ons salafistische extremisten,
Ze noemen ons zoveel
Maar ze vergeten ons Syriërs te noemen,
Syriërs, Syriërs,
Syrië, land van de vrijen,
Syrië, uw mannen zijn revolutionairen,
Uw martelaren worden vereerd
En hoe ver het onrecht zich mag verspreiden,
We zullen je verdrijven, Bashar,
We zullen de slager verdrijven,
Jij slager.
Onze revolutie is vreedzaam,
Een opstand voor de vrijheid,
Wij willen geen sektarisme,
Geen racisme willen wij

En we zullen voor altijd vreedzaam zijn.
Vreedzaam.
Vrijheid voor de mensheid
Is van elk geloof,
Het is geen gift van heersers,
Ze is van alle tijden.
We willen geen onrechtvaardige heersers,
Weg, weg met dit bewind,
Weg met dit bewind!
Weg met dit bewind!'

Er waren tanks in zeker drie steden en in verschillende dorpen in de buurt van Deraa, maar een humanitaire missie van de vn kreeg verbod om de provinciehoofdstad te bezoeken. De spanning met (een deel van) de internationale gemeenschap liep op. De Europese Unie vaardigde op 23 mei een reisverbod uit en blokkeerde de rekeningen van dertien kopstukken van het regime bij wie Bashars broer, generaal Maher, chef van de Republikeinse Garde en de Vierde Pantserdivisie, en zijn neef, de miljardair Rami Makhlouf. Maar de president zelf bleef buiten schot. Er waren colonnes onderweg naar Hama, dat bijna dertig jaar geleden de woede van het regime in al zijn brutaliteit had ondergaan, toen de vn-veiligheidsraad in New York dacht aan een veroordeling van Syrië. Europa, onder leiding van de Britten deze keer, kreeg steun van de vs maar stuitte op krachtig verzet van Rusland en China die vonden dat de navo zijn boekje te buiten ging in Libië. De Amerikaanse regering verstrakte zijn houding tegenover Assad en zei niet meer te geloven in zijn beloftes van hervormingen. Er gingen stemmen op om het bewind in Damascus onwettig te verklaren, maar het probleem was wat er moest gebeuren als Washington zou kiezen voor een regimewissel. De Arabische landen waren opvallend stil nu de revolutie het hart van het Midden-Oosten bereikt had. Het Libisch experiment boezemde, op Qatar en de Emiraten na, niemand veel vertrouwen in.

De luchthaven van Misrata was pas op 10 mei, na weken van gevechten, veroverd op de troepen van Kadhafi. De kolonel verscheen voor het eerst in veertien dagen weer op tv. Hij was in vergadering met stamhoofden. Meteen volgden vier bombardementen op al-Aziziya, zijn hoofdkwartier in Tripoli. Sinds de navo het commando had overgenomen waren er 2400 luchtaanvallen geweest maar nog steeds was de strijd onbeslist. De risico's in Syrië waren nog veel groter en de kans op een uitzichtloze burgeroorlog naar Libanees model na het vertrek van Assad was reëel.

EINDE VAN DE LENTE

Het ontnuchterende einde van de lente naderde snel. Het seizoen dreigde naadloos over te gaan in een sombere, stormachtige herfst. De omwentelingsgolf verloor zienderogen zijn glans. Zelfs de triomf over de liquidatie van bin Laden was maar een steekvlam van korte duur. Sommigen bleven in de revoluties het bewijs zien dat het religieus extremisme voorbijgestreefd was, maar zeker was dat niet. Washington zag elke omwenteling apart en probeerde tot een coherente visie te komen waarin de revoluties werden gekoppeld aan het stokkend vredesgesprek met de Israëli's. Het liefste wilde Obama dat Google *wizzard* Wael Ghonim president van Egypte werd, maar hij besefte de onmogelijkheid van die wens. Hij vergaderde dagelijks over Libië toen al-Jazeera uit Bahrein berichtte dat zestienjarige meisjes waren afgetuigd door de veiligheid en dat tweehonderd artsen en verplegers werden vervolgd. Obama verslond het nieuws en woog zwaar op de Amerikaanse koers. Hij verkoos behoedzaamheid en een breed, alomvattend beeld. Hij liet historische voorbeelden onderzoeken in onder meer Roemenië, Chili en de Filippijnen. Twee jaar voordien had hij in Caïro, tijdens zijn eerste grote toespraak tot de moslimwereld, nieuwe betrekkingen in uitzicht gesteld. Hij was zich bewust van de beperkte Amerikaanse manoeuvreerruimte en zocht rationele en realistische antwoorden op de gebeurtenissen. Dat gaf in het ongeduldig en veeleisend mediaklimaat de indruk van besluiteloosheid, al was zijn optreden weloverwogen en in het staatsbelang. Het had geen zin om de val te vragen van Assad wanneer niemand wist wat daarop zou volgen. Zo'n eis zou op het terrein bovendien weinig impact hebben en internationaal op veel verzet stuiten, onder meer van China dat van de wereldgemeenschap een 'opbouwende bijdrage' verwachtte bij het herstel van de rust in het land.

Er stond met het regime in Damascus veel op het spel. Nooit was de kans groter dat Syrië zou breken met Iran, Hezbollah en Hamas. Het was een dubbeltje op zijn kant. Als het juist zou vallen, kon misschien een reusachtige stap worden gezet naar de onmogelijke vrede in dit eeuwige kruitvat. Viel het dubbeltje verkeerd dan kon dit het einde betekenen van de eeuwenoude, min of meer vreedzame religieuze co-existentie in Syrië. Een exodus van de christenen, maar ook andere religieuze minderheidsgroepen, traditioneel sterk vertegenwoordigd in de maatschappelijke middenklasse van de Levant, zou cultureel en sociaal-economisch een aderlating betekenen. Een paradox diende zich aan. Het Westen had er alle belang bij dat de minderheden bleven gedijen en dat de Arabische wereld geen soennitische monocultuur werd. Assad was daarvoor een garant. Een scenario waarin de Moslimbroeders de plak zouden zwaaien was onaantrekkelijk. Het probleem was simpel, de oplossing complex, de machteloosheid groot, het conflict tussen staatsbelang en fundamentele waarden evident. In zo'n situatie kon men enkel hopen op briljante, bedachtzame, koelbloedige en realistische leiders.

Geen van de revoluties had bij het einde van de lente een duurzame en geruststellende ontknoping. In Jemen kwam het op 11 mei tot een nieuw bloedbad toen geheime agenten en scherpschutters van het leger opnieuw vanop de daken het vuur openden op een duizendtal betogers tegen president Saleh op het Plein van de Verandering in Sanaa. Er waren minstens dertien doden en zeker vijftig mensen met schotwonden. Ook in twee andere Jeminitische steden was op de betogers geschoten. In Syrië was de toestand niet veel beter. Daar waren er achttien doden in al-Haraa, in de buurt van Deraa. Er was ook een grootscheepse operatie met razzia's en bombardementen op twee wijken in Homs. De toestand was dus nog niet onder controle zoals Damascus beweerde, integendeel. Steeds meer werd gedacht aan de onderdrukking van de opstand in Hama door vader Assad in 1982, al kwam het dodencijfer van deze revolte, 750, nog lang niet in de buurt van de tien tot vijfentwintigduizend die toen het leven lieten. Het leger zei dat de jacht op de terroristen werd voortgezet in de omgeving van Deraa en in de centrale provincie Homs – in een moskee van de gelijknamige stad was een 'veldhospitaal' aangetroffen – en dat tientallen 'terroristen' waren aangehouden en grote hoeveelheden wapens in beslag waren genomen. Het Syrische regime had nooit geschitterd door transparantie en geloofwaardigheid. Men kon enkel hopen dat Bashar niet loog wanneer hij zei dat de troepen de leiding konden uitschakelen en ontmaskeren van een gewapende opstand van soennitische extremisten uit Libanon, Irak, Jordanië en Syrië zelf. Ban Ki-moon bleef aandringen op een humanitaire VN-missie in Deraa. De Syrische televisie kondigde verkiezingen aan die zouden beantwoorden aan de 'internationale normen'. Voor de Syrische leider en zijn entourage kwam het erop aan tijd te winnen en met de hulp van de religieuze minderheden, gematigde soennieten en de veiligheidsdiensten, politiek te overleven. En zo dat niet kon, moest Bashar de veiligst mogelijke aftocht voorbereiden voor zichzelf en zijn clan. De Syrische activisten kondigden een Vrijdag van de Woede aan.

INTUSSEN BIJ DE BUREN

Op dat moment woedde een machtsstrijd bij Assads bondgenoot Iran. De ruzie broeide al een tijd. In december had president Ahmadinejad de geestelijke leider ayatollah Khamenei een eerste keer geschoffeerd door diens beschermeling, minister van Buitenlandse Zaken Mottaki, tijdens een dienstreis in Senegal te ontslaan. Maar de poppen gingen pas echt aan het dansen in april toen Ahmadinejad er achterkwam dat de kantoren van zijn rechterhand en kabinetschef Esfandiar Rahim Mashaie werden afgeluisterd. Mashaie was aangetrouwde familie. Ahmadinejad had hem na zijn 'herverkiezing' tot vicepresident benoemd, maar die beslissing was door Khamenei een maand later vernietigd. Het was hoogst uitzonderlijk dat de geestelijke leider tussenkwam in dit soort kwesties. Voor de president bleef Mashaie een ideologische bloedbroeder en mogelijke opvolger. Hij was woedend over de afluisterpraktijken en ontsloeg de minister van de oppermachtige Binnenlandse Veiligheid. Daarop ordonneerde ayatollah Khamenei dat minister Heydar Moslehi moest aanblijven. De veiligheid was tenslotte de bevoegdheid van de geestelijke leider.

Het conflict was geboren. Ahmadinejad liet zich elf dagen niet meer zien en moest tijdens vrijdagsermoenen in het hele land steunbetuigingen aan Khamenei en nauwelijks versluierde dreigementen incasseren. Khamenei liet foto's verspreiden van het gebed dat hij zelf leidde, het wekelijkse rendez-vous van de top. De omstreden minister van veiligheid stond in het middelpunt en de president schitterde door afwezigheid. Parlementsleden en hoge geestelijken beschuldigden Ahmadinejad van hekserij. Zijn 'occulte bezigheden' waren geïnspireerd door zijn geloof dat de terugkeer op handen was van de Verborgen Imam, die een rechtvaardig wereldrijk zou stichten na een periode van chaos. Voor zijn nakende terugkeer zag hij aanwijzingen in de donkere tekenen van de tijd: natuurrampen, oorlogen, opstanden in de moslimwereld, economische ontwrichting. Ahmadinejad dacht in rechtstreeks contact te staan met de Twaalfde, de Zama Imam, die in 874 in een grot in Samarra, Irak, was verdwenen. Hij had een buitengewone belangstelling voor de put in de moskee van Jamkaran vlakbij Qom, van waaruit de imam zou terugkeren. Hij liet zich in een televisiedocumentaire over deze messias van de sjiieten voorstellen als een van zijn apostelen. Hij begon elke toespraak met een gebed voor zijn spoedige komst. Hij sprak steeds meer van de zuivere 'Iraanse' islam, een idee van Mashaie. De clerus voelde zich bedreigd omdat haar machtsmonopolie bij de komst van de Twaalfde overbodig zou zijn. De stichter van de republiek, ayatollah Khomeiny, had de almacht van de geestelijke leider gebaseerd op het principe dat die de vertegenwoordiger was van de Verborgen Imam. Deze hoeksteen van het regime, de *velayat e-faqih,* werd door Ahmadinejad ondermijnd. Zijn rechterhand Mashaie was voor Khamenei en het conservatieve establishment een boze genius met een visie op de godsdienst die deed vermoeden dat hij behoorde tot de Hojjatieh-secte, die de komst wilde bespoedigen van de Verborgen Imam, een secte die door ayatollah Khomeiny in de ban was geslagen. Het gevaar van Hojjatieh hield verband met de bevordering van de komst van de Verlosser, die zou verschijnen op een moment van opperste chaos.

Op 9 april zag Ahmadinejad zich verplicht om zijn vriend, de kabinetschef, te ontslaan. Een twintigtal andere getrouwen van Ahmadinejad werd gearresteerd op beschuldiging van tovenarij. Minister Moslehi, door wiens ontslag alles begonnen was, verscheen niet op de kabinetsraad. Khamenei eiste dat Ahmadinejad hem opnieuw in zijn regering zou opnemen of zelf zou opstappen. De Republikeinse Garde en de Basij, de civiele militie van het regime, steunden Khamenei openlijk, al was Ahmadinejad in hun rangen populair. Het incident was niet gesloten toen Ahmadinejad en Moslehi op 8 mei allebei op de kabinetsraad waren. Er volgde een nieuw incident. De president werd door het parlement gedwongen tot een afslanking van zijn regering en greep die kans aan om zichzelf tot minister van Olie te benoemen, op het ogenblik dat Iran voor het eerst voorzitter werd van de OPEC, de organisatie van olie-uitvoerende landen. Dat was een nieuwe brug te ver en hij werd er in juni toe gedwongen een nieuwe Olieminister te benoemen. Ahmadinejad kwam verzwakt uit het avontuur. 'Dit is een geschil tussen vader en zoon', zei hij. Maar de openlijke ruzie toonde ook de zwakte van de dubbele democratisch-theocratische structuur van het systeem. Het establishment had Ahmadinejad gebruikt om de populaire hervormingsbeweging de pas af te snijden door hem in 2009 frauduleus te laten herverkiezen. De mystieke president was zich daardoor onaantastbaar gaan wanen. Als boodschapper van de Verlosser stond hij boven de clerus, die het ongeleid projectiel opnieuw probeerde onder controle te krijgen. Het gedonder aan de top veroorzaakte naschokken. Ahmadinejads spreekbuizen op het internet werden het zwijgen opgelegd. Hij moest een spion dulden van de geestelijke leider in de regering en overwoog naar verluidt ontslag. Het parlement zette de eerste stappen die konden leiden tot zijn afzetting. Op 9 mei, midden in het gekrakeel, beloofde Ahmadinejad, buiten medeweten van de nieuwe minister van Buitenlandse Zaken Salehi, aan de EU een antwoord op uitstaande vragen over het nucleair dossier. Daarop vroeg men zich in Iran hardop af wat er veranderd was in de Iraanse positie.

Een week later zei een van zijn machtigste beschermers, de ultraconservatieve ayatollah Mesbah Yazdi, dat Ahmadinejad moest worden 'gered' omdat hij 'vrijwel zeker' door Mashaie was 'betoverd met hypnose, amuletten of toverspreuken'. Hij noemde de opvattingen van de president schandalig en veroordeelde de gedachte van een Iraanse islam. Dat moet hard zijn aangekomen, want Yazdi was ooit Ahmadinejads geestelijke leidsman en werd er zelf van verdacht tot de ketters van Hojjatieh te behoren. Op hetzelfde moment weergalmden in het parlement spreekkoren om de president af te zetten. Het religieus establishment vreesde dat de president zijn val beraamde en de macht naar zich toe wilde halen. Niet alleen Ahmadinejads familiebelangen, ook die van Khamenei speelden een rol. Zijn zoon, chef van de inlichtingendienst van de Revolutionaire Garde, koesterde ambities. Maar de Iraanse politiek is zo byzantijns dat sommigen rekening hielden met een geraffineerd manoeuvre van het regime om Mashaie de presidentsverkiezingen juist te laten winnen, surfend op het imago van de opposant tegen de onpopulaire klerikale top.

De intriges in Teheran werden door het nieuws uit de Arabische wereld overschaduwd, al was Iran daarin een discrete hoofdrolspeler en een belanghebbende partij. Een mogelijke machtsverschuiving in Teheran was van groot belang, in de eerste plaats voor de bondgenoten Syrië, Hamas en Hezbollah, en bijgevolg ook voor hun vijanden Israël en de vs, maar ook voor de Saoedi's, Bahrein en andere Arabische (olie)vorstendommen die de sjiitische expansie in traditioneel soennitisch gebied wilden stoppen. In maart 2012 zijn er in Iran parlementsverkiezingen, de aanloop naar de presidentsverkiezingen van het jaar daarop. Ahmadinejad wilde het presidentschap blijven controleren, hetzij door een derde mandaat waarvoor een wetswijziging nodig was, hetzij via zijn kabinetschef. Die beide opties mocht hij nu vermoedelijk vergeten.

De tweespalt aan de top gaf de groene beweging, de voorloper van de Arabische omwentelingen, geen nieuwe vleugels, al was ze beslist niet dood. Ooit zou de Iraanse golf weer op gang komen en dan waren de dagen van de theocratie waarschijnlijk geteld. De Iraanse oppositie had voor het eerst haar macht getoond via de stembus bij de verrassende verkiezing van de hervormingsgezinde president Khatami in 1997. Onder zijn bewind was het repressieve en antidemocratische karakter blootgelegd van de hoge geestelijkheid, die elke manifestatie van vrijheid de kop indrukte. Dat had het verzet alleen versterkt en uiteindelijk geleid tot de grootste protestdemonstraties uit de geschiedenis van de islamitische republiek. De herverkiezing van Ahmadinejad, die een machtsgreep was van Khamenei, werd massaal afgewezen als een farce. Het protest was in bloed gesmoord en de oppositie was gemuilkorfd, maar af en toe bleek dat het verzet niet was gebroken.

Terwijl Iran verwikkeld was in de machtsstrijd, verbeterden de betrekkingen van zijn bondgenoot Syrië met noorderbuur Turkije zienderogen. De omwentelingsgolf was een Arabische aangelegenheid, maar ze had implicaties voor Turkije dat eraan grenst en in de regio een steeds actievere rol was gaan spelen. Ankara nam een nieuw profiel aan, een Ottomaans profiel volgens sommigen. Op 11 mei zei premier Erdogan op een Amerikaanse zender dat Hamas geen terreurorganisatie was maar een politieke partij en dat Palestijnse eensgezindheid een voorwaarde was om tot vrede te komen in de regio. Hamas mocht niet worden verward met de terroristen, want dat deed onrecht aan het volk dat hen had verkozen, zei hij. 'Als er vrede komt in Palestina, komt er vrede in het hele Midden-Oosten.' Israël schrok niet van deze verklaringen van een voormalige vriend. Het keerpunt in de betrekkingen tussen Ankara en Tel Aviv was de Israëlische blokkade van Gaza in juni 2007, na de verkiezingsoverwinning van Hamas. Erdogan wilde pas na de opheffing van de blokkade de goede betrekkingen herstellen. Hij geloofde dat hij Israël en Hamas kon samenbrengen en dat vooruitgang mogelijk was als iedereen zijn grenzen kende. De dag voordien had Mahmoud Zahar, de sterke man van Hamas in Gaza, gezegd dat zijn organisatie een Palestijnse staat zou aanvaarden binnen de grenzen van 1967, al zou er nooit een erkenning van Israël komen. De Israëlische premier Netanyahu zou over een tiental dagen in Washington het Amerikaans Congres toespreken. Ari Shavit, een zwaargewicht van de krant *Haaretz*, spoorde hem aan tot patriottisme en staatsmanschap door bij die gelegenheid het magische getal 1967 uit te spreken.

AANGESCHOTEN WILD EN ZEEMANSGRAVEN

Op 13 mei, een vrijdag met opnieuw veel doden, vernam de Italiaanse minister van Buitenlandse Zaken van de bisschop van Tripoli dat Kadhafi vermoedelijk gewond was geraakt bij een luchtaanval en de hoofdstad had verlaten. Meteen werd dat ontkend door de Libische regering, die nochtans goede contacten onderhield met bisschop Martinelli. De NAVO haastte zich te herhalen dat er geen individuen werden geviseerd en kon de uitspraken van de prelaat niet bevestigen. Martinelli was van bij het begin uitgesproken kritisch over de bombardementen, die volgens hem veel burgerslachtoffers maakten. Enkele uren later gaf de Libische omroep de microfoon aan de kolonel om te zeggen dat hij op een plaats was waar niemand hem kon vinden. 'Ik ben in het hart van miljoenen', oreerde hij. Enkel zijn stem was te horen en de afwezigheid van een beeld gaf voedsel aan allerlei gissingen. Was de Broeder-Leider misschien toch gewond, of was er geen beeld omdat overgelopen tegenstanders zouden kunnen aanwijzen waar hij vertoefde?

Beeld bracht de Libische televisie even later wel van de lijken na een bombardement op de oliestad Brega op de rand van het opstandige oosten, waarbij volgens de regering elf burgers waren gedood en 45 gewond. De meeste slachtoffers waren volgens Tripoli geestelijken die in de vroege ochtend verzameld waren voor een ceremonie. Eerst zei de NAVO dat het geen weet had van bombardementen op Brega. Later luidde het dat een militair commandocentrum was aangevallen. 'We weten van de aantijgingen van burgerdoden, maar dat kunnen we niet bevestigen en we betreuren het verlies van onschuldige mensenlevens.' De vraag wie het doelwit voor de aanvallen had aangewezen, bleef onbeantwoord. De NAVO was oppermachtig in de lucht, maar had geen controle op het terrein en moest zich verlaten op plaatselijke informanten. Hoe kon de Libische omroep beelden hebben uit Brega, het oliestadje van zevenduizend inwoners op de frontlijn, tenzij het onder controle stond van het regeringsleger dat elke aanval vanuit Ajdabiya al een maand bleef afslaan?

De Britse stafchef, generaal David Richards vond het mandaat van de NAVO te eng. Hij wilde minder beperkingen op de doelwitten en vond dat Kadhafi moest worden verdreven. 'Als we geen tandje bij steken, blijft hij misschien wel zitten', zei hij. Zijn opmerkingen volgden op hevig verweer van Londen en Parijs tegen suggesties dat de Libische operatie in het slop zat. Militaire specialisten daarentegen wonden er geen doekjes om: de operatie duurde te lang en ze kon alleen slagen als Kadhafi werd uitgeschakeld. Bovendien was er geen plan B en was de kans verkeken op een diplomatieke oplossing via de Afrikaanse Unie, bijvoorbeeld. Ogenschijnlijk stond niemand stil bij de chaos die in Libië kon volgen op de uitschakeling van de kolonel. Toch drongen de eerste lessen uit dit avontuur zich op. Het was onvoorzichtig om ten oorlog te trekken zonder realistisch plan en zonder de noodzakelijke middelen. De verleiding groeide om grondtroepen naar Libië te sturen, maar dat zou een flagrante overschrijding zijn van resolutie 1973, met politieke gevolgen die nog rampzaliger zouden zijn dan ze al waren. Washington bleef voorzichtig, ontving ondervoorzitter Mahmoud Jibril van de Nationale Overgangsraad, noemde die raad een 'legitieme en geloofwaardige partner' maar zette niet de stap naar de erkenning ervan als de wettige regering. Voor het Witte Huis was Libië in de eerste plaats een Europese aangelegenheid.

Op de Libische kusten scheepte een golf van migranten in met bestemming Europa. Sinds het begin van de crisis waren er tienduizend aangespoeld op de Italiaanse stranden en hun aantal ging crescendo. In het weekend van 8 mei waren dat er tweeduizend. Ze zegden in zee te zijn gedreven door Libische soldaten die hen eerst hadden beroofd. Ooggetuigen hadden een schip met vijfhonderd vluchtelingen zien zinken voor de Tripolitaanse kust. Van achthonderd anderen was niets meer gehoord. Antonio Guterres, de Hoge Commissaris voor de Vluchtelingen van de VN, vermoedde dat het belegerde regime de vluchtelingen gebruikte als wapen. 750.000 mensen, hoofdzakelijk gastarbeiders, waren Libië sinds het begin van de revolutie ontvlucht. Daar waren 50.000 Libiërs bij. Zorgwekkend was het lot van enkele duizenden Erithreërs en Somaliers die geblokkeerd waren aan de Tunesische grens. De oproep van de VN om hen op te nemen kreeg van de wereldgemeenschap maar een zeer lauw antwoord. In het beschaafde Europa werd geruzied over de opvang van 30.000 vluchtelingen. Vergeleken met de 1,7 miljoen vluchtelingen in het straatarme Pakistan zijn de proporties zoek, vond Guterres. Op 16 mei werd de NAVO verrast door een onverwachter wapen: een opblaasbare boot met twee mannequins en om en bij een ton springstof was onderweg naar de haven van Misrata, op zoek naar bevoorradingsschepen voor de rebellen of om de haven zelf op te blazen. Weer zocht Kadhafi zijn toevlucht tot onconventionele wapens. Misschien had hij de truc afgekeken van al-Qaeda dat eind 2000 op die manier de Amerikaanse oorlogsbodem USS Cole had aangevallen in de haven van Aden. Minder origineel was dat Kadhafi ook zeemijnen liet uitzetten in de vaargeulen van de haven.

De vrijdagprotesten in Syrië kostten op 13 mei aan 'maar' zes mensen het leven, de helft van hen in Homs. Dat kon erop wijzen dat de cocktail van beloftes, repressie en massale arrestaties vruchten begon af te werpen. Het kon ook een teken zijn van een koerswijziging, want Bashar al-Assad had de strijdkrachten opgeroepen om niet op de betogers te schieten. De Syrische regering trok na Deraa ook de troepen uit Baniyas terug en beloofde een 'nationale dialoog'. De president zou 'volksdelegaties' uit het hele land ontvangen. Voor het eerst bracht de staatstelevisie beelden van de betogingen, zij het zonder geluid zodat de slogans onhoorbaar bleven. Enkele dagen eerder liet de zakenman Rami Makhlouf, neef van de president en kop van jut in de protesten, zich uitgebreid interviewen door *The New York Times*. 'Drijf de president er niet toe dingen te doen die hij liever niet zou doen', waarschuwde hij en hij verduidelijkte dat er geen stabiliteit zou zijn in Israël als die er niet was in Syrië. Hij koppelde daarmee het lot van het regime aan dat van Israël. Damascus zou vechten tot het einde en dat was een 'collectieve beslissing' van de top, aldus Makhlouf. De Syrische ambassadeur in Washington zei dat de zakenman uit eigen naam sprak en geen officiële functies bekleedde al was het een publiek geheim dat hij en Bashars broer Maher de sterke mannen achter de schermen waren.

Terwijl Syrië en Libië wedijverden voor de aandacht, kwam uit Bahrein, de kleine uithoek van de revolutie, het bericht dat de buitenlandse troepen zouden blijven tot na de opheffing van de staat van beleg op 1 juni. Volgens de prinselijke bevelhebber van het Bahreinse leger, maarschalk Khalifa, bleef hun hulp nodig wegens de buitenlandse dreiging. Iran werd net niet bij naam genoemd. Khalifa kondigde harde maatregelen aan mochten de sjiitische protesten hervatten. Tegelijk werden vijf cipiers aangeklaagd voor de dood van een gevangen activist. In totaal waren er vier in de cel gestorven.

In Egypte werd de vrouw van Moebarak opgenomen in de spoedafdeling van het ziekenhuis waar ook haar man werd behandeld. De dag ervoor was ze voor het eerst verhoord over de beschuldiging dat ze zich had verrijkt. Het ging om een bankrekening van ruim drie miljoen dollar en verschillende villa's. Bij het nieuws dat ze twee weken zou worden vastgehouden voor tekst en uitleg, was ze flauwgevallen. Op het Tahrirplein stonden nog steeds betogers. Nu kwamen ze op voor confessionele co-existentie en tegen het aanstoken van het religieus geweld door 'agenten van het vorige regime'. De Hoogste militaire Raad stelde 'afwijkende groepen' verantwoordelijk voor het geweld.

EEN PRINS EN ZIJN NIEUWE TROEPEN

In de Verenigde Arabische Emiraten concludeerde kroonprins Mohammed bin Zayed al-Nahyan, die de feitelijke heerser was, dat het steenrijke land met zijn kleine schare verwende staatsburgers en zijn legioen rechteloze en onderbetaalde gastarbeiders behoefte had aan ervaren professionals voor zijn binnenlandse veiligheid. Wie kwam beter in aanmerking dan Blackwater? Geen bedrijf had zo geprofiteerd van de privatisering van de oorlogen onder Bush jr. Het Amerikaans privébeveiligingsbedrijf, opgericht door twee voormalige Navy SEALs, had in Irak bewezen een gespierde vechtmachine te zijn. Eric Prince, 41, alias Kingfish, de mediaschuwe oprichter van Blackwater Worldwide, kreeg ongewenste publiciteit toen zijn mannen in 2007 op een kruispunt in Bagdad een bloedbad met zeventien doden aanrichtten tijdens een bewakingsopdracht. Begin 2009 had Prince ontslag genomen als CEO van Xe Services, zoals Blackwater intussen heette, maar hij bleef er de enige eigenaar van. In de zomer van 2010 gooide hij Xe op de markt en vestigde zich in de Emiraten. Vermoed werd dat hij wilde ontsnappen aan de Amerikaanse justitie. Kort voordien waren vijf van zijn topadjuncten in staat van beschuldiging gesteld wegens samenzwering. Er waren verklaringen onder ede van voormalige werknemers die Prince zelf beschuldigden van wapensmokkel en moord. En al waren weinigen zo goed ingewijd in de mysteries van Amerika's geheime (moord)operaties en was Prince daardoor tot op zekere hoogte onaantastbaar, de Emiraten hadden alvast geen uitleveringsverdrag met de VS. Bovendien kende Prince de kroonprins al jaren. Hij had 'even genoeg van Amerika', waar intussen een minder vriendelijke regering was aangetreden. Hij zag grote toekomstkansen in het hele Midden-Oosten en prees het vriendelijke businessklimaat in de Emiraten. Eind 2010 werd Xe Services gekocht door de investeringsmaatschappij USTC Holdings. Het behield vette kluiven als de bescherming van het Amerikaans consulaat in Jeruzalem en de CIA-bases in Afghanistan. Hoeveel de twee vennootschappen die achter de USTC staken betaalden voor Xe bleef geheim, maar volgens *The New York Times* moest Prince verdwijnen om nog langer contracten te krijgen van Buitenlandse Zaken in Washington. Toch behield Prince een vinger in de pap want een van beide overnemers, Forté Capital Advisors, stond onder leiding van zijn financieel adviseur. Xe nam John Ashcroft onder de arm, de assertieve minister van Justitie van Bush jr., om als 'onafhankelijk directeur' te waken over de gedragscode.

Eric Prince zette zich aan een nieuw project. Met 529 miljoen dollar van de Emiraten richtte hij Reflex Responses op, gespecialiseerd in de onderdrukking van opstanden, het uitvoeren van 'bijzondere opdrachten in binnen- en buitenland' en de verdediging van pijplijnen en wolkenkrabbers. Reflex Responses, afgekort tot R2, moest ook een aantal geplande nucleaire installaties beschermen en zorgen voor 'cyberveiligheid'. Er was een reusachtig opleidingscentrum voorzien voor de training van troepen uit derde landen. Op geen van de contracten kwam de naam voor van Prince. Zwijgplicht en geheimhouding waren voor hem cardinale deugden. Pas nog in 2010 had Blackwater 42 miljoen dollar boete betaald omdat geen vergunning was afgeleverd voor de opleiding van troepen in Jordanië door Amerikaanse onderdanen. Uiteindelijk gaven de Emiraten toe dat ze Eric Prince en twee andere bedrijven inderdaad hadden geëngageerd. Enkele maanden voor de Arabische revolutie was in de Emiraten een opleidingskamp geopend voor de huurlingen. Ze werden bij voorkeur geronseld in onrustige landen als Columbia en Zuid-Afrika waar geschikte mannen met gevechtservaring voorradig waren. Ze kregen training van voormalige Amerikaanse commando's, ex-leden van Duitse en Britse elitetroepen en van het Franse vreemdelingenlegioen. Bij aankomst in de Emiraten werden ze niet gecontroleerd omdat hun paspoort een stempel droeg van de militaire veiligheid. Er werden geen moslims toegelaten omdat op hen niet kon worden gerekend om geloofsgenoten te doden. De huurlingen werden gekazerneerd in Zayed Military City, een basis achter hoge betonnen muren met prikkeldraad. Ze mochten niet buiten tenzij voor de ochtendlijke jogging in de maagdelijke woestijn. Het door Amerikanen geleid huurlingenbataljon in het hart van een wereld waar de vs met een scheef oog werd bekeken, voegde een explosief element toe aan een gevaarlijk dampende cocktail. De oprichting van de eenheid verliep niet probleemloos. De kroonprins had gewild dat de rekruten na enkele weken al konden worden ingezet maar sommigen hadden nog nooit een wapen aangeraakt, anderen waren druggebruikers of onhandelbaar tuig van de richel. Het bont gezelschap instructeurs besefte dat het zelf zou moeten meevechten. Tot overmaat van ramp droogde de stroom vrijwilligers op. Om het niveau op te krikken werd een peloton Zuid-Afrikanen ingehuurd dat in de jaren negentig ervaring had opgedaan met staatsgrepen en het onderdrukken van opstanden in landen als Angola, Sierra Leone, Equatoriaal Guinea en Indonesië. Deze restant van het Zuid-Afrikaanse Executive Outcomes, ooit een modern huurlingenlegioen van ruim drieduizend manschappen dat in 1998 werd ontbonden, moest zich voorbereiden op een mogelijke terreuraanval tegen het hoogste gebouw ter wereld, de Burj Khalifa-wolkenkrabber in Dubai. Het opleidingsprogramma liep vertraging op en was niet klaar tegen de afgesproken datum, 31 maart 2011, de tijd dat de tweede golf Arabische revoluties op gang was gekomen. De omvang van het bataljon werd van achthonderd man teruggebracht naar 580. De kroonprins had beloofd te zullen betalen voor een brigade van verschillende duizenden als de eenheid een succes werd. Maar R2 moest zich op het terrein bewijzen voor die droom in vervulling kon gaan.

De westers gezinde kroonprins van de Emiraten was, net als sultan Qaboos van het buurland Oman en de emir van Qatar, opgeleid aan de Britse militaire academie van Sandhurst. Hij onderhield de beste betrekkingen met de Amerikaanse legertop en was een van de felste vijanden van Iran in de Perzische Golf, al werd Dubai de belangrijkste Iraanse haven genoemd. In een telegram van de Amerikaanse ambassade uit 2009, dat door Wikileaks in de openbaarheid kwam, stond over hem: 'Hij ziet dat de regio wordt beheerst door oorlogslogica en dat verklaart zijn bijna obsessionele inspanningen om zijn strijdmacht uit te bouwen.' Ook Eric Prince had een brede kijk. Hij droomde van een professioneel huurlingenleger dat overal ter wereld in crisiszones kon worden ingezet. Hij had aan de CIA het gebruik ervan aangeboden. Prince dankte zijn snelle opgang aan zijn uitzonderlijke contacten met de Republikeinse partij, maar het was niet uitgesloten dat ook sommige democraten het nut zagen van deze groeiende, doortastende en ambitieuze landgenoot.

Thor Global Enterprises, met zetel op het Caraïbische eiland Tortola, betaalde voor 'privébeveiliging overzee' 150 dollar per dag aan de rekruten van R2. Kennis van het Arabisch werd niet gevraagd. De Emiraten zorgden voor de wapens, van geweren tot mortieren, van jeeps tot motoren, en voor de uniformen tot en met de sokken. Het plan van de kroonprins dateerde van voor de Arabische revolutie en sprak van een donker voorgevoel. R2 moest een schild zijn tegen terrorisme en binnenlands oproer en een wapen tegen de Iraanse aanspraken op een zeer schaars bevolkte archipel van zes eilandjes, waarbij Grote en Kleine Tunb en Abu Musa, het land van Mozes. Er woonden hooguit drieduizend mensen, maar de onooglijke eilandengroep is uiterst strategisch gelegen voor de Straat van Hormuz, de smalle toegang tot de Perzische Golf. Bovendien werd olie vermoed in de archipel. R2 kon ook diensten bewijzen in de bestrijding van Somalische piraten. De Emiraten mochten dan zo rijk zijn als de Golf diep is, een fatsoenlijk leger hebben ze niet en daarom volgden ze de trend in de regio en kochten hun veiligheid. Bahrein en Qatar deden dat met Amerikaanse bases op hun grondgebied; de Emiraten waren vanaf 2001 het eldorado van vooral Amerikaanse veiligheidsspecialisten. Zo had Richard Clarke, de Amerikaanse antiterrorismechef, op het moment van de aanslagen van 11 september, er al een fortuin verdiend met adviezen. Prince mocht een paria zijn geworden in zijn land, in de Emiraten kwam hij misschien wel doen wat de dokter heeft aangeraden, zei een ingewijde tegen *The New York Times*. Toch bleef het een eigenaardig idee om 'christelijke' huurlingen in te zetten tegen moslims in een Arabisch land.

In de wereld van Prince werd aan de toekomst gedacht. Blackwater-veteranen stonden ook aan de wieg van Jellyfish, naar eigen zeggen een privébedrijf van voormalige militairen, geheim agenten, bedrijfsleiders en bedrijfsstrategen om multinationals voor te lichten over een wereld in voortdurende verandering. Voor deze privéspionagedienst waren de veteranen van het beveiligingsbedrijf in zee gegaan met oudgedienden van Able Danger, het geheim spionageprogramma van het Amerikaans leger. Able Danger, eind 1998 opgericht in de strijd tegen al-Qaeda, was begin 2001 opgedoekt wegens het illegaal verzamelen van informatie over Amerikaanse staatsburgers. Dat loonde wel, want de dienst kreeg Mohammed Atta en drie andere kapers al op de radar in januari-februari 2000, bijna twee jaar voor de aanslagen van 11 september. Jellyfish was een zoveelste product van de militaire privatisering die snel uitbreiding had genomen onder president Bush jr. Die privatisering behoorde samen met de ontwikkeling van robotica en een onbemande krijgsmacht tot de belangrijkste vernieuwingen in de krijgskunst van het voorbije decennium. De filosofie was dat privébedrijven niet aan dezelfde strenge deontologie onderworpen waren als overheidsinstellingen en dat ze zich niet hoefden te gedragen als apostelen van vrijheid en democratie.

Blackwater of Xe was een web van een dertigtal bedrijfjes, zoals Total Intelligence Solutions en Terrorism Research Center waar Prince de voorzitter van was. Ze werkten zowel voor regeringen als voor Monsanto, Chevron, Walt Disney, Deutsche Bank en Barclays. Ook de Nederlandse politie behoorde tot het cliënteel. De mannen van Prince waren niet alleen gegeerd voor hun expertise, maar ook omdat ze geen Amerikaanse vingerafdrukken achterlieten.

IN HET VIZIER

Op 16 mei had het Openbaar Ministerie van het Internationaal Strafhof in Den Haag genoeg misdaden tegen de mensheid verzameld om de kolonel, zijn mediamieke zoon Saif al-Islam en zijn veiligheidschef en zwager Abdullah al-Senussi, aan te klagen. Het was een dossier van 74 bladzijden. Het moest nog worden goedgekeurd door het Hof en dat kon drie maanden duren. Pas dan konden arrestatiebevelen worden uitgevaardigd. Kadhafi heeft persoonlijk opdracht gegeven om op ongewapende burgers te schieten, zei hoofdaanklager Luis Moreno-Ocampo, een Argentijnse advocaat en voormalige ster van *Fórum, la corte del pueblo*, een juridische realityshow op de Argentijnse televisie. De vN-veiligheidsraad had het Strafhof gevraagd de klachten tegen de Libische regering te onderzoeken. De procedure hoefde Kadhafi niet te verontrusten. Eerder was een aanhoudingsbevel uitgevaardigd tegen de Soedanese president Omar Hassan al-Bashir, maar die zat twee jaar later nog altijd op zijn post. Andere staatshoofden als Charles Taylor van Liberia en zijn Servische collega Slobodan Milosevic daarentegen namen ontslag nadat internationale onderzoeken tegen hen waren geopend en ze belandden uiteindelijk in de beklaagdenbank. Het arrestatiebevel zou pas vervelend worden mocht Kadhafi tot ballingschap worden gedwongen. Dat gold nog meer voor zijn mondaine zoon Saif al-Islam.

Bij de aanvang van de Libische opstand zag het Westen wel iets in Saif. Hij sprak vloeiend Engels, had gestudeerd aan de vermaarde London School of Economics en behoorde tot de jetset van de Britse hoofdstad. Hij had zich opgeworpen als bemiddelaar in geschillen met het buitenland en scheen een aanvaardbaar alternatief, tot hij in de begindagen van de opstand enkele strijdlustige toespraken hield waarin hij een stroom van bloed beloofde en resoluut de kant koos van zijn pa. Tripoli noemde het Strafhof een geesteskind van de Europese Unie dat Afrika viseerde en noemde de aanklacht 'onsamenhangend' en gebaseerd op 'leugenachtige persberichten'. De regering detailleerde de schade van de bombardementen: 1,25 miljard dollar, alleen al voor de telecommunicatiesector. De NAVO bombardeerde ook met vlugschriften aan de Libische soldaten om naar huis te gaan en weg te blijven van militair materieel, en zond radioboodschappen uit vanuit een omgebouwd C130 vrachtvliegtuig. Er kwam geen grootschalige desertie maar het werd geleidelijk kaler rond de Broeder-Leider. De laatste vaandelvluchtige was Olieminister en oud-premier Shukri Ghanem die naar Tunesië ontkwam. Ook de internationale steun kalfde af. De kolonel stuurde een gezantschap naar Moskou, maar minister van Buitenlandse Zaken Lavrov herhaalde dat Libië zich moest houden aan de vn-resoluties en het Kremlin kondigde gesprekken aan met de oppositie.

DE OTTOMANEN

De Syrische president werd niet gebombardeerd, maar ook hij kwam steeds meer onder druk. Op 9 juni stelde het Internationaal Atoomagentschap hem in gebreke voor het niet naleven van zijn nucleaire verplichtingen. Dat had te maken met zijn geheim atoomprogramma waarbij hij hulp kreeg van Noord-Korea. De eu en de vs wilden dat Syrië het agentschap toegang verschafte tot zijn mysterieus programma. Israël had in september 2007 een vermeende reactor in opbouw gebombardeerd in Deir ez-Zor en er waren drie andere sites waar het agentschap niet welkom was. 'We willen hem isoleren', werd over Assad gezegd bij de eu. De Fransen en de Britten wilden hem toevoegen aan de lijst van dertien Syrische verantwoordelijken tegen wie de eu strafmaatregelen had genomen. Londen en Parijs lobbyden ook voor een resolutie in de Veiligheidsraad die Syrië zou veroordelen, maar verwachtten een veto van de Russen en de Chinezen.

De Turkse premier Erdogan werd ongeduldig, wierp zijn gewicht in de schaal en vroeg van de Syrische president onmiddellijk democratische hervormingen omdat er geen weg terug was. Hij zei autoritten met Bashar te hebben gemaakt en uit eerste hand te kunnen getuigen dat zijn volk van hem hield. Sommigen in Damascus stoorden zich mateloos aan de wijze lessen uit Ankara en in *al-Watan* ('Het Vaderland'), een krant van Assads neef Makhlouf, verscheen een striemend artikel waarin de Turken er net niet van werden beschuldigd de Moslimbroederschap te steunen. Immers was de leider van de Syrische Broeders, Riad al-Shakfa, niet in Ankara opgedoken? Erdogan en in het bijzonder zijn rechterhand, minister van Buitenlandse Zaken Ahmet Davutoglu, koesterden neo-Ottomaanse ambities, schreef de krant. Dat was een herinnering aan de Turkse heerschappij over de Arabische wereld. De krant van Makhlouf ging nog een stapje verder en schreef dat Turkije het 'aanvaardbare maar valse gezicht' van het islamisme toonde en zijn welvaart dankte aan de seculiere staat van Atatürk en niet aan de religieuze AKP.

Vrijwel gelijktijdig zond de Israëlische televisie een interview uit met ex-vicepresident Khaddam. Vanuit zijn ballingschap in Parijs zei hij dat de NAVO zich voorbereidde op een interventie en dat aan de Turken was gevraagd mee te doen en zelfs de leiding te nemen. De prijs voor westerse steun was volgens Khaddam 'vrede met Israël met alles wat dat inhoudt voor Libanon en Gaza'. Vrede op basis van het Beiroet-plan, genoemd naar de bijeenkomst van de Arabische top van maart 2002 waarop de Saoedische koning Abdullah het had voorgesteld. Het was de tweede keer dat Khaddam zich door de Israëlische omroep liet interviewen. De vorige keer was dat om Assad te beschuldigen van de moord op de Libanese ex-premier Hariri.

Groeiende armoede en een wankelende economie, het gevolg van jarenlange corruptie en wanbeleid en van de recente droogte, speelden hun rol bij de Syrische opstand. Het IMF had in april de groeiverwachting voor 2011 verlaagd van 5,5 naar 3 procent. De snelle groei van het toerisme, met veertig procent sinds 2009, was afgebroken en de stroom van miljarden dollars droogde op. Het was onduidelijk welke maatregelen snel de algemene materiële noden konden lenigen. Terwijl jonge werklozen een toekomst zochten in de protestbeweging probeerde het regime de trouw te kopen van bevoorrechte clans, speculerend op hun invloed. Gewoon als het was om de werkelijkheid voor te stellen naar goeddunken, zei het dat de opstand voorbij was, maar dat bleek niet uit de feiten. Net zomin klopte het tegenovergestelde. Westerse journalisten die naar Damascus reisden met een toeristenvisum keerden niet terug met het beeld van een land in lichterlaaie. De Nederlander Arnold Karskens was een van hen en zijn verhaal was gelijklopend met dat van Martin Fletcher van de Londense *Times*. Assads brutale en corrupte entourage werd gehaat, maar de president zelf werd gezien als een hervormer. Facebookgroep Syrian Revolution 2011 riep op tot een nationale staking op 18 mei, een woensdag van 'straf voor het regime door de revolutionairen en mensen met een vrije wil'. De president besprak met zestien plaatselijke vertegenwoordigers de 'positieve atmosfeer' in Deraa die de vrucht was van 'samenwerking tussen de bevolking en het leger' toen in het oude stadsdeel een massagraf werd gevonden met minstens tien lijken. Binnenlandse Zaken in Damascus ontkende dat meteen. De delegatie uit Deraa sprak haar dank uit voor de offers die de troepen hadden gebracht. Vervolgens wees de minister van Religieuze Zaken de imams van Deraa op hun rol bij het overbruggen van de religieuze tegenstelling.

HET LOT VAN DE FARAO EN DE BIJLDRAGERS

Hosni Moebarak zou zijn fortuin afstaan aan de staat en zijn verontschuldigingen aanbieden aan het volk voor elk optreden tegen de protesten dat gebaseerd was op 'valse informatie' van zijn raadgevers, schreef de Egyptische krant *al-Shorouk* op 17 mei. 'Officiële bronnen' hadden verklapt dat de afgezette president dat in een open brief zou zetten. Het was volgens *al-Shorouk* een manier om gratie te vragen. Maar een bron van *al-Masry al-Youm* zei dat geen excuses moesten worden verwacht, omdat Moebarak daarmee schuld zou bekennen en de wet ook diegene straft die toegeeft. Dezelfde dag droeg Suzanne, de vrouw van Moebarak, twee Egyptische bankrekeningen, goed voor vier miljoen dollar, en een luxevilla in Caïro over aan de Egyptische staat en werd vrijgelaten. Zowel Hosni, 83, als Suzanne, 70, hadden een hartaanval achter de rug en ze stonden onder arrest in het ziekenhuis van Sharm el-Sjeik. In de coulissen werd onderhandeld over hoe het met hen verder moest. De legerleiding zag de bejaarde voormalige luchtmachtgeneraal liever niet achter de tralies. Zijn gezondheidsproblemen kwamen goed uit. Maar het Coordinatiecomité van de Massa's van de Revolutie, een koepel van acht organisaties waarbij de Moslimbroeders, wilde van geen amnestie weten en vroeg aan de autoriteiten om te beletten dat de ex-president de media zou bespelen. 'We waarschuwen met klem tegen elke poging om gratie te verlenen aan de voormalige president of elke andere vertegenwoordiger van zijn regime met bloed op de handen. En we verwerpen elke verontschuldiging, verzoening of zelfs maar discussie hierover.' Daarop liet de Hoogste Raad weten dat het leger niet dacht aan genade of inmenging in de rechtsgang. Alle speculaties daarover waren 'geruchten' die werden verspreid om de natie te verdelen.

De discussie over het lot van Moebarak werd overschaduwd door de aanhouding in New York van Dominique Strauss-Kahn. De ingrediënten, seks, geld en macht, zorgden ervoor dat deze kluif niet snel uit de wereldaandacht verdween. De betoging van kopten, sjiieten en een aantal hervormers voor de Saoedische ambassade in Caïro werd amper opgemerkt. De manifestanten eisten dat de Saoedi's zouden stoppen met de financiering van fanatieke salafisten in Egypte en het geld zouden teruggeven dat Moebarak bij hen had geparkeerd. 'De Saoedi's bedreigen de nationale eenheid.' In steeds meer districten stonden de benzinepompen droog. Dat leidde tot ernstige verkeersinfarcten en -incidenten. Er werden kwade tijden verwacht voor de voedselbevoorrading. Er dook een nieuw gevaar op, de *baltageya*, geboefte zonder adres, Facebookprofiel, e-mail- of Twitteraccount, telefoonnummer, vertegenwoordiger, woordvoerder of kantoor. Baltageya, letterlijk de 'bijldragers', waren voor zowat iedereen verantwoordelijk voor de bloedige godsdienstrellen in Imbaba bijvoorbeeld. Ze werden altijd genoemd wanneer het tot geweld kwam. De vlag dekte vele ladingen. Sommigen behoorden tot de veiligheid, anderen waren geharde freelancers die in een vorig leven door de politie en de machtigen werden gebruikt als informanten of om vuile klussen op te knappen en die nu werkten voor 'verborgen handen'.

De term 'baltageya' maakte een steile opgang in de Egyptische pers en lag op ieders lippen. Kort voor de revolutie waren het de knokploegen van het regime, tijdens de revolutie had het regime de manifestanten 'baltageya' genoemd en tegenwoordig gebruikte de legertop de term wanneer het uitkwam. Er was een 'Baltageyawet', die leek op het vroegere uitzonderingsrecht en gericht was tegen al wie werd beschouwd als een bedreiging van de staatsveiligheid, ook bij onlineactivisme. De charge met kamelen en paarden tegen de revolutionairen op Tahrir was het werk van baltageya. Geen beroepsbandieten in dit geval, maar een gelegenheidsmilitie van mensen die geloofden dat de betogers op het plein de instorting van het toerisme veroorzaakten. 'Er schijnt een onzichtbaar pact te zijn gesloten tussen wie te wanhopig is om nog binnen de wettelijkheid te blijven en wie wanhopig de wet gebruikt om illegaal te handelen', schreef Adel Iskandar, een docent aan de Amerikaanse Georgetown universiteit, in *al-Masry al-Youm*. Het grootste gevaar dat van de baltageya uitging was volgens hem niet dat ze onzekerheid, angst en paranoia verspreidden, of dat ze een cultuur van geweld installeerden, verdeeldheid zaaiden tussen de geloofsgemeenschappen en onder de revolutionairen, of afleidden van de prioriteiten van de revolutie en een militaire dictatuur uitlokten. Ze waren bovenal gevaarlijk omdat ze een scherm waren en een zondebok voor de echte belanghebbenden bij de onrust en omdat de Baltageyawet, waar ze aan ontsnapten, een ruimte had gecreëerd boven de wet.

Er waren structurele problemen bij de politie die haar officieren traditioneel rekruteerde in de stedelijke middenklasse. Armen waren bij voorbaat verdacht. De politie zag zichzelf als de behoeder van de maatschappelijke verhoudingen. Lagere officieren waren de tussenschakel met de half-burgers onderaan de ladder. De economische neergang die in de jaren negentig was ingezet had de middenklasse-officieren verarmd. Dat had geleid tot corruptie, vervreemding, een slechtere opleiding, steeds excessiever gebruik van geweld en banden met misdadigers – hun aantal werd op vierduizend geschat – die werden gebruikt als informanten of knokploegen. Op een andere manier kon de politie niet meer functioneren. De misdadigers konden alleen met folterpraktijken onder controle worden gehouden en die werden dan ook legio. De politie, voor het publiek zelf een soort misdaadsyndicaat, was op 25 januari de kop van jut op Tahrir. Wegens de verstrengeling met de onderwereld was het een titanenwerk om het korps te hervormen. Alle agenten die werkten in de schemerzone moesten weg. Er moesten meer kansen komen voor jongens uit arme gezinnen. De toelatingsvoorwaarden voor de politieacademie moesten veranderen. De opleiding moest beter, het loon hoger, de maatschappelijke aanvaarding en betrokkenheid groter. Maar minister van Binnenlandse Zaken Mansour al-Essawy was geen krachtige figuur. Sinds de revolutie bleef de politie thuis en deed niets tegen de boeven die arme buurten terroriseerden en zich verrijkten met het weinige dat de bewoners hadden, als ze niet aan struikroverij deden op de ringweg of in dienst waren van de meest biedende voor een bloedbad zoals dat in Imbaba.

De helderheid van de beste momenten op Tahrir is nu nog slechts een dankbare herinnering, schreef op 17 mei Maria Golia, een gerenommeerde schrijfster met lange ervaring in Egypte, 'het land lijkt een familie, verwikkeld in een erfenisdiscussie tussen generaties, religies en ideologieën'. De leiders die Egypte tot nog toe had voortgebracht waren voor Golia flauwe afkooksels van hun koloniale voorgangers die tenminste managerstalent hadden. Ze kozen voor macht zonder verantwoordelijkheid en bedienden zichzelf en hun omgeving op schaamteloze wijze. De geschiedenis leerde dat opstanden eerder radicalen dan gematigden ten goede komen, al was het maar omdat die toegewijder en beter georganiseerd zijn. De misdeelden hunkerden naar verandering en macht, maar er is geen reden om te verwachten dat ze anders zullen zijn dan hun verdrukkers en minder defensief, reactionair en geobsedeerd door controle. Dit noodlottige patroon kon enkel worden doorbroken door een derde instantie, die boven godsdienst en politiek zou staan. Het zou tijd en een maatschappelijk debat kosten om dat gestalte te geven in een politieke instelling. Tot zolang moesten de idealen van de revolutie, vervat in de revolutionaire slogan 'hef uw hoofd, wees Egyptenaar', worden veilig gesteld, maar door wie en wat waren die idealen concreet? Egyptenaren vonden zichzelf verdraagzaam, goedlachs, taai en vindingrijk, geboren overlevers, gelovig maar niet fanatiek en zonder bekeringsijver, bedachtzaam maar niet pedant en met een onvoorwaardelijke liefde voor het leven. Dat wat hen verbond was verzwakt maar niet verdwenen. De revolutie was een herbronning van dat zelfbeeld maar de kwaliteiten die erin vervat lagen moesten dringend worden aangeboord 'niet alleen voor deze tijd maar voor, eindelijk, een volwaardiger leven'.

NIET GEHEEL VRIJWILLIG EN
NIET GEHEEL ZEKER VERTREK

Op 18 mei, het was nog altijd lente, ging het nieuws dat de Jeminitische president Saleh instemde met een akkoord over zijn vertrek op basis van het voorstel van de GCC, de Samenwerkingsraad van de Golf, waar enkele details aan waren toegevoegd door Amerikaanse en Europese diplomaten. De secretaris-generaal van de raad had vijf dagen in Sanaa onderhandeld om het plan nieuw leven in te blazen na de weigering van Saleh om te tekenen in zijn functie van staatshoofd. Daarop had Qatar hem koudweg gesommeerd op te stappen en zich teruggetrokken uit protest tegen het getreuzel. Een coalitie van links en islamisten blokkeerde de haven van Hodeida aan de Rode Zee, de tweede haven van het land. Het leven was tot stilstand gekomen in grote steden als Ibb, Taiz en de steden van de Hadramaut. Er zou een zucht van opluchting opgaan in de rijke rest van het Arabisch schiereiland als Saleh, bijna 33 jaar president, eindelijk zou tekenen. Een adviseur van Obama drukte hem telefonisch op het hart om dat te doen, maar Saleh hield het been stijf en laat op de avond keerde de secretaris-generaal van de Samenwerkingsraad met lege handen naar huis terug. Twee dagen later zei Saleh op een meeting van zijn aanhang dat hij vervroegde presidentsverkiezingen wilde. Intussen circuleerden opnieuw berichten dat hij het akkoord van de GCC alsnog zou aanvaarden. Te elfder ure eiste Saleh dat de oppositie het zou komen paraferen op het paleis, maar de leiders van het gemeenschappelijk front hadden al getekend en dreigden er nu mee de president van de macht te verdrijven als hij dat niet op zijn beurt deed. Saleh vond een nieuw excuus. Hij wilde dat eerst het uitvoeringsmechanisme van het akkoord werd vastgelegd. Zijn aanhangers, gewapend met stokken, bezetten op 22 mei de belangrijkste verkeersaders van de hoofdstad en omsingelden de ambassade van de Verenigde Arabische Emiraten, waar de onderhandelaar van de Samenwerkingsraad vergaderde met de betrokken westerse ambassadeurs. Voor de oppositie was duidelijk dat alleen de VS en Saoedi-Arabië de weerspannige president onder druk konden zetten.

Terwijl in Sanaa werd geprobeerd Saleh alsnog over de streep te trekken, bevestigde een rechtbank in Bahrein, aan de rijke overkant van het schiereiland, de doodstraf voor twee sjiieten wegens moord op twee politieagenten. Iran, dat ervan verdacht werd de onrust in Bahrein te hebben aangewakkerd, maakte met passende fanfare bekend dat een spionagenetwerk van de CIA was opgerold. Er waren dertig spionnen aangehouden die Iraniërs lokten met beloftes van visa, verblijfs- studie- of werkvergunningen en militaire inlichtingen verzamelden over nucleaire activiteiten en de oliewinning. De Amerikaanse gezantschappen, vooral in de Emiraten, Turkije en Maleisië waren volgens de Iraanse inlichtingendienst bij het complot betrokken.

DE NIEUWE TERRORISTENLEIDER

Op 17 mei raakte bekend dat de voormalige Egyptische commando Saif al-Adel de voorlopige chef werd van al-Qaeda. Tot zijn adelbrieven behoren de gelijktijdige aanslagen van 1998 op de Amerikaanse ambassades in Nairobi en Dar es Salam. Hij behoorde met al-Zawahiri tot de Egyptische al-Jihad. Zawahiri bleef nummer twee, maar zijn bevoegdheden werden uitgebreid met 'internationale contacten', een departement dat tot dan van Adel was. De topfuncties bij al-Qaeda waren nu in handen van Egyptenaren. Mustafa al-Yemeni zou de operaties van al-Qaeda leiden. Geen van bin Ladens zonen had interesse om in de voetsporen te treden van vader Osama. De organisatie gaf op 19 mei een postume boodschap vrij van de leider. De inhoud lag in de lijn van materiaal dat de Amerikanen in zijn villa hadden aangetroffen en was dus geen verrassing. Het was een oproep om de tirannen in de moslimwereld ten val te brengen. 'De zon van de revolutie is opgestaan boven de Maghreb. Het licht van de opstand kwam uit Tunesië maar al spoedig brachten de Egyptische ridders de vonk naar het Tahrirplein. De winden van de verandering zullen waaien over de hele moslimwereld. Uitstel kan ons deze kans doen ontglippen maar voortijdig optreden kan het aantal slachtoffers doen stijgen', zei de terroristenleider in zijn laatste boodschap. Het was bijna alsof Obama sprak. Op 16 juni liet het oppercommando van al-Qaeda via een bevriende website weten dat al-Zawahiri was aangewezen als opvolger van bin Laden. Daarmee had de terreurorganisatie een intelligente en wreedaardige maar niet erg charismatische nieuwe leider. Een week voordien noemde Zawahiri de Arabische omwentelingen de wedergeboorte van de jihad.

Op 18 mei werden in Rouhia, in het binnenland van Tunesië, drie terroristen onderschept. Bij een vuurgevecht met een legereenheid werden twee van hen doodgeschoten, de derde kon vluchten. Drie soldaten werden gewond. Een van hen, een kolonel, overleed kort daarna. Het verdachte trio had Libische paspoorten en behoorde volgens de Tunesische veiligheid vrijwel zeker tot al-Qaeda. De sfeer in Tunesië werd zenuwachtiger naarmate de parlementsverkiezingen naderden. In tien dagen waren 1400 mensen aangehouden na betogingen tegen de regering, 8 van hen op beschuldiging van moord en 62 wegens andere gewelddaden. De manifestaties waren begonnen na de uitspraken van de populaire oud-minister van Binnenlandse Zaken Farhat Rajhi over de mogelijkheid van een militaire machtsgreep. De avondklok was opnieuw ingesteld. De pers zei dat ze werd gemuilkorfd.

DE PRESIDENTIËLE TOESPRAAK

Omdat aan de repressie in Syrië geen einde kwam of omdat het politiek moment gunstig was, legde Washington op 18 mei sancties op aan president Bashar al-Assad en zes topfiguren van het regime: de vicepresident, de premier, de ministers van Binnenlandse Zaken en Defensie, de chef van de militaire inlichtingendienst en die van de politieke veiligheid. Hun tegoeden werden bevroren en Amerikanen mochten niet langer zaken doen met hen. Bashar had in *al-Watan*, de krant van zijn neef Makhlouf, toegegeven dat de veiligheid fouten had gemaakt, het gevolg van de 'gebrekkige opleiding van de agenten'. Hij bleef erbij dat de opstand werd aangedreven door buitenlandse agitatoren en bandieten, beloofde een betere politieopleiding en zei dat de crisis op zijn einde liep. De Amerikaanse strafmaatregelen tegen zijn persoon kwamen kort voor een toespraak van Obama die door het Witte Huis als belangrijk werd aangekondigd. Ze zou gaan over de omwentelingsgolf. Misschien kon Obama zich verontschuldigen voor decennia van Amerikaanse fouten in het Midden-Oosten en dan duidelijk maken waarom in de Arabische revolutie de Amerikaanse idealen en belangen gelijkliepen. Obama excuseerde zich niet maar hij verraste door het status-quo tussen Israëli's en Palestijnen 'onhoudbaar' te noemen en te pleiten voor een oplossing met twee leefbare staten, van elkaar gescheiden door de grens van 1967. Het was voor het eerst dat een Amerikaanse president hardop pleitte voor die grens. De Israëlische premier Netanyahu, die twee dagen later in Washington werd verwacht, was furieus. Een terugkeer naar de grens van 1967 is onbespreekbaar, zei hij. Tijdens zijn 45 minuten durende toespraak die simultaan werd vertaald in het Arabisch, Hebreeuws en Perzisch, zei Obama dat de vs de hervormingen in het Midden-Oosten en de overgang naar democratie steunde, maar geen systeem wilde opdringen. 'Na decennia van aanvaarding van de wereld zoals hij is, hebben we nu een kans om te streven naar een wereld zoals die zou moeten zijn, maar we moeten dat doen met nederigheid.' In Syrië werd de toespraak live uitgezonden. 'President Assad staat voor de keuze: de overgang leiden of baan ruimen. De Syrische regering moet stoppen met schieten op betogers en vreedzame protesten toestaan, politieke gevangenen vrijlaten en ophouden met onrechtmatige aanhoudingen. Ze moet waarnemers toelaten in steden als Deraa en een ernstige dialoog aangaan met het oog op een democratische overgang.' Obama beschuldigde Iran van hulp bij de onderdrukking in Syrië, herhaalde het Amerikaans verzet tegen het 'onwettig' nucleair programma en de Iraanse sponsoring van het terrorisme en verdedigde het recht van het Iraanse volk met zinspelingen op het protest van de groene beweging. Hij maande de Jeminitische president Saleh ertoe aan op te stappen en vroeg aan Bahrein om te praten met de oppositie maar zei ook dat Iran probeerde de protesten daar uit te buiten. Hij zei niets over Saoedi-Arabië en was alleen harder voor Kadhafi dan voor Assad en het 'hypocriete' regime in Teheran. Libië was het 'meest extreme voorbeeld' van gewelddadig optreden tegen de roep om verandering. 'Muammar Kadhafi heeft de oorlog verklaard aan zijn volk en beloofd hen op te jagen als ratten.' Amerika deed mee aan de internationale interventie, al zag Obama daarvan de beperkingen. 'We kunnen niet elk onrecht van het regime tegen het volk voorkomen en we weten uit Irak hoe moeilijk en duur het is om regimewissels op te leggen, maar hadden we niet opgetreden, dan waren duizenden gedood. De boodschap zou zijn geweest: behoud de macht door zoveel mensen te doden als nodig.' De tijd speelde tegen Kadhafi, zei Obama, 'hij heeft geen controle meer over het land.' Pas als hij verwijderd zou zijn, kon voor Libië de overgang naar democratie beginnen. Obama wilde klaar en duidelijk zijn tegenover vriend en vijand. 'Onze boodschap is simpel: wie het risico neemt van hervormingen zal de volle medewerking krijgen van de Verenigde Staten.' Hij beloofde steun aan de jeugd en de burgermaatschappij, inclusief de verkondigers van 'onaangename waarheden'. Vrije toegang tot het internet zou worden bevorderd, want, zei Obama, hervormingen zijn niet alleen een zaak van de stembus, 'informatie is macht, de waarheid kan niet verborgen blijven en de wettigheid van regeringen zal uiteindelijk afhangen van actieve, geïnformeerde burgers'. Dat bracht hem bij de rechten van de minderheden. Op Tahrir was de slogan dat moslims en christenen één waren. Hij zei dat Washington er zou op toezien dat die gedachte zou zegevieren. Hij beloofde Egypte een miljard dollar kwijtschelding van schulden en eenzelfde bedrag aan leningen voor infrastructuurwerken en werkgelegenheid. Hij vroeg aan de Wereldbank en het Internationaal Muntfonds een plan voor het herstel van de Tunesische en Egyptische economie voor te leggen aan de top van de G8, de week daarop.

De Palestijns-Israëlische kwestie bewaarde hij voor het laatst. De wereld was het eindeloos, vruchteloos vredesproces moe. De droom van een joodse staat kon niet door middel van permanente bezetting in vervulling gaan. Iedereen wist dat duurzame vrede twee staten betekende voor twee volkeren, een leefbaar Palestina en een veilig Israël. 'De grenzen van Israël en Palestina moeten gebaseerd zijn op die van 1967', daarmee werden de traditionele 'veilige en erkende grenzen' uit het Amerikaans diplomatiek jargon eindelijk concreet. Israël moest wel in staat blijven om zich te verdedigen tegen 'elke dreiging', maar Obama sprak ook van een stapsgewijze en volledige terugtrekking van de Israëlische troepen. Hij maakte zich geen illusies over de moeilijkheidsgraad van de weg naar vrede maar vond dat in de eerste plaats de kwesties van grondgebied en veiligheid moesten worden opgelost. Hij verwachtte van de Palestijnse Autoriteit, en dus ook van Hamas, een 'geloofwaardige erkenning' van het bestaansrecht van Israël. De bevolkingen moesten de keuze maken tussen haat en hoop. Dat gold voor de hele regio. Voor het overige liet hij er geen twijfel over dat het strategisch bondgenootschap met Israël niet ter discussie stond. De band was volgens Obama 'onbreekbaar' en de Amerikaanse verzekering van Israëls veiligheid 'ijzersterk'. Hij wilde niet dat de Palestijnen hun onafhankelijkheid zouden opeisen voor de VN. De staat moest de vrucht zijn van onderhandelingen en van een 'delegitimisering' van Israël kon geen sprake zijn.

In de Arabische wereld werd de toespraak op onverschilligheid of scepsis onthaald. Onder Obama was er geen beweging gekomen in het vredesproces en zijn speciale gezant George Mitchell had pas de handdoek in de ring gegooid. De omwentelingen hadden de betrekkelijkheid aangetoond van de Amerikaanse invloed.

Het gesprek tussen Netanyahu en Obama, enkele dagen later, verliep in een gespannen sfeer. Achteraf zei de Israëlische premier dat hij bereid was tot compromissen, maar dat er geen sprake kon zijn van vrede gebaseerd op illusies. De grenzen van 1967 hielden volgens hem geen rekening met de demografische veranderingen van de voorbije 44 jaar. Een half miljoen Israëli's woonde tegenwoordig op de Westelijke Jordaanoever. Maar er broedde iets. Steeds minder Israëli's konden de huishuur nog ophoesten. Tegen half juli kwam een contestatiebeweging op gang tegen het dure leven. De omvang en de duur ervan verrastten en verontrustten de regering. Sociaal protest is uitzonderlijk in Israël. Studenten bezetten de Rothschild Boulevard in Tel Aviv naar het voorbeeld van het Tahrirplein. 'De Arabische lente bereikt Israël', schreven sommige Arabische kranten. De onrust luwde niet. Op 3 september zag Israël de grootste manifestatie uit zijn geschiedenis: 450.000 mensen kwamen op straat voor sociale rechtvaardigheid, alleen al in Tel Aviv waren dat er 300.000.

ANDALUZ

Er is geen Arabische stad die zich respecteert zonder een Andalusiëstraat. Het is een herinnering aan het rijk dat in Spanje bestond nadat het eerste kalifaat, dat van de Ummayaden in Damascus, was verslagen door het tweede van de Abbasiden in Bagdad. Het kalifaat van Cordoba, gesticht door de afstammeling van een gevluchte Ummayadenprins, bracht een van de schitterendste culturen uit de geschiedenis voort en met heimwee wordt in de Arabische wereld teruggedacht aan die gouden tijd, duizend jaar geleden, dat verloren paradijs op de westelijke grens van de moslimwereld.

Nu stak over het katholieke, Europese Spanje opnieuw een wind op die kwam van Arabische kusten, de wind van een omwenteling, aangewakkerd door de onzichtbare netwerken van het internet die zich plots openbaarden als een mensenzee. En net als in de Arabische steden werd iedereen in Spanje en daarbuiten erdoor verrast, in de eerste plaats de politici en de traditionele media die zich hier, net als elders, al jaren toelegden op *people* en erg weinig op de massa. Die massa, de anonieme *people*, het volk, dat in het Europees jargon 'de burgers' was geworden, kwam verhaal halen en hier in Madrid, midden in Europa, een meer participatieve democratie eisen. Het was net als in de Arabische steden een horizontale beweging van internetgebruikers en leden van sociale netwerken, gemengd met bestaande actiegroepen als de Vereniging van Spaanse Werklozen of een organisatie van mensen die hun hypotheeklening niet konden aflossen. Net als in de Arabische steden stonden ze afwijzend tegenover de gevestigde politiek en net als daar wist de politiek er geen raad mee. Zoals in de Arabische wereld dreven schrijnende ongelijkheid en economische crisis het protest aan. Spanje kampte met een hypotheekcrisis. In 2007 bouwde het nog meer huizen dan Frankrijk en Duitsland samen. Even snel stegen de prijzen. Er werden roekeloos leningen verstrekt waarvan nu vijftien procent niet meer werd afbetaald. In de eerste drie maanden van 2011 werden vijftienduizend gezinnen op straat gezet, 170 per dag. Na de eerste betoging voor 'echte democratie', op 15 mei, was een honderdtal manifestanten achtergebleven op het plein van de Puerta del Sol, eindpunt van de demonstratie in Madrid. Twee dagen later probeerde de Spaanse politie hen te verdrijven maar dat had hun aantal enkel doen groeien. Het betogingverbod van de dag daarop bleef eveneens dode letter. Precies een week na de grote betoging waren er gemeenteraads- en regionale verkiezingen en de manifestanten zaten er nog steeds. Hun aantal was aangegroeid tot tienduizenden.

Er waren geen leiders en de manifestanten waren van alle leeftijden. Het eisenpakket van Echte Democratie Nu, zoals de beweging zich liet noemen, was even omvattend als fundamenteel: werk, huisvesting, een einde van de corruptie en de verwevenheid van economische en politieke macht. Het was een strijd 'tegen de dictatuur van de markt en de politieke corruptie'. Dit was de Europese variant van de Arabische revolutie, een nieuw verschijnsel dat zich door geen politieke partij wilde laten inkapselen. De efemere organisatievorm was concentrisch en weerspiegelde nieuwe sociale structuren of zoals een van hen zei: 'De politiek en de traditionele media behoren tot het verleden, tot de negentiende en twintigste eeuw.' Op Twitter en Facebook verschenen pagina's als spanishrevolution, italianrevolution, irishrevolution, europeanrevolution en worldrevolution naast pagina's van locale activisten in Valladolid of Malaga en in de diaspora.

Is het verboden te verbieden?, twitterde professor Alves Rosental, een hoogleraar in de journalistiek van de universiteit van Austin, Texas, met een knipoog naar mei '68. Rosental sprak van een 'historische beweging' en vroeg zich af of ze mogelijk zou zijn geweest zonder de sociale media. Hij vond dat de internationale pers het belang ervan onderschatte. Dit is groot, verschillend en verbazingwekkend, liet hij twitterland weten. Niet het minst opmerkelijk vond hij dat de opstanden tegen de dictaturen in het Midden-Oosten deze beweging in het democratische Spanje hadden geïnspireerd.

De beweging zou er niet gekomen zijn zonder de toestand waarin het land was verzeild. De zorgeloze, optimistische jaren van Zapatero's eerste ambtstermijn waren voorbij. Spanje was toen eventjes een welvaartsstaat. Het balanceerde nu op de rand van een afgrond en de regering strooide niet langer met geld maar hanteerde de hakbijl. De pensioenleeftijd was opgetrokken, de salarissen van de ambtenaren met minstens vijf procent verlaagd, de vakbondsrechten gekortwiekt, sociale voorzieningen afgeschaft. Zapatero's populariteit was ingestort. Hij verzaakte een derde ambtstermijn. Niemand durfde inzetten op zijn Socialistische Arbeiderspartij bij de verkiezingen na het doortastende crisisbeleid waarin elk verschil met conservatieve leiders als Sarkozy, Cameron of Merkel was weggesnoeid. In de straten en op de pleinen van Spanje eiste het volk dat de crisis werd betaald door wie ze had veroorzaakt en dat het land zich bevrijdde uit de wurggreep van de financiële markt. De werkloosheid was met 21,19 procent de hoogste in de geïndustrialiseerde wereld. Ze trof bijna de helft van de jongeren onder 25. De beweging van 15 mei sprak van het recht op verontwaardiging. Ze breidde zich uit tot 175 steden. Tot in Parijs, Londen en Boedapest kwamen er betogingen.

Het demonstratieverbod lokte alleen nog meer manifestanten naar de Puerta del Sol. Ze hielden een dag van bezinning en begonnen die kort na middernacht met een onhoorbare schreeuw, stilstaand, roerloos, de mond dichtgemaakt met kleefband. De socialisten leden een historische nederlaag en verloren bastions als Barcelona en Sevilla en de regionale regering van Castilla-La Mancha, waar ze altijd hadden geregeerd. De stille schreeuw werd een herkenningsritueel. Op 19 juni vertrokken uit 25 steden voetmarsen naar Madrid. Vijfhonderd betogers arriveerden in het weekend van 23 juli en werden opgewacht door duizenden sympathisanten. Ze scandeerden 'Van Noord naar Zuid, van Oost naar West, de strijd duurt voort, wat het ook kost'. Ze belegden een 'sociale top', gaven rendez-vous voor een internationale conferentie op 15 oktober over 'echte democratie nu' onder het motto 'een Europa voor de burgers, niet voor de markten' en begonnen een voetmars op Brussel die in het najaar moest arriveren. Een week later sloot de politie de Puerta del Sol hermetisch af, behalve voor de bewoners. Dat was zelfs niet in de tijd van Franco gezien. De laatste bezetters werden verdreven. Velen brachten dat in verband met het nakende pausbezoek, in augustus.

ETEN VAN TWEE WALLETJES

Twee maanden na het begin van de bombardementen sijpelden de eerste berichten door van vergeldingsacties van de Libische oppositie tegen functionarissen en aanhangers van Kadhafi. Af en toe werd een met kogels doorzeefd lijk gevonden van een of andere gewezen politieman. Tientallen mensen zaten vast zonder vorm van proces. De rebellen arresteerden willekeurig en zonder wettelijke basis. Dat is nodig, zegden ze, omdat een vijfde colonne van Kadhafi de macht wil heroveren. De Overgangsraad had geen greep op de milities. Ze stonden niet onder één commando. Er waren geen richtlijnen over wie mocht worden aangehouden of over de behandeling van gevangenen. Wie werd opgepakt en ondervraagd moest een document ondertekenen waarin trouw werd gezworen aan de revolutie. Kadhafi deed het niet anders. Vermoedelijk had hij de rebellen zelfs geïnfiltreerd. Wraakoefeningen hielpen weinig om een land te democratiseren en nog minder om tot verzoening te komen. De scheidingslijnen in de Libische samenleving werden er alleen maar dieper door. Een groot deel van de bevolking had op een of andere manier voor het regime gewerkt en vanzelfsprekend waren daar schurken bij, maar die hadden meestal eieren voor hun geld gekozen en waren gevlucht. Sommigen binnen de Overgangsraad van de oppositie beseften dat de geloofwaardigheid van de revolutie op het spel stond, nu onder hun toezicht dezelfde dingen gebeurden als onder de kolonel.

Tot de arrestanten van de Libische oppositie behoorden vier Franse ex-militairen, die op 11 mei na een restaurantbezoek in Benghazi werden aangehouden bij de controlepost van een of andere militie. Een vijfde Fransman kreeg bij dat incident een kogel in de buik. Het ging om Pierre Marziali, een voormalig onderofficier met een carrière van 25 jaar bij het derde regiment paracommando's van de Franse marine. Volgens de rebellen kwam hij om toen hij zich verzette tegen zijn arrestatie. In 2003 had Marziali, na 25 jaar dienst bij het leger, een privébeveiligingsbedrijf opgericht dat naar eigen zeggen tweeduizend manschappen kon mobiliseren. Secopex, de Franse variant van Blackwater, had in Benghazi een kantoor geopend om buitenlandse journalisten, zakenlui en diplomaten te beschermen. Het stond onder leiding van een voormalig onderofficier van de Franse geheime dienst. Wat er precies gebeurd is bij de controlepost waar Marziali werd doodgeschoten blijft onduidelijk. De rebellen verspreidden het verhaal dat Secopex was ingehuurd door Khadafi. De beveiligingsfirma ontkende dat. Secopex gaf toe dat er contacten waren met het regime van Kadhafi, maar bleef tegenspreken dat het in Benghazi spioneerde. Het had 'open kaart' gespeeld met Parijs en zijn diensten aan beide partijen aangeboden. Marziali was volgens zijn weduwe met medeweten en oranje licht van de Franse regering naar Benghazi vertrokken. De Fransen zaten zeer verveeld met de zaak. Na een dag of tien zegden de rebellen dat ze de vier aangehouden agenten van Secopex niet zouden berechten maar uitwijzen.

Op 22 mei, een dag na die uitwijzing, reisde Catherine Ashton, chef Buitenland van de Europese Unie, naar Benghazi om er een vertegenwoordiging te openen van de EU. We zijn hier voor lange tijd, zei de barones, we komen de Libische instellingen en economie steunen. Dat was een opsteker voor de Nationale Overgangsraad en de voorzitter ervan bedankte de EU voor de hulp aan de revolutie. Leider-Broeder Muammar Kadhafi vond dat de opening van het gezantschap neerkwam op de erkenning van een onwettige regering, maar zijn protest werd overstemd door nieuwe bombardementen op zijn hoofdkwartier en op de haven van Tripoli. Het Westen bleef ervan uitgaan dat de Libiërs blij waren met het machtsvertoon van de NAVO, maar toen de bevolking van het rebellengebied werd gevraagd of ze een interventie met grondtroepen wensten was daar veertig procent voor en achtenveertig procent tegen, tenzij het om adviseurs ging of om hulpkonvooien te beschermen. Parijs wachtte niet op de peiling van de universiteit van Benghazi om het commandoschip Tonnerre uit te sturen met aan boord een dozijn gevechtshelikopters. Dat moest volgens *Le Figaro* een 'snelle overwinning' opleveren. Of de Libiërs dat nu graag hadden of niet, dit was een nieuwe stap in de richting van een militaire interventie op de grond. Acties met gevechtshelikopters vooronderstelden aanwezigheid op het terrein. Allicht zou dus een nieuw contingent commando's volgen, als het al niet onderweg was. Na twee maanden van klassieke bombardementen, zij het met precisiewapens, was nog maar eens aangetoond wat alle militairen wisten, een oorlog kan niet vanuit de lucht worden gewonnen. De Gazelles opereerden bij nacht en scheerden tot op minder dan vijftig meter boven de grond. In een kleine twee maanden vuurden ze 250 antitankraketten af en nog steeds werden nieuwe doelwitten ontdekt. De bemanning mocht op eigen initiatief vuren. Dat zorgde voor spanningen want de Britten, die het Franse voorbeeld waren gevolgd met vijf Apaches, bombardeerden vanop grote hoogte en op vooraf bepaalde doelwitten waarvoor telkens toestemming moest komen van het hoofdkwartier. Een raid van de Franse helikopters duurde gemiddeld twee uur en de bemanningen merkten dat Kadhafi vindingrijker werd bij het verstoppen van zijn wapens.

Het werd nog kaler rond de kolonel. Zijn vrouw en zijn dochter Aïsha, de 'Claudia Schiffer van de woestijn', verbleven volgens hardnekkige geruchten in Tunesië. Er dreigden arrestatiebevelen van het Internationaal Strafhof tegen Kadhafi, zijn zoon Saif al-Islam en zijn schoonbroer, Abdullah al-Senussi, de chef van de geheime dienst. De militaire situatie zat muurvast. De rebellen boekten geen vooruitgang meer en binnen de coalitie begon men te vrezen dat dit nog lang kon duren. De tijd drong wegens de naderende ramadan en omdat de hete zomer dreigde elk offensief van de rebellen te verlammen. Geleidelijk werd het moeilijker om de weg terug te vinden uit het Libische drijfzand. 'Wil je weten hoe ze vechten?', zei een Franse inlichtingenofficier over de rebellen. 'Welnu, ze bidden, gaan de weg op met hun terreinwagens, geven enkele salvo's in de richting van de vijand zonder te mikken, maken voor de camera's het V-teken van de overwinning en vertrekken met veel lawaai.' De enigen voor wie dit niet gold waren de opstandelingen van Misrata en de Berberstammen in de bergen ten zuidwesten van Tripoli. Dit begon te lijken op een uitputtingsoorlog.

STIJL EN GESTEMDE VIOLEN

Omdat het einde in zicht kwam van de niet erg beloftevolle lente, de verschroeiende zomer voor de deur stond, en het ongeduld groeide, stak de NAVO een tandje bij. De Libische hoofdstad Tripoli beefde in de vroege ochtend van 24 mei, net voor zonsopgang, onder de explosies. De nachtelijke hemel werd verlicht met vuurballen en doorkruist door laag overvliegende gevechtsvliegtuigen. Het waren de zwaarste bombardementen sinds het begin van de oorlog. Het waren er minstens twintig in een half uur. Het was verwonderlijk dat zo'n pandemonium niet meer mensenlevens eiste. Er werden 'maar' drie doden en 150 gewonden geteld, burgers die in de buurt woonden van kazernes. De bombardementen hadden het gemunt op de Volkswacht, zei de Libische regering, maar hun basis was verlaten en leeg. Het vuurwerk in Tripoli ging gepaard met diplomatieke druk want in de rebellenhoofdstad Benghazi kwam een gezant van president Obama de Nationale Overgangsraad uitnodigen om een kantoor te openen in Washington.

Enkele uren voor het bombardement streek Air Force One met Obama neer in Londen, na Ierland zijn tweede etappe op een Europese tournee. Officieel konden de betrekkingen tussen beide landen niet beter, maar de Britse ambities waren even overspannen als geldverslindend en de klok stond op bezuinigingen, ook in het leger. Premier Cameron overwoog om het enige vliegdekschip van de ooit onoverwinnelijke Britse armada uit de vaart te halen, 42.000 soldaten en burgerpersoneel naar huis te sturen en zijn machtige vloot van Harrier gevechtsvliegtuigen te ontmantelen. Hoe lang kon Groot-Brittannië zich nog een volwaardige militaire partner noemen van Amerika? Hoe lang kon Frankrijk dat nog? De NAVO-operatie boven Libië maakte pijnlijk duidelijk hoe groot de achterstand intussen was. Omdat de revolutie niet de verhoopte snelle machtswissel had gebracht, wilde Cameron wat graag dat Obama zijn omzichtigheid liet varen en opnieuw mee zou bombarderen. Intussen waren de rollen omgekeerd en stonden Londen en Parijs niet meer op de rem, zoals tien jaar geleden, maar waren ze haantje de voorste. De Europeanen hadden duidelijk een andere kijk op de snel evoluerende wereld maar hun bezuinigingen op Defensie deden in Washington de wenkbrauwen fronsen. De wereldsituatie noopte tot snel handelen, maar zonder overhaasting, doortastendheid en het trefzekere inzicht van een schaakgrootmeester, die het oog houdt op alle velden van het bord.

Cameron was nog steeds populair maar het tij keerde die dagen onvoorspelbaar snel. Hij hoopte op hartverwarmende foto's, steun voor zijn bezuinigingsbeleid en eensgezindheid over Libië, de snel verwelkende Arabische lente en Afghanistan. Al die kwesties waren door een onbarmhartige factuur met elkaar verbonden en de conservatieve premier rekende op een schouderklopje van de Democratische president, nu hij klaar stond met de hakbijl. Voor de volgende dag stond een gesprek op het programma.

Obama arriveerde iets vroeger dan verwacht in Londen omdat Air Force One het IJslandse vulkaanstof voor wilde zijn. Ook die wolk was, net als de IJslandse financiële crisis, een teken van veranderende tijden. Obama sliep in de residentie van de Amerikaanse ambassadeur. Zijn eerste dag in de Britse hoofdstad bracht hij door in een sprookjesachtige luchtbel. Hij, de drukste, machtigste man ter wereld, de leider van de laatste supermacht, was, zoals het protocol dat voorschrijft, de gast van de koningin. Met een onderonsje van zo'n tien minuten in het 1844-salon van het paleis, daarna de officiële plichtplegingen in de tuin waar de Obama's werden begroet door de prins van Wales en de hertogin van Cornwall, dan het officiële welkom van de koningin en de hertog van Edinburgh en het bezoek aan de koninklijke kunstverzameling onder leiding van de kranige eigenaresse. Vervolgens speelde de Erewacht het Amerikaans volkslied dat herinnert aan de nederlaag van de Britten in 1812, wat koning George III destijds deed noteren 'America is lost'. Er werd met enige spanning uitgekeken of Michelle Obama opnieuw de koningin zou omhelzen zoals ze nogal onprotocollair had gedaan bij hun laatste bezoek, twee jaar geleden. Dat deed ze niet en de Obama's gedroegen zich als correcte, uiterst beminnelijke en geduldige gasten. Er was affectie tussen het jonge Amerikaanse koppel en de bejaarde Queen (85) en haar nog meer bejaarde gemaal (89). Ze praatten naar het schijnt volop over eenvoudige dingen als het platteland, tuinieren en kleren toen Kate Middleton opdook in het statige 1844-salon. De kersverse hertogin van Cambridge was pas terug van haar huwelijksreis met prins William. Kate voelde even aan haar buikje en dat zette de pers aan het werk. Er werden geschenken uitgewisseld. Obama had voor de koningin facsimile's van de levendige brieven waarmee koningin Victoria de Amerikaanse presidenten bestookte. Na Buckingham Palace ging het naar Westminster Abbey voor een krans op het graf van de onbekende soldaat. De koningin had ooit nog Truman ontvangen die in de Grote Oorlog frontsoldaat was geweest. Er was vertraging op het schema. Pas in de vooravond zag Obama Cameron voor een partijtje tafeltennis en om met hem aan te schuiven voor een staatsbanket met 170 genodigden in het koninklijk paleis. Daarna kon de Amerikaanse president zich terugtrekken in de vermaarde Belgische Suite van Buckingham Palace. Echt praten was voor morgen. Maar in *The Times* van die ochtend verscheen een gemeenschappelijke verklaring van Cameron en Obama. Was dit het begin van een nieuwe mode? Eerder hadden ze samen met Sarkozy in de kranten geschreven dat Kadhafi weg moest. Deze keer stond er: 'Onze samenwerking brengt meer veiligheid en welvaart in de wereld.' Ze spraken van een essentiële relatie gebaseerd op waarden die telkens weer hun deugdelijkheid bewezen. Ze stonden zij aan zij in hun steun aan de Arabische revolutie. 'We aarzelen geweld te gebruiken, maar wanneer onze belangen en waarden samenvallen hebben we de verantwoordelijkheid om op te treden.'

Misschien mocht Cameron hopen op steun voor zijn hakbijl, want pas in april had Obama zelf een zwaar bezuinigingsplan aangekondigd waarvan de omvang volgens de Britse regering vergelijkbaar was met haar eigen plannen. 's Anderendaags, op 25 mei, arriveerde Obama kort voor tienen in een gepantserde Cadillac, door het perskorps The Beast gedoopt, bij Downing Street 10 voor zijn gesprek met de premier, eerst onder vier ogen, daarna met de Britse veiligheidsadviseurs en de ministers Clinton en Hague van Buitenlandse Zaken. Dan was er een barbecue voor de families van militairen waarop Obama worstjes bakte en ook Cameron in hemdsmouwen stond. Daarop volgde een persconferentie waarop twee Britse en twee Amerikaanse journalisten elk een vraag mochten stellen. Het was iets na de middag en het kabinet van Cameron publiceerde een lijst van gebieden waarin nauwer zou worden samengewerkt: wetenschap en hoger onderwijs, steun voor het militair personeel, globale ontwikkeling, cyberspace en 'toekomstige uitdagingen in de globale economische- en veiligheidsomgeving'. De persconferentie verliep zonder dissonanten maar er werd weinig nieuws verteld. Krachtige steun voor Camerons bezuinigingsbeleid bleef uit. 'Elk land is verschillend', zei Obama, 'en als het ene middel niet werkt moet je een ander proberen.' Op een vraag over de Palestijnse kwestie zei hij dat Jeruzalem en de terugkeer van de Palestijnse vluchtelingen 'buitengewoon emotioneel' geladen waren en dat het voor Israël moeilijk was om aan tafel te gaan zitten met een partij die zijn bestaansrecht niet erkent.

De spits van de persconferentie werd afgebeten met twee vragen over Libië. 'David en ik zijn het erover eens dat we geen laarzen aan de grond kunnen hebben', zei Obama. Hij verwees naar het mandaat van de vn en waarschuwde tegen de verwachting van een snelle doorbraak. 'Zolang we op de huidige koers blijven zal hij aftreden. Uiteindelijk zal dat een traag, gestaag proces zijn waarin we de troepen van het regime zullen uitputten.' Cameron noemde de Arabische lente een seizoen dat maar een keer per generatie voorkwam, dat moest de internationale gemeenschap goed beseffen. Hij wilde zich op de top van de G8 enkele dagen later inzetten voor een politiek en economisch hulpprogramma voor de revolutionaire landen en de 'temperatuur opdrijven' in Libië. Het volgend hoogtepunt van het bezoek was de toespraak van Obama voor het voltallige parlement in Westminster Hall, het oudste gebouw van het paleis van Westminster. Dat was een uitzonderlijke eer die meestal enkel Britse vorsten te beurt valt. Obama besefte dat en wilde op deze historische plek de toon zetten voor zijn volledige Europese rondreis. Het Westen was niet in verval maar integendeel een katalysator van verandering, betoogde hij.

Die ochtend was Tripoli opnieuw gebombardeerd, zij het minder heftig. De Franse minister van Buitenlandse Zaken Juppé sprak van de wil om de missie in Libië niet langer dan 'een paar maanden' te laten duren. Nu Frankrijk had beslist om helikopters in te zetten, overwoog ook

Groot-Brittannië dat. Rusland zei dat de NAVO-actie op geen enkele manier het einde van het conflict bespoedigde. Ze veroorzaakte alleen nog meer lijden voor de bevolking, vond Moskou. Zowel Rusland als Zuid-Afrika bemiddelde tussen Kadhafi en de Overgangsraad over een bestand. En België? Zijn F-16s bleven actief boven Libië zonder dat het erg opviel en het werd belaagd door de dreiging van een lagere rating door de kredietbeoordelaar Fitch als er nu niet snel een regering kwam, maar dat veroorzaakte geen commotie. Het was tenslotte al de tweede waarschuwing.

In Jemen bleef ook Saleh zich vastklampen aan de macht, al liet hij horen dat hij na drie weigeringen dan toch het akkoord zou ondertekenen over zijn machtsoverdracht. Hij kreeg het aan de stok met het machtige stamhoofd Sadiq al-Ahmar, de chef van de Hashid, de grootste stammenfederatie van Jemen waartoe Saleh zelf ook behoorde, maar die onder leiding stond van politieke rivalen. Op 23 mei braken gevechten uit tussen de Hashid en het leger. Saleh zag daarin een poging om een burgeroorlog uit te lokken, maar, zei hij, dit was een zaak van de zonen van Ahmar en zo moest het wat hem betrof ook blijven. Saleh wilde niet dat Jemen een falende staat werd en een toevluchtsoord voor al-Qaeda zoals het nabijgelegen Somalië. Meer zelfs, Saleh zei nog steeds in overleg met de VS te vechten tegen de terroristen. Intussen zegden getuigen dat de stammenmilitie van de Hashid een aantal ministeries had overgenomen, waarbij dat van Binnenlandse Zaken, naast de kantoren van het staatspersbureau Saba en de nationale luchtvaartmaatschappij Yemenia. Het huis van stamhoofd Ahmar werd onder vuur genomen door het regeringsleger. In enkele dagen tijd waren er tachtig doden en dan, op de Vrijdag van de Vreedzame Revolutie, die voor de tegenpartij de Vrijdag van Wet en Orde was, nam Saleh zijn toevlucht tot het Kadhafi-recept. Zijn luchtmacht bombardeerde het stammenleger. Ook de Verenigde Naties vreesden nu voor een burgeroorlog.

De leiders van de G8 die vergaderden in het frisse, bewolkte Deauville protesteerden en vroegen de Jeminitische president om af te treden, maar de gemeenschappelijke persconferentie ging hoofdzakelijk over Libië. Obama deed opmerken dat het VN-mandaat niet tot een goed einde kon worden gebracht zolang Kadhafi aanbleef. De Britten gaven groen licht om gevechtshelikopters naar Libië te sturen. De Fransen die dat eerder al hadden beslist, wilden dat de VS meer middelen ter beschikking zou stellen. Sarkozy zei dat hij en Cameron samen naar Benghazi zouden gaan. Voor de Britse premier, die vond dat Sarkozy 'barstte van de goede ideeën', was de tijd voor onderhandelingen voorbij en stond de Libische kolonel maar een ding te doen: ophoepelen. Obama was geïrriteerd omdat de Fransen en de Britten aandrongen dat hij de laag en traag vliegende A 10 en AC 130 vliegtuigen uitgerust met kanonnen en machinegeweren, opnieuw van stal zou halen zoals bij de eerste bombardementen. Washington zocht samen met Moskou een manier om uit de impasse te komen. De Russen zegden dat de aanslepende interventie hun voorspellingen bevestigde. Ban Ki-moon zei dat de Verenigde Naties nog altijd probeerden de strijdende partijen in Libië aan de onderhandelingstafel te krijgen en dat de zaken in de goede richting evolueerden.

De premiers van Egypte en Tunesië waren op de top van Deauville geïnviteerd en keerden terug naar huis met de belofte van leningen voor de komende drie jaar ter waarde van veertig miljard dollar. Voor de G8 moest de democratisering gepaard gaan met een economische vernieuwing die het welvaartspeil zou optrekken. De leus moest zijn 'democratie leidt tot resultaten'. De uitdaging was niet min. Er moesten vijftig tot zeventig miljoen nieuwe banen komen in tien jaar tijd. De beloofde leningen waren in de eerste plaats een compensatie van de verdubbeling van de graanprijs, de verhoging van de olieprijs met een derde in een jaar tijd en het wegvallen van de inkomsten uit het toerisme. Uiteindelijk moesten de nieuwe democratieën exportlanden worden van 'producten met hoge toegevoegde waarde'. Het 'partnerschap van Deauville' moest voorkomen dat het extremisme de vruchten zou plukken van de omwentelingsgolf. Bij nader toezien was de belofte van de G8 een halfdode mus. De helft van het geld moest komen van internationale bankinstellingen zoals de Europese Investeringsbank, die al sinds 2002 projecten in het Midden-Oosten en Noord-Afrika financiert. In 2010 was daar 2,6 miljard dollar voor uitgetrokken, nu was sprake van 7,5 miljard over drie jaar. Het grote verschil was dat de helft van dat geld naar twee landen zou gaan, Tunesië en Egypte, en dat vooral in banen zou worden geïnvesteerd. De twee democratieën in de dop hadden meer geld nodig. Tunesië wilde 25 miljard dollar over vijf jaar en Egypte had alleen al voor het komende belastingjaar tien tot twaalf miljard nodig. Landen dieper in Afrika vreesden dat zij het gelag zouden betalen voor de vrijgevigheid van de G8. Die was overigens niet zo groot. Maar een kwart van de veertig miljard zou van hen komen, een ander kwart verwachtten ze van de rijke Golfmonarchieën, de rest van het Internationaal Muntfonds en de Wereldbank, allicht onder de vorm van leningen. Een druppel op een zeer hete schaal. Egypte had een schuld die het dubbele was van alles wat in Deauville werd beloofd en Tunesië, met een schuld van vijftig miljard, had meteen drie miljard nodig om in 2011 de interest daarop te kunnen betalen. In het verleden waren andere gebaren gesteld. Egypte zag bijvoorbeeld de helft van zijn schuld kwijtgescholden toen het in 1991 toetrad tot de coalitie tegen Saddam in de oorlog om Koeweit. Pakistan kreeg vergelijkbare gunsten in 2001 toen het meedeed aan de *war on terror*.

De Syrische president Assad werd in de slotverklaring van de G8 niet genoemd. Er was alleen een veroordeling van de 'Syrische autoriteiten' voor de onderdrukking. De westerse partijen bij de G8 wilden dat de passus over Syrië een voorafspiegeling zou zijn van een nieuwe resolutie van de VN-veiligheidsraad. Maar de Russische president Medvedev wilde geen strafmaatregelen en vond dat een aanmaning volstond. Net voor hij vertrok naar Deauville had hij getelefoneerd met Bashar al-Assad. De Europese Unie schortte al haar hulpprogramma's voor Syrië op. Naarmate de tijd verstreek gingen economen er steeds meer van uit dat als het volk het regime niet ten val zou brengen, de economie dat wel zou doen. Als de krachtmeting bleef voortduren, mocht voor het eind van het jaar een cascade van faillissementen worden verwacht.

De aandacht van de wereldpers in Deauville werd danig afgeleid door het buikje van Carla Bruni-Sarkozy, onmiskenbaar teken van een blijde verwachting die nog steeds niet door het Elysée was bevestigd.

Syrië was grondig verdeeld en dat werd gesymboliseerd door een groot bord vlakbij het trendy en chique café Rotana in Damascus, rendez-vous van de jetset die de revolutie ver weg waande. Het reclamebord toonde op de ene, donkere helft die met bloed was bespat het doorstreepte logo van al-Jazeera en de slogan 'neen aan fitna', een moeilijk vertaalbaar en meerduidig Arabisch woord dat tegelijk 'verleiding', 'beproeving ', 'oproer', 'anarchie', 'schisma' en 'het kwaad' betekent. De andere helft was een idyllische voorstelling van een kerk en een moskee met het opschrift: 'Ja tegen een gedeeld leven'.

EENHEID TEGEN VERDEELDHEID
Al-Jazeera was inderdaad partijdig en soms onnauwkeurig, maar de regeringsmedia waren evenmin neutraal. Het reclamebord symboliseerde de polarisatie. Dat was een gevaarlijk scenario voor een land met verschillende talen, godsdiensten en minderheden. Net als in Egypte of na de val van Saddam in Irak of bij de vijftien jaar durende Libanese burgeroorlog of de Islamitische Revolutie in Iran dreigden aloude gemeenschappen, kleine en kwetsbare dragers van historisch unieke beschavingen en garanten van de diversiteit, te verdampen. Als deze evolutie bleef voortdu-

ren zou het Midden-Oosten weldra bestaan uit monoculturen, de ene soennitisch, de andere sjiitisch, met in hun midden een 'gestolen' joods eiland. Ze wantrouwden elkaar en stuurden langzaam maar zeker aan op een confrontatie. Zo deelde de Libanese Hezbollah in dezelfde klappen als het Syrisch regime waarmee haar lot was verbonden.

De manier waarop dat regime zich overeind probeerde te houden was niet van aard om het snel weer de volksgunst op te leveren. Ook technisch viel er wat op aan te merken. De logistiek van de troepen – uitsluitend troepen waarop kon worden gerekend – was middeleeuws. Eens de soldaten Deraa of een andere stad hadden ingenomen, moesten ze zien hoe ze aan voedsel kwamen. Volgens de regering was de opstand het werk van 150 saboteurs die gewapend door het land trokken. Het was onbegrijpelijk dat geen van de zeventien beruchte inlichtingendiensten hen kon vatten. De steeds grotere toegevingen waren een teken van ontreddering. Turkije bereidde de oprichting voor van vluchtelingenkampen in Syrië zelf omdat het een nieuwe golf vreesde zoals die van 1991 toen Saddam de Koerden over de grens dreef. Enkele weken later kwam die golf. In het Midden-Oosten domineerde een logica en een dynamiek die niet langer van buitenaf konden worden gestuurd, of het moesten de geduldige en ongeruste oliesjeiks zijn die met grote geldbuidels en machtige media de balans in hun voordeel probeerden te doen overslaan. Wat de VS en Europa dachten deed er weinig toe, al bleek uit het Libisch avontuur en uit verklaringen en sancties dat de westerse interesse reëel was. Robert Fisk vatte het samen. Obama was de omwentelingen pas beginnen steunen wanneer ze bijna voorbij waren. Hij had gezwegen over de val van Ben Ali, was pas op het laatste nippertje op de kar tegen Moebarak gesprongen, hoopte op de overleving van Assad die intussen na Kadhafi recordhouder was van het aantal doden onder de eigen burgers, stak een vuistje op tegen nietig Bahrein en zweeg in alle talen over Saoedi-Arabië om op de knieën te gaan voor Israël.

SPORTNIEUWS

Fisk had ook oog voor Qatar en onthulde dat officieren van dat land de rebellen hielpen van Misrata, in het westen van Libië. Hij wist ook dat de emir van Qatar naar Algerije was gereisd om president Bouteflika te vragen de militaire hulp aan Kadhafi te stoppen. De bevoorrading vanuit Algerije hielp verklaren waarom de NAVO nu al twee maanden vastzat in het Libische zand. Intussen droogde de inkt van een Amerikaans wapencontract met Saoedi-Arabië ter waarde van 46 miljard euro, en ook een overeenkomst waarbij de Verenigde Staten de Saoedi's zouden helpen bij de uitbouw van een eliteleger om de oliesector en toekomstige nucleaire installaties te verdedigen. De VS was en bleef veruit de grootste wapenleverancier, niet alleen van Saoedi-Arabië maar van het hele Midden-Oosten. Alleen al voor de GCC landen en Jordanië werden de wapencontracten voor 2011 geraamd op zeventig miljard dollar. Tegen 2015 zou dat nog tien miljard meer zijn.

Egypte bevoorraadde de Libische rebellen en opende op 28 mei de grens met Gaza, waarmee een einde kwam aan de opsluiting van de bevolking die vier jaar had geduurd. Dat moest de Moslimbroeders plezieren. Een linkse nieuwswebsite, al-Badeel, signaleerde dat de nazipartij die onder Moebarak ondergronds opereerde van plan was om een heuse partij te worden met een 'eigentijds referentiekader'.

Op 29 mei kreeg Qatar een opdoffer uit onverwachte hoek. Ondervoorzitter Jack Warner van de Wereldvoetbalbond FIFA werd tot ontslag gedwongen. Hij had onder een hoedje gespeeld met een kandidaat voor het voorzitterschap die stemmen kocht om zich te laten verkiezen tot opvolger van Sepp Blatter. De kandidaat in kwestie was de voorzitter van de Aziatische voetbalfederatie, de Qatari Mohammed bin Hammam, sinds 1996 lid van het uitvoerend comité van de FIFA. Bin Hammam die campagne voerde met de slagzin 'verandering is goed' werd voor de duur van het onderzoek geschorst en trok zijn kandidatuur in. Daarmee was de kous nog niet af. Vervolgens lekte Warner, de ontslagen ondervoorzitter, een mail van Jérôme Valcke, secretaris-generaal van de FIFA, waarin stond dat Qatar de organisatie van het wereldkampioenschap in 2022 had gekocht. 'Hij (Bin Hammam) dacht dat hij de FIFA kon kopen net zoals ze het WK hebben gekocht.' Een privémailtje, zei Valcke, dat hij niet zo letterlijk had bedoeld. Toch bleek er nog maar eens uit dat voor het schatrijke Qatar al jaren zowat alles te koop was.

De omwentelingen waarvan Qatar de drijvende kracht was, waren tegen 14 mei onverbiddelijk naar de binnenbladzijden verdreven door de onweerstaanbare cocktail van geld, macht en seks in de affaire-DSK. Toen dat even overwaaide stak Jemen weer op. In de oorlog van Saleh met de stammen van Hashid was er een bestand van enkele dagen waarna de gevechten in de nacht van 30 op 31 mei weer oplaaiden bij het ministerie van Binnenlandse Zaken en het huis van het opstandige stamhoofd. Ze volgden op een gewelddadige poging van de Republikeinse Garde om een eind te maken aan een zitstaking die al vier maanden duurde in Taiz, de derde stad van het land. Daar waren er tientallen doden. Er waren ook minstens dertig doden in de kuststad Zinjibar, vlakbij Aden in het zuiden, die op 29 mei in handen was gevallen van driehonderd al-Qaeda militanten. Voor de stad passeerden dagelijks drie miljoen vaten olie richting westen. Volgens de oppositie had Saleh de verovering door al-Qaeda gedoogd om aan te tonen hoe chaotisch Jemen zou worden zonder hem. Hij had voorspeld dat de terreurorganisatie drie provincies zou veroveren. 'Als het systeem valt dan zal al-Qaeda Maarib, de Hadramout, Shabwa, Abyan en al-Jouf veroveren en de situatie controleren', had hij op 18 mei laten weten aan zijn 'broeders en vrienden' in de vs en Europa. Al-Qaeda stond met andere woorden op het punt om Jemen doormidden te snijden, van de grens met Saoedi-Arabië tot de kust.

Zomer zonder uitzicht

EN ZO WERD HET ZOMER

Het parfum van de Arabische lente was na een half jaar vervluchtigd toen men de rekening begon te maken. Voor wat Libië betrof, het paradepaardje van de westerse 'solidariteit', liep die aardig op. De missie van de NAVO, die aanvankelijk hooguit drie maanden zou duren, was intussen met drie maanden verlengd. Op 19 juni vielen twee bommen op Tripoli die burgerdoden maakten. De NAVO suggereerde dat een technisch probleem de oorzaak was. Opnieuw was een konvooi van de rebellen gebombardeerd in de onduidelijke frontzone. De luchtvloot van het bondgenootschap bleef zonder succes mikken op Kadhafi. Officieel wilde de NAVO geen regimewissel forceren, maar de uitspraken van westerse leiders wezen op het tegendeel en dat strookte niet met het mandaat van de VN. Vanuit Tunesië werden wapens gesmokkeld naar de opstandelingen waarbij niemand zich afvroeg of zij de 'burgers' waren die volgens de VN bescherming verdienden. De smokkel wierp een schaduw over de toekomst van het kleine buurland waar alles begonnen was en dat nog altijd zocht naar stabiliteit. De voorbereiding op de verkiezingen werd er gekruid met stakingen, betogingen, voortdurende grensincidenten en een stroom Libische vluchtelingen. Als de revolutie in Libië mislukte zou dat zware gevolgen hebben voor Tunesië, dat verwoed probeerde zijn aandeel terug te winnen in de toeristische industrie. Daar stonden 400.000 banen op het spel. Er begon een proces tegen de afgezette dictator die naar Saoedi-Arabië was gevlucht. Via Interpol was zijn arrestatie gevraagd maar de Saoedi's gaven geen krimp. Hij werd bij verstek veroordeeld tot 35 jaar cel en 46 miljoen euro boete; 33 van zijn familieleden zaten vast terwijl er werd gezocht naar zijn miljarden en die van zijn vrouw.

Er kwam geen einde aan het bloedvergieten in Syrië, waar de opstand tegen het begin van de zomer al 1300 mensenlevens had geëist. Tussen 3 en 6 juni werden er 120 soldaten gedood in Jisr al-Sughur, een oud verzetsbolwerk in het noorden. Vermoord door gewapende outlaws, zei Damascus. Gedood omdat ze weigerden het vuur te openen op betogers, aldus de oppositie. De situatie was broeierig. Op 23 juni verschenen tanks in Khirbet al-Jouz, een bosrijke vallei, eveneens in het noorden, waar veel opstandelingen zich hadden verscholen. De precieze omstandigheden bleven ook daar mysterieus maar het resultaat was dat volgens Ankara 11.700 vluchtelingen de grens met Turkije overstaken. Angelina Jolie ging als ambassadrice van de VN de opvangkampen bezoeken; voor het overige werd de pers ver weg gehouden. De Turkse president Abdullah Gul gaf Damascus een week tijd. 'Amerika kiest voor het Syrische volk', schreef Hillary Clinton in *Asharq al-Awsat*, de 'internationale krant van de Arabieren'. 'Syrië verdient een verenigde en democratische natie die werkt aan stabiliteit en vooruitgang. Dat zou goed zijn voor Syrië, de regio en de wereld.' De Europese Unie voegde zeven namen toe aan zijn lijst van Syrische verantwoordelijken voor de repressie. Het ging om vier Syriërs, maar ook drie Iraniërs die 'materiaal en steun verleenden bij de onderdrukking van de protesten'. Ook zij kregen een reisverbod en hun tegoeden werden bevroren. De slogan van het protest was op de eerste vrijdag van de zomer: 'Bashar is niet langer mijn president en zijn regering vertegenwoordigt mij niet meer.' Ontoereikend en cosmetisch, vond de oppositie zijn nieuwe, derde toespraak tot de natie, waarin de president een dialoog aanbood. Het probleem van Assad was dat zijn machtsbasis, de transreligieuze pan-Arabische Baath-partij, dreigde weg te smelten en enkel de alawitische ruggengraat van de staat en zijn zenuwstelsel van veiligheids- en controleapparaten restten. De alawieten voelden dat hun voortbestaan op het spel stond en sloten de rangen. De vijftien jaar durende Libanese burgeroorlog was pas in 1990 geëindigd. Daarop waren vijftien gouden jaren aangebroken waarin Damascus de lakens uitdeelde in Libanon, tot de nasleep van de moord op Hariri daar in 2005 een einde aan maakte. Van die moord was Syrië verdachte nummer één. Ook de onderdrukking van de soennitische opstand van Hama in 1982 stond in het collectief geheugen gegrift. Het regime dat al jaren tekenen van verzwakking en toenemende kwetsbaarheid vertoonde, wankelde. Maar wat zouden de gevolgen zijn van zijn ineenstorting en was democratie niet te hoog gegrepen in een wereld die berust op levenslange trouw aan familie, clan, stam en geloof? In het bijzonder Syrië, een lappendeken waarin godsdienst, afstamming en overleving met elkaar verweven zijn en het eigen territorium angstvallig werd bewaakt en desnoods verdedigd volgens de wetten van de vendetta. In het tijdperk van het zwaard en het geweer kon dit tot bloedbaden leiden. Nu gebeurde wat mocht worden verwacht in een tijdperk van steeds dodelijker en efficiënter wapentuig in de handen van huursoldaten en moordenaars, terroristen, infiltranten, al dan niet officiële milities en brutale geheime diensten, verwikkeld in een onontwarbaar vechtend kluwen op een Perzisch tapijt, met aan de rand buitenlandse mogendheden met meer dan gewone belangstelling. In het noorden vluchtten sommigen

voor het leger, anderen niet. Die keuze werd bepaald door verwantschaps-
banden en oude vetes, allianties en voorgeschiedenissen. Het geweld
werd gebruikt door beide uitersten van het spectrum. Dat was overigens
niet in het hele land het geval. Voorlopig ging het om kluwens van verschillende intensiteit. Het was hard tegen onzacht in het noorden, in het
zuiden rond Deraa, in het alawitisch kustgebied bij de grens met Libanon en in de rand van Damascus. Maar de protesten in het soennitische
Hama, het slagveld van 1982, waren vreedzaam. Bashar beloofde amnestie aan tienduizend gevangen manifestanten en scheen gewonnen voor
het experiment van Hama en het toestaan van betogingen binnen bepaalde perken.

SYRISCHE VERWARRING,
EEN LIBISCH DRAAIBOEK EN EEN ARRESTATIEBEVEL

Rusland begon op Damascus in te werken, al bleef het zich verzetten tegen elke vorm van interventie. Terwijl elders in het noorden de dorpen
leeg liepen, werd in Aleppo, dat opvallend gespaard was gebleven van de
protestgolf, een twee kilometer lange Syrische vlag ontvouwd. Hoelang
zou het in de tweede stad van het land nog rustig blijven? En was er een
rol weggelegd voor de verbannen vicepresident Khaddam die de Baath-
partij een soennitisch sausje had willen geven? De Assads hadden verzuimd de soennitische kaart te trekken zoals Saddam had gedaan na de
Golfoorlog van 1991, onder meer door de strijdkreet 'God is Groot' op
te nemen in de Iraakse vlag. Khaddam, destijds de enige soenniet aan de
top, had voor een opening gepleit naar de soennieten en had het met
ballingschap moeten bekopen. Islamiseren was voor de alawieten als spelen met vuur. Toch had Bashar zijn grondgebied als basis laten gebruiken door de soennitische stoottroepen van al-Qaeda voor de opstand in
Irak na de Amerikaanse invasie van 2003. Van dat gevaarlijke spel kreeg
hij nu de rekening gepresenteerd. Samen met zijn aarzeling om de corruptie aan te pakken en het uitblijven van een beginnende algemene
welvaart, had dat geleidelijk zijn positie ondergraven en hem op de rand
gebracht van de afgrond. Het land fragmenteerde met de dag. Het regime was zelfs niet zeker van zijn verpauperde alawitische volksgenoten,
want het was intussen totaal van hen vervreemd. De vuist van Baath werd
al lang niet meer opgestoken tegen de uitbuiting van de alawieten door
de (soennitische) bourgeoisie. Baath had integendeel een nieuwe, alawitische elite gecreëerd die in dezelfde kringen bewoog als de oude soennitische upper class. Eindeloze intriges en de wildste scenario's waren mogelijk en toch moest niet meteen een machtsgreep worden verwacht van
een of andere goedmenende generaal, want elke coup zou worden be-

schouwd als *made in the USA*. Vraag was ook of goedmenende nieuwe leiders die wél zouden slagen een einde konden maken aan de *shatara*, de algemene corruptie die niet alleen de Syrische maar vrijwel elke Arabische en elke verpauperde samenleving doordesemt. Geen goedmenende Syrische intellectueel had ooit stilgestaan bij de vraag wat er na Assad moest komen.

Was het om de pacifist Obama dwars te zitten dat de ooit zo oorlogszuchtige Republikeinen op 24 juni in het Huis van Afgevaardigden de vraag van de president afwezen om verder deel te nemen aan de operatie in Libië? Of was er wrevel omdat Obama had verzuimd om meteen bij het uitbreken van de crisis naar het Congres te stappen en betaalde hij daar nu de politieke tol voor: gekrenkte eer, of was het nog iets anders? In Tripoli werd gejuicht door de supporters van het regime. Al was de uitspraak van het Huis niet bindend, het was een morele nederlaag voor Obama. De Amerikaanse admiraal Samuel Locklear, die vanuit Napels de leiding voerde over de interventie, had kort voor het 'njet' tegen een van de tegenstemmers, de Republikeinse afgevaardigde Mike Turner, gezegd dat het doel was Kadhafi te doden en dat het nodig zou zijn grondtroepen in te zetten om de stabiliteit te garanderen, eens Kadhafi was uitgeschakeld. Turner aarzelde niet om dat openbaar te maken.

De uitspraken van de admiraal stonden haaks op het officiële discours van Washington en waren koren op de molen van China en Rusland die al langer vonden dat resolutie 1973 werd overtreden. De 'bescherming van de burgerbevolking' werd nogal vrij geïnterpreteerd als een vergunning om te doden en Kadhafi te bestoken. De NAVO had nog altijd geen mol in de kring rond de kolonel. Dat dit een persoonlijke vendetta was geworden zou de Libische leider niet tot inschikkelijkheid bewegen. De tijd speelde in zijn voordeel. 'Kadhafi zal weldra vallen', zei de NAVO in alle toonaarden, maar het bleef wachten, ook op de successen van de rebellen die door derden werden betaald en bewapend. De verdeeldheid van het bondgenootschap bij het begin verzuurde tot wrevel. Italië, dat nochtans de overgangsraad had erkend, wilde de operatie afblazen. Andermaal stevende een westerse interventie in de onvoorspelbare moslimwereld af op een mislukking. Alle zeilen werden bijgezet en op 27 juni vaardigde het Internationaal Strafhof in Den Haag een arrestatiebevel uit tegen Kadhafi, zijn zoon Saif al-Islam en zijn schoonbroer Abdullah al-Senussi, chef van de veiligheid, wegens 'misdaden tegen de mensheid'. Libië noemde het Hof een instrument van het Westen tegen een derde wereldland en herhaalde nog eens dat Kadhafi en zijn zoon geen officiële functie hadden. In Benghazi weerklonken vreugdeschoten en zagen de rebellen een nieuw argument om het gesprek met de kolonel te weigeren. Elders werd de vraag gesteld hoe het Strafhof dacht het trio in te rekenen. De hoofdaanklager, Luis Moreno-Ocampo, verwachtte een arrestatie voor het eind van het jaar, maar de voorbeelden van Saddam Hoessein en Osama bin Laden toonden aan dat arrestatie en/of liquidatie tijdrovend kon zijn. De beslissing van Den Haag sloot een mogelijke ballingschap virtueel uit. De ongrijpbaarheid en het koppig verzet van de Libische kolonel waren frustrerend en zetten het onoverwinnelijke Westen voor schut. De bombardementen en arrestatiebevelen sloten een vergelijk of een onderhandelde oplossing uit. Enkel een dodelijke voltreffer of een interne machtsgreep was nog een optie. Al werd de strop aangehaald, toch was de diplomatie niet helemaal dood. Drie Libische ministers waren in Tunesië voor gesprekken met 'internationale partners' en de Afrikaanse Unie bleef pendelen tussen Tripoli en Benghazi. Tripoli zei bereid te zijn tot een referendum over Kadhafi. Het conflict had al duizenden levens gekost en 650.000 mensen over de grens gedreven. Een kwart miljoen was in Libië zelf op de dool.

Het arrestatiebevel was niet het eerste in zijn soort. In maart 2009 was er een uitgevaardigd tegen de Soedanese president Omar al-Bashir voor de genocide in Darfur. Maar in de praktijk had Bashir er weinig last van en nog steeds werd hij in een aantal landen als een staatshoofd ontvangen. Eind juni nog was hij de 'vriendschapsbanden' gaan aanhalen in China. Soedan was tenslotte de zesde olieleverancier van Peking en de leiders daar hadden weinig op met nieuwlichterijen als het Strafhof of de mensenrechten. China, net als de vs trouwens, erkende het Strafhof niet en Rusland had destijds de oprichting ervan wel goedgekeurd maar die beslissing nooit geratificeerd. Toch was Bashirs bewegingsvrijheid aanzienlijk beperkt en hetzelfde zou gebeuren met Kadhafi mocht hij deze crisis overleven. Het aanhoudingsbevel was ook niet van aard om de gemoederen te bedaren in Syrië, waar een andere 'verdrukker van het volk' in het vizier liep. Peking en Moskou, bezorgd over de westerse dadendrang, beletten midden juni een resolutie tegen Assad die op termijn kon leiden tot een beschuldiging van genocide, oorlogsmisdaden of misdaden tegen de menselijkheid...

Toen kwamen duizenden op straat in Hama en stuitten er op het leger. Dat was twee dagen eerder in de straten verschenen na een betoging waaraan volgens activisten 300.000 mensen hadden deelgenomen. Het was 1 juli en de zoveelste vrijdag met betogingen in verschillende steden, waarbij volgens het Frans persbureau AFP 28 mensen stierven. In Hama was het de grootste manifestatie tot dan toe en volgens plaatselijke bronnen lag het aantal doden daar, op de 'dag van de kinderen van de vrijheid', tussen 150 en 230. Alle cijfers moesten met een korrel zout worden genomen. Het regime minimaliseerde ze, de oppositie overdreef, maar haar bloemen voor de soldaten waren met kogels beantwoord. Assad reageerde met het ontslag van de gouverneur van Hama. Dat was een vergissing, omdat de gouverneur juist een geweldloze aanpak voorstond. Bij de demonstratie die volgde vielen 22 doden. Er werd gevreesd voor een wederuitgave van het bloedbad in deze stad onder vader Assad. Er volgden razzia's. Amnesty International vond het tijd om de Syrische leiders officieel te beschuldigen van misdaden tegen de mensheid.

DE SLAPENDE VULKAAN

Er is een enorm sociaal probleem in de hele Arabische wereld. In Egypte waarschuwde minister van Arbeid Ahmed Borai voor de gevolgen. 'Weet u wat er zal gebeuren als we geen minimumsalaris invoeren? De mensen zullen terugkeren naar Tahrir en alles in brand steken!' Tegen midden juni kondigde de Hoogste Raad een stakingsverbod af. Soms werd er hardhandig opgetreden. De revolutie was verbrokkeld in duizend-en-een kleine opstandjes die wilden afrekenen met allerlei erfenissen van het recente verleden. De liberalisering van de voorbije jaren liet zich voelen in het koppig verzet van de ondernemers tegen de invoering van het minimumloon. Het hele systeem dat had samengewerkt met het gevallen regime tot en met de hiërarchie van al-Azhar en de koptische kerk, was de schietschijf. De scheiding tussen enerzijds de hervormingsbeweging en anderzijds het leger, Moebaraks ontmantelde NDP, de moslimbroeders, de nomenclatura, het centrum en rechts werd geleidelijk een kloof.

In Jemen was dat sociaal probleem nog groter. Bij het begin van de opstand was een hoofdpijplijn opgeblazen door een machtig stamhoofd in het noorden, vlakbij Marib, de hoofdstad van de legendarische koningin van Sheba. Het was wraak voor de dood van zijn zoon, *collateral damage* bij een Amerikaanse luchtaanval op een al-Qaeda chef in mei 2010. Sindsdien kampte Jemen nog meer dan tevoren met stroomonderbrekingen, stijgende voedselprijzen en brandstoftekorten, zodat het dagen aanschuiven was voor diesel. Bij de pompstations braken soms vuurgevechten uit. Restaurants en winkels sloten hun deuren. Het legioen van veertig procent Jemenieten die het met minder moesten stellen dan twee dollar per dag groeide zienderogen. Maanden later was de pijplijn nog niet hersteld omdat het stamhoofd toegang weigerde tot zijn grondgebied zolang de Amerikanen geen schuld bekenden en vijf miljoen dollar bloedgeld betaalden. De explosie was de eerste in een lange rij van aanslagen op de energievoorziening en elektriciteitscentrales door beide partijen. De ene om de gevolgen te tonen van de chaos, de andere als drukkingsmiddel of om zichzelf te bedienen. Sinds het begin van de revolutie had de economie volgens de regering vier tot vijf miljard dollar verlies geleden. Dat was vooral toe te schrijven aan de scherpe daling van de olieproductie en -uitvoer, goed voor zestig procent van het nationaal inkomen. Alleen al de aanslag op de pijplijn had een miljard gekost. Daar kwam bij dat de internationale oliemaatschappijen wegens het geweld hun personeel terugtrokken uit Jemen.

EEN (VOORLOPIGE) BALANS

Hoewel de perspectieven van de Arabische lente op korte termijn niet idyllisch waren voor het Westen, was een klap toegebracht aan erfvijand Iran. Teheran had zich verheugd in de val van zijn vijanden in Tunesië en Egypte. Het had gesproken van 'islamitische revoluties', de 'heilige woede' van het volk en een herhaling van de eigen revolutie van 1979. Het hield een begerig oog op de oude 'provincie' Bahrein die via de stembus en de sjiitische meerderheid misschien wel opnieuw kon worden ingelijfd. Die ambitie was in de kiem gesmoord door de militaire interventie van de Golfraad. Nog zorgwekkender voor Iran was dat het regime in Syrië, de enige echte Arabische vriend, op apegapen lag. Het gevaar van de groene beweging in eigen land, de voorloper van de Arabische lente, was nog niet bezworen en kon bij de eerste gelegenheid weer oplaaien. Veel moest er niet gebeuren. De top van het land was afgeleid door de machtsstrijd op leven en dood tussen de geestelijke leider Khamenei en president Ahmadinejad.

Veel reserves om de Arabische revolutionairen een handje toe te steken had ook het Westen niet. Het was de financiële uitputting nabij. De euro kraakte in zijn voegen en in Amerika legde president Obama een verband tussen de exorbitante schuldenlast en de slechte economie. Op 22 juni, in een toespraak waarin hij een stapsgewijze terugtrekking aankondigde uit Afghanistan, zei Obama dat het afgelopen decennium een triljoen dollar was uitgegeven aan oorlog en dat het tijd was om te investeren in werk en infrastructuur. *Nation building at home,* noemde hij dat. De werkelijke kost van tien jaar oorlog was niet 1 maar 1,2 triljoen. In vergelijking daarmee viel de interventie in Libië nog mee. Ze had de Amerikaanse schatkist tegen begin juni 'maar' 716 miljoen dollar gekost. Het was geleend geld, geïnvesteerd in verwoesting en China was de belangrijkste schuldeiser van de vs. Het was ook zijn belangrijkste uitdager. Amerika leek het spoor bijster. Of liever, het zat opgezadeld met de katastrofale erfenis van de vorige regering. Vijf procent van de wereldbevolking was goed voor bijna een kwart van de totale wereldproductie. Diezelfde vijf procent gaf bijna de helft van al het geld uit dat in de wereld naar wapens ging. De vs gaf evenveel aan wapens en soldaten uit als de negentien andere landen in de top twintig samen. In mei steeg de Amerikaanse schuldenlast boven het plafond van 14.280 miljard dollar. Er werd gevreesd voor een lagere quotering door de machtige kredietbeoordelaars. Op 5 augustus kwam die er ook en verlaagde Standard & Poor's zijn beoordeling van AAA naar AA+. Dat was nooit eerder gebeurd. Het agentschap verantwoordde die beslissing met een verwijzing naar 'de minder stabiele, minder doeltreffende en minder voorspelbare' economische politiek van Washington en sloot verdere verlagingen niet uit. Het compromis dat Obama met de Republikeinen had bereikt over het herstel van het begrotingsevenwicht had een onvoldoende gekregen. Nochtans zette het vergelijk stevig het mes in de defensieuitgaven. In tien jaar moest 350 miljard worden bezuinigd op een budget dat na de aanslagen van 11 september was verdubbeld tot ruim 670 miljard dollar per jaar. De kersverse minister van Defensie, oud-CIA-baas Leon Panetta, noemde dat 'onaanvaardbaar, apocalyptisch en gevaarlijk'. Van ruim de helft van het militaire wereldbudget zou de VS in vier jaar tijd terugzakken naar 42 procent. Europa zou tegen dan ongeveer evenveel uitgeven als China, dat zijn aandeel zou verdrievoudigen. De militaire budgetten van de BRICS-landen zouden met 150 procent stijgen. Die van India, Pakistan en Latijns-Amerika zouden minstens verdubbelen. Voor het defensieblad *Jane's* was de wereld gesplitst in een deel dat ontwapent en een ander deel, dat vooral bestond uit de 'opkomende economieën', dat zich volop aan het herbewapenen was. In ieder geval was een nieuw evenwicht op handen. Vincent Desportes, voormalig directeur van de Franse militaire school, aarzelde niet om in *Le Figaro* de ondergang van het Westen in uitzicht te stellen. 'Als het Westen zijn economische superioriteit kwijtgeraakt, verliest het ook de macht om zijn wil, zijn visie en zijn waarden op te leggen', schreef hij.

Paradoxaal genoeg was die absurde toestand ontstaan na de ondergang van die andere supermacht, de Sovjet-Unie, ooit de vijand van Amerika. Ik was in Moskou, begin juni, en zag een stad vol luxe. De Russische hoofdstad was Amerikaanser dan Amerika zelf. Het sovjetdecor van hamer-en-sikkels en sterren en beelden van Lenin en plaatsnamen die herinnerden aan de revolutie en het oude regime waren onaangetast, alsof de Russische hoofdstad een schelp was die zo van inhoud kon veranderen. Het was een merkwaardig contrast met de winkelsluitingen die ik na de bankencrisis zag op Fifth Avenue en de economische onweerswolken die sinds het najaar van 2008 nooit echt waren weggetrokken boven het Westen. Een andere paradox was dat communistisch China, tot voor kort een ontwikkelingsland, de bankier was geworden van het kapitalistische Amerika.

NOG EEN STAPJE VERDER

De Franse regering die willens nillens de leiding had van de interventie dropte begin juni wapens boven de Nafusa-bergen in het westen van Libië, waar de Berbers in opstand waren. Het waren antitankwapens, raketlanceerders, lichte infanteriewapens en munitie. Volgens *Le Figaro* ging het om tonnen. De Afrikaanse Unie zei dat ze in handen vielen van de zwarte markt en terechtkwamen bij al-Qaeda. Secretaris-generaal Rasmussen van de NAVO zei niets te weten van de Franse leveringen. Uiteindelijk gaf Parijs toe dat Sarkozy de opdracht had gegeven tot de wapendroppings. Het was de bedoeling om de rebellen op die manier tot aan de poorten van Tripoli te brengen en zo een opstand uit te lokken in de hoofdstad. Daarbij hielp ook een kolonie rijke Libiërs vanuit het Tunesische toeristenparadijs Djerba. In het Belgisch parlement zei minister van Defensie De Crem dat 'het wapentuig van Kadhafi niet meer bruikbaar' was. Hij wist alleen niet of de vernietiging ervan voor 95 dan wel voor de volle 100 procent was voltooid. De zes Belgische F-16's hadden in drie maanden tijd 202 precisiebommen afgeworpen.

Op dat moment ontplofte een bom in Libanon, een nieuwsbom voor een keer. Het VN-tribunaal vroeg de arrestatie van vier leden van Hezbollah in verband met de moord op Rafik Hariri. Een van de verdachten was de chef operaties van de militie, de opvolger van de in 2008 vermoorde topterrorist Imad Mugniyeh, die de menselijke bom had geïntroduceerd in de regio. Hij had de supervisie van het complot. 'Een mijlpaal, eindelijk kunnen de 22 martelaren in vrede rusten', zei Saad Hariri die daarmee verwees naar de zielenrust als diepe drijfveer van de vendetta's in deze streken. De geest van het slachtoffer bleef dwalen zolang geen recht was geschied. Er werd aan getwijfeld dat de Libanese autoriteiten de vier zouden arresteren. Ook dat legde iets fundamenteels bloot over een regio waarin wapens in uiteenlopende handen waren. Saad Hariri was in januari door Hezbollah ten val gebracht als regeringsleider en vervangen door een sympathisant van de militie, de miljardair Najib Mikati. Mikati, leider van een minipartijtje en goede vriend van Bashar al-Assad, had medewerking beloofd aan het tribunaal zolang dat de 'interne vrede' niet bedreigde. Pas op 13 juni was Mikati klaar met de samenstelling van zijn regering die zich ten doel stelde 'het resterend grondgebied te bevrijden van de Israëlische vijand'. Op de laatste dag van die maand viel het confidentieel arrestatiebevel in zijn bus. De kersverse regering had nu een maand om het uit te voeren, zo niet zou het openbaar worden gemaakt. Dat laatste gebeurde op 17 augustus. De regionale spanning tussen soennieten en sjiieten vond niet onverwacht een kristallisatie in Beiroet. Iran en Syrië stonden achter de sjiitische Hezbollah die de wettelijkheid van de internationale rechtbank betwistte. Saoedi-Arabië steunde Hariri en de soennieten, behalve dan Mikati die een vazal was van Damascus. Israël, Frankrijk, Rusland en de Verenigde Staten waren belanghebbende partijen.

In Syrië gaf Assad aan de oppositie voor het eerst in een halve eeuw de gelegenheid om in Damascus te vergaderen over de eis tot democratische hervormingen; 150 dissidenten, veteranen van de oppositie en voormalige politieke gevangenen kwamen op 27 juni bijeen in Hotel Semiramis in Damascus. Ook Michel Kilo, de gerespecteerde veteraan van de strijd tegen de Assads, was er. De bijeenkomst werd verslagen door de staatstelevisie en voor het eerst hoorden de Syriërs via de spreekbuis van het regime kritiek op het bewind. De vergadering deed een oproep tot geweldloosheid en tot het recht op betogen. Washington sprak van een stap vooruit. Het initiatief van Assad was een slimme zet, want de bijeenkomst bleek verdeeld tussen voor- en tegenstanders van een dialoog met het regime. De drie klassieke breuklijnen lagen bloot: de oppositie in ballingschap pleitte voor een internationale interventie, de oppositie in Syrië zelf was daar tegen en wilde een 'Syrische' oplossing. Bij die laatste groep waren er die wel en anderen die niet met het regime wilden praten. Israël volgde met argusogen en deed iets onverwachts. De chef van de Israëlische militaire inlichtingendienst, generaalmajoor Aviv Kochavi reisde bij het begin van de zomer naar het VN-hoofdkwartier in New York om de westerse bondgenoten te vragen Assad niet nog verder onder druk te zetten. Hij vreesde dat de Syrische massavernietigingswapens in handen zouden vallen van Hezbollah en Hamas, mocht het regime vallen. Uit Wikileaks' telegrammen was bekend dat Hezbollah verschillende wapenarsenalen had in dichtbevolkte gebieden in Syrië en volgens diplomaten was de militie volop bezig om die over te brengen naar Libanon. Hassan Nasrallah, de leider van Hezbollah, tot voor kort nog een held van de Arabische straat, kwam in nauwe schoentjes. Op 24 juni gaf hij zelf op televisie toe dat drie leden van zijn organisatie spionnen waren van de CIA. 'Sommige media spreken van honderd gevallen, maar als we wisten van meer dan drie hadden we het ook gezegd', zei de leider van de Partij van God.

BROEDERS EN AFREKENINGEN
In Egypte vreesde Tahrir dat de revolutie zou vastlopen. Er kwam nieuw protest tegen het uitblijven van vonnissen tegen kopstukken van het afgezette regime. Er braken gevechten uit tussen demonstranten en ordetroepen op het Vrijheidsplein met volgens officiële cijfers ruim duizend gewonden; de beurs verloor twee procent en het Egyptische pond zakte

naar zijn diepste peil in zes jaar, teken van ongeloof dat de toeristische industrie spoedig zou herstellen. Presidentskandidaat el-Baradei wilde snel een lijst met contrarevolutionairen. Hij vond het ongehoord dat die er na vijf maanden nog niet was. Er was een ophefmakende verklaring van de nieuwe groot imam van al-Azhar, de belangrijkste soennitische universiteit ter wereld. Hij sprak zich uit voor een 'moderne, democratische natiestaat' en dat was een klap voor de fundamentalistische voorstanders van het kalifaat. Tijdens het vrijdaggebed op Tahrir dreigde een imam ermee dat het volk galgen zou oprichten als er niet snel processen kwamen. Er waren honderden betogers op Tahrir. De politie en het leger trokken zich terug. De manifestanten regelden het verkeer. De Moslimbroederschap was tegen de nieuwe demonstraties. 's Nachts verschenen aanhangers van Moebarak op het plein en kwam het tot schermutselingen. Zij moesten zich terugtrekken. Er braken nieuwe protesten uit tegen het optreden van de ordehandhaving in vijf steden. De grootste betoging, in Alexandrië, telde zo'n tweeduizend man. De periode van de grote massa's scheen voorbij.

Tweehonderdvijftig kilometer ten zuiden van Caïro, in Qolosna, kwam het tot nieuw sektarisch geweld toen een aantal islamitische taxichauffeurs een groep christelijke meisjes lastigviel tot ze werden ontzet door gewapende verwanten. Vier christenen en drie moslims werden afgevoerd naar het ziekenhuis. De signalen waren tegenstrijdig. Er waren geregeld godsdienstrellen en de spanningen liepen soms uit de hand. Er werd geklaagd over discriminatie, maar er waren ook andere tekenen. Moslims hielpen bij de restauratie van de kerk in Imbaba, bij Caïro, die begin mei in brand was gestoken. Kort voor de revolutie had Azayemiya, een van de grootste soefi-ordes van het land, een kopt uitgeroepen tot man van het jaar. De orde zette zich actief in voor nationale eenheid en de gedachte dat christenen en moslims geloven in dezelfde God. Daar tegenover stond de nummer twee van de koptische kerk, bisschop Bishoy, die de authenticiteit van sommige koranverzen betwistte en de moslims 'gasten' noemde in Egypte. Voor hem waren de kopten de échte Egyptenaren. Het woord 'kopt' heeft dezelfde etymologische wortel als 'Egypte'. Voor paus Shenouda III was het telkens koorddansen om de brandjes te blussen. Tegelijk was hij – maar hij en de kopten niet alleen – zeer beducht voor het opkomende salafisme. Op 30 juni betoogde Jama'a al-Islamiya voor de vierde keer bij de Amerikaanse ambassade in Caïro voor de vrijlating van hun leider, de blinde sjeik Omar Abdel Rahman die in de VS levenslang uitzit als meesterbrein van de eerste aanslag op het WTC in 1993. De Jama'a was net als de Moslimbroeders tegen de nieuwe betogingen op Tahrir en ze beschouwde de manifestanten als aanhangers van het oude regime die chaos wilden creëren. De ooit zo beruchte organisatie was verdeeld. Ze had de terreur van de jaren negentig afgezworen en zich voorgenomen een politieke partij te worden om via de stembus de algemene invoering van de sharia af te dwingen. De groep zegde zijn steun toe aan Abdel Moneim Abouel Fotouh, een gematigde Moslimbroeder, die de belofte van zijn partij had geschonden door zich kandidaat te stellen voor het presidentschap en vervolgens uit de Broederschap was gestoten. De vs volgden de politieke evolutie in Egypte angstvallig en zetten de gesprekken voort die in 2006 waren aangeknoopt met de Moslimbroederschap. Een halve eeuw geleden waren de Broeders en Washington nog goede vrienden.

Toen de rechter drie voormalige ministers, die van Informatie, Financiën en Huisvesting, vrijsprak van corruptie, leidde dat tot commotie, al was er onmiddellijk beroep aangetekend en liepen er nog andere processen tegen de drie. Hun bezittingen waren bevroren en ze hadden een reisverbod. De voormalige minister van Informatie was in een andere zaak bij verstek al tot dertig jaar veroordeeld. Toen een rechter in Suez zeven politiemannen vrijsprak van het doden van zeventien mensen tijdens de revolutie, braken onmiddellijk zware rellen uit, ook in Caïro. Tot nog toe was nog maar één politieman schuldig bevonden en dan nog bij verstek. Egypte worstelde drie maanden na de revolutie met een kater. Alleen de Moslimbroederschap scheen tevreden. De organisatie, die zich bij de revolutie aanvankelijk afzijdig had gehouden, betrok een nieuw luxueus hoofdkwartier waar de dure auto's van nieuwe sponsors aanschoven. De Broeders waren salonfähig en klaar voor het nieuwe Egypte. Het seculiere Tahrir dat de revolutie had gemaakt was minder optimistisch. De revolutionaire beweging dreigde gemarginaliseerd te raken. Toen werd plots de rol van het leger in het nieuwe Egypte de focus van het politiek debat. Hesham al-Bastawisi, de ondervoorzitter van het Hof van Cassatie en gedoodverfde presidentskandidaat, had gezegd dat het leger de behoeder moest worden van de nieuwe Grondwet en de veiligheid. Dat gaf het leger zo mogelijk een nog grotere rol dan het al een halve eeuw had. Was deze blauwdruk van een Egypte naar Turks model een manier om de legertop een veilige aftocht en zachte landing te verzekeren? Ook el-Baradei had gezegd dat het leger nodig was om de Grondwet en de democratie veilig te stellen en dat het voorlopig 'een zekere autonomie' moest hebben om zijn eigen zaken te regelen. Het kon volgens dit andere zwaargewicht in de race naar het presidentschap moeilijk anders, omdat het leger 'de sterkste partij op de politieke scène' was. De generaals, die de enige instelling vertegenwoordigden die de revolutie zonder kleerscheuren had overleefd, herbevestigden hun keuze voor een 'democratische burgerregering'. Of dat gemeend was werd betwijfeld. De Opperste Raad had wetten uitgevaardigd over de politieke rechten die volgens de revolutionairen tekortschoten. De militairen hadden bij herhaling gezegd dat ze geen presidentskandidaat in de race zouden brengen, maar dat betekende niet dat ze bereid waren om zich te onderwerpen aan een democratisch verkozen regering. Een lid van de Hoogste Raad had met zoveel woorden duidelijk gemaakt dat de nieuwe grondwet de onafhankelijkheid van het leger moest garanderen. Ook het bondgenootschap met de VS en dus de vrede met Israël waren onaantastbaar en gaven het leger een politieke rol. Ten slotte, en niet het minst, moesten de aanzienlijke economische belangen van de militaire nomenclatuur worden veiliggesteld. Minister van Defensie Tantawi, voorzitter van de Hoogste Raad, was zowat de CEO van het grootste zakenimperium van het land. De seculiere revolutionairen hadden de generaals nodig om te voorkomen dat de Moslimbroeders, de grootste en best georganiseerde politieke macht van het land, een theocratie zou installeren. Een vergelijk met het leger was nodig maar het mocht niet zoveel macht krijgen dat het de democratie kon bedreigen. De generaals zaten gebeiteld en leenden beurtelings het oor aan de Broeders, bondgenoten in het streven naar recht en orde, en de democraten, beschermelingen van de westerse broodheren. Op 13 juli werden honderden hoge politieofficieren ontslagen. De Hoogste Raad beloofde ook een princiepshandvest dat de leidraad moest worden bij het schrijven van een nieuwe grondwet. Veel hing af van de samenstelling van de commissie die het zou opstellen. Aangezien dat werk niet tijdig klaar zou zijn werden de parlementsverkiezingen van september twee maanden uitgesteld. Daarmee werd ingegaan op een belangrijke eis van Tahrir. Een week later werd een drastische regeringsherschikking doorgevoerd. Er traden achttien nieuwe ministers aan, maar die van Justitie en Binnenlandse Zaken bleven op post ondanks de roep om hun ontslag. Toch was ook dat een toegeving van het leger, dat geschrokken scheen door een paar onverwacht massale betogingen. De hele maand juni was vrij rimpelloos verlopen en het protest scheen te verbrokkelen en verpieteren, maar op 1 juli waren er tienduizenden op Tahrir om snellere hervormingen te eisen. De vrijdag daarop zag de hoofdstad de grootste betoging sinds de val van Moebarak en het begin van een nieuwe bezetting van Tahrir, die tot het eind van de maand zou duren. De organisatoren en het leger waren even verrast door de grote opkomst op de dag van de Tweede Revolutie. Ze waren ook verrast dat het woede was die de betogers dreef in plaats van hoop en dat slogans werden geroepen tegen Tantawi, de voorzitter van de Hoogste Raad. De prille idylle tussen het leger en de Moslimbroeders, allebei voorstanders van stabiliteit en stilstand, verwaterde enigszins toen ook zij processen begonnen te eisen tegen de contrarevolutionaire 'misdadigers'. De Broeders hadden hun aanvankelijk verzet tegen een nieuwe massademonstratie op 8 juli laten varen en waren, andermaal in extremis, op de kar gesprongen van de Tweede Revolutie. De frustratie over de magere vruchten van de revolutie werd versterkt door de kwakkelende economie en door de toenemende onveiligheid. De hoop op een nieuwe tijd werd belichaamd door jeugdidolen als Ramy Essam, de troebadoer van Tahrir, die na te zijn mishandeld door militairen kort na de val van Moebarak een hit scoorde met het lied *Sla Mij*. 'Je gedrag verbaast me niet. Je verzwakt me niet. Hoe meer je me slaat, hoe meer ik vasthou aan mijn droom. Sla mij!' Hij werd uitgenodigd door de Tunesische televisie en ook door die van Egypte, op voorwaarde dat hij niets zou zingen tegen het leger.

Het leger organiseerde een peiling op Facebook waar el-Baradei als sterkste kanshebber uit kwam voor het presidentschap. Hij kreeg een kwart van de 267.000 deelnemers aan de poll achter zich, tegenover zeventien procent voor de islamitische intellectueel Selim al-Awa en dertien voor de oude uitdager van Moebarak en ex-gedetineerde Ayman Nour. Ondanks de onbetrouwbaarheid van de peiling in een land waar de meerderheid geen aansluiting heeft op het internet en manipulatie sinds mensenheugnis behoort tot de courante politieke praktijk, was het een indicatie.

Een aanwijzing van een andere orde kwam uit Turkije. Op 29 juli namen de stafchef en de bevelhebbers van de marine, de luchtmacht en het landleger ontslag uit protest tegen de arrestatie van 42 generaals en tientallen officieren die verdacht werden van samenzwering tegen het kabinet Erdogan. De entente tussen de islamisten van de regerende AKP en het leger, behoeder van de seculiere erfenis van Atatürk, stond onder druk. Dit kon leiden tot de vijfde militaire staatsgreep in een halve eeuw. De laatste coup dateerde van 1997 en was gericht tegen de regering Erbakan, de mentor van Erdogan. Ook staatsgrepen behoorden tot het 'Turks model' dat nu zijn kwetsbaarheid liet zien.

Het politieke enthousiasme in Egypte bleef voorlopig onaangetast. Waar bij de redelijk faire parlementsverkiezingen van 2005 vier tot vijf miljoen kiezers kwamen opdagen, waren dat er achttien miljoen voor het referendum van maart en werd een opkomst van vijfentwintig tot dertig miljoen verwacht voor de eerste parlements- en presidentsverkiezingen na de revolutie.

ARABIA FELIX, HET GELUKKIGE ARABIË

In Jemen was president Saleh van het toneel verdwenen nadat hij op 3 juni was gewond bij een aanval van de stammilitie van de Hashid op het presidentieel paleis. Hij werd met zware brandwonden overgebracht naar Saoedi-Arabië, maar bleef volgens zijn adjuncten de touwtjes stevig in handen houden. De sfeer op straat was vijandig tegenover de vs en Saoedi-Arabië, die ervan werden verdacht Saleh in bescherming te nemen. Maar op het Plein van de Verandering in Sanaa keerde de stemming van de revolutionaire jongeren zich ook tegen de conservatieve religieuze Islah-partij. De partij was een instrument van de Ahmar-clan die Saleh de oorlog had verklaard en nu de kans zag om door te stoten naar de macht. De jeugd voelde zich door de Ahmar misbruikt als ze al niet werd mishandeld of uiteengedreven door leden van de Islah of de tankdivisie van de dissidente generaal Muhsin al-Ahmar. Er tekende zich een scheidingslijn af in de oppositie tussen de jongerenbeweging en de Joint Meeting Parties, een coalitie van vijf oppositiepartijen die in 2005 was gevormd en waarin Islah de eerste viool speelde. Voor de jongeren bestond de partij uit onverdraagzame fundamentalisten en extremisten die geen democratische staat wilden maar een kalifaat. Net als in Egypte hadden de islamisten pas na verloop van tijd hun wagen vastgehaakt aan de trein van de revolutie die ze nu wilden leiden. Achter de schermen praatten ze over de toekomst met vicepresident Hadi.

Eind juni zei Jemen dat in twee dagen tijd veertig terroristen waren gedood bij een poging van al-Qaeda om een militair kamp te veroveren in de provincie Abyan. Voor het eerst was er sprake van dat leden van de betrouwbare Republikeinse Garde deserteerden. 'Jemens toekomst zinkt verder weg in de onzekerheid', zei al-Jazeera. Al-Qaeda dreigde het westen van Jemen te scheiden van het oosten. Op 27 mei hadden de terroristen zonder slag of stoot Zinjibar ingenomen, de provinciehoofdstad van Abyan, en daarmee stonden ze op minder dan vijftig kilometer van Aden. Een maand later, op 22 juni, ontsnapten meer dan zestig militanten van al-Qaeda via een tunnel uit de gevangenis van Mukalla op de kust van de Indische Oceaan, niet ver van het stamgebied van Osama bin Laden. Terwijl dat gebeurde werd de gevangenis door een gewapende groep aangevallen. Sommige ontsnapten waren ter dood veroordeeld en een dozijn van hen behoorde tot de Tarim-cel die als uiterst gevaarlijk werd omschreven. De uitbraak viel samen met het bezoek van de Amerikaanse onderminister van Buitenlandse Zaken Jeffrey Feldman, die vicepresident Hadi kwam steunen, al was die geen stap dichter gekomen bij de machtsovername. Na het vertrek van Saleh naar Saoedi-Arabië had immers zijn zoon en gedoodverfde opvolger Ahmed Ali, chef van de

Republikeinse Garde en de elitetroepen, zijn intrek genomen in het presidentieel paleis. De macht was simpelweg overgenomen door zijn clan die alle sleutelposten bezette in het veiligheidsapparaat en wachtte op orders van de herstellende president. De strategisch uiterst gevoelige havenstad Aden aan de gelijknamige golf, kreeg tienduizenden vluchtelingen te verwerken uit vlakbijgelegen gebieden, waar zo'n zevenhonderd al-Qaedamilitanten de plak zwaaiden. Zinjibar, dat onder hun controle was, was herschapen in een half verwoeste spookstad zonder stroom of water. Op 7 juli werden tien soldaten gedood in een hinderlaag van de extremisten in Loder, vlakbij Zinjibar. Op 24 juli werd Aden opgeschrikt door een zelfmoordaanslag waarbij negen soldaten omkwamen. Het viel op dat het leger zich niet had verzet tegen de verovering van Zinjibar. Een agent van de veiligheid zei dat de troepen twee dagen tevoren waren gewaarschuwd en van hogerhand bevel kregen hun wapens af te geven zonder weerstand te bieden. De militanten waren goed georganiseerd en 'onzichtbaar als djinns'. Er waren Somaliërs en Emiratis bij. Ze opereerden in kleine groepen en hadden het gemunt op de veiligheid, de politieke politie, de plaatselijke administraties en de wapenopslagplaatsen. Ze noemden zich Ansar al-Sharia, het leger van de Wet. Adel al-Adab, de ideoloog van al-Qaeda op het Schiereiland, was in hun midden. Het plaatselijk radiostation zond alleen nog koranverzen uit. De moraalridders controleerden de helft van de districten van de provincie Abyan waar Zinjibar de hoofdplaats van was. Ze hadden het stadje op dezelfde wijze ingepalmd als Jaar met zijn wapenfabriek, drie maanden voordien. Sommigen verdachten Saleh ervan de opmars van al-Qaeda te bevorderen om zijn onmisbaarheid aan te tonen. Het buurland Saoedi-Arabië bereidde zich verder voor op onzekere tijden met het ontwerp van een nieuwe antiterreurwet, die volgens Amnesty International sommige van de ergste repressieve methodes zou verankeren, protesten verstikken met arrestaties zonder vorm van proces en voorzag in een ruimere toepassing van de doodstraf, die in het koninkrijk onthoofding betekent.

Op 8 juli verscheen president Saleh op televisie met zijn handen in het verband en brandwonden in het gezicht. Hij had 'meer dan acht succesvolle operaties' achter de rug, zei hij. Saleh deed een nieuwe oproep tot dialoog maar zei dat wie hem van de troon wilde stoten een 'fout begrip van de democratie' had. Vicepresident Hadi stond onder toenemende druk om de macht over te nemen, maar de president deed of er niets aan de hand was.

NEEM MAHER MEE EN VERTREK

Diezelfde dag kwam 'een half miljoen' mensen op straat in Hama, in ieder geval de grootste betoging sinds het begin van de onrust in Syrië. De symbolische stad was relatief rustig gebleven na de eerste manifestaties met doden, eind april, maar klom na de vele slachtoffers op 3 juni, 'dag van de kinderen van de vrijheid', op de barricaden. Op de vooravond van de massademonstratie van 8 juli kwam de Amerikaanse ambassadeur naar Hama om de bewoners persoonlijk aan te moedigen. De Franse ambassadeur volgde zijn voorbeeld. Met 800.000 inwoners de vierde stad van het land beet Hama al ruim een week de spits af van het verzet. Het was een verdeelde stad waar voor- en tegenstanders van het regime op straat kwamen en waar de koffiehuizen gonsden van de spanning tussen alawieten, christenen en moslims. Naar de auto van ambassadeur Ford werden rozen gegooid en er werd geroepen 'het volk wil de val van het regime'. Damascus was woedend en sprak van inmenging, ophitsing en een duidelijk bewijs van de Amerikaanse betrokkenheid bij de opstand. Het masker was afgeworpen. Ford had 'deelgenomen aan het protest' en dat was voor Damascus een poging om de plannen voor een nationale dialoog van het regime met de oppositie te saboteren. Dat kon niets anders betekenen dan dat Washington de Syrische regering ten val wilde brengen. *Champress,* nochtans een spreekbuis van het regime, citeerde een Libanese bron om de uiteenlopende visies te schetsen over de aanpak van de crisis. In Damascus zag de ene fractie heil in de 'noodzaak van militair optreden', de andere, onder leiding van president Bashar, koos voor 'hervormingen, diplomatie en dialoog'. De top van het regime maakte volgens *Champress* het onderscheid tussen drie soorten demonstranten. Er was een groep met gerechtvaardigde economische eisen en een tweede van intellectuelen die een politieke rol wilden spelen. Met beide groepen wilde het regime praten en een oplossing zoeken. Maar de derde groep, die 'outlaws en buitenlandse agenten' omvatte, moest met geweld worden aangepakt.

Het was niet de eerste uitstap van de Amerikaanse ambassadeur in onrustig gebied. Enkele weken eerder was hij met andere diplomaten door de Syrische autoriteiten rondgeleid in het spookstadje Jisr al-Sughur, in het noorden. Washington had de grootste moeite om dat reisje en zelfs de aanwezigheid van de ambassadeur in Damascus uitgelegd te krijgen aan de pers. Het was onduidelijk of de ambassadeur nog contact had met het regime, maar er was hem en zijn staf geen reisverbod opgelegd. Voor Ford was de opstand niet het werk van buitenlandse onruststokers, zoals de Syrische regering beweerde, en Washington liet er geen twijfel over dat het aan de zijde stond van 'zij die verandering willen'.

Toen richtten het leger en de activisten de rusteloze schijnwerpers op Homs. Half juli waren de troepen er een operatie begonnen die in een week tijd vijftig mensenlevens kostte. Homs was samen met Deraa een van de vroegste verzetshaarden. Het losschroeven van een reusachtig standbeeld van vader Assad in het nabijgelegen Rastan, was op 15 april het sein geweest voor een eerste repressiegolf waarbij twintig doden vielen in twee dagen. Net als in Hama was de nieuwe spanning veroorzaakt door geruchten en vervolgens door confrontaties tussen de soennitische bevolking en de alawitische minderheid. Steeds duidelijker bleek dat ook in Syrië iets fundamenteels was veranderd. Ondanks de repressie was er geen angst meer om hardop te spreken. Het volk had de drukkende last van willekeur en vernedering afgeworpen en zijn *karama*, zijn zelfrespect, heroverd. De dissidenten van destijds stonden aan de zijlijn. Een van hen, Michel Kilo, zei dat de 'straat' de revolutie stuwde en dat de oppositiepartijen en persoonlijkheden amper iets voorstelden. Met die 'straat' bedoelde hij de comités die in de steden en de wijken het verzet organiseerden. De comités voorspelden een hete augustusmaand want tijdens de ramadan zou elke dag een vrijdag zijn. Ze waren inmiddels verenigd in een nationale beweging met gemeenschappelijke ordewoorden en overlegorganen op het internet, dat tevens fungeerde als alternatief persbureau. Elke stad had zijn comité en allen samen vormden ze een druiventros. De beweging publiceerde zijn 'visie op het toekomstig Syrië', die door een ander historisch monument van de oppositie, Riyad al-Turk (twintig jaar politiek gevangene), werd geprezen als de beste tekst sinds het begin van de revolutie. Het manifest bepleitte een planmatige machtsoverdracht aan een raad van burgers en militairen die een half jaar kreeg voor politieke en wetgevende hervormingen. Het nieuwe Syrië moest een republiek worden van alle Syriërs en niet van 'een individu, een familie of een partij'. Het was de eerste blauwdruk van de opstandelingen. De Syrische oppositie had in de maandenlange strijd een rijpheid bereikt die er nooit was gekomen in Egypte of Tunesië, omdat alles er razendsnel was verlopen. De afwezigheid van leiders van het traditionele type had ze dan weer gemeen met de revoluties in de rest van de Arabische wereld.

Het regime deed weinig om een hete ramadan te voorkomen. Integendeel. Op 31 juli, de vooravond van de vastenmaand, lanceerde het een van zijn zwaarste offensieven sinds het begin van de opstand. De tanks, die al drie weken rond de martelarenstad Hama lagen, rolden nu door de straten van dit historische bolwerk van de Moslimbroeders. Ook elders was het erg onrustig, maar ruim de helft van de doden viel in deze stad, die elke Syriër zich herinnerde van de bloedige onderdrukking in

1982. Op de oever van de Assi-rivier werd het lijk gevonden van de componist van de hymne die in Hama werd gezongen: 'Bashar je bent geen van ons. Neem Maher mee en vertrek, we geloven je niet meer, vertrek nu oh, Bashar, leugenaar.' De nek van Ibrahim Qashqoush, de dichter, was overgesneden, zijn adamsappel uitgekerfd.

INKOPEN VOOR DE RAMADAN

De eerste vastenmaand sinds het begin van de omwentelingsgolf zou op 1 augustus ingaan. De discussies tijdens de avondlijke maaltijden met buren, vrienden en familie konden de revolutie een nieuw elan geven. In Egypte maakten betogingen op het Tahrirplein al weken voordien duidelijk dat de sintels nog smeulden. De stemming was gekenterd. Er was opgeroepen tot een nieuwe betoging van een miljoen om 'de eenheid en de wil van het volk' te tonen op de laatste vrijdag voor de ramadan. Na dagen van moeizame onderhandelingen waren de oppositiepartijen het eens over gemeenschappelijke ordewoorden als de afschaffing van de militaire rechtbanken voor burgerzaken, een versnelling van de corruptie- en moordprocessen tegen kopstukken van het oude regime en een herverdeling van de rijkdom. Dat moest de 'geest van de revolutie' redden. Een voor een kwamen politieke en religieuze leiders oproepen tot eendracht, maar de ene kantte zich tegen het leger, de andere tegen een 'religieuze staat'. In de massa waren spandoeken te zien waarin de islamitische identiteit van Egypte werd opgeëist en er waren spreekkoren voor de invoering van de sharia. De islamisten domineerden het Tahrirplein. De Moslimbroeders en de radicale salafisten van de nieuwe al-Nour (het Licht)-partij hadden de betoging aangegrepen om hun macht te tonen en in plaats van eenheid werd grote verdeeldheid gedemonstreerd op Tahrir. Als dit de spiegel was van het land, dan was nu een beeld verschenen dat tot nadenken stemde. De laatste tijd waren er elke donderdag en vrijdag gemiddeld vijftig doden. Volgens de hervormers was dat het werk van het oude regime, dat hiermee wilde tonen wat een land zonder politie betekende. De oude nomenclatuur zocht een nieuw politiek onderkomen. De voormalige regeringspartij bestond niet meer en de formaties die onder Moebarak mochten opereren zoals de Wafd, de Verenigde Progressieven of de Nasseristen waren door de val van de rais in discrediet gebracht. In de islamistische hoek was er verdeeldheid tussen radicale salafisten, de Moslimbroeders en de meer gematigde *al-Wasat*.

De economische perspectieven waren somber. De regering en de Hoogste Raad weken niet af van het liberaliserings- en privatiseringsbeleid van Moebarak en behielden de algemene belastingvoet van twintig procent voor arm en rijk. Aan de arbeidsomstandigheden die in het laatste decennium pijlsnel achteruit waren gegaan, veranderde niets. Het was amper opgemerkt dat tijdens de revolutie in de middelgrote steden de nadruk niet lag op vrijheid en democratie, zoals in Caïro en Alexandrië, maar op sociale eisen als werkloosheid, onderwijs en levensduurte. In de arme regio's ging het om de achteruitstelling. Net als in Tunesië was het oude, weinig sociaal voelende apparaat nog altijd op post. Net als in Tunesië bleven de toeristen, die voor enige beterschap konden zorgen, nog altijd weg. In de Mariott van Caïro telde Robert Fisk maar 24 toeristen voor in totaal 1040 kamers. De revolutie was voorbij, de verkiezingscampagne voor de grondwetgevende vergadering die 'voor het eind van het jaar' zou worden verkozen, was begonnen. De toekomst van het land stond op het spel. Het machtsvertoon van de fundamentalisten op Tahrir toonde welke kant het kon uitgaan. Na enkele uren riepen 28 partijen en organisaties op om het plein te verlaten uit protest tegen de kaping van de 'dag van de eenheid' door de islamisten. In al-Arich in de Sinaï was er die dag een verontrustend incident. Onder zwarte banieren met de strijdkreet 'er is geen god tenzij Allah' waren religieuze ultra's met motoren en vrachtwagens neergestreken om mee te doen aan de vreedzame vrijdagbetoging. Na afloop openden ze het vuur, haalden een standbeeld neer van oud-president Sadat, die door religieuze fanaten was vermoord, en trokken naar het politiebureau waar ze tot staan werden gebracht door het leger. Er waren twee doden en twaalf gewonde agenten.

Op de eerste dag van de vastenmaand veegden troepen het Tahrirplein schoon, dat sinds 8 juli opnieuw was bezet uit protest tegen het uitblijven van processen. Dat verliep niet zonder slag of stoot. Twee dagen later, op 3 augustus, werd Moebarak per helikopter overgevlogen van het ziekenhuis van Sharm el-Sjeik naar de hoofdstad om voor de rechter te verschijnen in een door duizenden militairen en politiemannen bewaakte politieschool, de voormalige Moebarak-academie, in een voorstad van Caïro. Voor het oog van Egypte, de regio en de wereld werd Moebarak beschuldigd van machtsmisbruik, moord en moordpoging. Dit zou niet het proces worden van zijn bewind maar van de laatste dagen ervan. Hij riskeerde de doodstraf. Zijn advocaten waren van plan 1600 getuigen op te roepen bij wie maarschalk Tantawi, het hoofd van de Hoogste Raad. Buiten waren er schermutselingen tussen aanhangers en tegenstanders van de afgezette president. Elders in het land kon het publiek volgen wat in de rechtzaal gebeurde op reuzenschermen die waren opgesteld op de pleinen van de grote steden. In een wit gevangenisplunje en vanuit een wit ziekenhuisbed in een kooi achter tralies verwierp Moebarak met een handgebaar en enkele woorden alle beschuldigingen. Ook zijn twee zonen deden dat. Tijdens zijn eerste verhoor had hij tegengesproken dat hij het geweld had kunnen stoppen. Had hij daartoe het bevel gegeven, dan zou 'niemand hebben geluisterd'. Het rechtstreeks uitgezonden beeld van de gevelde farao, koran in de hand, was onvertoond en symbolisch en zou zonder twijfel het jaaroverzicht halen. De 'moeder van de wereld' bleef in 2011 geschiedenis schrijven met recht of met wraak. Dat gebeurde onder het oog van de Opperste Raad, die daarmee toegaf aan de revolutie die ze zegde te vertegenwoordigen om ze, naar het woord van de Egyptische schrijver Khaled al-Khamissi, beter te kunnen doden. Vrijheid en Recht, de partij van de Moslimbroeders, sprak van een nieuwe 'vertrouwensrelatie tussen volk en leger'. De 'internationale gemeenschap' keek emotieloos toe of zoals de woordvoerder van het State Department zei na de veroordeling van Ben Ali tot 35 jaar: 'Voor ons is van belang dat de rechtsgang, de democratie en de wettelijkheid versterken in Tunesië. Hij heeft een proces gekregen. Hij is veroordeeld. Ik kan geen juridische analyse geven van hoe dat is gebeurd, dat is een zaak van de Tunesiërs.' Het proces op zich was een 'grote vooruitgang'. Hoe symbolisch de vervolging van Moebarak ook mocht zijn, het betekende niet dat Egypte nu een rechtstaat was. Het leger bleef almachtig. Het had zich tegen de president gekeerd toen het veiligheidsapparaat niet in staat bleek de revolutie te stoppen. Maar het gedoogde dat bij Binnenlandse Zaken met zijn grote paramilitaire veiligheidsdiensten, die de strijd hadden verloren, alles bij het oude bleef en de Hoogste Raad maakte geen aanstalten om deze kolos met zijn anderhalf miljoen personeelsleden in democratische zin te hervormen.

Het was ramadan. De Moslimbroeders deelden gratis maaltijden uit in de steden en de dorpen van Egypte terwijl ze zoals anders medische zorg verstrekten met hun mobiele ziekenhuizen. Dat hadden ze altijd gedaan. Nu was het een manier om campagne te voeren. Mohammed Mursi, de leider van hun pas gestichte partij, droomde van een Saoedisch maatschappijmodel. Al sinds de dagen van Moebaraks voorganger Sadat was niet langer de aloude al-Azhar-universiteit het religieuze ijkpunt, maar het wahhabitische Saoedi-Arabië met zijn letterlijke lezing van de heilige teksten. Saoedi-Arabië, waar in de jaren vijftig en zestig veel Egyptische Broeders een veilig onderkomen vonden.

GROEN LICHT VOOR EEN VOLGEND SEIZOEN
De Franse assemblee keurde op 12 juli eensgezind maar zonder veel enthousiasme de voortzetting goed van de oorlog in Libië. Senaatsvoorzitter Gérard Larcher zei in een interview met *Le Monde* dat zich een

belangrijke verandering had voltrokken in de Franse doctrine. 'We zijn geëvolueerd van stabiliteit als belangrijkste zorg naar het afwijzen van regimes die de democratie weigeren.' De toepassing van de nieuwe doctrine was zichtbaar in de Arabische wereld. Hoeveel liever had Sarkozy, in plaats van de stemming in het parlement, twee dagen later een triomferend rebellenleger zien marcheren op de Champs Elysées tijdens het defilé van *quatorze juillet*. Resolutie 1973 die voorzag in de bescherming van de burgerbevolking was stilzwijgend een mandaat geworden voor regimewissel. De Libische rebellen kwamen de NAVO verzekeren dat 'geen enkele wet' een voortzetting van de bombardementen tijdens de ramadan in de weg stond. Maar in militaire kringen werd eraan getwijfeld dat de rebellen tijdens de vastenmaand grote vooruitgang zouden boeken. Zowel Parijs als Tripoli keek naar 1 augustus. Sarkozy hoopte dat Kadhafi tegen dan ten val werd gebracht. Voor de kolonel was het tijdswinst en zag de toekomst er iets beter uit als hij de ramadan zonder kleerscheuren zou halen. Hij combineerde een diplomatiek offensief met dreigementen van een alliantie met al-Qaeda tegen Frankrijk. Zowel in Parijs als in Tripoli was er verdeeldheid over de te volgen koers. De Franse legerleiding en minister van Defensie Longuet vonden het stilaan tijd om af te ronden en te zoeken naar een regeling. In Tripoli waren er leden uit de kring van Kadhafi die zich voorbereidden op zijn val. In Frankrijk kreeg het realisme van de militairen geleidelijk de overhand op de strijdlust. 'Een politieke oplossing is meer dan ooit onontbeerlijk en ze begint vorm aan te nemen', zei premier Fillon in het parlement. Kort voordien had zijn Libische collega Baghdadi al-Mahmoudi in *Le Figaro* 'in het bijzonder onze vriend Nicolas Sarkozy' opgeroepen tot redelijkheid en een dialoog voorgesteld met alle partijen 'behalve de Gids'. De journalist die Mahmoudi had geïnterviewd werd prompt uitgewezen door Saif, de zoon van Kadhafi, maar het signaal werd in Parijs opgepikt door minister Longuet, die liet verstaan dat de bombardementen zouden stoppen zodra de Libiërs zouden onderhandelen en de strijdende partijen terugkeren naar hun kazernes. En ook dat voor Kadhafi in de toekomst misschien een erefunctie zonder werkelijke macht was weggelegd. Zo'n functie had de kolonel al veertig jaar en hij liet niet na daarop te wijzen. President Sarkozy was niet gelukkig en hij verplichtte Longuet om de volgende dag bakzeil te halen en te nuanceren dat elke oplossing Kadhafi zijn macht moest ontnemen. Sarkozy wantrouwde de Libische premier, verdacht hem van dubbel spel en vond dat hem maar een ding te doen stond en dat was deserteren naar Parijs.

Een nieuwe speler aan het hof van Kadhafi trad op het voorplan in de persoon van zijn kabinetschef Bechir Salah Bechir. Hij had de machtige

Libya Africa Investment Portfolio geleid, een rijk investeringsfonds dat tot voor kort via 150 grote bouw- en urbanisatieprojecten een grondige transformatie van het land voorbereidde. De werven lagen nu allemaal stil. Bechir sprak Frans, had goede contacten in politiek Parijs en stelde een terugtrekking voor van Kadhafi in een of ander paleis.

Het probleem was dat Sarkozy met niets minder vrede nam dan capitulatie. Het conflict was een persoonlijke vete, ze leek op die tussen Bush jr. en Saddam, en dat maakte elk vergelijk moeilijk. Uit verschillende demarches van Libische vertegenwoordigers bleek dat voor Kadhafi alles draaide rond een eervol afscheid. *Karama.* De Franse president had meer dan ooit de leiding, nu Obama in beslag werd genomen door de Amerikaanse schuldencrisis en Cameron door het mediaschandaal rond *News of the World.* Italië kondigde de terugtrekking aan van een vliegdekschip voor de Libische kust en Noorwegen zou zijn F-16's terugtrekken op 1 augustus. Parijs zat met de Libische overgangsraad niet langer op een lijn. De raad bleef erbij dat de Gids moest vertrekken voor kon worden gepraat, Frankrijk zag dat vertrek als het resultaat van onderhandelingen.

REKENEN, TELLEN EN FEESTEN

Het defilé van 14 juli in Parijs verliep in mineur. De dood van vijf Franse soldaten in Afghanistan had het land herinnerd aan de oorlog in een ander islamitisch land en een domper gezet op de feestvreugde. De legerleiding had net als in Groot-Brittannië duidelijk gemaakt dat de limiet was bereikt. Er moest worden gekozen tussen vechten of vernieuwen. Een modernisering drong zich op voor het enige Franse vliegdekschip, de Charles-de-Gaulle, actief voor de Libische kust. Er werden geen jonge piloten meer opgeleid, er was een tekort aan oefenmaterieel en het moreel was niet schitterend. Officieren die daarover hardop spraken, werden tot de orde geroepen. Toch zei de stafchef, admiraal Guillaud, dat het leger nooit eerder tegelijk besparingen, herstructureringen en buitenlandse opdrachten waren opgelegd. Libië kostte Frankrijk 1,2 miljoen euro per dag, honderd miljoen in drie maanden. Tegen het eind van het jaar zou dat cijfer boven het miljard liggen. Daar kwam Afghanistan bij, waar de kosten in tien jaar waren opgelopen tot 320 miljard euro. Eén Franse telegeleide bom van het type A2SM was goed voor 200.000 euro. Gelukkig haalde Kadhafi geen vliegtuigen van zeventig miljoen per stuk uit de lucht. (België had de eerste drie maanden van de campagne voor zeven miljoen euro bommen afgeworpen boven Libië. De kosten van de operatie lagen systematisch hoger dan voorzien. Wie de factuur zou betalen was onduidelijk.) Franse troepen namen deel aan operaties in Libanon, Ivoorkust, Kosovo en voor de Somalische kust, in de Sahel, Tsjaad, de Centraal-Afrikaanse Republiek en de Golf van Guinea en had troepen in nog negen andere landen. Overal in Europa werd op de budgetten van defensie bezuinigd om het sociaaleconomisch model drijvend te houden. Tegelijk waren dure buitenlandse interventies steeds meer de kerntaak van de legers. De technologische lat werd zeer hoog gelegd door de vs, die 5,36 procent van zijn begroting reserveerde voor Landsverdediging, ruim zeshonderd miljard euro per jaar, bijna het tienvoudige van Frankrijk en Duitsland samen. Defensie en de defensie-industrie waren ondanks de NAVO hoofdzakelijk een nationale aangelegenheid, maar alle operaties van de nieuwe tijd waren multinationaal. Het ontbreken van een planmatige en efficiënte Europese defensie-industrie leidde tot geldverspilling en coördinatieproblemen. Frankrijk, dat altijd in eerste divisie wilde spelen, kon die ambitie niet meer waarmaken, net zomin als Groot-Brittannië trouwens. Toch vierde Sarkozy de nationale feestdag met een succes: de goedkeuring van een defensiepact met de Verenigde Arabische Emiraten. Het bepaalde dat Frankrijk ter hulp zou snellen mochten de Emiraten worden aangevallen door een buitenlandse mogendheid. Daarmee werd vanzelfsprekend Iran bedoeld. Eerder hadden de Emiraten vergelijkbare akkoorden gesloten met de vs en Groot-Brittannië. Het lag in de lijn van de politiek van het rijke, kwetsbare vorstendom om zijn veiligheid uit te besteden. Dat de VAE geen modeldemocratieën was, werd uitgebreid gecompenseerd door zijn onmetelijke rijkdom, zijn olie en zijn strategische ligging. In 2009, lang voor de Arabische revolutie, had Sarkozy al een Franse militaire basis geopend in Abu Dhabi, de eerste nieuwe Franse basis in het buitenland sinds de Tweede Wereldoorlog.

ONINNEEMBAAR BREGA

Mahmoud Jibril, de nummer twee van de Nationale Overgangsraad, kwam in Brussel ontkennen dat in het geheim werd onderhandeld met de omgeving van Kadhafi. De voorstellen van onder meer de Afrikaanse Unie waren 'onaanvaardbaar, te beperkt en te laat'. Hij werd uitgenodigd op een werkontbijt van de Benelux en op de hoofdkwartieren van de NAVO en de EU. Met een handgebaar wuifde hij de beschuldiging weg van Human Rights Watch over brandstichting, plundering en geweldpleging door zijn manschappen. Het was 13 juli en commandanten van het rebellenleger, dat volgens Jibril traag maar gestaag vooruitgang boekte, zegden dat ze wachtten op een signaal van de NAVO voor een nieuw offensief.

Twee dagen later kwam de contactgroep voor Libië bijeen in Istanboel. De Turkse gastheer had ook China en Rusland uitgenodigd. Volgens westerse analisten stond het regime van Kadhafi op het instorten en werden demoralisering en vaandelvlucht gecompenseerd door een massale rekrutering van huurlingen. Mikhaïl Marguelov, de Russische verantwoordelijke voor het Libisch dossier die kort voordien Tripoli had bezocht, sprak tegen dat Kadhafi kampte met een gebrek aan munitie. De Libische premier had hem gezegd dat de totale verwoesting van de hoofdstad werd voorbereid, mochten de rebellen ze veroveren. Voor de rebellen en voor Frankrijk was de vergadering van de contactgroep een diplomatiek succes. Op de vorige bijeenkomst van 9 juni in Abu Dhabi, hadden de vs de Overgangsraad erkend, nu volgde een erkenning door de contactgroep. Maar in de slotverklaring van Istanboel stond ook dat militaire middelen niet zouden volstaan om de crisis op te lossen. De Overgangsraad moest zijn basis verbreden en 'partners vinden in Tripoli' om een overgangsregering mee te vormen. De contactgroep riep op om kredietlijnen te openen voor de rebellen ter waarde van tien tot twintig procent van Kadhafi's bevroren tegoeden. Oproepen voor andere financiële hulp en voor de bevordering van de olie-uitvoer door de rebellen waren indicaties van een toenemend financieringsprobleem. Kadhafi reageerde smalend. Hij kon zich niet voorstellen dat 'het heldhaftige Libische volk zich zou laten vertegenwoordigen door een handvol verraders die de poorten van Benghazi hadden geopend voor de westerse kruisvaarders'. Tijdens de vergadering van de contactgroep kregen zijn troepen in de oliestad Brega een offensief uit drie verschillende richtingen te verwerken. Brega, een verzameling van een half dozijn nederzettingen met een olieterminal en een raffinaderij, wisselde bij het begin van de rebellie een paar keer van kamp maar was uiteindelijk in handen gebleven van Kadhafi. De val ervan kon de balans doen overslaan in het voordeel van de opstandelingen, geld in het laatje brengen en de weg openen naar Sirte, de thuisbasis van de kolonel in het midden tussen oost en west. Maar zover kwam het voorlopig niet. In Misrata was er geen beweging. Alleen in de Nafusa-bergen ten zuiden van Tripoli boekten de opstandige bedoeienenstammen vooruitgang.

Op de vooravond van de ramadan was de vraag wat er met Kadhafi moest gebeuren. Van de Overgangsraad mocht hij blijven maar zij wilden bepalen waar hij zou wonen en wie hem zou bewaken. Parijs vreesde een afrekening, al beloofde de Overgangsraad het Internationaal Strafhof te erkennen. Daarom, en om hem politiek te neutraliseren, stond Frankrijk op dezelfde lijn als Londen en Washington, die Kadhafi liever in ballingschap zagen gaan. Dit was een ultieme uitnodiging aan de kolonel om de handdoek in de ring te gooien en eieren voor zijn geld te kiezen voor een rustige oude dag. De Nationale Overgangsraad mocht zich op 27 juli verheugen in de erkenning door Groot-Brittannië.

Maar lang kon de champagne niet knallen want de volgende dag werd de militaire chef van de opstandelingen, oud-minister Abdel Fatah Younès, samen met twee andere officieren, in duistere omstandigheden vermoord in Benghazi. Zijn lichaam werd met kogels doorzeefd en in brand gestoken. Wie waren de daders? Er circuleerden verschillende theorieën. Hij was vermoord door aanhangers van Kadhafi of misschien door premiejagers. Generaal Younès, voormalig minister van Binnenlandse Zaken en een van de oudste en trouwste medestanders van Kadhafi, was op 22 februari, bij het begin van de opstand, overgelopen. Daarop had Tripoli vier miljoen dollar op zijn hoofd gezet, het tienvoudige van wat was uitgeloofd voor de voorzitter van de Overgangsraad die nochtans ook een overgelopen minister was. Younès was van het front teruggekeerd naar Benghazi om te worden gehoord over 'militaire kwesties' door een 'juridische commissie' van de raad. Er was naar verluidt een aanhoudingsbevel tegen hem. Sommigen dachten dat hij dubbel spel speelde en daarom was hij mogelijk het slachtoffer van een interne afrekening onder de rebellen. Aïsha, de dochter van Kadhafi, had in april in een interview gesuggereerd dat de generaal trouw was gebleven aan haar vader en de Libische staatstelevisie had geregeld zijn terugkeer gemeld naar het kamp van de kolonel. Eind juni zei alweer Aïsha op de Franse televisie dat er 'rechtstreekse en onrechtstreekse' onderhandelingen waren met de rebellen. Misschien bedoelde ze opnieuw Younès. De onenigheid tussen de ex-minister en Khalifa Haftar, een ander zwaargewicht bij de rebellen, over de te volgen strategie was een publiek geheim. Bovendien waren de islamisten niet vergeten wat Younès hen ooit als chef van de binnenlandse veiligheid had aangedaan. In Tripoli werd zijn dood gevierd. In Benghazi gaf ze aanleiding tot verwarring en commotie. De Overgangsraad vreesde de wraak van de machtige Obeidi-stam waartoe de generaal behoorde en benoemde een Obeidi tot opvolger aan het hoofd van het rebellenleger met de belofte dat 'op het gepaste moment' opheldering zou worden verschaft over het mysterieus incident. De stam dreigde ermee het recht in eigen handen te nemen. De 'minister' van Buitenlandse Zaken van de Overgangsraad, Ali al-Essaoui, en die van Defensie waren naar het buitenland vertrokken zodra het nieuws over Younès' dood bekend was. Ook dat was voer voor speculaties. De gewapende brigades die zwermden rond het rebellenleger, dat zelf een samenraapsel was van zo'n veertig min of meer zelfstandige milities, werden ontbonden. Het was een van de zeldzame keren dat van die brigades werd gehoord. Er was een brigade van ex-gedetineerden onder leiding van Abu Salim; er was er een van de studenten van Benghazi onder Omar Mokhtar; en een van de islamisten van Nida Libya. Saif al-Islam, de zoon van Kadhafi, zei dat de regering een pact had gesloten met de islamisten van Ali Sallabi. Dat werd ontkend maar de twijfels werden er niet door weggenomen. Wie ze waren en welke belangen deze bendes dienden bleef onduidelijk. De moord bracht ook aan het licht dat de rebellen er niet in waren geslaagd om Brega in te nemen voor het begin van de ramadan, zoals in Parijs was gehoopt. Younès had de leiding van dat offensief toen hij naar de rebellenhoofdstad kwam om er de dood te ontmoeten. Als chef van het rebellenleger was hij er verantwoordelijk voor dat het oostelijk front al maanden niet bewoog. Zijn liquidatie kon daar verandering in brengen, maar zeker was dat niet. Daags na de moord opende een 'brigade' met geweld de poorten van een gevangenis van de rebellen en namen driehonderd 'krijgsgevangenen' de benen. De geloofwaardigheid van de Overgangsraad was zwaar aangetast en er rees meteen twijfel, toen de rebellen een week later de dood meldden van Kadhafi's jongste zoon Khamis bij een NAVO-bombardement op Zlitane, de stad die de kolonel gebruikte als uitvalsbasis voor de herovering van Misrata. Als bevelhebber van de elitetroepen van de 32ste brigade, was Khamis een cruciale speler op Kadhafi's schaakbord. De oude rivaliteit met zijn broers was door de revolutie bijgelegd en ze hadden het werk verdeeld. Saif al-Islam deed politiek en communicatie, Moutassem het veiligheidsapparaat en Khalis leidde, samen met de oude kameraden van zijn vader, de militaire campagne. De goed uitgeruste en opgeleide 32ste brigade bestond hoofdzakelijk uit leden van Kadhafi's eigen stam. Het was het enige legerkorps in Libië die naam waardig. Khamis had een op maat gesneden militaire opleiding genoten aan een Russische academie, wat hem een doctorstitel had opgeleverd. Ook in de VS had hij een militaire opleiding gevolgd. Hij had er ook wapens gekocht. De NAVO gaf toe dat een bombardement was uitgevoerd op Zlitane maar kon de dood van Khamis niet bevestigen. Tripoli sprak van een smerige leugen.

Rond dezelfde tijd was er een andere controverse. Op 4 augustus arriveerde in Lampedusa een vluchtelingenschip waarvan in de loop van de oversteek honderd opvarenden, vrouwen vooral, waren omgekomen en overboord gegooid. Een dag later zonk opnieuw een boot met tientallen vluchtelingen ergens tussen Libië en het Italiaanse eiland. Rome vroeg aan de NAVO een onderzoek naar het uitblijven van bijstand. Het bondgenootschap zei dat het een noodoproep had ontvangen maar dat de Italianen zelf hadden gezegd dat ze drie schepen en een helikopter naar de plaats van de schipbreuk hadden gestuurd. Het dispuut legde andermaal de spanningen bloot binnen de coalitie. Inmiddels waren al 50.000 vluchtelingen gestrand op de Italiaanse kusten. Het aantal asielzoekers was voor de eerste helft van het jaar het drievoudige van 2010. Bijna 1700 mensen waren bij hun vluchtpoging gestorven.

DE MARTELAARSSTAD

Het was in Syrië gebruikelijk dat de *iftar*, het uitgebreide avondmaal na zonsondergang tijdens de ramadan, werd aangeboden door gefortuneerde gelovigen in de moskeeën en op pleinen waar ook de armen konden aanschuiven. Het regime had de maaltijden in de moskeeën al enkele jaren verboden met het argument dat ze een 'profanatie' waren, maar in werkelijkheid uit vrees voor de groeiende macht van de soennitische weldoeners. Het alawitisch bewind bereidde zich voor op de vuurproef van de vastenmaand met nieuwe beloftes aan jong en oud zoals een tijdelijke verlaging van de pensioenleeftijd van 60 naar 52 jaar en herkansingen voor de studenten van het baccalaureaat met de verzekering dat de beste cijfers zouden worden weerhouden. Of dat de roep naar vrijheid, waardigheid en afschaffing van de staatsterreur tijdens de ramadan zou doven, was onzeker. Op 11 juli waren de ambassades van de Verenigde Staten en Frankrijk aangevallen door aanhangers van het regime. Dat was voor de tweede keer in enkele dagen en een antwoord op de bezoeken aan Hama van de ambassadeurs. De twee diplomaten werden ontboden op Buitenlandse Zaken voor een protest. Op 10 juli stelde president Assad een nationale dialoog voor, die twee dagen eerder massaal was afgewezen in betogingen op de (vrij)dag van de weigering van de Dialoog. Vijf dagen later volgde de '(vrij)dag van de gijzelaars van de vrijheid'. Videofilmpjes uit Hama en Homs in het centrum, en Deir ez-Zor in het noordoosten, toonden duizenden betogers die riepen dat ze niet zouden knielen, tenzij voor God. Een betoging van kunstenaars en intellectuelen in de hoofdstad werd uiteengedreven, maar nog veel onrustiger was het in de noordelijke buitenwijken, waar volgens de actiegroepen veertien betogers werden gedood toen de ordetroepen het vuur openden. 'Go out Bashar' stond in het Engels te lezen op een van de spandoeken. Het Syrisch persbureau zei dat bij die betoging twee agenten waren gedood door terroristen. Alleen Aleppo, de tweede stad van het land, en het centrum van Damascus waren nog gevrijwaard van noemenswaardige contestatie. Volgens plaatselijke verzetsgroepen waren sinds het begin van de opstand, precies vier maanden geleden, 15.000 mensen aangehouden en was er niets meer gehoord van duizend van hen. Mensenrechtengroepen wisten van 53 mensen die in gevangenschap waren gestorven. Niets wees op een spectaculaire ommekeer in de aanpak van de opstand en de Amerikaanse ambassadeur waarschuwde in een interview met *Foreign Policy* dat het Syrisch bewind zou worden weggeveegd als het niet snel zou handelen. Hillary Clinton verklaarde dat Bashar al-Assad zijn geloofwaardigheid kwijt was. Ook de Israëli's twijfelden aan zijn overlevingskansen. Minister van Defensie Ehoud Barak voorspelde zijn val binnen het jaar. Maar de meningen waren verdeeld en van de internationale gemeenschap moest niet veel worden verwacht. Voor sommigen had het regime de perifere gebieden voorgoed verloren. Anderen zagen dat Assads veiligheidsapparaat bezig was de verzetshaarden een voor een en systematisch te vernietigen. Alleen de seculiere bourgeoisie van de grote steden, de Koerden en de Druzen konden hem echt bedreigen. Geen van die groepen koos duidelijk partij. Ook de Palestijnen waren een machtsfactor. Zij voelden zich door Assad gebruikt, zoals bij de laatste Nakba-herdenking toen ze door hem naar de Golan waren gestuurd en er vier doden vielen. 'Bashar, de oogarts, kan zijn patiënten weer doen zien maar heeft geen enkel zicht op de toekomst van zijn land', schreef een Palestijns commentator. 'De kogels hebben de angst gedood', was er te horen. Sommige Syriërs zagen enkel nog de keuze tussen vrijheid of dood. De tweedaagse 'nationale dialoog' in het hotel Sahara, aan de rand van de hoofdstad, was een doodgeboren kind. Er waren tweehonderd genodigden komen opdagen, bij wie geen enkele afgevaardigde van de Moslimbroeders. Ze zouden volgens hun verbannen leider ook niet zijn gekomen mochten ze geïnviteerd zijn. Verschillende activisten boycotten de vergadering. Hillary Clinton zei dat Assad probeerde de aandacht af te leiden. Representatiever was een eerdere bijeenkomst van de Syrische oppositie op 1 juni in Ankara. Maar ook die vergadering kwam niet verder dan een slotverklaring waarin het ontslag van Bashar al-Assad werd gevraagd. En ook de toegelaten bijeenkomst van eind juni in Hotel Semiramis in Damascus, was blijven steken bij een oproep tot geweldloosheid en tot het recht op betogen. De Syrische oppositie was hopeloos verdeeld.

Syrië dook de ramadan in met een explosie van geweld in Hama, het historische bastion van de Moslimbroeders. Het was uitgebroken op de vooravond van de vastenmaand. Vijf doden op de eerste vastendag, 85 de dag voordien. Een nieuw bedrijf van het Syrische drama was ingezet en het regime leek het op te vatten als een *final showdown*. Dit was een afschrikwekkend lesje, het zoveelste in de rij, en misschien een straf voor het recente bezoek van de Amerikaanse en Franse ambassadeur. Of het was een waarschuwing die de toon moest zetten voor de rest van de vasten. De VN-veiligheidsraad kwam in spoedzitting bijeen en vergaderde twee uur achter gesloten deuren. Er werd geschoven met teksten, sommige voorgedragen door het Westen, andere door de BRICS landen India, Brazilië en Zuid-Afrika die aanleunden bij China en Rusland, die een eerdere westerse poging hadden getorpedeerd om tot een resolutie te komen. Beide grootmachten waren nu helemaal terug van lang weggeweest om de westerse interventiedrang te blokkeren. India, getekend door het trauma van de aanslagen in Mumbai, geloofde de versie van Damascus dat ook in Syrië extremistische groepen achter de confrontatie zaten. Ook de Russen waren geneigd om dat aan te nemen. Minister Lavrov van Buitenlandse Zaken vond het gebruik van geweld 'tegen burgers én vertegenwoordigers van de staatsstructuren' onaanvaardbaar. China zei weinig, zoals steeds, en ging de vastenmaand in met negentien doden bij aanslagen in Kashgar in het uiterste westen, de feitelijke hoofdstad van de 'separatistische' Oeigoeren, de grootste moslimbevolking van het land. De daders waren 'terroristen opgeleid in Pakistan', zei Peking.

Het recht op interventie stond in het brandpunt van de discussie in de Verenigde Naties. De BRICS-landen wilden geen herhaling van het Libisch precedent. Dat werd door de Amerikaanse ambassadrice weggewuifd als een excuus van 'zij die weigeren de realiteit in Syrië onder ogen te zien'. Het Westen kwam met een bijgewerkte versie van het ontwerp dat in mei was afgewezen. Het was een tekst waarin de systematische schending van de mensenrechten werd veroordeeld en waarin opgeroepen werd tot politieke hervormingen en een onmiddellijk einde van het geweld, zonder te reppen over sancties of Strafhof. Moskou zei dat zo'n resolutie een vreedzame oplossing zou belemmeren. Het werd een compromis in de vorm van een 'verklaring' tegen de 'algemene schending van de mensenrechten en het gebruik van geweld tegen burgers'. 'Alle partijen' werden ertoe opgeroepen zich te onthouden van wraakacties tegen de staatsinstellingen. Secretaris-generaal Ban Ki-moon werd gevraagd om binnen de week bij de Veiligheidsraad te rapporteren over de evolutie. Dat hield de druk op de ketel. Bashar al-Assad reageerde de volgende dag met een decreet dat de oprichting toestond van politieke partijen, maar dan alleen partijen die niet religieus of tribaal waren en die niet behoorden tot een niet-Syrische organisatie. Daarmee werden de Moslimbroeders uitgesloten. Er kwam ook geen wijziging van het grondwetsartikel dat aan de regerende Baath-partij de status verleende van 'leider van het land en de samenleving'.

In Hama waren intussen door mensenrechtenorganisaties 45 nieuwe doden geteld. In totaal waren dat er nu zestienhonderd sinds het begin van de revolutie, naast drieduizend vermisten en twaalfduizend gevangenen.

De aanvallen op soennitische betogers in Syrië tijdens de vastenmaand leidden tot solidariteitsbetogingen in Egypte en Tunesië en onder Amerikaanse druk kwam er een einde aan het Arabisch stilzwijgen
met een reeks officiële protesten. De spits werd afgebeten op 6 augustus
door de Samenwerkingsraad van de Golf, GCC. De Golflanden vroegen
een onmiddellijk einde van het bloedvergieten. De dag daarop vroeg de
nieuwe secretaris-generaal van de Arabische Liga aan het Syrisch bewind
'meteen een einde te stellen aan gewelddaden en veiligheidscampagnes
tegen burgers'. Enkele uren later noemde Jordanië de ontwikkelingen
in het buurland 'zorgwekkend, ongelukkig en triest'. Koeweit vroeg een
einde te maken aan 'het bloedbad'. Koning Abdullah van Saoedi-Arabië
noemde het geweld ongerechtvaardigd en riep zijn ambassadeur terug
uit Damascus. Als soennitische leider en Beschermer van de Heilige
Plaatsen kon Abdullah moeilijk toezien op de afslachting van soennieten
tijdens de vastenmaand, die er een van vrede moest zijn. In Bahrein vroegen politici en religieuze leiders op 10 augustus aan alle Arabische en
islamitische landen de betrekkingen met Syrië te verbreken. De protesten betekenden een ommekeer in de Arabische positie die tot nog toe
erg discreet was geweest. Damascus werd nu alleen nog gesteund door
Libanon en Kadhafi, al was die laatste van weinig nut. Het Syrisch regime
liet de GCC weten dat beter 'de sabotage door gewapende groepen' was
veroordeeld en steun was uitgesproken voor de 'hervormingen'. Hoe
geïsoleerd Bashar al-Assad nu was, maakte hij zelf duidelijk met een
waarschuwing tegen 'elke poging tot inmenging' aan het adres van buurland Turkije nadat premier Erdogan had gezegd dat zijn geduld op was.
Ook Moskou, een oude bondgenoot, werd steeds kritischer. President
Medvedev sprak op 3 augustus van een dramatische ontwikkeling die
hem 'enorm ongerust' maakte. Als Assad niet zou hervormen, wachtte
hem een 'triestig lot'. Alleen Catherine Ashton had een bemoedigend
woord voor Damascus. Ze noemde het decreet over de oprichting van
politieke partijen een 'stap in de goede richting'.

Net als in Libië was de Syrische oppositie in de loop van de opstand
geradicaliseerd en wilde ze niet weten van een gesprek met het regime.
De Zwitserse radiojournalist Gaëtan Vannay was undercover in Hama en
bood een zeldzame blik achter de schermen. De opstandelingen twijfelden of ze nog langer vreedzaam zouden blijven. Ze dreven een levendige
'handel' in videobeelden, waarvan sommige, dikwijls de meest gruwelijke, voor veel geld werden gekocht van soldaten of leden van de veiligheid. Er waren volgens Vannay geen 'honderdduizenden' op straat gekomen in Hama, zoals de oppositie beweerde, maar 'tienduizenden', en
het leger had daar een eind aan gemaakt. De veiligheid beschikte over

lijsten van gezochte personen. De Syrische televisie zond beelden uit van gewapende mannen die hun wapens richtten op de troepen. Er heerste een gespannen rust, maar na Hama waren Idlib, bij de Turkse grens, de buitenwijken van Damascus, Homs en Deir ez-Zor opnieuw woelig.

Naspel in het nakend najaar

HET EINDE VAN DE KOLONEL?

Er zijn twee soorten bommen. Er zijn vuile bommen. Ze worden gebruikt door de vijand. En er zijn slimme bommen. Ze zijn precies. Ze treffen alleen de schuldigen. Het zijn die van ons. We hebben ze ingezet om de zaken vooruit te helpen in Libië. Het zou eerst maar enkele uren, enkele dagen en dan enkele weken duren om ons doel te bereiken. Maar er gebeurde niets. De slimme bommen bleven ontploffen.

Er zijn twee soorten dictators. Er zijn er die alleen maar autoritair zijn. Met hen kunnen we leven. De planeet is tenslotte geen tuin van Eden. Er zijn er ook die wanneer het moment gunstig is en het goed uitkomt dringend moeten worden uitgeschakeld.

Op 22 augustus werden de inwoners van een oostelijke wijk van Tripoli gewekt door de muezzin die van op de minaret het volkslied uit de tijd van de monarchie liet weergalmen. Op het Groene plein, bekend om zijn massademonstraties ten gunste van de kolonel, vertrappelen mensen de groene vlaggen en foto's van Kadhafi. Ze willen het zijn oude naam teruggeven, 'Martelarenplein'. Alles moet worden teruggedraaid naar de tijd voor de kolonel.

Twee dagen eerder, op een zaterdagavond, waren de rebellen onverwacht in Tripoli opgedoken en hadden ze omzeggens zonder slag of stoot grote delen van de stad veroverd. Laat op die eerste dag van zware gevechten, een zondag, blafte de kolonel de bevolking toe met het bevel Tripoli te 'redden'. 'De verraders banen de weg voor de buitenlandse bezetter.' Volgens de Libische minister van Informatie controleerde de regering nog 65.000 trouwe soldaten, maar sommige eenheden gaven zich over. Kadhafi was al twee maanden niet meer te zien geweest. Alleen zijn stem was al die weken soms te horen. Waar was hij? Wat voerde hij in het schild?

Een golf van euforie trok door het land en de wereld. Dit zag er na vijf maanden strijd het einde uit van de kolonel. Het einde van een krankzinnig bewind dat 42 jaar had geduurd. Het orgelpunt van een interludium dat op 1 september 1969 begonnen was met de omverwerping van de monarchie. De vlag van de rebellen was de oude vlag van een koninkrijk dat waarschijnlijk nooit terug zou komen. 'Tripoli ontglipt aan de greep van een tiran', zei Obama. 'Het einde van Kadhafi is nabij', zei Cameron. Sarkozy noemde Kadhafi een 'cynische misdadiger' omdat hij zich bleef vastklampen aan de macht die hij onvermijdelijk zou verliezen. In de komende dagen wilde hij de Libische rebellenleiders uitnodigen naar Parijs. Hij heeft een zwak voor spektakel.

Het Internationaal Strafhof onderhandelde over de uitlevering van Saif al-Islam, de zoon van Kadhafi, die door de opstandelingen was aangehouden. Muhammad, een andere zoon, gaf aan de telefoon een radio-interview op het moment dat zijn huis werd bestormd. Na het geluid van schoten zei hij: 'Ik word op dit moment aangevallen. Er wordt geschoten in mijn huis. Ze zijn in mijn huis. Er is geen God tenzij Allah.' Dan ging de lijn dood en werd zijn arrestatie gemeld. Hij was ongedeerd. Geen dag later zei al-Jazeera dat hij was ontsnapt. Enkele uren later bleek ook Saif al-Islam weer op vrije voeten te zijn.

De Nationale Overgangsraad kondigde zijn komst aan vanuit Benghazi. Voorzitter Abdul Jalil zei dat hij ontslag zou nemen als de rebellen zouden overgaan tot wraakacties. Hij verwachtte nog hardnekkige weerstand in en rond de hoofdstad en beloofde het offensief te beëindigen zodra Kadhafi zich zou overgeven. Hij zou een vrijgeleide krijgen om het land te verlaten. Maar Kadhafi en zijn veiligheidschef al-Senussi, eveneens gezocht door het Strafhof, waren spoorloos. In de namiddag van 21 augustus zei Jalil op een persconferentie in Benghazi dat de hoofdstad nog niet volledig onder controle was. Hij hield een slag om de arm. 'Het echte moment van de overwinning zal de arrestatie zijn van Kadhafi.' Er waren berichten over plundering, onder meer van Kadhafi's rijke wapenarsenalen, en van wangedrag. Jalil had respect voor de commandanten van de rebellenmilities maar sommige van hun volgelingen baarden hem zorgen.

DE SCHITTERENDE POORT

Bab al-Aziziya (de 'Schitterende Poort'), de residentie van de kolonel op een militaire basis van zes vierkante kilometer, palend aan de dierentuin en een groot park, bleef weerstand bieden onder leiding van Mutassim Kadhafi. De Poort was de afgelopen maanden herhaaldelijk gebombardeerd door de NAVO en kreeg het ook nu te verduren. Het symbolische middelpunt ervan was een reusachtige vuist die een Amerikaans vliegtuig verfrommelde ter herinnering aan het bombardement van 1986 waarbij Kadhafi's adoptiedochter Hanna om het leven kwam. De rebellen bleken hoofdzakelijk het westen van de stad en de kustlijn te controleren. Buitenlandse Zaken in Washington had gehoord dat het gebouw van de Libische omroep was veroverd – we hebben de soldaten die het gebouw bewaakten gedood, zei een rebellenleider – maar de staatstelevisie bleef Kadhafi steunen, vermoedelijk vanuit Sirte. Vervolgens ging hij uit de ether en kwam dan terug op het satellietkanaal van de Syrische al-Ra'y TV van Mish'an al-Jaburi, een topman van het Iraaks verzet tegen de Amerikaanse bezetting. Jaburi had het voor Kadhafi opgenomen omdat de Arabische revolutie zich volgens hem alleen had moeten richten tegen pro-Amerikaanse regimes. De omroep van de Libische rebellen werkte intussen vanuit het verre, bevriende Qatar. Computeractivisten, die zich ElectrOn noemden, legden de officiële domeinnaam van Libië, .ly, plat en op het scherm verscheen 'bye bye Kadhafi'.

Er was nauwelijks iets te merken van de hel die Kadhafi in het vooruitzicht had gesteld, al was het op straat allerminst veilig. Kort voor Jalil in Benghazi de pers toesprak, verklaarde de Arabische Liga zich 'volledig solidair' met de Overgangsraad. De gezant van de Libische rebellen bij de Liga zei dat zijn land geen NAVO-basis op zijn grondgebied zou dulden. 'Daar vechten we al sinds de jaren zeventig tegen', zei hij. Maar met al zijn olie hoefde het nieuwe Libië niet te denken dat het Westen zijn interesse snel zou verliezen. Zoals premier in lopende zaken Leterme zei: 'We moeten het land helpen.' Dezelfde dag nog werd op de Libische ambassade in Algiers en in Marokko de oude vlag gehesen van de monarchie die maar een koning had gekend, Idris, voluit Sayyid Muhammad al-Mahdi as-Senussi, leider van een soefi-orde uit het oosten die met steun van de Britten eind 1951 koning was geworden en de onafhankelijkheid had uitgeroepen. In 1983 stierf hij op 94-jarige leeftijd in ballingschap in Caïro. De tricolore vlag van de monarchie was het herkenningsteken van de rebellen en in het oosten droegen ze dikwijls ook zijn portret. Hij had vijf zonen en een dochter maar allen waren ze in hun kinderjaren gestorven. Hij adopteerde ten slotte een Algerijnse wees die hem overleefde.

In de avond van 22 augustus zegden de rebellen dat ze 95 procent van de hoofdstad controleerden. De regering echter beweerde dat zij driekwart tot tachtig procent van Tripoli onder controle had. In werkelijkheid was de hoofdstad verdeeld tussen rebellen en regeringstroepen, maar nergens was het echt veilig. Het beeld was ook de dag daarop nog niet helder en de woordvoerder van de NAVO zei dat informatie het eerste slachtoffer was. Iran sprak zijn steun uit voor de 'volksopstand' en hoopte dat de Libiërs in alle onafhankelijkheid zouden beslissen over hun toekomst. Italië hoopte zijn oliebelangen veilig te stellen en zei dat er al een breed akkoord was met de Overgangsraad over samenwerking. In verschillende hoofdsteden was er spoedberaad.

De veroveraars van Tripoli waren niet uit het oosten gekomen maar uit de Nafusa-bergen, ten zuidwesten van Tripoli waar de meeste Berbers wonen. De Berbers koesterden een oude wrok tegen Kadhafi die hen en hun cultuur minderwaardig vond. Het was niet hun eerste opstand tegen de kolonel en ze hadden ook nu van bij de aanvang gerebelleerd. Begin juni hadden ze wapens gekregen van de Fransen. Ze waren gedisciplineerd en goed bewapend en hadden niet gewacht tot de rebellen op volle sterkte voor de poorten van de hoofdstad zouden staan. Ze kozen voor de verrassing en pakten de verovering van Tripoli planmatig aan. De stad was op 20 augustus vanuit drie richtingen geïnfiltreerd in samenspraak met plaatselijke imams en oppositiecellen die voor veel volk op straat zorgden. Tijdens de eerste gevechten vielen volgens officiële cijfers 376 doden in beide kampen. Het echte aantal komt wellicht nooit boven water. Het had er de schijn van dat ook de Overgangsraad door de gebeurtenissen was verrast en het was onzeker of die raad een greep had op de berbermilities uit de bergen en op de bijna twee miljoen inwoners van Tripoli. De milities van het Westen hadden zich eerder al beklaagd over de onverschilligheid van de Overgangsraad die amper controle had over de eigen *thewar*, de vrijwilligersbrigades in het oosten. De Raad wachtte nog andere moeilijke klussen. Ze had verkiezingen beloofd binnen de acht maanden na de val van de kolonel, maar hoe kon dat in een land dat ooit wel een grondwet had naar westers model maar geen enkele ervaring met politieke partijen? En hoe zou de Kadhafi-stam reageren op de uitschakeling van zijn leider?

OPERATIE ZEEMEERMIN

De *Daily Telegraph* legde zijn oor te luisteren bij het Britse leger en daar was men niet verrast door het plotse offensief. Wekenlang hadden agenten van MI6 krijgsplannen doorgenomen en geprobeerd de rebellen in het oosten een nieuwe opstand te doen uitlokken in de hoofdstad. Alleen zo kon de maanden durende impasse worden doorbroken. Voor de rebellen de stad binnendrongen waren vijf bombardementen uitgevoerd op communicatiecentra en enkele militaire stellingen in Tripoli en op Baroni Centre, een geheim hoofdkwartier van de veiligheid onder leiding van Kadhafi's schoonbroer Abdullah al-Senussi. De rebellen hadden wekenlang wapens binnengesmokkeld en geheime opslagplaatsen bevoorraad in en rond de stad, wachtend op het sein voor de aanval. Dat signaal was een zinnetje van voorzitter Jalil van de Overgangsraad tijdens een televisietoespraak op de avond van 20 augustus, waarin hij de bevolking van Tripoli opriep tot rebellie. Korte tijd later, omstreeks acht uur 's avonds, vlak voor de iftar, het avondmaal na zonsondergang, nam een groep rebellen de Ben Nabi-moskee over, vlakbij het stadscentrum. Ze gebruikten meteen de luidsprekers van de moskee voor het omroepen van strijdkreten en slogans tegen Kadhafi. Operatie Mermaid Dawn was begonnen. Mermaid, zeemeermin, is hoe de Arabieren Tripoli liefkozend noemen. Of liever, ze noemen de stad 'de bruid van de zee'. Weldra stond een hoop volk op straat en verspreidde het nieuws zich als een strovuur. Kadhafi had de aanval niet verwacht want eerder die zaterdag hadden de rebellen zijn resterende troepen verdreven uit Zawiyah, een kuststad op de weg van Tripoli naar de Tunesische grens. Daarna hadden ze niet gepauzeerd zoals gewoonlijk en eens ze in de hoofdstad aankwamen wekten ze met smsjes de slapende cellen, bij hen 150 mannen die onlangs waren teruggekeerd na een militaire opleiding van drie maanden in Benghazi.

Weldra waren dertien voorsteden in opstand. De Britse minister van Defensie Hague zei dat de rebellen communicatieapparatuur, kogelvrije vesten en nachtkijkers hadden gekregen. De kijkers waren nuttig om sluipschutters uit te schakelen. De rebellen van Misrata, die ook deelnamen aan de 'bevrijding', hadden sinds kort een onbemand spionagevliegtuig van Canadese makelij. Tegen middernacht, vier uur na het eerste sein, was het Groene plein volgelopen met opstandelingen. Ze hadden amper weerstand ondervonden. Verschillende officieren hadden hun manschappen bevolen geen verzet te bieden. Alles was zo snel verlopen, die eerste avond, dat Saif al-Islam niet tijdig het hoofdkwartier van zijn vader kon bereiken. Tot het krijgsplan behoorde een invasie met rebellenschepen uit Misrata. Ze arriveerden de volgende ochtend. Op 22 augustus werd Misrata door een Scudraket onder vuur genomen vanuit Kadhafi's stamgebied Sirte, het was de eerste in een rij die door Amerikaanse onderscheppingsraketten onschadelijk werden gemaakt. De gevangen zonen van Kadhafi slaagden erin om vrij te komen. Volgens een dissident was dat mogelijk doordat een fractie van het rebellenleger de Kadhafi's beschermde. Saif maakte een nachtelijk tochtje door de stad. Hij liet zich rijden naar het Rixoshotel en zei tegen de buitenlandse pers dat de ruggengraat van de opstand gebroken was.

De Libische premier Baghdadi al-Mahmoudi was in het Tunesische Djerba. Daar had hij laat op 21 december een hotelsuite betrokken, maar dat werd door de directie van het Park Hotel tegengesproken. Er werden 'geruchten verspreid om de bevolking op te zetten en de atmosfeer te verzieken.' Er was een gevecht in regel toen aanhangers van de kolonel het hotel bestormden. Tot de speculaties behoorden uiteenlopende antwoorden op de vraag waar Kadhafi zich ophield. Hij was enkel hoorbaar geweest via krakende telefoonlijnen. Ongetwijfeld besefte hij dat andere communicatiemiddelen zouden verraden waar hij zich precies bevond. Zat hij in zijn ondergrondse hoofdkwartier onder de ommuurde, ontoegankelijke burcht van Baba al-Aziziya, met zijn complex gangenstelsel? Zat hij onder het Rixoshotel waar de buitenlandse pers hoofdkwartier hield? Een vergelijkbaar gerucht over ondergrondse installaties was er over het al-Rashidhotel in Bagdad tijdens de Golfoorlog van 1991. Zou Kadhafi op 1 september thuis de 42ste verjaardag kunnen vieren van zijn machtsgreep?

In de vroege namiddag van 23 augustus trokken de rebellen door de bressen die de NAVO had geslagen in drie omheiningsmuren van Bab al-Aziziyah. Boven het fort hingen dikke rookwolken. De troepen van Kadhafi verspreidden zich in de onmiddellijke omgeving, de aanpalende zoo, het grote park en de omliggende wijken. Sommige eenheden schenen zich terug te trekken naar Sirte en al-Jafra. Een 'tactische terugtrekking', liet Kadhafi enkele uren later weten. Hij riep de bevolking van Tripoli op om de stad te zuiveren van de 'ratten'. De rebellen bleven versterking krijgen. De NAVO-ambassadeurs kwamen in Brussel bijeen om verdere opties te bespreken. De bescherming van de burgerbevolking bleef 'noodzakelijk' en de aandacht van het bondgenootschap zou niet verslappen. De situatie was zo gevaarlijk en onzeker dat de evacuatie van driehonderd buitenlanders uit Tripoli werd afgeblazen. De haven was volgens de rebellen niet veilig genoeg om aan te meren. In totaal wilden 1700 Filipino's, 2000 Bangladeshi en bijna evenveel Egyptenaren weg uit de Libische hoofdstad. Het Rixoshotel met zijn 35 buitenlandse journalisten was door militairen van het regime afgegrendeld. Sommige correspondenten waren tijdig gevlucht. Voor de derde dag op rij zat de Rixos zonder water en elektriciteit en was er nauwelijks nog eten. In de gangen liepen gewapende mannen en op het dak hadden sluipschutters postgevat. De journalisten mochten niet meer buiten, ze waren gijzelaars geworden. Op 24 augustus braken bij het hotel gevechten uit. Even later gaven de militairen zich over aan hun gijzelaars toen ze beseften dat het land niet meer hetzelfde was. De kolonel moest in Libië worden berecht en niet door het Internationaal Strafhof, zei Abdel Hafiz Ghoga, de woordvoerder van de Overgangsraad. De raad beloofde over enkele dagen voltallig in Tripoli te zijn. Ze konden voorlopig niet landen op de luchthaven omdat er zwaar werd gevochten. Net voor operatie Zeemeermin begon waren vier leden van de raad naar de hoofdstad gekomen om de val van Kadhafi voor te bereiden. Wie ze waren was uit vrees voor represailles nog altijd geheim.

De fragmentatie van het rebellenleger was een probleem. Ongetwijfeld waren er milities die uit waren op kleine en grote oorlogsbuit. Hoe lang zou het duren voor ze met elkaar op de vuist gingen? De residentie van de ambassadeur van Zuid-Korea werd geplunderd door dertig gewapende mannen. Er was niemand naar wie ze luisterden, behalve de eigen commandant. Er was geen charismatische figuur met gezag over alle rebellen. De stratenoorlog in Tripoli maakte het voor de NAVO moeilijker om vanuit de lucht te helpen. Maar ongetwijfeld speelden westerse instructeurs hun rol op het terrein. De bevolking van Tripoli bleef de adem inhouden zolang Kadhafi niet was gevat. Nicaragua bood hem asiel aan uit dank voor de gastvrijheid die hij had geboden aan rebellen tegen dictator Somoza. In de nacht stond het Groene Plein weer vol feestvierders, maar de stad gonsde van de geruchten. Een ervan was dat het leidingwater vergiftigd was. Kadhafi's woordvoerder, Moussa Ibrahim, zei dat een stammenleger van twaalfduizend man rondom Tripoli was samengetrokken om af te rekenen met de rebellen. Libië zou een 'brandende vulkaan worden onder de voeten van de invasie', zei hij aan de telefoon tegen al-Uruba, de televisiezender van het regime. Al-Uruba bracht ook een boodschap van de kolonel zelf: 'We zullen winnen of martelaars worden.' De ziekenhuizen konden de stroom gewonden niet aan. Er was al snel een tekort aan geneesmiddelen. Regeringstroepen vielen in de avond van 23 augustus met raketten en tanks Ajelat aan, een stad ten westen van Tripoli. De rebellen in Misrata meldden een nieuwe Scud-aanval vanuit Sirte. Ondanks de verovering van de Schitterende Poort was het nog altijd niet rustig in het voormalige zenuwcentrum van het regime. Er waren explosies en schoten.

De wereld volgde de thriller met ingehouden adem. De Russische president Medvedev vroeg beide partijen te stoppen met vechten en onderhandelingen te beginnen. Moskou zou de Overgangsraad erkennen als wettige regering als die erin zou slagen Libië te verenigen. Volgens Medvedev was Kadhafi niet uitgespeeld en had hij nog invloed. Maar Ibrahim Dabbashi, de voormalige Libische VN-ambassadeur, voorspelde de bevrijding van het hele land binnen de 72 uren. Hij verwachtte dat Sirte binnen de twee dagen zou vallen. Olli Heinonen, tot midden 2010 hoofd van de wereldwijde inspecties van het Internationaal Atoomagentschap, waarschuwde dat in Tajoura, vlakbij Tripoli, grote uraniumvoorraden en andere grondstoffen waren opgeslagen die konden dienen om een vuile bom te maken, een combinatie van conventionele explosieven met radioactief materiaal. Gelukkig was er geen verrijkt uranium meer. Dat was in 2009 uit het land verwijderd. Heinonen herinnerde zich dat in 2003 de nucleaire opslagplaats van Thuwaita in Irak was geplunderd en het was 'vermoedelijk puur toeval' dat dit niet was geëindigd in een catastrofe. De NAVO overlegde hoe de Libische voorraad van tien ton mosterdgas kon worden beveiligd. Enkele uren later deelde het Pentagon opgelucht mee dat de chemische wapens onder controle waren.

Ahmed Jehani, bij de Overgangsraad verantwoordelijk voor de wederopbouw, probeerde de wereld gerust te stellen door de bestaande oliecontracten heilig te verklaren, maar even later zei Mustafa Abdel Jalil, de nummer twee van de rebellen, dat de landen die hadden geholpen bij de revolutie beloond zouden worden met contracten. Frankrijk werkte aan een nieuwe resolutie om de Libische tegoeden te ontvriezen. Sarkozy ontving Mahmoud Jibril, de voorzitter van de Overgangsraad. De Franse president en veel andere westerse leiders hadden de mond vol over de 'wederopbouw'. Hij beloofde met enig gevoel voor symboliek voor 1 september, de verjaardag van Kadhafi's machtsgreep, een internationale top van de 'vrienden van Libië' in Parijs en ook de BRICS-landen waren daar welkom. De contactgroep kwam bijeen in Istanboel en ook daar werd Jibril verwacht. Het was het *moment de gloire* van de nieuwe Libische nummer twee. De VS wilden meteen anderhalf miljard dollar aan Libische tegoeden deblokkeren. Washington ging met dat plan naar de sanctiecommissie van de VN maar stuitte daar op hardnekkig verzet van Zuid-Afrika. Pretoria vond dat de financiering van de rebellen neerkwam op een erkenning en zelfs dat het Internationaal Strafhof een onderzoek moest instellen naar de burgerslachtoffers die de NAVO had gemaakt. De opstandelingen zegden dat ze voor het eind van de maand vijf miljard dollar nodig hadden, maar het vrijmaken van anderhalf miljard, zoals Washington voorstelde 'om humanitaire redenen', bleef botsen op de Zuid-Afrikaanse weigering 'zolang de Afrikaanse Unie de Overgangsraad niet erkende'. De Afrikaanse landen waren verbolgen over hoe ze in de Libische crisis waren miskend. Washington bereidde een ontwerpresolutie voor om te laten goedkeuren door de Veiligheidsraad en te elfder ure slikte Zuid-Afrika zijn bezwaren in. Mahmoud Jibril zei dat méér geld nodig was. President Chavez van Venezuela was een van de weinigen die Kadhafi bleef steunen. Boven de Libische ambassade in Moskou bleef de vlag van Kadhafi wapperen. Er was 'niets veranderd'. In Kiev (Oekraïne) en Minsk (Wit-Rusland) was de rood-zwart-groene vlag van de opstand gehesen. Op 25 augustus erkende de Arabische Liga de Overgangsraad als wettige vertegenwoordiger van het Libische volk. De Afrikaanse Unie vertoonde barsten. De president van Kenia riep Kadhafi op tot overgave. De Verenigde Naties vroegen aan beide partijen om af te zien van wraakacties na berichten over executies aan de twee kanten.

DE JACHT OP DE KOLONEL

Libië was volgens de opstandelingen voor 95 procent onder hun controle maar het balanceerde op de rand van een burgeroorlog, zowat het omgekeerde van wat resolutie 1973 had gewild. De rijke arsenalen van de Schitterende Poort en andere voorraden waren geplunderd en de stad zwom in de wapens. Libische zakenlui zetten 1,7 miljoen dollar op het hoofd van Kadhafi. Wie de kolonel zou doden of gevangen nemen kreeg van de rebellen amnestie. Op de weg van Zawiya naar Tripoli werden vier Italiaanse journalisten ontvoerd. Hun chauffeur werd gedood. Ze werden een dag lang vastgehouden op een appartement in Tripoli door aanhangers van Kadhafi. In Benghazi werd een Australische journalist afgetuigd door onbekenden. De tijd dat Kadhafi een gouden Rolex gaf aan bezoekende journalisten was voorbij. In Tripoli nam de bevolking het recht in eigen handen. Er zwierven jongeren rond met buitgemaakte wapens. Er was nauwelijks water en veelal geen stroom. Boodschappen doen was gevaarlijk. Een Amerikaans adviseur van de Overgangsraad zei dat Tripoli veilig moest zijn vooraleer de leden van de raad zich daar konden installeren. Elders was het niet veel beter. Vanuit een klein dorp, net buiten de hoofdstad, berichtte een inwoner dat leden van Kadhafi's geheime politie, vrouwen vooral, 25 jongens tussen elf en zeventien hadden geëxecuteerd omdat ze zwaaiden met de vlag van de opstand. De zware gevechten rond de luchthaven bleven duren en dat kon erop wijzen dat Kadhafi vlakbij was. Hij kon ook in Sirte zijn, of onderweg naar de grens met Algerije, of in een ondergrondse bunker, of gewoon in een villa in de stad. De voormalige gouverneur van de Libische centrale bank, die nu aan de kant stond van de rebellen, verwachtte dat de kolonel de nationale goudreserve ter waarde van tien miljard dollar zou aanspreken om te zorgen voor zijn persoonlijke veiligheid en de verdere onveiligheid in het land. Ook de Schitterende Poort bleef onveilig, onder meer omdat het complex de huizen omvatte van zo'n tweehonderd gezinnen, die volgens de rebellen werden gebruikt als menselijk schild. In de stad verspreidde zich een lijkengeur.

De eliminatie van Kadhafi was nu opdracht nummer een. De NAVO hielp daarbij, zei de Britse minister van Defensie Liam Fox. Hij weigerde commentaar bij de berichten dat daar Britse elitesoldaten bij betrokken waren, maar de *Daily Telegraph* had in legerkringen vernomen dat commando's van het 22ste SAS-regiment 'al weken' in Libië waren en dat ze een sleutelrol speelden bij de slag om Tripoli. Ze opereerden in burger, droegen dezelfde wapens als de rebellen en leidden de aanval op de Schitterende Poort, naar verluidt samen met Franse paracommando's, Jordaanse en Qataarse elitesoldaten. Secretaris-generaal Rasmussen van de NAVO zegde dat verzetshaarden de burgerbevolking bleven bedreigen en dat het bondgenootschap zijn operaties zou verderzetten zo lang als nodig. De rebellen naderden Sirte, de heimat van de kolonel, uit twee richtingen. Ze waren verdeeld. Moesten ze onderhandelen of vechten? Ze werden teruggeslagen, verdreven uit Bin Jawad en kwamen onder vuur in Ras Lanuf dat ze pas hadden veroverd. Kadhafi kon ook nog rekenen op het zuiden van Libië, waar hij zijn geheime nucleaire installaties had gebouwd en over een hoofdkwartier beschikte. De gevechten in Tripoli concentreerden zich nu op Abu Salim, een wijk tussen de Schitterende Poort en de luchthaven, die hevig weerstand bood. Dat was een symbolische zone omdat er een beruchte gevangenis was van het regime. Dokters in Tripoli zegden dat politieke gevangenen werden geëxecuteerd. Volgens geruchten waren 140 lijken aangetroffen in de gevangenis. Er lagen in de straten ook lijken van geboeide soldaten van Kadhafi. Dertig van hen lagen opgestapeld, doorzeefd met kogels. Terwijl slag werd geleverd in Abu Salim werd ook gevochten bij alweer een hotel, de Corinthia. Een gevangen genomen huurling zei dat Kadhafi's zoon Mutassim in Sirte was. De avond voor operatie Zeemeermin was Mutassim, een notoire rokkenjager, zeker nog in Tripoli want hij had er zijn ex-vriendinnetje, het Nederlandse Playboy-model Talitha van Zon vertroeteld. Van Zon kreeg de schrik van haar leven toen ze naar eigen zeggen enkele dagen later in de klauwen viel van de opstandelingen en vreesde dat ze door hen in brand zou worden gestoken. Ze vertelde dat tegen een Brits sensatieblad op 28 augustus, de dag van haar vlucht. Maar volgens *De Telegraaf* was de 39-jarige schoonheid door het raam van haar kamer in het Corinthiahotel gesprongen om te ontkomen aan twee zwarte huurlingen van Kadhafi die haar wilden verkrachten en vermoorden.

Mahmoud Jibril, de 'eerste minister' van de Overgangsraad, liet zich in Rome ontvallen dat de raad de dag ervoor, op 24 augustus, was verhuisd van Benghazi naar Tripoli. Even later zei een woordvoerder dat het ging om de helft van de raadsleden. 'De stabiliteit hangt af van het uitbetalen van de salarissen', zei Jibril en dat was een boodschap die meteen werd begrepen. Berlusconi deblokkeerde 350 miljoen dollar aan Libische tegoeden bij Italiaanse banken en beloofde alles wat de overgangsraad, 'de nieuwe representatieve regering', mocht nodig hebben, inclusief gas en olie. 'De Overgangsraad moet de orde herstellen, wapens inzamelen en het proces beginnen dat leidt tot een rechtvaardige samenleving', zei Jibril. Hij stond naast Berlusconi op deze persconferentie in Rome, en werd getipt als de toekomstige leider van het land. Hij was niet de enige. Er was de voorzitter van de raad, oud-minister van Justitie Mohammed Abdul Jalil, integer en populair in het oosten, de enige die de kolonel durfde tegenspreken. Maar Jalil had bij herhaling gedreigd met ontslag en het was niet zeker of hij de opvolger wilde zijn van Kadhafi. Dan was er 'minister van Financiën' Ali Tarhouni die uit ballingschap was teruggekeerd en ook populair was. Soms werd ex-premier en oud-Olieminister Shokri Ghanem genoemd maar die was niet toegetreden tot de raad en pas in mei gevlucht naar Tunesië. Jibril benadrukte dat enkel geld de revolutie kon redden, maar ook de verspreiding van wapens onder de bevolking bedreigde de toekomst. Onvermijdelijk zou een deel van de geplunderde arsenalen, waarbij de Igla draagbare luchtdoelraketten, terechtkomen op de zwarte markt en misschien bij al-Qaeda in de Maghreb. Die vrees was trouwens de reden waarom de Amerikaanse regering weigerachtig stond tegenover de levering van zware wapens aan de rebellen.

Maar de grootste bedreiging was voorlopig Kadhafi die onvindbaar bleef en zich in een audioboodschap, op 'zijn' televiesiezender al-Uruba, bloemrijk uitliet over de toestand. 'Libië is van de Libiërs, niet van de imperialisten, niet van Sarkozy, van Frankrijk of Italië! We moeten de vijandige ratten weerstaan en ze gewapenderhand verdelgen, huis na huis, straat na straat.' 'Huis na huis, straat na straat', ook de rebellen gebruikten die uitdrukking. Een rebellencommandant zei dat Kadhafi zich met zijn zonen verstopte in de ondergrondse bunkers van de Schitterende Poort. Niemand wist het. Er waren zoveel geruchten. In Tripoli zaten minstens tweeduizend gastarbeiders uit Bangladesh geblokkeerd. Ze wilden weg maar konden niet buiten wegens de gevechten. Een topman van de Overgangsraad zei dat het minstens tien jaar zou duren om het land weer op te bouwen. De raad zette alles op alles om donors ertoe te bewegen in de zakken te tasten. Het lot van de raad scheen daarvan af te hangen. Het prijskaartje van de rebellen was en bleef vijf miljard dollar.

De zware gevechten bij Abu Salim verplaatsten zich naar de vlakbij gelegen wijk Mashrur. In een verlaten ziekenhuis van Abu Salim lagen 41 lijken. In de tuin vlakbij het parkeerterrein lagen twintig lichamen in ontbinding. In een van de zalen lagen er eenentwintig opgestapeld. Op de oprit van het ziekenhuis lag een lijk onder een laken. Niemand wist wie ze waren. Uiteindelijk bleken er in het ziekenhuis meer dan tweehonderd lichamen te liggen in staat van ontbinding, mannen, vrouwen en kinderen, burgers, strijders, Afrikaanse huurlingen. Er waren maar zeventien overlevenden. Het grootste ziekenhuis van de stad kreeg om de minuut ziekenwagens binnen. Veertig tot vijftig dokters werkten de klok rond maar konden de toevloed niet aan. Hulpschepen lagen voor anker tot de haven veilig genoeg was om aan te meren. Vrijwel de hele stad zat op 26 augustus zonder water. Tot de lichtere voetnoten behoorde de vondst in de Schitterende Poort van een fotoalbum van Kadhafi's ontmoeting met Condoleezza Rice, de voormalige Amerikaanse minister van Buitenlandse Zaken, in zijn privévertrekken die eruitzagen als een soort pretpark. Het paspoort van Kadhafi's adoptiedochter Hanna werd ook aangetroffen. Ze was niet gedood bij het Amerikaans bombardement van 1986, zoals de kolonel al die jaren had beweerd, maar was intussen arts in Tripoli.

Bij Sirte waren de stamhoofden volgens de rebellen bereid tot onderhandelen om een bloedbad te voorkomen, maar dat werd belet door de Khamisbrigade, de elitetroepen van Kadhafi's zoon. Volgens de opstandelingen werd de weg naar de stad geblokkeerd door zo'n 1500 getrouwen van de kolonel en was dat een vertragingsmanoeuvre om de verdediging van Kadhafi's thuisbasis te organiseren. Britse gevechtsvliegtuigen bombardeerden een bunkercomplex in de stad. Het beleg kon volgens een rebellencommandant enkele dagen duren.

Mario, een Kroaat uit Bosnië die als artillerist door Kadhafi was ingehuurd om de rebellen te bestrijden, vertelde tegen *Time* dat hij het commando had over mannen uit Zuid-Libië, Tsjaad en andere Afrikaanse landen. Ze waren 'dom' en hadden geen discipline maar alles ging goed tot de luchtaanvallen begonnen. De andere partij was volgens hem niet beter en zonder de NAVO zou Kadhafi ze hebben verpletterd. Tegen het begin van de zomer was een derde van zijn manschappen gedeserteerd of overgelopen. Zijn eenheid was verschillende keren gebombardeerd. Door de luchtaanvallen verloor het klassiek militair materieel zijn nut. Intussen bleef het surrealistische leven van drank, drugs, vrouwen en sadisme voortduren aan het 'hof' waar Saif al-Islam en zijn broer Mohammed soms letterlijk met getrokken wapens tegenover elkaar stonden. Mario zei dat nogal wat Serviërs Kadhafi hielpen, maar een voor een waren ze weggegaan. Libische officieren volgden hun voorbeeld omdat ze de toestand hopeloos vonden of aan de kant stonden van de rebellen. Mario was uit Tripoli vertrokken enkele dagen voor het begin van operatie Zeemeermin. Hij was door een vriend getipt over snelle veranderingen die op til waren en over *deals*. Toen hij de Zuid-Afrikaanse huurlingen zag vertrekken, besliste ook hij Tripoli te ontvluchten. *Time* sprak ook met een voormalige generaal van het Joegoslavisch leger die Kadhafi al jaren adviseerde en bij het begin van Zeemeermin de benen had genomen. 'Het systeem is ingestort. Ik wist dat het zou gebeuren. Ik heb Kadhafi in geen vier weken gesproken. Hij wilde niet luisteren. Alles scheen normaal tot kort geleden, maar je kon voelen dat achter de schermen deals werden gesloten.' Hij noemde de kolonel een gek en vergeleek hem met Slobodan Milosevic. 'Je kan niet tegen de NAVO vechten en tegelijk koppig waanzinnig zijn als hij.' Beide huurlingen hadden gesproken van geritsel in de coulissen en van *deals*.

Op 26 augustus lichtte *The Guardian* een tip van de sluier op basis van geheime documenten die in Tripoli waren aangetroffen. Kadhafi had geprobeerd om het Amerikaans Democratisch parlementslid Dennis Kucinik, een tegenstander van de interventie, naar Tripoli te halen voor een 'vredesmissie'. Alle kosten zouden door hem worden betaald. Op 22 juni liet Kucinik via een tussenpersoon weten dat hij niet op het aanbod kon ingaan om veiligheidsredenen, maar dat hij Kadhafi wel buiten Libië wilde ontmoeten. Hij reisde naar Syrië maar zag hem niet. Ook Kadhafi opereerde via een tussenpersoon, zijn premier al-Baghdadi Ali al-Mahmoudi, die bij de val van Tripoli naar Tunesië vluchtte. Kucinik en Mahmoudi voerden lange telefoongesprekken. Op 23 juni stuurde Mahmoudi een beleefde klacht naar Obama over de bevriezing van de Libische tegoeden en brieven naar verschillende invloedrijke parlementsleden. Vijf dagen later werd Tripoli getipt door Sufian Omeish, de Amerikaans-Libanese regisseur van de pro-Palestijnse documentaire *Occupation 101* en tussenpersoon van Kucinik, dat Amerika een invasie voorbereidde met grondtroepen in september of oktober. Hij stelde een 'vredesmissie' voor en beweerde dat verschillende Amerikaanse parlementsleden daartoe bereid waren. Hij zei in contact te staan met Oscarwinnaars in Hollywood voor het maken van een film die de waarheid zou tonen over Libië. Bij de persoonlijke documenten die Mahmoudi in Tripoli had achtergelaten was ook de kopie van het verslag van de Amerikaanse ambassadeur Gene Cretz die had gesproken van de 'voluptueuze' Oekraïense verpleegster van Kadhafi. Wikileaks had het rapport uitgebracht en het was aanleiding geweest voor de uitwijzing van Cretz op 4 januari 2011. Het gewraakte woord was voorzien van zijn Arabische vertaling. Er lag ook de kopie van een brief van John McCain aan voorzitter Jibril van de Overgangsraad, waarin de Republikeinse senator vroeg een eind te maken aan de schending van de mensenrechten door de rebellen. Al dat lekkers waaide met de woestijnwind door de straten van de hoofdstad en belandde op redactiekantoren. Toen zei de Overgangsraad dat opslagplaatsen waren aangetroffen met genoeg voedsel voor een stad met twee keer de omvang van Tripoli en genoeg geneesmiddelen voor de verzorging van het hele land gedurende een jaar.

DE BEJAARDE ZOON VAN DE GROTE DODE
Wat ook het vervolg zou zijn, chaos, een burgeroorlog of een ordentelijke overgang naar iets wat dit land nooit had gekend, een terugkeer van de kolonel leek uitgesloten. Een derde kolos viel van zijn sokkel in amper negen maanden tijd. Nu het einde nabij was, werd teruggedacht aan het begin. Aan Kadhafi's mateloze bewondering voor de Syrische presi-

dent Shukri al-Quwatli die in 1958 ontslag nam om de unie mogelijk te maken met het Egypte van Nasser, een ander idool van de kolonel. Aan hoe hij Quwatli elf jaar na die genereuze geste imiteerde door bij zijn staatsgreep op zijn beurt aan Nasser de macht aan te bieden over Libië, waar de Egyptische leider na de mislukking van de unie met Syrië vriendelijk voor bedankte. Nasser, die tegen de onstuimige kolonel placht te zeggen 'Muammar, je doet me denken aan mijn jeugd', bleef zijn grote held. Met Nasser en de toenmalige Syrische president al-Atasi had Kadhafi het tijdens Zwarte September 1970 opgenomen voor Yasser Arafat en tegen de Jordaanse koning Hoessein. Dat waren grote dagen. Nooit om een rake uitspraak verlegen had hij de oprichting voorgesteld van een Arabisch legioen om Jordanië en Hoessein mores te leren. 'Sla de koning in de boeien, stop hem in een dwangbuis en stuur hem naar een gekkenhuis', had hij geschertst. Een kwarteeuw later deed hij precies hetzelfde als Hoessein en wees 30.000 Palestijnen uit omdat Arafat vrede had gesloten met Israël. Een jaar na Kadhafi was vader Assad bij een staatsgreep aan de macht gekomen. Ze waren goede vrienden. De kolonel was persoonlijk naar Damascus gevlogen om de staatsgreep van zijn kompaan op 16 november 1970 van dichtbij mee te maken, maar het griefde hem toen hij niet betrokken werd bij de plannen voor de Yom Kippoer-oorlog van 1973. Assad en Sadat hielden hem daarbuiten omdat ze de kolonel te loslippig en onstuimig vonden. Zijn voorkeur voor grootse gebaren werd er niet door aangetast en in 1978 vormde hij met Syrië, Zuid-Jemen, Algerije en de Palestijnse Bevrijdingsorganisatie het Standvastigheidsfront tegen de vrede van Egypte met Israël.

Maar er was iets geknakt bij het einde van een andere dikke vriend, Saddam Hoessein. Hij bekeek in eenzaamheid de beelden van zijn vernederende arrestatie in 2003 en werd op slag een andere man, iemand die besliste om dit lot te ontlopen. De stroper werd boswachter. Hij gaf zijn geheime nucleaire plannen op en maakte een einde aan de vijandschap met de Verenigde Staten, die 33 jaar had geduurd. Dacht de opgejaagde kolonel terug aan 1981 toen hij *Lion of the Desert* financierde met Anthony Quinn in de hoofdrol als de Libische verzetsleider Omar al-Mukhtar, naar wie nu een rebellenbrigade werd genoemd? Dacht hij aan het einde van Mukhtar, de leider van een lichte cavalerie van een paar duizend opstandelingen, en hoe hij door de Italiaanse bezetter in 1931 werd opgeknoopt onder het oog van twintigduizend gevangenen? Of dacht hij eraan dat de mannen van Mukhtar hun guerrilla tegen de Italianen twintig jaar volhielden? In 2009, bij zijn eerste bezoek aan Rome, had Kadhafi zich uitgedost in een militair uniform waarop de foto was gespeld van Mukhtar, de held van het Libische oosten. In deze woelige dagen klonk de stem van de woestijnleeuw door de mond van zijn negentigjarige zoon. Bij het begin van de opstand was de bejaarde Mohammad Omar al-Mukhtar op een betoging verschenen. 'Ik voelde dat ik dit moest doen', zei de zoon van de legendarische rebellenhoofdman toen tegen de *Irish Times* nadat hij een ovatie had gekregen voor zijn optreden, want zijn vader was de enige echte held van de rebellen. Hij was hun dode leider. Zijn strijdkreet, 'de overwinning of de dood' lag op ieders lippen. Mukhtar jr. had een laatste raad voor Kadhafi, toen, in de vroege dagen van maart 2011, 'trek je terug en laat het volk gerust, dat zal ook voor jou het beste zijn.' Maar hij twijfelde eraan dat de kolonel zou luisteren. 'Hij heeft geen oor voor goede raad. Veel mensen hebben het geprobeerd, maar hij is koppig en wil niet horen.' De kolonel vereerde Mukhtar en droomde ook zelf van grootse verwezenlijkingen. Maar de cultus van de legendarische rebellenleider was algemeen en werd een vorm van concurrentie die hij beantwoordde met groeiende grootheidswaan en wereldvreemdheid. Hij werd de hoofdrolspeler in zijn eigen bizarre film. Hij doste zich uit en verplaatste zich niet meer zonder zijn tent en zijn aantrekkelijke vrouwelijke lijfwachten. Hij had slechte vrienden. De eerste tekenen van zijn paranoia kwamen kort na zijn machtsgreep, toen hij terugkeerde naar zijn tent om als een soort filosoof te werken aan zijn alomvattende maar niet erg lijvige Groene Boek, zijn repliek op het Rode Boekje van Mao. Het was verplichte leerstof en monumentale citaten versierden de steden. Het bevatte in weinig woorden een oproep tot de bevrijding van de volkeren.

De langst regerende Arabische leider – Kadhafi had Nasser nog ontmoet – was onderweg naar het einde. Hij bood op 28 augustus vertwijfeld onderhandelingen aan over een overgangsregering. Zijn zoon Saadi zou voor hem de gesprekken leiden. De rebellen wezen het aanbod af. Ze heroverden Ras Lanuf en Bin Jawad en stonden op honderd kilometer van Sirte. Toch was alle gevaar nog niet geweken en Mustafa Abdul Jalil, de voorzitter van de Overgangsraad, vroeg een voortzetting van de steun van de NAVO-coalitie. 'Kadhafi blijft een gevaar, niet alleen voor Libië, maar voor de wereld', zei hij op een bijeenkomst van militaire verantwoordelijken in Qatar. Frankrijk heropende zijn ambassade in Tripoli. In Benghazi arriveerde een schip met honderden gevangenen die in de hoofdstad waren vrijgelaten. Volgens de rebellen waren nog tienduizenden gevangenen vermist. Er werd gevreesd voor massagraven en voor het verlies van de gevangenisarchieven.

Rami Khouri, een invloedrijk politiek analist concludeerde dat de combinatie van internationale steun en een massabeweging dodelijk was voor elk regime. Als die steun er niet was, zoals in Bahrein, mislukte de revolutie. Het Libische voorbeeld beloofde weinig goeds voor Saleh in Jemen en Assad in Syrië, maar ze konden zich troosten met de gedachte dat een militaire interventie als in Libië erg onwaarschijnlijk was. Vooral Syrië, altijd al een zorgenkind, bleef onder westerse druk. Het was een publiek geheim dat Assad Kadhafi had geholpen. Ongetwijfeld volgde hij aandachtig hoe het de kolonel verder zou vergaan en wist hij dat hij na het uiteindelijke succes van de revolutie in Libië bovenaan de westerse zwarte lijst stond. Op 21 augustus zei hij – al was daartoe geen rechtstreekse aanleiding – dat een buitenlandse interventie in Syrië voor de betrokkenen zwaarder zou wegen dan hun draagkracht. In de Syrische straten werd geroepen 'bye bye Kadhafi, Bashar, jij bent de volgende'.

Op 25 augustus was er een bijeenkomst van de VN-veiligheidsraad achter gesloten deuren over een westers plan om een aantal Syrische ondernemingen en leiders, bij wie de president, nieuwe strafmaatregelen op te leggen. China en Rusland geloofden niet in sancties maar in dialoog en boycotten de vergadering. China verzette zich op 23 augustus ook tegen een VN-onderzoek naar de repressie in Syrië. De EU besliste op dat moment tot strafmaatregelen maar niet tot een invoerstop van de olie waarvan Denemarken, Italië, Frankrijk, Nederland, Oostenrijk en Spanje de grote afnemers waren. Shell Nederland, de grootste klant, weigerde zich terug te trekken uit Syrië zolang Europa daar niet toe verplichtte. Het embargo kwam er enkele dagen later, op 2 september, onder onmiddellijk protest van Rusland. Op die manier bereik je niets, zei Moskou. Naar Libisch voorbeeld vormde de Syrische oppositie een 'nationale raad' tijdens een bijeenkomst in het Turkse Istanboel. De weg naar Damascus was nog lang.

OORLOGSBUIT

Bij Sirte verlengden de opstandelingen hun ultimatum aan de stad met een week. Maar de jacht op Kadhafi was verschoven naar Bani Walid, tussen Tripoli en Misrata. Kadhafi's zonen Mutassim, Saif al-Islam en Saadi zaten er volgens de plaatselijke stamhoofden in een militaire basis maar vertrokken inderhaast op 3 september nadat in de stad de rebellenvlag was gehesen en het plaatselijk radiostation was overgenomen. Ook de kolonel zelf zou er rond 27 augustus even zijn geweest vooraleer verder naar het zuiden te trekken. Aangenomen werd dat hij in de buurt van Sabha was, de grootste oase van het zuiden op 790 kilometer van de hoofdstad. Sabha, aan de rand van de Sahara, was nog in zijn handen. Hier was ook een militaire basis en zijn voormalig geheim nucleair complex. In de woestijn kon hij rekenen op de Toearegs. Vanuit deze barre plek had Kadhafi onder meer de hoofdstad letterlijk drooggelegd. Hier vertrok immers een gigantisch ondergronds netwerk dat de Libische kust van drinkwater voorzag uit de reservoirs onder de Sahara. Kadhafi noemde de 'grote door mensen gemaakte rivier', een van zijn belangrijkste verwezenlijkingen, 'het achtste wereldwonder'.

In Tripoli trad de rebellenleider uit de schaduw die Zeemeermin had geleid. Hij wierp zich op als de commandant van Tripoli en werd in die functie bevestigd door de Overgangsraad. Abdul Hakim Belhaj, een burgerlijk ingenieur, was een 45-jarige veteraan van de jihad tegen de Sovjets in Afghanistan die in 1994 naar zijn land was teruggekeerd om zich aan te sluiten bij de Libische Islamitische Gevechtsgroep, LIFG, waar hij de leider van werd. Na de aanslagen van 11 september was hij een tijdlang vastgehouden door de Amerikanen die hem naar eigen zeggen hadden gemarteld, al koesterde hij geen wrok. Vervolgens was hij uitgeleverd aan Kadhafi die hem opsloot in de beruchte gevangenis van Abu Salim, waaruit hij in 2010 werd vrijgelaten. Dat leidde tot nieuwe discussies over de banden tussen al-Qaeda en LIFG en over die tussen de CIA en het regime van Kadhafi. Belhaj beleed zijn geloof in de democratie maar verschillende van zijn vrienden hadden leidende functies bij de terreurorganisatie. Zelf was hij jarenlang de meest gezochte man van het regime dat het uiteindelijk, zo bleek alweer uit documenten die ronddwarrelden, op een akkoordje gooide met LIFG en 280 militanten vrij liet bij wie de toekomstige bevrijder van Tripoli. Belhaj zag er met zijn keurig getrimde baard en zijn nagelnieuwe *battle dress* volstrekt onschuldig uit.

De voorzitter en de ondervoorzitter van de Overgangsraad waren nog altijd op reis in het buitenland. In Tripoli waren ze nog niet te zien geweest. Dat daar intussen het mooie weer werd gemaakt door iemand die op de terroristenlijsten stond van de Britse en Amerikaanse inlichtingendiensten, was voor Hillary Clinton aanleiding om de nieuwe Libische leiders aan te sporen tot actie tegen het 'gewelddadig extremisme' en ervoor te zorgen dat geen wapens in verkeerde handen vielen. Volgens Algerije, dat op 29 augustus de vrouw van Kadhafi en drie van zijn kinderen had opgevangen, gebeurde dat laatste intussen volop. Hillary deed haar verzoek in Parijs vlak voor de 'Conferentie van de Vrienden van Libië', de mediamieke show waarmee Sarkozy zichzelf fêteerde op 1 september, de 42ste verjaardag van Kadhafi's staatsgreep. Onder de ogen van de wereldpers deelde hij het podium der overwinnaars met Cameron, voorzitter Jalil van de Overgangsraad en de imposante, in een hagelwitte dishdasha gehulde, emir van Qatar. Hij had de top met de nodige fijngevoeligheid belegd in het hotel Matigny, waar de kolonel in 2007 tijdens de eerste maanden van Sarkozy's presidentschap letterlijk en tot verbijstering van de Fransen zijn tenten had opgeslagen. De foto's die destijds door het Elysées werden verspreid over het bezoek van de Broeder-Leider waren intussen verdwenen van de website. Na afloop van de conferentie van de vrienden stond sjeik Hamad bin Khalifa al-Thani, de emir van Qatar, welwillend de pers te woord. Op de vraag of hij Sarkozy en Cameron zou vergezellen op hun reis naar Libië, waar nog steeds geen datum voor was, antwoordde hij dat hij iedereen kon inviteren omdat hij thuis was in Libië. Voorzitter Jalil van de Overgangsraad was 'lid van de familie'. Hij had een sneer voor de Arabische Liga die niet in staat was om zelf een militair front te vormen tegen de kolonel, waardoor het 'gewettigd' was om een beroep te doen op de NAVO.

In de coulissen van de conferentie werd gelobbyd voor de oliebuit. *Libération* haalde een brief boven water, geadresseerd aan de emir van Qatar en met afschrift aan Amr Moussa van de Arabische Liga, waarin de Overgangsraad op 3 april 35 procent van zijn oliecontracten beloofde aan Frankrijk in ruil voor 'volledige en permanente steun aan onze raad'. Er werd gewezen op het briefhoofd. Van het 'Volksfront voor de Bevrijding van Libië' had de ene nog nooit gehoord, voor de andere was het maar een van de fracties in de Overgangsraad of het was een vervalsing door aanhangers van de kolonel. Op het internet was het bericht van *Libération* er het oudste spoor van. Iedereen ontkende van de belofte te weten en keek de andere kant uit, maar het geritsel met contracten overstemde haast dat van de camera's. Zelfs de Russen kwamen op hun kousenvoeten toenadering zoeken tot de nieuwe machthebbers. De Chinezen met hun onlesbare oliedorst hadden in maart al contacten aangeknoopt met de Overgangsraad via gezanten in Qatar. De Libische olie was zeer gegeerd. Ze is zeer licht en goedkoop te winnen. Libië was 'maar' de vierde olieproducent van Afrika, maar het had met 44 miljard vaten de grootste reserves van het continent en de negende wereldwijd. Onder Kadhafi was de koek verdeeld onder tientallen oliemaatschappijen, onder aanvoering van het Italiaanse Eni, het Franse Total en de Anglosaksische reuzen BP, Shell en ExxonMobil. Begin augustus had de Overgangsraad gezegd dat alle bestaande contracten zouden worden gerespecteerd, maar het was duidelijk dat de concurrentie klaar stond om de Italiaanse suprematie een hak te zetten. Onder Kadhafi had Eni geprobeerd om het Russische Gazprom toegang te verlenen tot de Libische reserves, tot groot Amerikaans ongenoegen. Pas op 20 april was dat plan door Eni 'tijdelijk' opgeborgen. Voor de ruim zeventig maatschappijen van China, en die van Rusland en Brazilië, waren de vooruitzichten slecht. Tot de winnaars behoorde zeker Total maar ook nieuwkomers als Qatar Petroleum of de Vitolgroep, de olietrader uit Rotterdam, die zaken hadden gedaan met de rebellen. Operatie Zeemeermin was amper begonnen of de oliemaatschappijen kondigden hun terugkeer aan, al kon het nog anderhalf tot drie jaar duren voor de productie weer op het oude peil zou zijn.

Vallende bladeren

NIEUWE BEZEMS

Het einde van het Arabisch nationalisme was al onder Nasser ingezet met het trauma van de Zesdaagse Oorlog van 1967. Daarna waren de bevolkingen geleidelijk in de tang genomen door autoritaire heersers en predikanten van een religieus formalisme. De heersers verboden gematigde islamitische bewegingen zoals de Moslimbroederschap, maar dikwijls gedoogden en gebruikten ze marginale en extremistische salafistische groepen zodat hervormers bescherming zochten bij de macht. Dat perverse systeem en de nationalistische filosofie waren nu compleet failliet. In Syrië, waar het regime zich tot voor kort beschouwde als het 'hart van de Arabische natie', was het volk in de ban van democratie, vrijheid en waardigheid. Voor een deel van het volk was dat ook de vlag van de wraak.

Onder de oppervlakte gistte de oude tegenstelling tussen soennieten en sjiieten en wat de Jordaanse koning Hoessein in 2003 de dreiging noemde van de sjiitische sikkel, die zich uitstrekt van de grens van Afghanistan tot de Middellandse Zee en dwars doorheen traditioneel soennitische gebieden sneed. Turkije, soennitisch, en Iran, sjiitisch, twee perifere maar machtige niet-Arabische regionale mogendheden, voelden zich bijzonder betrokken bij de crisis in Syrië dat ondanks zijn overwegend soennitische bevolking midden in de sjiitische sikkel lag. Turkije, waar de religieuze AKP aan de macht was, maakte er nauwelijks een geheim van dat het in de soennitische Moslimbroederschap de nieuwe dominante kracht erkende in de Arabische wereld. Ankara nam het op voor de Palestijnse broeders van Hamas die niet langer zeker waren van de Syrische bescherming. Ook voor Saoedi-Arabië en de soennitische Golfmonarchieën die Iran graag wilden verzwakken was de opmars van de Broederschap interessant, al bleven ze beducht voor een revolutie in de aangrenzende oostelijke Arabische gebieden van de Mashrek. Voor Jordanië was een overwinning van de Moslimbroederschap in Syrië minder aantrekkelijk. Koning Abdallah was allerminst een vriend van Assad, maar zijn afkeer van de Broeders was nog groter. Grote buur Irak was eveneens bezorgd. Het was tot in 2003 een soennitisch bolwerk, maar na de val van Saddam had de democratie een overwicht gegeven aan de sjiitische meerderheid. Een tumultueus einde van Assad zou voor de Iraakse sjiieten het verlies betekenen van een waardevolle bondgenoot en het kon leiden tot de terugkeer van een miljoen landgenoten die voor de Iraakse burgeroorlog naar Syrië waren gevlucht. Zij zouden de toenemende spanningen in Irak nog verscherpen. Zelfs de Iraakse soennieten waren niet gebrand op de val van hun oude vijand. Maar bovenal zou dat de sjiitische en dus Iraanse invloed in de regio ernstig verzwakken met het risico dat vooral de radicale salafistische ondergrondse garen zou spinnen bij de chaos die met de ondergang van Bashar zou gepaard gaan. Op de kanselarijen werd gehoopt op een alliantie van een deel van de alawitische en soennitische elites om te zorgen voor een vreedzame en gematigde ontknoping, maar de situatie polariseerde snel. De nachtmerrie van een burgeroorlog tussen de verschillende confessionele en etnische groepen, zoals was gebeurd in de buurlanden Irak en Libanon, kwam met de dag dichterbij. De salafistische jihadi's van al-Qaeda hadden diepe wortels en een snel groeiende aanhang in Libanon en ze hadden jaren straffeloos in Syrië geopereerd. Tripoli, vlakbij de grens met Syrië, was hun historisch bolwerk. Tot wat ze in staat waren hadden ze in 2009 getoond tijdens hun bijna vier maanden durende opstand in het vlak bij Tripoli gelegen Palestijns vluchtelingenkamp van Nahr al-Bared.

REGIONALE MACHTSVERHOUDINGEN

Mohammed Bouazizi belichaamde de frustraties die leidden tot de omwenteling. Ze waren ingegeven door werkloosheid en een zieke economie die een kleine bovenlaag bevoordeelde. Het explosief sociaal probleem bleef onopgelost. Bijna een kwart van de Arabieren onder de dertig was werkloos. De overgrote meerderheid van de 350 miljoen Arabieren was onder de dertig. Gehoopt werd dat de democratische toverformule deze onstabiele massa onder controle kon houden. Maar de demografie en de economische en dus sociale machtsverhoudingen werden door de omwentelingen niet noemenswaardig gewijzigd. Wie rijk was, bleef dat en werd niet op slag een democraat. Wie rijk werd door de revolutie, wilde zijn fortuin veiligstellen en zijn macht vergroten.

Waar de omwenteling succesvol was kwam dat onder meer doordat de machthebbers goed wisten dat het protest gerechtvaardigd was. Moebarak verweet zijn zoon en zijn vrouw dat ze hem ten val hadden gebracht door hun inhaligheid en opzichtige levenswandel. Assad deed vrij snel concessies die tegemoetkwamen aan diepe en oude verzuchtingen. Saleh speelde spelletjes maar wist dat zijn tijd gekomen was. Zelfs Kadhafi stak een hand uit, al was dat die van een wanhopige drenkeling.

Monarchieën boden beter weerstand tegen de democratische vloedgolf dan de republikeinse dynastieën. De Saoedische koning strooide met geld en kocht de trouw van de bevolking. Die van Marokko nam het protest de wind uit de zeilen door een grondwetsherziening te onderwerpen aan een referendum, dat hij glansrijk won. Abdallah van Jordanië was voorbereid en laveerde handig doorheen de storm. De monarchen zochten steun bij elkaar en vormden geleidelijk een nieuwe prowesterse alliantie. Libië, Jemen en Syrië zonken weg in de chaos. In Egypte verbrokkelde de revolutionaire beweging en werden de energie en de idealen ervan beleden door een oppermachtig cenakel van generaals. Het bleef onduidelijk of Tunesië en Egypte omwentelingen of machtsgrepen binnen het veiligheidsapparaat hadden ondergaan. Niemand wist met zekerheid of de toekomst de vestiging zou zien van democratische republieken die er nooit bestonden, dan wel nieuwe militaire junta's die er zeer vertrouwd waren.

De Moslimbroederschap probeerde nergens op te vallen en handelde pas wanneer de tijd daar rijp voor was. Op 26 juni stapten de Tunesische Broeders van de en-Nahdapartij uit de verkiezingscommissie als protest tegen het uitstel van de verkiezingen van juli tot oktober. En-Nahda was, net als de Broederschap in Egypte, een van de best georganiseerde en meest populaire organisaties van het land. Hun aanhang werd geraamd op een derde van de Tunesische bevolking. Die voorsprong op ruim honderd nagelnieuwe partijen wilden de Broeders zo snel mogelijk via de stembus verzilveren. Het ontslag uit de commissie had ook te maken met het pleidooi van sommige commissieleden voor een normalisering van de betrekkingen met Israël.

De Tunesische justitie rekende af met het verleden door processen tegen de gevluchte dictator en veroordeelde hem tot tientallen jaren cel. Het waren de eerste vonnissen van in totaal bijna honderd civiele en dubbel zoveel militaire strafzaken, waarvan een aantal hem de doodstraf kon opleveren. Ben Ali had buitenlandse advocaten, maar die werden gewraakt. Er rezen vragen bij het rechtvaardig verloop van de processen. Toch vonden uiterst links en de islamisten dat het verdreven regime langs kieren en spleten terugkwam. Er braken opnieuw rellen uit in het centrum van het land, onder meer in Sidi Bouzid waar alles begonnen was, en op 15 juli waren er na het vrijdaggebed ook onlusten in Tunis, op het symbolische Kasbahplein, waar de voorbije maanden een herschikking van de regering was afgedwongen en een kabinet ten val was gebracht. De woede richtte zich tegen de 'reactionaire' ministers van Justitie en van Binnenlandse Zaken, maar de nieuwe protesten hadden een kleinere basis dan de vorige bezettingen van het historisch plein.

DE ANGST VAN JASMIJN

Het Europese antwoord op de revolutie was eerst aarzelend en daarna gekenmerkt door hoop, overmoed, emotie, blunders, gemiste kansen, verregaande onwetendheid, populariteitsscores en angst voor de fundamentalisten. Er was geen gebrek aan ronkende verklaringen en die kwamen er ook uit het Witte Huis. Maar de praktische antwoorden kwamen uit de oude doos. Ze bleven als in het verleden verdacht van eigenbelang en getuigden niet van een nuchter inzicht in de natuur en de dynamiek van de omwenteling. Alleen de vs waren vernieuwend en verkozen het internet boven bombardementen, wapenleveranties en ijdele beloftes. Het blok van brics-landen, de nieuwe economische groeipolen, onder aanvoering van China, Rusland en India, was aanvankelijk even verrast als het Westen door de omwentelingen, maar na enige aarzeling bepaalde de argwaan tegenover het westers 'expansionisme' de koers en koos het blok uit zelfbehoud tegen interventie. In China, waar in de eerste maanden van 2011 een internetcampagne werd gevoerd om te protesteren in Arabische stijl, werd op 3 april de onaantastbare kunstenaar Ai Weiwei aangehouden op het moment dat hij in Peking op het vliegtuig wilde stappen naar Hongkong. Een paar dagen eerder had Ai Weiwei getwitterd: 'Jasmijn kon me eerst niet schelen, maar mensen die er bang van zijn stuurden berichten van hoe schadelijk het niet is. Dat deed me inzien dat ze nog het meest bang zijn van jasmijn. Wat een jasmijn!' Er werden hem 'economische misdrijven' ten laste gelegd. Dat leidde tot internationale protesten en petities. Op de openingsdagen van de biënnale van Venetië, begin juni, liep iedereen met rode zakken rond met het opschrift 'Free Ai Weiwei'. Op 22 juni werd de wereldberoemde kunstenaar op borgtocht en onder strikte voorwaarden vrijgelaten. De fiscus vorderde 1,85 miljoen dollar aan achterstallige belastingen. Het was een probate manier om een vertoning van 'Arabische' collectieve mondigheid in China zelf te verijdelen, wat het Westen daar ook van mocht vinden.

De mensenrechten bleven een belangrijk westers diplomatiek wapen, al stonden die rechten in het Westen zelf onder druk door toenemend populisme en polarisatie. De interesse voor de gebeurtenissen in de Arabische wereld begon tegen het begin van de lente weg te ebben in Europa om drie maanden later te verhuizen naar de binnenpagina's en spectaculair terug te keren bij het einde van de komkommertijd. De Europese Raad voor Buitenlandse Betrekkingen publiceerde, voor het offensief tegen Libië begon, negentien artikels over de revoluties. In de vier maanden die volgden waren dat er nog dertien. Het aanvankelijk Europees enthousiasme maakte in de oeverstaten van de Middellandse

Zee snel plaats voor bezorgdheid over nieuwe migratiestromen. Dat scherpte de Europese verdeeldheid nog aan en het Schengenakkoord voor een vrij verkeer van mensen en goederen kwam onder vuur. Het Amerikaans buitenlands beleid dat onder Obama aanvankelijk gekenmerkt was door pragmatisme en behoedzaamheid tegenover het Midden-Oosten, naar het woord van Hillary Clinton gefocust op 'verdediging, ontwikkeling en diplomatie', stelde zich gaandeweg de democratisering van de regio tot doel. Daarmee schoof Obama op in de richting van de 'idealistische' politiek en de neoconservatieve visie van zijn voorganger. Turkije dat als niet-Arabisch land gespaard bleef van de omwentelingsgolf, bouwde zijn sterke positie in de regio verder uit. Turkije, voor velen in het Westen een hoopgevend model, toonde steeds minder appetijt voor de EU en koos voor wat Syrië noemde een neo-Ottomaanse koers. Zelfverzekerd en bogend op een economische groei waardoor het naar de zestiende plaats was geklommen op de wereldranglijst, zocht Ankara een toekomst in de snel veranderende eigen regio en hield een oog op de Iraanse 'expansie'.

Tot de grote paradoxen behoorde dat Qatar even weinig voelde voor omwentelingen als de andere rijke vorstendommen aan de Golf maar ze voluit steunde elders. Het bleef niet bij woorden. Het machtige zwaard van de emir van Qatar was al-Jazeera. Zijn medium, en dus hijzelf, trok in de oorlog met de potentaten systematisch aan het langste eind. Daarom weerde Syrië, na de val van Moebarak, de zender uit Qatar, samen met alle andere internationale persbedrijven. Maar het kwaad was intussen geschied en al-Jazeera had ook in Syrië het zaad van de opstand gezaaid.

Een blinde moest zien dat zich een aardverschuiving voltrok in de regio. De omwentelingen veroverden een onuitwisbare plaats in het Arabische bewustzijn. Ze werden een gebeurtenis van blijvende betekenis en met verstrekkende gevolgen. Misschien was ze de basis van een toekomstige revolutie die een einde zou maken aan de kinderarbeid en de onderwerping van de vrouw. Pas dan zou het Westen weer rustig slapen, tenzij zijn eigen idealen intussen in de prullenmand waren beland.

De vrouwen speelden in de revolutie een belangrijke rol. Ze namen er actief aan deel en soms, zoals in Jemen, organiseerden ze zelfs de eerste protesten en speelden ze een leidende rol. De revoluties corrigeerden het cliché van de onderworpen vrouw, maar ze brachten de gelijkberechtiging niet noemenswaardig dichterbij. Uit een onderzoek van Euromed bleek dat veertig procent tot driekwart van de vrouwen in negen landen van het Midden-Oosten en Noord-Afrika slachtoffer waren van echtelijk geweld. In Libanon had de regering van Sa'ad Hariri ingestemd met een wet die dat strafbaar zou stellen. Bij het aantreden van zijn opvolger Mikati, die aanleunt bij Hezbollah, werd het wetsontwerp in de diepvries gestopt na een veto van de hoogste soennitische en sjiitische religieuze autoriteiten. Het was een 'westerse' wet die gezinsontwrichting bevorderde en nieuwe types van misdrijven in het leven riep zoals de 'ketterij' van de verkrachting binnen het huwelijk. Enkel de christelijke clerus stond positief tegenover de wet.

DE MOEDER VAN DE AARDE

Voor het welslagen van de lente was het cruciaal hoe Egypte, het grootste Arabische land, er zou gaan uitzien. De democratie was er enigszins chaotisch maar de bevolking accepteerde haar wat slonzige verschijning. Het was hoopgevend dat Egypte na de val van Moebarak niet in een bloedbad was weggezonken. Dat was misschien nog het duidelijkste teken van een nieuwe tijd en van een nieuwe cultuur die, zo ze authentiek Egyptisch bleef, de hele Arabische regio en misschien wel de hele moslimwereld zou veranderen. Het aanklagen van wantoestanden was in de postrevolutionaire periode dagelijkse kost en een uitdrukking van burgerzin. Nasser had destijds aan het volk het gevoel gegeven dat het zijn partner was in de revolutionaire nationalistische strijd. De motoren van zijn regime, antizionisme en overheidsmanna, hadden *Umm al-Doumia*, de 'moeder van de aarde', uiteindelijk doen vastlopen. De ontgoocheling van het volk in zijn held en leider tijdens de Zesdaagse Oorlog van 1967 had een diep trauma veroorzaakt. Nu het tot een afrekening kwam, speelde dat volk zijn zelfbewuste rol en nam het de bovenhand. Daardoor heerste tegen het eind van het voorjaar optimisme, ondanks de puinhoop die Egypte was geworden.

Het volk was fier. Het was fier over zichzelf. Naar de leus van de revolutie 'fier Egyptenaar te zijn', de bevoorrechte burger van een nieuw, zelfgemaakt land. Weinig gevoelens zijn zo aanstekelijk en sterk. De douanebeambten deden fluitend en professioneler dan ooit hun werk op de luchthaven. De chauffeurs begroetten de reiziger breed lachend met 'welkom in het nieuwe Egypte'. Voor het eerst luisterden de ambtenaren naar het volk. Het land haalde adem en genoot na een halve eeuw eindelijk van zichzelf. De Egyptenaren herinnerden zich hun indrukwekkende geschiedenis en voelden dat ook zij grootse daden hadden verricht. Ze waren niet van plan om zomaar af te geven wat ze hadden bevochten. Elke prognose over het uiteindelijk systeem was voorbarig, maar de kans werd steeds groter dat het authentiek Egyptisch zou zijn en niet door een of ander buitenland opgelegd. De revolutie was door het volk veroorzaakt en voltrokken voor het verbijsterde oog van de wereld.

Als ze tegen het einde van de lente iets had bereikt was dat het herstel van een zekere waardigheid, en daar was het Bouazizi uiteindelijk om te doen geweest. Aan de wereld die een decennium lang gebiologeerd was geweest door het terrorisme, lieten de omwentelingen een ander gezicht zien. Het extremisme bestond, maar was niet representatief. Uit berekening en voor buitenlands maar beslist ook binnenlands gebruik, hield de Moslimbroederschap een gematigd discours.

De jasmijnrevolutie in Tunesië en die in Egypte waren vreedzaam en van het volk. Daarin verschilden ze van de tweede golf in Libië, Jemen, Bahrein en Syrië, waar het beeld veel troebeler was en de inmenging flagrant. De buitenlandse bemoeienis beroofde het volk van zijn revolutie. Het geweld dat door de heersers werd aangewend was meer verbeten en duwde de betrokken landen naar burgeroorlogen, behalve in Bahrein waar het protest met stilzwijgende instemming in de kiem werd gesmoord. Alle mogelijke belanghebbenden trokken lessen zodra ze waren bekomen van de totale verrassing van die eerste wilde weken waarin de koppen rolden in Tunesië en Egypte. Buitenlandse mogendheden wierpen zich op als de verdedigers van de volkswil of van belaagde leiders. Grootmachten als China en Rusland zetten zich schrap tegen een besmetting door het revolutionaire virus en remden de verspreiding ervan af.

Het uitblijven van een onmiddellijke verbetering in de situatie van de armsten in Egypte en Tunesië was een zwaard van Damocles en kon, samen met de buitenlandse interventies, een domper zetten op de omwentelingswil in de rest van de Arabische wereld. Israël was tijdens de revoluties geen thema, al had het de politiek van de regio decennialang beheerst, maar dat kon snel veranderen. Op 14 juli zei Nabil al-Arabi, de nieuwe secretaris-generaal van de Arabische Liga, dat zijn organisatie de toetreding zou voorstellen van Palestina tot de Verenigde Naties en internationale steun zou zoeken voor de erkenning van een onafhankelijk Palestina binnen de grenzen van 1967 met Oost-Jeruzalem als hoofdstad. Twee weken later, op 29 juli, zei de Israëlische minister van Defensie Ehud Barak in de Verenigde Naties dat zijn land probeerde een formule te vinden om het vredesgesprek met de Palestijnen te hervatten. Over twee maanden zou de Palestijnse Autoriteit aan de Algemene Vergadering van de VN de erkenning vragen van een eigen staat. Ook dat was een teken van de stroomversnelling waarin de regio was terechtgekomen.

ONDER DE RADAR

De koning van Marokko was ongetwijfeld tevreden over het resultaat van het referendum over de grondwetswijziging die hij zelf had voorgesteld: 98,5 procent ja-stemmen bij de tien miljoen kiezers. Een stalinistische score. Driekwart van alle stemgerechtigden was op 1 juli opgedaagd. Mohammed vi voelde zich geplebisciteerd en gelegitimeerd en dat was voor een Arabisch leider in de huidige wereld niet niets. Bovendien werd zijn macht door de nieuwe grondwet niet eens aangetast. Hij bleef opperbevelhebber en de hoogste religieuze instantie. Ruim vijftig van de 180 grondwetsartikels verankerden rechten als gelijkheid onafgezien ras, geslacht of geloofsovertuiging. Het oorspronkelijk ontwerp ging nog verder. Het werd in extremis een stuk behoudsgezinder in ruggespraak met de conservatieve al-Istiqlal-partij en die van de islamisten, de Partij voor Recht en Vooruitgang. De oppositiebeweging vond de hervorming ontoereikend. Over de verkiezingsuitslag hing de verdenking van manipulatie en de pers werd onder druk gezet om geen last te verkopen. De Beweging van 20 februari had meer vrijheid van meningsuiting afgedwongen, maar ze wist dat die rechten niet definitief en onomkeerbaar waren. De oppositie had weinig glans wegens de ruzies achter de schermen tussen de linkse Democratische Weg en de verboden fundamentalistische partij Recht en Naastenliefde. De protestbeweging was niet in staat om uit één mond te spreken en de betogingen en boodschappen te stroomlijnen. Haar verwarrend en chaotisch profiel en de uitgesproken politieke acties in naam van 20 februari hielpen de Marokkaanse koning om de eisen van de betogers te negeren en het referendum te presenteren als een keuze tegen de anarchie. Uit voorzorg paste hij de tactiek toe van de verdreven Tunesische president Ben Ali door een week voor het referendum in alle moskeeën een preek te laten voorlezen ten gunste van een 'ja'. Maar vooral slaagde hij erin om buiten de internationale schijnwerpers te blijven.

Dat lukte ook Bahrein en Jordanië aardig. Of, zoals de Libanese krant *L'Orient-Le Jour* schreef: 'Het nieuws uit Bahrein laat zich samenvatten in een telex van 320 woorden, Jordanië kan het met nog minder doen, hoewel een destabilisering van Jordanië de hele regio zou ontwrichten.' De contestatie tegen koning Abdallah ii smeulde al sinds januari, maar ook hier was de oppositie verdeeld tussen een kosmopolitische jeugd en islamisten. Die zijn in Jordanië, net als in Egypte, de enige goed georganiseerde politieke beweging. In de jaren vijftig had het land zijn grenzen wijd geopend voor Moslimbroeders uit Egypte, die door Nasser werden vervolgd. Er ontstonden spanningen toen de Jordaanse Broeders probeerden de contestatie te controleren om indruk te maken op de vs.

Achter de schermen waren er gesprekken, zoals die er ook waren tussen Amerikaanse vertegenwoordigers en de Egyptische Broeders of tussen de Amerikanen en Khaled Meshaal, de leider van Hamas, de Palestijnse tak van de Broederschap. De islamisten lazen daarin een pragmatische benadering en wilden de Amerikanen niet voor het hoofd stoten maar integendeel zichzelf presenteren als acceptabel politiek alternatief en dam tegen de terroristen. Toen in april 150 salafisten werden aangehouden in het islamistische bolwerk Zarqa, de thuisbasis van Zarqawi, de beruchte Jordaanse al-Qaedaleider in Irak, weerklonk geen woord van protest bij de Broeders. Ze onthielden zich ook van openlijke kritiek op de koning en lieten de hete kastanjes uit het vuur halen door Ibrahim Allouch, de leider van de Antizionistische en Anti-imperialistische Vereniging. Ze waren afwezig en ook de jeugd was er niet toen Allouch op 22 juli voor enkele honderden betogers bij de Hoesseinmoskee in het hart van oud-Amman de annulering vroeg van de akkoorden van Arava, het vredesverdrag van Jordanië met Israël. De schaarse journalisten die waren opgedaagd om verslag uit te brengen, kregen rake klappen. De koning verontschuldigde zich daarvoor zonder de verdenking tegen te spreken dat de pers als 'aanstoker van de onrust' was aangepakt door de *mukhabarat*. De demonstratie van 22 juli was bescheiden. Er kwamen trouwens nooit grote massa's op straat in Jordanië, maar het gemor was gaandeweg toegenomen, vooral in de steden van het zuiden. Verwacht werd dat na de ramadan de krachtmeting zou hervatten tussen koning en Moslimbroeders, die met geen enkele toegeving genoegen zouden nemen. Verwacht werd dat Abdallah zijn greep op de macht enigszins zou lossen en verkiezingen zou uitschrijven onder een nieuwe kieswet. Misschien zou hij zelfs gedeeltelijk afstand doen van zijn recht het parlement te ontbinden en de regering naar huis te sturen. Tot nog toe was het bij beloftes gebleven op zijn Syrisch, maar treuzelde Abdallah om niet te moeten beginnen aan een machtsdeling met de gehate broeders. De Broederschap speculeerde op het Amerikaans ongeduld. Over de grenzen heen hadden ze afgesproken om het Westen en inzonderheid de vs niet te provoceren. Daarmee maakten ze zich klaar voor de *driving seat*. De democratiseringsgolf had hen uitstekende kaarten bezorgd in Egypte, Tunesië, Syrië en Jordanië. In de Golf en in Saoedi-Arabië, het tweede gastland van de Broeders in de jaren vijftig, hadden ze zich al lang genesteld in het bestel. In Libië en Jemen hadden extremistische afsplitsingen van de Broederschap de wind in de zeilen.

Na de onderdrukking van de sjiitische opstand begon de monarchie van Bahrein op 5 juli, achter gesloten deuren, en om de vs te plezieren, een reeks verzoeningsgesprekken. Een week eerder had de koning om dezelfde reden ingestemd met een onafhankelijke onderzoekscommissie naar schendingen van de mensenrechten tijdens de opstand die aan 32 mensen het leven had gekost. Honderden opposanten zaten nog altijd vast.

Intussen was net een proces begonnen tegen 28 dokters en verplegers die hulp hadden geboden aan gewonde demonstranten tijdens de opstand van het voorjaar en was een mensenrechtenactivist samen met zeven oppositieleiders veroordeeld tot levenslang. Achter de schermen waakte Saoedi-Arabië erover dat geen verregaande toegevingen werden gedaan aan de sjiieten. Het had nog altijd troepen in Bahrein, al was de noodtoestand op 1 juni opgeheven met de waarschuwing dat geen nieuwe onrust zou worden geduld. Al-Wefaq, de grootste oppositiepartij bij de verkiezingen van 2010 en vermoedelijk de grootste politieke formatie van het land, was zwaar ondervertegenwoordigd op de 'nationale dialoog' en eiste diepgaande democratische hervormingen die moesten leiden tot een constitutionele monarchie. Dat ging niet zover als de afschaffing van de monarchie, die tijdens de revolutie was geëist door meer radicale groepen. De partij die zegde twee derde, van de bevolking te vertegenwoordigen en pas op het laatste ogenblik had ingestemd om deel te nemen aan het overleg, trok zich na amper twee weken terug wegens het overwicht van koningsgezinde deelnemers. De dialoog resulteerde in hervormingsvoorstellen die de Kamer meer politieke macht gaven, maar de dominantie intact lieten van een grotendeels door de koning benoemde Senaat. Daarop kwamen eind juli tienduizenden op straat in de hoofdstad Manama en voelde al-Wefaq zich gesterkt in zijn boycot en voor de verkiezingen voor de achttien zetels die de partij bij het begin van de revolutie had opgegeven in het parlement.

Ook Irak bleef uit de schijnwerpers hoewel hier meer dan elders de grote stromingen ongemakkelijk tegen elkaar schuurden. De soennieten die gewoon waren aan de macht hadden de sjiitische meerderheid nog altijd niet verteerd en zij, die altijd de vurige verdedigers waren van de eenheidsstaat, kwamen nu onder de verleiding van de afscheiding. Het succes van de autonome Koerdische provincies was het voorbeeld. De soennieten voelden zich gemarginaliseerd. Ze werden geweerd uit de hogere echelons van het leger en de veiligheid die ze steeds hadden gedomineerd. De media zetten het soennitische terrorisme in de verf maar hadden amper aandacht voor de sjiitische doodseskaders. Al waren de soennieten een minderheid in het land, ze waren dat niet in ruim de helft van het grondgebied. Hun territorium was dun bevolkt maar beschikte als tegenhanger voor de olievelden in het Koerdische noorden en het sjiitische zuiden, volgens recente onderzoeken, over grote gasvoorraden. Bovendien was er naast het gas in de woestijn veel landbouw op de lange, vruchtbare oevers van Eufraat en Tigris. Iran voelde weinig voor een soennitische afscheiding omdat die de landbrug naar Syrië zou afsnijden. De Arabische Golfstaten en de vs wilden daarentegen Irak voor geen prijs integraal cadeau doen aan de ayatollahs in Teheran. Het stond in de sterren geschreven dat het soennitische centrum van Irak, op het kruispunt van Turkije, Iran, de rijke Arabische Golfstaten en de Levant met Syrië en Libanon, nog een bewogen toekomst wachtte. Intussen werd in Irak steeds onrustiger betoogd voor eisen van acht jaar oud: stroom, veiligheid, werk, herverdeling van de rijkdom, nutsvoorzieningen en het einde van de corruptie.

De hand van al-Qaeda was het duidelijkst zichtbaar in Jemen, maar even zorgwekkend was de situatie in de Maghreb. Mauretanië, dat de strijd had aangebonden met de organisatie, viel op 24 juni een kamp aan in Wagadou in het westen van Mali en doodde er vijftien terroristen. Elf dagen later sloeg al-Qaeda terug met een aanval op een militaire basis in Mauretanië en doodde er naar eigen zeggen negentien soldaten vooraleer te vertrekken met de oorlogsbuit die onder meer bestond uit vijf auto's 'in goede staat'. Het leger sprak van twaalf gedode terroristen. Mauretanië twijfelde aan de bereidheid van het buurland Mali om tegen al-Qaeda op te treden. Het was niet de eerste keer dat het zijn troepen over de grens stuurde. Een jaar eerder ondernam het samen met Franse commando's een vruchteloze poging om de gijzelaar Michel Germaneau vrij te krijgen, die daarna door de terroristen werd vermoord. Al-Qaeda was bijzonder sterk bij de duizend kilometer lange woestijngrens van Mali met Algerije en Niger, de poort op Libië. De terroristen sloegen toe in de zuidelijke Sahara waar en wanneer het hen beliefde.

Naar Somalië keek al lang vrijwel niemand nog om. Sinds 1991 was er geen noemenswaardige regering. Dit was het zwarte gat van Afrika en de thuisbasis van een piratenvloot die de Indische Oceaan onveilig maakte. Het hele zuiden, inclusief de hoofdstad Mogadishu, was in handen van al-Shabab, de Jeugd, die graag wilde erkend worden als een al-Qaeda filiaal. Hulporganisaties konden er enkel opereren als ze nadrukkelijk niet-christelijk waren en aan de Shabab een registratietaks betaalden van tienduizend dollar, een huur van twaalfduizend dollar per jaar en een belasting van twintig procent op alle ingevoerde goederen, inclusief levensmiddelen. In 2010 was de helft van alle voedselhulp van de vn voor Somalië in handen gevallen van plaatselijke handelaars die instonden voor het transport. De bevolking van Somalië kende al decennia niets dan chaos en uitzichtloze anarchie. Ze was het slachtoffer van willekeur, uitbuiting en tirannie. Nu werd ze getroffen door de grootste voedselcrisis van de afgelopen twintig jaar in Afrika, het gevolg van droogte en de opwarming van de aarde. Vooral in het zuiden, het gebied van de Shabab, was de toestand dramatisch en de radeloze bevolking zocht hulp en overleving in de gewelddadige hoofdstad, die de terminus moest worden van een luchtbrug van de VN. Bij de grote hongersnood van 1992-1993, toen honderdduizenden mensen stierven, heften de krijgsheren belasting op de voedselhulp waarmee ze wapens kochten, wat de burgeroorlog weer deed oplaaien. Nu zagen het Internationale Rode Kruis en grote ngo's als Artsen zonder Grenzen zich verplicht om zaken te doen met de commandanten van Shabab.

De wereld kreeg hartverscheurende, mensonterende beelden te zien, maar vroeg zich niet af hoe de bevolking hier kon worden 'beschermd'. Dat was misschien niet zo verstandig want honger en ellende gaan hand in hand met onderontwikkeling en voeden het fanatisme. Men scheen zich te hebben neergelegd bij de onafwendbare richting van de neerwaartse spiraal. De wereld reageerde niet buitengewoon vrijgevig op de crisis. De internationale gemeenschap beloofde een miljard dollar maar de VN hadden dringend nood aan 1,4 miljard extra. Twaalf miljoen mensen waren bedreigd, de hongersnood nam verder uitbreiding in de Hoorn van Afrika. Adaab, bij de Somalische grens, in het noorden van Kenia, dat zelf met voedseltekort kampte, werd overstroomd door 376.000 vluchtelingen. Het stadje was daarmee het grootste vluchtelingenkamp ter wereld. De regering van Kenia weigerde noodhulp toe te laten van het Rode Kruis, uit vrees dat nog veel meer Somaliërs de grens zouden oversteken. In deze streek werd bloem verkocht per honderd gram en was de suikerprijs in drie maanden verdubbeld. Aan de overkant van de grens, in de gebieden onder controle van de Shabab, was de toestand nog ernstiger. Daar werd de bevolking gegijzeld door gewelddadige religieuze fanaten. Ze hadden de ngo's in 2009 buitengegooid maar een twintigtal ervan, waarbij Artsen zonder Grenzen, konden er toch blijven opereren, zij het uitsluitend via inlands, Somalisch personeel. Het was een dagelijkse strijd om de concessies te behouden en de actieradius bleef zeer beperkt, maar het was beter dan helemaal niets. In de ochtend van 6 augustus trokken de Shabab zich onverwacht terug uit de hoofdstad die ze bijna volledig in handen hadden. Dat maakte hulp mogelijk voor honderdduizend hongerende mensen die radeloos naar Mogadishio waren gelopen. De Shabab spraken van een tactisch manoeuvre en zegden dat ze weldra terug zouden komen. Op 25 juli hield de G20 onder Frans voorzitterschap een spoedvergadering over de hongersnood. Daar kondigde de Franse minister van Landbouw Bruno LeMaire een donorconferentie aan die twee dagen later in Nairobi zou plaatsvinden om alsnog genoeg geld te vinden voor de financiering van de hulpdoor de Wereld Voedselorganisatie van de VN. Dat leek op kordaat optreden. De helft van het nodige geld was er nog niet en de tijd drong. Helaas had LeMaire een gewone routinevergadering in de hoofdstad van Kenia voorgesteld als een topconferentie. Intussen tikte de klok onverbiddelijk voort en wachtten op de andere oever, in Jemen, de bondgenoten van de Shabab op het geschikte moment om Aden in te nemen.

Misschien nog het best slaagde de 59-jarige volslanke emir van Qatar, Hamad bin Khalifa al-Thani, erin om op de achtergrond te blijven, al speelde zijn land, een schiereiland niet groter dan een drietal Belgische provincies, een hoofdrol. Zes van zijn Franse Mirages, en twee transportvliegtuigen deden mee aan de NAVO-operatie. Al-Jazeera, de zender die in 1996 door de emir was opgericht, was niet alleen de belangrijkste Arabische nieuwszender maar ook de heraut van de revolutie. Doha was na Frankrijk het tweede land dat de Libische Overgangsraad erkende. De emir die zijn militaire opleiding aan de Britse elite-academie van Sandhurst had gevolgd, wist dat zijn land met 1,7 miljoen inwoners onverdedigbaar was. Hij koos daarom voor andere, niet-klassieke wapens. De satellietzender was er een van. Doha was ook steeds meer de plaats waar regionale conflicten vreedzaam werden beslecht. En er was erg veel geld. Qatar bezit een kwart van de Londense beurs en Harrods helemaal. Met al-Jazeera, het geld van het gas en een toekomstvisie was de emir een machtsfactor geworden die niemand meer kon negeren. Dat verliep niet van een leien dakje. In zowat elk Arabisch land hadden ploegen van de nieuwszender het aan de stok gehad met de plaatselijke machthebbers. Dat had soms geleid tot diplomatieke incidenten. Maar het vergrootte ook het prestige en de invloed van al-Thani, die goede betrekkingen onderhield met uiteenlopende partijen als de VS en Iran, Israël, Hezbollah en Hamas. De emir, en ook al-Jazeera, spaarden Saoedi-Arabië. Het was niet raadzaam om de toorn op te wekken van de machtige buur.

Qatar heeft, in tegenstelling tot Saoedi-Arabië, geen last van een verstikkende publieke moraal. De zaken gaan er voor regionale normen pragmatisch en tolerant aan toe. Alcohol is niet verboden, tenzij in het openbaar. Politieke partijen zijn dat wel. Toen Qatar half april bekend maakte dat het antitankwapens (Franse Milans) leverde aan de rebellen in Benghazi, werd al-Thani ontvangen op het Witte Huis. Na afloop zei Obama: 'Ik denk niet dat we in staat zouden zijn geweest om een brede internationale coalitie te vormen die niet alleen NAVO-landen omvat maar ook Arabische staten, zonder het leiderschap van de emir. Hij wordt gemotiveerd door het geloof dat het Libische volk de rechten en vrijheden moet hebben van alle volkeren.' Dat kon waar zijn, maar de 'rechten en vrijheden' golden niet bij hem thuis. Al-Thani is geen modeldemocraat. Waarom zou hij, in een land zonder politiek? Toch had hij in 1996, een jaar na zijn aantreden bij een geweldloze staatsgreep tegen zijn vader, laten zien waar hij voor stond door de andere Arabische leiders te kapittelen op de Algemene Vergadering van de Verenigde Naties omdat ze het Israëlisch-Palestijns conflict gebruikten als excuus om niet te hervormen. De emir is niet minder absolutistisch dan de heersers die zijn zender ten val brachten. Bij het begin van de Arabische revolutie liet hij een mensenrechtenactivist opsluiten. Al-Jazeera kon de 'regering van Qatar' toen niet bereiken voor commentaar. Amnesty International zei in 2010 dat vrouwen in Qatar werden gediscrimineerd en slachtoffer zijn van geweld, dat gastarbeiders worden uitgebuit en misbruikt en dat geseling er wordt toegepast. De emir had alles van een verlicht despoot die een rol wilde spelen en die hield van uitstraling en prestige. Al-Jazeera, waar hij jaarlijks honderden miljoenen dollar in pompte, was daartoe een uiterst geschikt instrument. Tijdens de Arabische revolutie deed de zender de BBC en CNN vergeten. In de 'informatieoorlog' was al-Jazeera de leider, zei Hillary Clinton begin maart voor een senaatscommissie, 'omdat ze letterlijk de gedachten en houdingen van de mensen veranderen. Hou ervan of niet, maar het werkt echt. Ook in de VS stijgen de kijkcijfers omdat al-Jazeera écht nieuws brengt.' De dagen van de koude oorlog met het Washington van Bush waren voorbij. Obama zag in de zender een kanaal om de Arabische massa's te bereiken en al-Jazeera kreeg interesse voor de Amerikaanse markt. Al-Thani begreep ook dat heisa en controverse een medium groot maken. De micromonarchie, zoals *Le Monde* Qatar noemde, was gewoon om boven zijn categorie te boksen maar gokte nooit zo zwaar als in Libië. Het was de drijvende kracht achter de oproep van de GCC bij het begin van de rebellie om een vliegverbod in te stellen boven dat land. Het was die oproep die Moskou ervan weerhouden had om resolutie 1973 te kelderen. Qatar steunde de rebellen met alle financiële en militaire middelen en ondertekende al in maart met hen een akkoord over de export van hun olie.

Monarchieën, hoe absolutistisch soms ook, waren beter bestand tegen de omwentelingsgolf. Waar revoluties in het Westen gekroonde hoofden deden rollen om republieken te kunnen vestigen, waren het in de Arabische wereld de republieken die voor de bijl gingen. De dynastieën legitimeerden zich door de afstamming en de dominantie van de clan waarvan de stamboom al dan niet terugging op de Profeet. De erfelijke 'rechten' van de Sabahs op Koeweit, die van de Khalifa's op Bahrein of van de

Thani's op Qatar dateerden uit de achttiende eeuw of iets later. De 'on-aantastbaarheid' van de dynastieën en hun almacht contrasteerden met het democratisch gelijkheidsbeginsel, maar waren intiem verweven met de traditionalistische en patriarchale maatschappijvorm die dominant was in de Arabische wereld. De nederlaag van de 'republiek' was ook die van het Arabisch nationalisme, dat zijn beloftes aan het volk niet had ingelost maar integendeel had verraden, onder meer door zich te ont-poppen tot nieuwe, republikeinse dynastieën. Geleidelijk hadden die zich totaal van het volk vervreemd en verschansten ze zich steeds verder achter legitimeringen zonder geloofwaardigheid. Dat betekende niet dat de monarchen gered waren. Alleen wanneer ze ertoe bereid waren constitutionele monarchieën te worden, maakten ze op termijn een goe-de kans om hun troon veilig te stellen. Tot zolang konden ze blijven re-kenen op de steun van het Westen. Toen kroonprins Salman van Bah-rein op 7 juni werd ontvangen op het Witte Huis benadrukten beide partijen het belang van zowel hervormingen als van hun bondgenoot-schap. In alle discretie werkte Saoedi-Arabië aan een front van vorsten. In mei inviteerde het Marokko om toe te treden tot de Samenwerkings-raad van de Golf, de exlusieve club van Arabische soennitische oliemo-narchieën. Dat leidde tot frustratie in Algerije, dat zich gepasseerd voel-de. Voor de Saoedi's was Marokko een compensatie voor het 'verlies' van Egypte als bondgenoot tegen Iran en de sjiitische expansie. Het was ook een beloning voor de steun van Rabat voor de interventie in Bahrein. Er zaten voor Marokko economische dividenden aan vast en het verzekerde de Golfmonarchen van een nieuw reservoir van gastarbeiders en een militaire bondgenoot waarop kon worden gerekend.

Een opiniepeiling van het Arab-American Institute (AAI) in zes Arabi-sche landen bracht een belangrijke verschuiving aan het licht in de po-pulariteit van Iran, een laatste discrete speler. James Zogby, de stichter van AAI schreef dat toe aan de voorzichtige koers van de nieuwe Ameri-kaanse regering, die niet aanstuurde op confrontatie met Iran, en aan de Arabische lente die de Arabieren meer naar zichzelf dan naar de bui-tenwereld deed kijken. Het gevolg was dat de sympathie voor Iran, kam-pioen van het anti-Amerikanisme, was ingestort. Tegelijk was er in de onderzochte landen – Egypte, Marokko, Saoedi-Arabië, Libanon, Jorda-nië en de Verenigde Arabische Emiraten – een sterke steun voor de Sa-menwerkingsraad van de Golf als beschermer van de regionale belan-gen. In Marokko was de steun voor Iran geslonken van 82 procent in 2006 naar 14. In Egypte was die gezakt van 89 procent naar 37. In Saoe-di-Arabië droeg amper nog 6 procent Iran een warm hart toe. Alleen in Libanon hield Iran stand dankzij de sjiiten en hun bondgenoten. Maar geen van de onderzochte landen geloofde dat de regio veiliger zou worden mocht Iran een kernmogendheid worden. Als er dan toch een atoommacht moest komen naast Israël, dan vonden de meesten dat Egypte daarvoor bij voorkeur in aanmerking kwam, gevolgd door het niet-Arabische Turkije.

MEDIA IN OOST, WEST EN WERELDWIJD

Het is onmiskenbaar dat al-Jazeera de wegbereider was van de grote roep om vrijheid. Wie het tijdperk niet had meegemaakt van het waterdicht staatsmonopolie op alle informatiemedia in de Arabische landen, kon niet de invloed en de snelle opkomst begrijpen van de schotelantenne die een ruim aanbod bracht tot in de verste uithoeken van de informatiewoestijn. De zender uit Qatar was verre van onpartijdig en verspreidde het vuur van de revolutie van het ene land naar het andere, maar toen het Bahrein bereikte was de opstand daar minder belangrijk dan in andere landen. Toen het corruptieschandaal uitbrak in de FIFA werd daarover niet gerept bij de zender uit Qatar. Al-Jazeera bleef de populairste satellietzender maar er was scherpe concurrentie van onder meer de Saoedische al-Arabiya. Saoedi-Arabië patroneerde een waaier van media die een pan-Arabische koers volgden en behoorlijk kritisch waren als het ging om Syrië, de Palestijnse Autoriteit of Kadhafi, maar net als al-Jazeera de andere kant uitkeken bij de opstand in Bahrein.

In korte tijd speelden de wereldmedia een doorslaggevende maar haast zelfvernietigende rol in de historische lente. Ze hadden de opstand niet zien aankomen. Dat was vergeeflijk. Niemand had de steekvlam verwacht. Erger was dat de media zich op sleeptouw lieten nemen door het revolutionair enthousiasme en onder leiding van al-Jazeera kritiekloos de zijde kozen van de revolutie. Dat was een overschrijding van hun rol om naar best vermogen en onpartijdig te berichten. In het verleden gebeurde dat soms om een beleid te ondersteunen. Het laatste grote voorbeeld daarvan was de vrijwel unanieme kritiekloosheid van de Amerikaanse pers bij de oorlogen van Bush jr. na de aanslagen van 11 september 2001. Deze keer anticipeerde de geestdrift van de media op toekomstige beslissingen van politici die zich daardoor gesteund voelden om het Libisch avontuur te ondernemen, al werden ze daartoe gedreven door binnenlandse agenda's. Het zou een blitzkrieg zijn die kort zou duren, maar die na maanden steeds minder uitzicht bood op een fatsoenlijke redding van de revolutie. Het engagement van de media verklaarde ook de selectieve verslaggeving. De focus bleef gericht op Libië, niet alleen wegens de gekke Kadhafi maar vooral omdat het Westen er ingreep. De opstanden in Syrië werden gebrekkig verslagen omdat het regime de internationale media en in het bijzonder de almachtige al-Jazeera als partijdig beschouwde en weerde. De revolutie in het gevaarlijke Jemen, waar al-Qaeda zichtbaar van profiteerde, bleef naar verhouding onderbelicht. De omwentelingsbeweging in het kleine maar rijke en strategisch gevoelige Bahrein, in het hart van de Arabische vorstendommen, was amper meer dan een voetnoot. Nog minder aandacht was er voor Saoedi-Arabië, dat twee miljoen werkloze jongeren telde die vijfhonderd dollar steun trokken per maand. Prins Turki, de éminence grise van de Saoedische diplomatie, zei tegen de Arabische BBC dat er geen sprake was van een 'Arabische lente', dat de gebeurtenissen in Egypte geen revolutie waren, dat Moebarak een vriend was van Saoedi-Arabië en dat Riyadh trouw bleef aan zijn vrienden. Maar voor dissonanten was er weinig interesse. Andermaal werd bevestigd dat de wereld volgde waar de Amerikanen het oog op richtten, en minder dan ooit werd daar afstandelijk en nuchter over nagedacht.

In dezelfde periode speelden de media een vergelijkbaar partijdige rol in de affaire-DSK. Strauss-Khan werd door een vrijwel eensgezinde wereldpers enthousiast aan de schandpaal gespijkerd nog voor de DNA-resultaten bekend waren van het incident in de hotelsuite in New York. Toen de kroongetuige onbetrouwbaar bleek was 'iedereen' – de media hebben steeds meer de neiging het majesteitelijk meervoud te hanteren – verbijsterd. Als was nog niet met genoeg ijver aan de doodskist van de pers getimmerd, brak kort daarna in Groot-Brittannië een schandaal uit rond de afluisterpraktijken van *News of the World*, een krant uit de overvolle portefeuille van de Australisch-Amerikaanse zakenman Rupert Murdoch. Niemand belichaamde beter de poppenspeler die achter de schermen aan de touwtjes trekt. De mediamagnaat en politieke *kingmaker* van Amerika en Engeland stond achter zijn hoofdredactrice bij *News of the World*, maar toen het schandaal uitbreiding nam en niet alleen de telefoon van een vermoord meisje bleek te zijn afgeluisterd door de krant maar ook die van een ouders van een slachtoffer van de terreuraanslagen op de Londense metro en van gesneuvelde soldaten in Afghanistan, namen de aandelen van Murdochs News Corp een duik van vijf procent op Wall Street en kreeg premier Cameron het moeilijk. Grote adverteerders trokken zich terug. Murdochs cynisch commerciële formule had geleid tot het gedogen, zo niet aanmoedigen van infame praktijken. Hij hield zijn journalisten voor dat ze niet moesten streven naar de Pulitzerprijs maar naar het verhaal dat verkocht. Dat simpele devies had school gemaakt tot ver buiten zijn imperium omdat het werkte en gemakkelijk toe te passen was. Het had geleid tot kritiekloosheid, gemakzucht, oppervlakkigheid, sensatiezucht en leugenachtige berichtgeving. Onvermijdelijk kwam dat ooit aan het licht en zou het publiek de Vierde Macht, die het steeds minder als zijn taak zag om de andere machten kritisch te volgen, de rug toekeren. Voor Murdoch, tachtig intussen, was dat geen zorg. Het was misschien zelfs zijn bedoeling. Als de grootste en meest succesvolle handelaar in nieuws, telde voor hem de macht van het moment. Hij surfte daarbij op de wind die hij zelf deed waaien en steunde in Groot-Brittannië aanvankelijk de conservatieven om vervolgens de socialist Blair aan de macht te helpen en dan terug te keren naar het oorspronkelijke conservatieve kamp. In de vs had hij iets vergelijkbaars gedaan door Obama midden in de aanloop tot de verkiezingscampagne 'sexy' te noemen en 'iemand die hij wilde ontmoeten'. Hij gebruikte zijn imperium als een enorme publiciteitsmachine en werd daardoor de man die in Washington en Londen de sleutels van de politieke macht beheerde. Andy Coulson, de voormalige hoofdredacteur van *News of the World*, was niet toevallig perschef van premier Cameron. Het was een voorbeeld van de verwevenheid van Murdoch met de politieke macht. Door Coulson in 2007 onder de arm te nemen had Cameron zich verzekerd van Murdochs steun voor de naderende verkiezingen. Coulson nam in januari ontslag als woordvoerder toen Scotland Yard het onderzoek naar de afluisterpraktijken heropende. Hij werd op 8 juli aangehouden samen met een van de ex-sterreporters van het blad. Het was niet bij afluisteren gebleven, journalisten bleken politiemannen om te kopen. *News of the World* had voltijds een privédetectieve in dienst. Een voormalig adjunct-hoofdredacteur van het blad was adviseur van de politiechef van Londen op het moment dat het onderzoek liep naar het schandaal. Sir Paul Stephenson, het hoofd van de hoofdstedelijke politie, nam op 17 juli ontslag. 's Anderendaags volgde John Yates, de nummer twee van Scotland Yard. Diezelfde dag werd thuis het lijk aangetroffen van Sean Hoare, een ex-verslaggever van het weekblad die de politie had ingelicht over de afluisterpraktijken.

Het was in meer dan een opzicht een shakespeareaans drama. De oude dynastie scheen af te rekenen met de nieuwe, want aan de oorsprong van het schandaal lag een klacht uit november 2005 van Buckingham Palace, na een artikel over prins Andrew in Murdochs weekblad. Een royalty-redacteur werd toen veroordeeld tot vier maanden cel en de detective die hij had gebruikt tot een half jaar. De politiechef die het afluisterschandaal klasseerde als een geïsoleerd geval, hoewel zijn mannen een lijst met vierduizend telefoonnummers hadden gevonden, werd twee jaar later journalist bij de *Times*. De eerbiedwaardige, wat stijve maar oerdegelijke krant was sinds de overname door Murdoch nog een schim van zichzelf. Coulson, hoofdredacteur van *News of the World* in de tijd van het Andrew-schandaal, hield altijd vol dat hij nergens van wist en dat het inderdaad een alleenstaand geval betrof, maar het viel niet meer te ontkennen dat het ging om een courante praktijk. Cameron stond met de rug tegen de muur en gaf toe dat voor de praktijken van de pers een oogje was dichtgeknepen. Hij beloofde een onderzoek 'tot op het bot' en een tweede onderzoek naar de deontologie en de cultuur van de media. James, zoon van Rupert Murdoch, koos eieren voor zijn geld, sloot de krant, een onverbiddelijke succesmachine die 168 jaar van de persen was gerold, en gaf de opbrengst van het laatste nummer, dat van 16 juli, aan een goed doel. Liever het genadeschot voor een van zijn paradepaardjes dan dat nog veel dieper zou worden gegraven.

De Arabische lente viel samen met een herfst in de pers. Of was het dieptepunt van de winter bereikt en kon ze weer gaan bloeien? De macht van Murdoch waarvoor politiek Engeland twee decennia had gebeefd, verkruimelde. Hetzelfde mechanisme speelde als in de Arabische revolutie. De angstbarrière voor de almachtige magnaat was doorbroken. Dat was in hoge mate de verdienste van *The Guardian,* een van de weinige media in Engeland en daarbuiten die nog recht van spreken had. De krant lanceerde zijn campagne op een strategisch moment. Murdoch stond op het punt om BSkyB volledig in handen te krijgen. Hij bezat al bijna veertig procent en had een bod gedaan op de rest. Het ging om vermoedelijk ruim tien miljard euro. Dat was om en bij de totale middelen van News Corp, Murdochs groep. Op 13 juli zag hij onder zware politieke druk af van dat plan. Was het doorgegaan dan werd de toekomst voor de BBC nog zoveel somberder. Murdoch had de ondergang gezworen van de Britse omroep, laatste maar zwalpende gigant van de kwaliteitsinformatie. Zijn uiteindelijke bedoeling was om alle nieuws betalend te maken.

De impact van het schandaal was even wereldwijd als zijn imperium en even belangrijk als de ambities van Murdoch. Misschien was eindelijk het *point of no return* bereikt en kon de grote sanering van de Vierde Macht beginnen. De positie van zijn zoon en gedoodverfde opvolger James, verantwoordelijk voor de Europese en Aziatische operaties van de groep, was door het schandaal verzwakt. Hij was blijven aandringen op officiële toestemming voor de aankoop van BSkyB en vernam pas dat het bod was ingetrokken nadat zijn vader dat had beslist. Het betekende niet dat de oude Murdoch BSkyB niet langer wilde. Het was niet uitgesloten dat hij zich van al zijn kranten in Groot-Brittannië zou ontdoen om het hele lucratieve zenderboeket te kunnen kopen. James Murdoch werd voor een parlementscommissie gedaagd waar hij ontkende weet te hebben van een e-mail uit 2008 waaruit moest blijken dat de frauduleuze praktijken bij *News of the World* geen alleenstaand geval waren. Meteen werd dat tegengesproken door twee voormalige medewerkers van het sensatieblad. De jonge Murdoch werd voor een tweede keer opgeroepen door de commissie. Het schandaal bereikte Australië, het land van herkomst van de clan, waar vragen rezen over het krantenmonopolie dat hij er had. Binnen Murdochs *inner circle* rolden de koppen van Rebekah Brooks, de flamboyante roodharige vertrouwelinge, verantwoordelijk voor de Britse tak van het imperium, en haar voorganger Les Hilton, baas van Dow Jones en daarmee van de machtige *Wall Street Journal*, een van de laatste grote veroveringen van Murdoch. De alomgevreesde Brooks was hoofdredactrice van *News of the World* toen in 2002 door de krant de telefoon werd afgeluisterd van het vermoorde meisje Milly Dowler. Ze zei daar niets van te hebben geweten en te hopen dat iedereen overtuigd was dat het ondenkbaar was dat ze iets wist van de 'veronderstelde praktijken', laat staan dat ze die ooit had goedgekeurd. Het schandaal leidde danig Camerons aandacht af van Arabië.

DIGITAL FIRST

De Arabische revoluties versnelden een evolutie naar een nieuw soort journalistiek. Het voorbeeld van Andy Carvin van de Amerikaanse National Public Radio illustreerde dat. Hij verstuurde dagelijks tot 1300 tweets over de revolutie, hij zocht en vond getuigen in landen die de internationale media weerden, checkte feiten, ontmijnde geruchten, liet amateurvideo's vertalen, gaf achtergrond maar schreef geen stukken. Hij ontmaskerde een 'gevangen lesbische blogger uit Syrië' als een Amerikaanse man en zag Twitter als het beste instrument voor dit soort werk. De revolutie leidde ook tot een proliferatie van arbeidsintensieve blogs bij de 'traditionele media' waarin de feiten werden meegedeeld op het moment dat ze gebeurden. Vanzelfsprekend was dat niet nu de inkomsten slonken. Er rezen vragen over de klassieke verslaggeving. De journalistieke opdracht werd steeds breder. In het digitale tijdperk werd het ontstaansproces van het nieuws even belangrijk, zo niet belangrijker dan het eindproduct. Nieuws werd een verzameling bouwstenen die konden leiden tot uiteenlopende constructies. Het proces verdrong het totaalbeeld. De digitale revolutie plaatste onuitputtelijkheid, oneindigheid, overvloed, fragmentatie en onvoltooidheid tegenover het 'voltooide' karakter van de klassieke informatie, de geschreven tekst, het boek, de zin. Ze dwong de journalist tot communicatie nog voor het verhaal 'af' was. Nieuwsorganisaties transformeerden in open platforms waar het publiek mee de inhoud bepaalde. Verlichte geesten zagen daarin de toekomst en beschouwden de Arabische revoluties als een bewijs van hun gelijk.

'Print' zou op termijn een luxeproduct worden waarin verslag, analyse, perspectief en commentaar zouden verenigd zijn. Iets als de Duitse *Die Zeit*, die zijn oplage overigens nog steeds zag stijgen. Iets voor de elite. Het schandaal van *News of the World* nam proporties aan die vergelijkingen uitlokten met de Arabische revolutie. Het aandeel van de moedermaatschappij News Corp verloor vijftien procent in een week. Er was een front ontstaan in de politiek en op Facebook en Twitter tegen de almacht van Rupert Murdoch, de Moebarak van het Westen. Naarmate de vrees voor de ongekroonde wereldheerser verbleekte, besefte men dat hij geen kleren droeg en groeide de hoop dat het einde was ingeluid van zijn vernietigende tirannie, die onnoemelijke schade had toegebracht aan het imago van de pers, niet alleen in Groot-Brittannië en de vs, maar wereldwijd. Maar zijn val was minder zeker dan die van Arabische despoten.

De revoluties waren een hoogmis van de participatieve journalistiek. Denkers zagen er een nieuw middel in om invloed uit te oefenen. Dat was nog meer dan elders zichtbaar in Frankrijk waar ze in de begindagen van de Libische crisis de oude twisten vergaten en zich schaarden rond een van hen, Bernard-Henri Lévy. Het front van de Franse intelligentsia hield stand, maar toen de interventie in Libië niet tot de verhoopte snelle overwinning leidde, werd de houding meer afwachtend en kwamen er tekenen van twijfel. Hetzelfde gebeurde met de publieke opinie waar in Frankrijk een meerderheid van 66 procent die de Libische interventie steunde in de begindagen, na vier maanden omsloeg in een lichte meerderheid tegen. De onvoorspelbaarheid van het publiek was een gevolg van steeds rustelozere media op zoek naar telkens andere verhalen 'die de mensen willen kopen'. Het dogma van de snelheid dat de media beheerst, deed ook onmiddellijke resultaten verwachten. De Arabische revoluties die in de eerste weken van het jaar de voorpagina's hadden beheerst, zakten geleidelijk weg zodra duidelijk was dat de tweede golf geen pletwals was zoals de eerste. Westerse militaire hulp had de balans snel en definitief in het voordeel moeten doen omslaan van de hervormingsbeweging, maar het omgekeerde scheen te gebeuren. Er kwamen geen onmiddellijke resultaten, bijgevolg verdrongen andere grote verhalen het nieuws uit de Arabische wereld, dsk, de Griekse- en de eurocrisis, de kredietwaardigheid van Amerika, de Belgische politieke crisis, de massamoord door een moslimhater in Oslo, de dood van Amy Winehouse, Pukkelpop, de slechte zomer. De dood van de Britse zangeres was op dezelfde manier bespoedigd als de Arabische revoluties: met filmpjes van desastreuze momenten tijdens haar optredens op YouTube en andere internetsites.

In de media is het een fatale wet dat de interesse even snel wegsmelt als ze opkomt. Journalisten anticiperen daarop. Ze hebben een gevoel voor de metaalmoeheid van een onderwerp en zijn de eersten om er de tekenen van te zien. Het is een professionele doodzonde om het publiek te vervelen. Bij een 'aangetast' onderwerp wordt de lat steeds hoger gelegd. Alleen met steeds sterkere verhalen kan een thema een tijd stand houden. Uiteindelijk moeten ze niet alleen sterk blijven, ze moeten ook blijven verrassen en mogen geen herhalingen worden. De Libische campagne leverde niet het crescendo op van elkaar overtreffende nieuwsfeiten. Ze kreeg niet de epische en theatrale kwaliteit van de gebeurtenissen in Egypte. Ze begon te vervelen. Er was te veel van hetzelfde. Tot de verrassende val van Tripoli was alles op een bepaald moment gezegd. Niet alleen over Libië maar ook over Syrië en Jemen. Het ritueel van de vrijdagbetogingen leverde een telkens wisselend aantal manifestanten en doden op, maar de kadans en de voorspelbaarheid van de manifestaties zaaide de kiemen van de geleidelijke desinteresse. Ongemerkt werd het Midden-Oosten weer die vreemde, ontvlambare, gevaarlijke wereld waar men sinds jaren aan gewoon was. Het verbijsterende schaakspel dat Saleh maandenlang volhield in Jemen had alles om snel uit de wereldaandacht te geraken. Zijn 'ongeloofwaardige' waarschuwingen voor al-Qaeda en de anarchie in Jemen deden de rest. Aangezien de revoluties niet waren geïnspireerd door fundamentalisten, werd er door sommigen van uitgegaan dat ze aan de zijlijn stonden en daar bleven toekijken. Zelf deden de islamisten niets om die indruk tegen te spreken, al werden zij een belangrijke factor in alle landen waar de revolutie zich had voltrokken of waar ze aan de gang was. In het Westen werd aangenomen dat de religieuze partijen in Tunesië en Egypte democratisch zouden zijn en blijven. Voor de landen in omwenteling was dat minder zeker. In Syrië had de soennietische Moslimbroederschap een historische rekening te vereffenen met het alawitisch bewind. De Libische crisis versterkte al-Qaeda in de Maghreb. In Jemen stond al-Qaeda op het Schiereiland aan de poorten van Aden. De hoofdstad Sanaa bleef het toneel van massademonstraties voor en tegen Saleh. Ook de gevechten tussen de stammen die Saleh weg wilden en het leger bleven voortduren. De stammen hadden loopgraven aangelegd in de stad. Onvermijdelijk naderde het moment dat Jemen opnieuw voor wereldnieuws zou zorgen.

De Franse filosoof Alain Finkielkraut, die zich met zoveel anderen uit alle ideologische windstreken had uitgesproken voor de Libische interventie, werd getroffen door de 'fatale' onverschilligheid waarvan het publiek al na vier maanden blijk gaf. 'Alles speelt zich af alsof de oorlog tegen Kadhafi er niet was.' Eenzelfde vaststelling maakte *Le Monde* op 25 juli, maar dan over Syrië. 'Nochtans is de val van het huis van Assad ongetwijfeld een van de sleutels voor een echte democratisering van het Midden-Oosten.' Historische precedenten als de Golfoorlog van 1991 of de val van Saddam Hoessein in 2003 hadden de valse verwachting gewekt dat een militaire vingerknip van het hoogtechnologische Westen meteen tot de gewenste uitkomst zou leiden. Maar een andere les was dat in Irak een jaren durende opstand begon op het moment dat Bush jr. voor de kust van Irak de overwinning opeiste. Nog een les was dat de Amerikanen en andere westerse legers al tien jaar vruchteloos probeerden orde op zaken te stellen in het 'primitieve' Afghanistan. Bernard Guetta, editorialist van *France Inter* en *Libération*, bleef bij het standpunt dat de interventie in Libië de 'democratische dynamiek' in de Arabische wereld had gered en dat de val van Kadhafi een formidabele aanmoediging zou zijn voor de hele democratische generatie. Emmanuel Todd vond dat Frankrijk de keuze voor de democratie van de 'helft van de Arabische wereld' niet mocht missen. Het zag er eerder naar uit dat de inmenging de dynamiek van de omwentelingsgolf integendeel had gebroken nu de indruk was gewekt dat het Westen de toorts van de revolutie had overgenomen van het opstandige volk. Er kwam geen overtuigend antwoord op de aantijging dat het Westen handelde uit eigenbelang. Dat bracht de revolutionaire beweging in discrediet en het Westen in een chanteerbare positie. Het was onduidelijk hoe het gesteld was met de revolutionaire dynamiek na maanden van stagnatie. Het was te laat om zich af te vragen of de revolutie niet pas geslaagd zou zijn wanneer ze zou zijn gemaakt door het volk en alleen het volk, onafgezien de offers. En in de hele Arabische wereld, in plaats van in de helft ervan. En niet alleen in de Arabische landen, maar ook in Iran.

* * *

Het was al vroeg duidelijk dat de Arabische revolutie de kaarten schudde en dat de wereld er na afloop anders zou uitzien. De oliebonanza in Libië was daarvan een teken. Het was voor Europa een opsteker in kommervolle tijden. Maar zou de poort dicht blijven voor de zwarte gelukzoekers uit het zuiden? De Arabische revolutie versnelde en accentueerde processen elders in de wereld. Er ontstonden nieuwe tegenstellingen en nieuwe allianties. Bestaande problemen kregen er een dimensie bij. Het wantrouwen dat nooit ver weg was in de internationale betrekkingen had in de voorbije maanden veel nieuwe brandstof gekregen. De BRICS-landen, aanvankelijk een economische alliantie, profileerden zich als een politiek bondgenootschap. Na een aanvankelijke aarzeling werden

Rusland en China assertiever bij het dwarsbomen van een heruitgave van het Libische scenario. De val van de kolonel was voor de BRICS-landen een nederlaag.

De Afrikaanse Unie voelde zich door het Westen eerst gebruikt en vervolgens compleet buiten spel gezet in de kwestie Libië. Kadhafi was een belangrijke donor van veel Afrikaanse landen. Nu de wederopbouw van Libië, Tunesië en Egypte hoog op de westerse agenda kwam, zou dat onvermijdelijk ten koste gaan van zwart Afrika. Er tekende zich een nieuw antiwesters blok af, al waren de Europese Unie en de NAVO ook intern verdeeld. Bij die onenigheid voegde zich een zware financiële crisis die uiteindelijk China, de grootste schuldeiser van de VS, en Rusland, de grootste energieleverancier ter wereld, ten goede kwam. Het was niet langer zeker dat Amerika de motor van de planeet zou blijven. De unipolaire wereld die was ontstaan na de val van het IJzeren Gordijn was voorbij. De Arabische revolutie was in het Westen begroet met een mengsel van algemeen enthousiasme, politiek opportunisme en eigenbelang. Dat leidde tot een militaire interventie die het elan brak van de omwentelingsbeweging en er een westerse aangelegenheid van maakte. Maar niet alles was verloren. De Arabische vorsten hadden zich verenigd en velen van hen bezaten olie.

De oprechtheid van de opstandige massa's was buiten kijf maar de enige Arabische landen die warm liepen voor de revolutie waren de rijke maar militair machteloze Verenigde Arabische Emiraten en bovenal het minuskule Qatar. De leiders van beide staatjes voelden zich bedreigd in een regio van oplopende spanningen en zonder zekerheden. Ze zijn niet democratisch maar ze leunen aan bij het Westen, al at de emir van Qatar graag van alle walletjes. Andere rijke oliestaten, en in het bijzonder Saoedi-Arabië, waren behoedzaam tot argwanend of sloegen revoltes in eigen land en elders neer. Door de revolutie werd in het Arabische deel van de Golf, maar ook elders, de tegenstelling scherper tussen soennieten en sjiieten en nam de vrees toe voor Iran dat zijn invloedssfeer het afgelopen decennium sterk had uitgebreid. Qatar speelde de hoofdrol achter de schermen en deed daarmee een gooi naar het politieke leiderschap in de Arabische wereld, daarbij geholpen door al-Jazeera. Dat was hoog spel en alleen de toekomst zal uitwijzen of de emir de echte overwinnaar wordt van dit partijtje poker. Libië, Tunesië en Egypte kwamen door de revoluties niet automatisch in het westerse kamp. Het viel af te wachten wat de verkiezingen in die landen zouden opleveren en wat intussen en daarna zou gebeuren. De democratie is nergens een verworven zaak. Zelfs niet in het Westen, waar ze onder druk staat van een simplistisch populisme met pasklare antwoorden op de schrikbarende uitdagingen.

Met orkaankracht kunnen uit het niets vloedgolven opsteken die het oude wegvegen als had het nooit bestaan, doordat niets nog gelijkgezinden in de weg staat om elkaar te vinden. Revolutie is een kwestie van een knip met de muis.

Borgerhout, 20 september 2011

Tijdslijn

TUNESIË

De jasmijnrevolutie, alfalfarevolutie, revolutie van Sidi Bouzid of revolutie van 14 januari 2011

17 december 2010: Mohammed Bouazizi steekt zichzelf in brand in de provinciestad Sidi Bouzid uit protest tegen de pesterijen van de overheid. Onmiddellijk wordt het onrustig in Sidi Bouzid. De politie slaagt er niet in de protesten te bedwingen. Ze duren twee weken en breiden zich uit naar andere steden.

22 december 2010: Lahseen Naji elektrocuteert zichzelf uit protest tegen honger en werkloosheid in Sidi Bouzid.

25 december 2010: betogingen in verschillende steden.

27 december 2010: manifestaties in Tunis.

28 december 2010: president Ben Ali belooft de werkloosheid aan te pakken en dreigt met een krachtig optreden tegen de 'extremisten'.

30 december 2010: de Franse Parti Socialiste eist dat Parijs reageert op de repressie.

2 januari 2011: computeractivisten verlammen de websites van de regering.

5 januari 2011: dood van Bouazizi in het brandwondencentrum van Tunis.

13 januari 2011: Hillary Clinton waarschuwt de Arabische leiders in Doha dat ze zullen wegzinken in het zand als ze geen werk maken van politieke en economische hervormingen en de strijd tegen de corruptie.

14 januari 2011: president Ben Ali vlucht naar Saoedi-Arabië nadat hem de toegang tot Frankrijk wordt geweigerd.

27 januari 2011: premier Mohammed Ghannouchi herschikt zijn kabinet onder druk van betogingen.

30 januari 2011: terugkeer van Rachid Ghannouchi, de leider van en-Nahda, de partij van de Tunesische Moslimbroeders, na 22 jaar ballingschap.

27 februari 2011: premier Mohammed Ghannouchi neemt ontslag onder druk van gewelddadige betogingen.

9 maart 2011: de RCD, de partij van Ben Ali, wordt ontbonden en de bezittingen in beslag genomen.

14 juni 2011: de parlementsverkiezingen worden uitgesteld.

20 juni 2011: Ben Ali en zijn vrouw worden bij verstek veroordeeld tot 35 jaar cel wegens diefstal.

26 juni 2011: en-Nahda stapt uit de verkiezingscommissie uit protest tegen het uitstel van de parlementsverkiezingen.

23 oktober 2011: verkiezing van een Grondwetgevende Vergadering.

ALGERIJE

Een beetje revolutie

Oktober 1988: zware rellen met vijfhonderd doden leiden tot politieke hervormingen, een nieuwe Grondwet en een meerpartijenstelsel.

1999: Abdelaziz Bouteflika wordt herverkozen tot president. Er is geen tegenkandidaat. Hij paste de grondwet aan om verkiesbaar te zijn voor een derde ambtstermijn.

28 december 2010: betogingen tegen woningnood en schermutselingen in Algiers. In de loop van het jaar zijn er honderden onrustige protesten tegen de corruptie en voor beter onderwijs en gezondheidszorg.

3-10 januari 2011: in Oran zijn er rellen bij protesten tegen de bruuske prijsstijging van basisgoederen. De onrust verspreidt zich over alle steden. De manifestanten zijn hoofdzakelijk mannelijke jongeren. Overheidsgebouwen zijn het doelwit. President Bouteflika verbiedt het gebruik van dodelijke wapens tegen de betogers en straft overijverige politiemannen. Twee politiechefs worden geschorst, de ene na de dood van een betoger door een politiekogel, de tweede na klachten over machtsmisbruik. Maatregelen worden genomen om de prijzen van suiker en olie te doen dalen. De onlusten kosten aan drie tot vijf mensen het leven. Tijdens de protesten in Algiers wordt de radicale nummer twee van het FIS, Ali Belhadj aangehouden. Hij probeerde tevergeefs de leiding te nemen van de opstand.

13 januari 2011: Mohsen Bouterfif, een 37-jarige huisvader, steekt zichzelf in brand in Boukhadra nadat de burgemeester hem een onderhoud had geweigerd en hem had uitgedaagd het voorbeeld van Bouazizi te volgen. Hij sterft elf dagen later.

17 januari 2011: Maamir Lotfi, 36, werkloze vader van zes kinderen, steekt zichzelf in brand voor het gemeentehuis van el-Oued nadat de gouverneur weigert hem te ontvangen. Hij sterft op 12 februari.

19 januari 2011: Ali Belhadj van het FIS wordt beschuldigd van het bedreigen van de staatsveiligheid en het aanstichten van een gewelddadige opstand.

28 januari 2011: zelfverbranding van de 29-jarige dagloner met huisvestingsproblemen Abdelhafid Boudechicha in Medjana. Hij sterft de volgende dag.

12 februari 2011: verboden marsen van de oppositie 'tegen het systeem' in verschillende steden. De manifestaties vallen samen met de dood van Maamir Lotfi in het brandwondencentrum van Algiers. De hoofdstad wordt afgegrendeld door 30.000 politiemannen. Die beletten ook dat de enkele duizenden betogers het Martelarenplein bereiken, einddoel van de betoging. Er volgen schermutselingen en arrestaties. Tot de betogers behoren zowel democraten als islamisten van het ontbonden FIS.

18 februari 2011: de protesten waartoe is opgeroepen via Facebook worden weggespoten door waterkanonnen in Algiers.

24 februari 2011: opheffing van de noodtoestand die sinds 1992 van kracht was. Daarmee wordt ingegaan op een van de belangrijkste eisen van de oppositie.

5 maart 2011: protesten in Algiers worden met geweld uiteengedreven door jonge supporters van president Bouteflika. De oudste oppositiepartij, het Socialistisch Front, roept op tot 'vreedzame strijd' voor verandering.

7 maart 2011: politiebetoging in Algiers voor hoger loon.

16 maart 2011: een kleine groep betogers gooit brandbommen naar de politie in Algiers.

23 maart 2011: de politie gebruikt traangas tegen betogers in Algiers die brandbommen gooien.

15 april 2011: Bouteflika kondigt op televisie hervormingen en een grondwetsherziening aan die Algerije moet democratiseren.

11 mei 2011: artsen proberen te betogen in de regeringswijk maar stuiten op de oproerpolitie.

8 juni 2011: de Franse minister van Buitenlandse Zaken Alain Juppé komt in Algiers de economische banden aanhalen in het kader van een 'uitzonderingspartnerschap'.

25 juli 2011: Abdelkahar Belhadj, de 23-jarige zoon van FIS-leider Ali Belhadj wordt gedood samen met twee would-be kamikazes bij een controlepost van de politie in Thenia. Ze bereidden een 'spectaculaire aanslag' voor bij het begin van de ramadan en bliezen zichzelf op om arrestatie te voorkomen. Abdelkahar was een topman van al-Qaeda in de Maghreb.

EGYPTE

De revolutie van 25 januari 2011

1 januari 2011: 21 doden bij een aanslag op een koptische kerk in Alexandrië.

17 januari 2011: de 49-jarige restauranthouder Abu Abdel-Monein Jamaar sterft door zelfverbranding voor het parlement in Caïro.

18 januari 2011: twee mannen benemen zich door zelfverbranding van het leven in Caïro en Alexandrië.

25 januari 2011: de officiële Dag van de Politie wordt een Dag van Woede. Er wordt betoogd in verschillende steden en het komt tot rellen op het Tahrirplein in Caïro. Officieel zijn er vier doden bij wie drie demonstranten.

27 januari 2011: Mohammed el-Baradei arriveert in Caïro om een rol te spelen in de revolutie. Hij is bereid om 'de overgang' te leiden.

28 januari 2011: het internetverkeer is ernstig verstoord. Er zijn onlusten in het hele land. Het leger verschijnt in de straten van Suez, Caïro en Alexandrië maar komt niet tussenbeide.

29 januari 2011: Moebarak ontslaat de regering. Hij benoemt veiligheidschef Omar Suleiman tot vicepresident. De onrust luwt niet.

30 januari 2011: bezetting van het Tahrirplein in Caïro door duizenden betogers die het ontslag eisen van Moebarak.

31 januari 2011: 250.000 mensen op Tahrir. Het leger zegt niet te zullen optreden tegen het volk. Suleiman belooft dialoog en hervormingen. Het Witte Huis zegt dat het volk hervormingen moet krijgen. De EU vraagt vrije verkiezingen.

1 februari 2011: Moebarak zegt dat hij geen kandidaat is voor de presidentsverkiezingen en belooft hervormingen. Obama prijst de 'vaderlandsliefde' van het leger. 'Mars van een miljoen' in verschillende steden. Honderdduizenden betogers op Tahrir.

2 februari 2011: internetverbindingen worden gedeeltelijk hersteld na een black-out van vijf dagen. Gewelddadige rellen met aanhangers van het regime en betogers op Tahrir en in Alexandrië. Het leger zegt dat de boodschap gehoord is en wil dat de betogers naar huis gaan.

3 februari 2011: nieuwe rellen tussen voor- en tegenstanders van Moebarak in Caïro.

4 februari 2011: honderdduizenden betogers nemen in Caïro onder het oog van het leger deel aan de Dag van het Vertrek (van Moebarak).

5 februari 2011: het bestuur van de regerende Nationaal Democratische Partij neemt ontslag.

6 februari 2011: de Moslimbroederschap is bereid tot een gesprek over hervormingen.

7 februari 2011: de regering trekt de lonen en pensioenen op met vijftien procent. De activist Wael Ghonim wordt vrijgelaten.

8 februari 2011: Tahrir ziet er uit als een tentenkamp. De vrijlating van Ghonim mobiliseert de grootste betoging tot dan toe. Suleiman kondigt nieuwe hervormingen aan en zegt dat de onrust niet kan blijven duren.

9 februari 2011: minister Ghiet van Buitenlandse Zaken haalt scherp uit naar Washington en noemt de raadgevingen van de vs 'allerminst behulpzaam'.

10 februari 2011: minister van Cultuur, de auteur Gaber Asfour, het enige nieuwe gezicht in de nieuwe regering, neemt ontslag na kritiek van collega-schrijvers. Een rechtbank bevestigt het uitreisverbod voor drie oud-ministers. Hun tegoeden worden bevroren. De eerste koppen rollen bij de politie. Algemeen wordt verwacht dat Moebarak zijn ontslag zal aankondigen, maar dat doet hij niet. In een nieuwe televisie-toespraak zegt hij dat hij aanblijft tot de verkiezingen van september. Tahrir reageert woedend.

11 februari 2011: Moebarak doet afstand van de macht en belast de legerleiding met het bestuur van het land.

12 februari 2011: feest tot in de vroege uurtjes op Tahrir. De militaire Hoogste Raad belooft de macht over te dragen aan een burgerregering.

13 februari 2011: het leger kondigt de krijgswet af tot de verkiezingen. Troepen vegen het Tahrirplein schoon.

25 februari 2011: betoging op het Tahrirplein voor snellere hervormingen.

3 maart 2011: ontslag van premier Ahmed Shafiq. De legerleiding vervangt hem door Essam Sharaf.

19 maart 2011: 77,2 procent van de kiezers keurt de grondwetswijzigingen van de legerleiding goed.

8 april 2011: Dag van de Zuivering eist de arrestatie van Moebarak en wordt een van de grootste betogingen sinds zijn val.

10 april 2011: Moebarak verdedigt zich in een korte toespraak via al-Arabiya.

11 april 2011: opening van het onderzoek tegen Moebarak en zijn zonen.

12 april 2011: Moebarak wordt opgenomen in het ziekenhuis van Sharm el-Sjeik.

13 april 2011: Moebarak onder huisarrest in het ziekenhuis van Sharm el-Sjeik.

16 april 2011: de rechter beveelt de ontbinding van de Nationaal Democratische Partij van Moebarak.

21 april 2011: de rechter beveelt de verwijdering van Moebaraks naam uit openbare plaatsen.

30 april 2011: de Egyptische Moslimbroederschap kondigt aan dat ze deelneemt aan de parlementsverkiezingen als Partij voor Vrijheid en Rechtvaardigheid.

8 mei 2011: confrontatie met twaalf doden tussen kopten en moslims in Imbaba, bij Caïro.

13 mei 2011: betoging voor nationale eenheid en voor solidariteit met de Palestijnen op Tahrir.

24 mei 2011: Moebarak in staat van beschuldiging voor de dood van de betogers tijdens de revolutie.

28 mei 2011: Egypte opent de grens met Gaza na een blokkade van vier jaar.

27 juni 2011: ontbinding van meer dan 1.750 gemeenteraden, een eis van de oppositie.

29 juni 2011: gewelddadige betoging met duizend gewonden op Tahrir na de beslissing om het proces tegen de ex-minister van Binnenlandse Zaken uit te stellen.

1 juli 2011: tienduizenden nemen deel aan protesten tegen de trage veranderingen.

8 juli 2011: 'Vrijdag van de Vastberadenheid' tegen het uitblijven van processen tegen de verantwoordelijken voor de onderdrukking van de opstand. Begin van de Revolutie van de Woede en grootste betoging op het Tahrirplein sinds de val van Moebarak. Het plein wordt opnieuw bezet.

10 juli 2011: premier Sharaf belooft een spoedige berechting van Moebarak.

12 juli 2011: in de Sinaï wordt de belangrijkste aanvoerlijn van gas voor Israël en Jordanië opgeblazen.

13 juli 2011: de Hoogste militaire Raad stelt de parlementsverkiezingen uit met twee maanden. Honderden hoge politieofficieren worden ontslagen.

20 juli 2011: regeringsherschikking. Achttien nieuwe ministers. Die van Justitie en Binnenlandse Zaken blijven op post.

1 augustus 2011: het leger veegt met groot vertoon het Tahrirplein schoon.

3 augustus 2011: start van het proces tegen Moebarak, zijn twee zonen en oud-minister van Binnenlandse Zaken.

5 augustus 2011: de vakbondsfederatie, instrument van het vorig regime, wordt ontbonden.

15 augustus 2011: hervatting van het proces-Moebarak. De rechter verbiedt voortaan camera's.

18 augustus 2011: minstens zeven doden bij verschillende aanvallen op Israëlische militairen in en rond Eilat, op de grens met Egypte.

19 augustus 2011: Israëlische luchtaanvallen op Gaza.

26 augustus 2011: Hamas en militante groepen in Gaza kondigen na Egyptische bemiddeling een bestand aan na een offensief van acht dagen met 150 raketten en Israëlische represailles.

9 september 2011: bestorming van de Israëlische ambassade in Caïro. Drie doden. Tachtig diplomaten en hun familie worden door de Israëlische luchtmacht geëvacueerd.

21 november 2011 - 4 maart 2012: parlementsverkiezingen.

maart of april 2012: presidentsverkiezingen.

JEMEN

Januari 2011: protesten tegen de leefomstandigheden en de corruptie.

23 januari 2011: eerste grote protesten na de arrestatie van Tawakul Karman, een militante van de islamistische Islah-partij, nadat ze aan de universiteit van Sanaa enkele kleine maar woelige betogingen had georganiseerd voor het ontslag van president Saleh.

27 januari 2011: grootste manifestatie in een decennium tegen Saleh in Sanaa verloopt rustig.

2 februari 2011: Saleh belooft in 2013 af te treden.

3 februari 2011: tienduizenden betogen voor en tegen Saleh.

14 februari 2011: na vier dagen van protesten worden de betogers aangevallen in Sanaa door medestanders van Saleh.

9 maart 2011: ordetroepen zetten traangas en rubberkogels in tegen protesten op de universiteit van Sanaa.

10 maart 2011: Saleh belooft een parlementair systeem.

12 maart 2011: vier doden en honderden gewonden bij gewelddadig optreden tegen betogers.

18 maart 2011: 45 tot 50 doden wanneer sluipschutters het vuur openen op betogers in Sanaa.

20 maart 2011: Saleh ontslaat de regering.

21 maart 2011: elf hoge officieren lopen over naar de rebellen.

23 maart 2011: Saleh roept de noodtoestand uit.

25 maart 2011: betogingen voor en tegen Saleh die zegt dat hij de macht wil overdragen in 'veilige handen'.

28 maart 2011: minstens 120 doden bij de explosie van een wapenfabriek in Jaar die veroverd is door al-Qaeda. Saleh verliest de greep op het land.

5 april 2011: duizenden betogers in Taiz onder vuur van de veiligheid. Honderden gewonden. De regering stemt in met onderhandelingen.

8 april 2011: Saleh verwerpt een overgangsplan van de GCC als een inmenging in de binnenlandse aangelegenheden.

11 april 2011: Saleh aanvaardt de bemiddeling van de GCC maar wil pas in 2013 vertrekken.

13 april 2011: massale demonstraties in de steden. Zes doden in Sanaa bij gevechten.

17 april 2011: honderdduizenden betogers in verschillende steden. Saleh noemt de vrouwen onder hen 'onislamitisch'.

19 april 2011: eerste bijeenkomst van de VN-veiligheidsraad over Jemen.

20 april 2011: president Saleh aanvaardt voorwaardelijk het plan van de Samenwerkingsraad van de Golf voor een machtsoverdracht. Het wordt verworpen door de oppositie.

24 april 2011: Saleh zegt dat hij niet zal buigen voor een 'staatsgreep'.

27 april 2011: twaalf doden in Sanaa wanneer de troepen het vuur openen op manifestanten. Oproep tot algemene staking.

11 mei 2011: sluipschutters openen het vuur op betogers in Sanaa. Minstens achttien doden.

20 mei 2011: Saleh kondigt vervroegde verkiezingen aan. Betogingen pro en contra.

22 mei 2011: Saleh weigert het voorstel van de GCC voor een machtsoverdracht.

23 mei 2011: begin van de gevechten in Sanaa tussen het regeringsleger en stammenmilities van de Hashid, de grootste stammenfederatie van het land. Minstens vijftig doden in twee dagen.

27 mei 2011: bestand met de Hashid.

27-29 mei 2011: verovering van Zinjibar door al-Qaeda. Minstens dertig doden.

30 mei 2011: hervatting van de gevechten met de Hashid na een bestand van enkele dagen. Minstens twintig doden bij de bestorming van een protestkamp in Taiz.

1 juni 2011: al-Qaeda verovert Azzan in de zuidoostelijke kustprovincie Shabwa.

3 juni 2011: president Saleh raakt zwaar verbrand bij een aanval op de moskee van zijn paleis door de Hashid-federatie (later legt de regering de schuld bij al-Qaeda). Hij wordt met zware brandwonden overgebracht naar Saoedi-Arabië.

22 juni 2011: zestig militanten van al-Qaeda ontsnappen uit de gevangenis van Mukalla.

7 juli 2011: tien soldaten gedood in een hinderlaag van al-Qaeda in Loder, vlakbij Zinjibar.

24 juli 2011: negen soldaten komen om bij een zelfmoordaanslag in Aden.

26 juli 2011: al-Qaeda slaat een tegenoffensief af in Zinjibar, voortaan de hoofdstad van het 'emiraat Abyan'.

30 juli 2011: veertien leden van een bevriende stam komen om bij een luchtbombardement op islamitische rebellen in de buurt van Zinjibar.

7 augustus 2011: Saleh ontslagen uit het ziekenhuis maar hij blijft in Riyadh.

16 augustus 2011: al-Qaeda verovert de kuststad Shaqra.

6 september 2011: al-Qaeda verovert Rowda en rukt op naar de kuststad Balhaf waar een aardgasterminal is van Total.

LIBIË

De revolutie van 17 februari 2011

14 januari 2011: Kadhafi veroordeelt de Tunesische revolutie op televisie. Eerste berichten over onrust.

14 februari 2011: drie dagen na de val van Moebarak wordt via Facebook opgeroepen tot demonstraties tegen Kadhafi.

16 februari 2011: tweehonderd betogers in Benghazi, de hoofdstad van het oosten, na de arrestatie van een mensenrechtenactivist. Verschillende aanhoudingen.

17 februari 2011: zeven doden bij manifestaties. Via het internet wordt opgeroepen tot een 'Dag van Woede' op de vijfde verjaardag van de dood van veertien manifestanten bij het neerslaan van een islamitisch protest in Benghazi.

18 februari 2011: in Tripoli wordt betoogd voor en in Benghazi en andere steden in het oosten tegen Kadhafi. Berichten over tientallen doden in het oosten.

19 februari 2011: onlusten en minstens dertig doden in Benghazi. Er zijn ook manifestaties in Misrata in het westen en Ajdabiya in het oosten.

20 februari 2011: opstandelingen nemen Benghazi over. Anti-Kadhafi-betogingen in Tripoli worden neergeslagen. Saif al-Islam, de zoon van Kadhafi, waarschuwt op televisie voor een burgeroorlog en 'rivieren van bloed' na het complot van 'een islamitische groep met een militaire agenda'.

21 februari 2011: Youssef al-Qaradawi spreekt op al-Jazeera een fatwa met doodvonnis uit tegen Kadhafi.

22 februari 2011: in een lange toespraak op televisie geeft Kadhafi de vs en al-Qaeda de schuld en noemt de rebellen 'vettige ratten' die moeten worden verdelgd. Minister van Binnenlandse Zaken Abdel Fatah Younès loopt over.

23 februari 2011: aankomst van de eerste westerse verslaggevers in opstandig Benghazi. Minister van Justitie al-Jalil is de eerste hoge functionaris die overloopt. Hij zegt dat Kadhafi zelf opdracht gaf voor het neerhalen van het PanAm vliegtuig boven Lockerbie in 1988. Tobruk en Misrata komen in handen van de rebellen. In Baida wordt een voorlopig bewind gevormd door de opstandelingen.

24 februari 2011: Kadhafi gaat in de tegenaanval in Zawiya en probeert de kleine luchthaven van Misrata te heroveren. De olieprijs stijgt naar 120 dollar per vat.

26 februari 2011: eenparige goedkeuring door de VN-veiligheidsraad van resolutie 1970 die oproept tot een onmiddellijk bestand en voorziet in een wapenembargo tegen Libië en de bevriezing van de rekeningen van Kadhafi.

27 februari 2011: rebellen veroveren Zawiya, vlakbij Tripoli.

1 maart 2011: de herovering van Zawiyah mislukt.

3 maart 2011: het offensief tegen Brega wordt door de rebellen afgeslagen. Westerse landen beraadslagen over een interventie. Amerikaanse oorlogsbodems stomen op naar de Libische kust. Obama wil het ontslag van Kadhafi. Het Internationaal Strafhof opent een onderzoek. Bernard Henri Lévy is in Benghazi.

6 maart 2011: de rebellen halen bij Ras Lanuf een gevechtsvliegtuig neer. Een van beide omgekomen piloten is een Syriër.

9 maart 2011: de NAVO beraadt zich over een vliegverbod boven Libië om de rebellen te beschermen tegen luchtaanvallen van Kadhafi. Er wordt gevochten in het oosten en in het westen.

10 maart 2011: Frankrijk erkent als eerste de Libische Overgangsraad als wettige vertegenwoordiger van het Libische volk.

12 maart 2011: volgens al-Jazeera vertrekt een schip met wapens en munitie vanuit de Syrische haven Tartous om Kadhafi te bevoorraden. Volgens de zender vecht een Syrisch bataljon in Libië tegen de rebellen. Regeringstroepen heroveren de weg naar Benghazi.

13 maart 2011: Brega heroverd door regeringstroepen. De Arabische Liga steunt een vliegverbod.

14 maart 2011: de opstandelingen vragen het Westen Kadhafi te doden en aanvallen uit te voeren op zijn troepen.

18 maart 2011: de Verenigde Naties leggen met resolutie 1973 een vliegverbod op boven Libië en nemen alle maatregelen om de burgerbevolking te beschermen. Kadhafi reageert met de aankondiging van een bestand, maar zijn troepen blijven de rebellen bombarderen in het oosten.

19 maart 2011: begin van de luchtaanvallen door een westerse coalitie met een Arabische rand op stellingen van Kadhafi. De eerste bombardementen worden uitgevoerd door de Fransen.

22 maart 2011: na de aanvallen vier dagen te hebben geleid staat Washington het commando af aan de bondgenoten. Cameron noemt Kadhafi een wettig doelwit.

23 maart 2011: de NAVO neemt het commando over.

26 maart 2011: val van Ajdabiya, eerste grote overwinning van de rebellen sinds het begin van de luchtaanvallen.

28 maart 2011: de rebellen proberen vruchteloos door te stoten naar Sirte, de geboorteplaats van Kadhafi. Qatar erkent als tweede land de Overgangsraad.

30 maart 2011: de VS zeggen dat CIA-agenten in Libië informatie inwinnen. Minister Moussa Koussa van Buitenlandse Zaken loopt over en vliegt naar Londen.

3 april 2011: Kadhafi 'zoekt een oplossing' en lanceert een diplomatiek offensief. De Overgangsraad van de rebellen belooft 35 procent van de Libische olie aan Frankrijk in ruil voor volledige steun.

4 april 2011: Italië erkent de Overgangsraad.

12-14 april 2011: Frankrijk en Groot-Brittannië willen dat andere bondgenoten, inclusief de VS, hun aanvallen opdrijven.

15 april 2011: advertentie 'Kadhafi moet weg' van Cameron, Sarkozy en Obama in de internationale pers.

16-25 april 2011: troepen bombarderen Misrata, dat veroverd is door de rebellen. Exodus via de zee.

19-20 april 2011: westerse landen, inclusief de VS, sturen adviseurs naar Libië om de rebellen bij te staan.

22 april 2011: de VS stellen twee Predator onbemande bommenwerpers ter beschikking van de NAVO.

25 april 2011: de Libische regering beschuldigt de NAVO ervan Kadhafi te willen vermoorden.

30 april 2011: Kadhafi stelt aan de NAVO onderhandelingen voor. Westerse ambassades in Tripoli worden aangevallen na de dood van Kadhafi's zoon Saif al-Arab bij een bombardement.

4 mei 2011: de openbare aanklager van het Internationaal Strafhof beschuldigt Kadhafi van oorlogsmisdaden.

10 mei 2011: verovering van de luchthaven van Misrata door de rebellen.

11 mei 2011: arrestatie van vier Franse ex-militairen door de rebellen in Benghazi. Een vijfde, de directeur van het beveiligingsbedrijf waar de vier voor werkten, wordt doodgeschoten.

16 mei 2011: het openbaar ministerie van het Internationaal Strafhof klaagt Kadhafi, zijn zoon Saif al-Islam en zijn schoonbroer Abdullah al-Senussi aan wegens misdaden tegen de mensheid.

17 mei 2011: vertrek uit de haven van Toulon van de Tonnerre met twaalf gevechtshelikopters.

22 mei 2011: Catherine Ashton opent een EU-gezantschap in Benghazi.

23 juni 2011: het Huis van Afgevaardigden zet het licht op rood voor verdere Amerikaanse deelneming aan de NAVO-interventie, maar dat is pas bindend wanneer ook de Senaat dat doet waar Obama de meerderheid heeft.

27 juni 2011: het Internationaal Strafhof vaardigt een aanhoudingsbevel uit tegen Kadhafi, zijn zoon en zijn veiligheidschef wegens misdaden tegen de mensheid tijdens de Libische revolutie.

29 juni 2011: Frankrijk geeft toe dat het al bijna een maand wapens levert aan de Berbers in de Nafusa-bergen.

13 juli 2011: Mahmoud Jibril, nummer twee van de Overgangsraad, wordt ontvangen door de Benelux, de NAVO en de EU in Brussel.

15 juli 2011: bijeenkomst van de contactgroep voor Libië in Istanboel in aanwezigheid van Rusland en China. Erkenning van en financiële steun voor de Overgangsraad door de groep.

16 juli 2011: rechtstreeks overleg tussen de VS en Libië in Tunis brengt geen doorbraak.

27 juli 2011: Groot-Brittannië erkent de Overgangsraad.

28-29 juli 2011: moord in Benghazi op ex-minister van Binnenlandse Zaken Abdel Fatah Younès, militair commandant van het rebellenleger.

14 augustus 2011: de rebellen zeggen vanuit drie richtingen op te rukken naar Tripoli.

21 augustus 2011: rebellen veroveren grote delen van Tripoli.

22 augustus 2011: zware gevechten bij de residentie van Kadhafi. De rebellen melden dat Saif al-Islam en Mohammed, de zonen van Kadhafi, aangehouden zijn. Allebei weten ze te ontsnappen.

22-23 augustus 2011: Saif al-Islam verschijnt kort na middernacht in het Rixoshotel, het hoofdkwartier van de buitenlandse pers.

23 augustus 2011: de rebellen veroveren Bab al-Aziziya, het zenuwcentrum van het regime. De troepen van Kadhafi voeren een 'tactische terugtrekking' uit. Kadhafi roept op om de 'ratten' uit Tripoli te verdrijven.

24 augustus 2011: Bab al-Aziziya onder vuur van Kadhafi-getrouwen die opereren vanuit de vlakbij gelegen zone tussen het complex en de luchthaven.

25 augustus 2011: de VN maken 1,5 miljard dollar aan bevroren tegoeden vrij voor de rebellen. De toestand in Tripoli blijft gespannen en onover-

zichtelijk. Standrechtelijke executies door beide partijen. In een nieuwe, derde geluidsopname sinds de val van Bab al-Aziziya, roept Kadhafi de stammen op om de 'buitenlandse agenten' te verdrijven.

26 augustus 2011: de Overgangsraad begint te verhuizen van Benghazi naar Tripoli.

29 augustus 2011: de vrouw van Kadhafi en drie van zijn kinderen vluchten naar Algerije.

1 september 2011: de jacht op de Kadhafi-clan spitst zich toe op Bani Walid.

15 september 2011: Sarkozy en Cameron in Benghazi en Tripoli.

BAHREIN

De Parelrevolutie

11 februari 2011: koning Hamad beveelt aan elk gezin 1.000 dinar, ruim 2.600 dollar, uit te delen ter gelegenheid van de tiende verjaardag van de eerste grondwet.

12 februari 2011: het Centrum voor de Mensenrechten in Bahrein vraagt de vrijlating van 450 gevangenen waarbij 110 kinderen, de ontbinding van het veiligheidsapparaat en een dialoog met de oppositie.

13 februari 2011: meer dan achthonderd gewonden bij een betoging van vijfduizend man in Manama. Rellen op de universiteit.

14 februari 2011: betogingen op het Parelplein, een verkeersplein met een opvallend monument in Manama, en in de sjiitische dorpen voor een grondwetsherziening na een oproep van al-Wefaq, de grootste sjiitische partij. Bij confrontaties met de ordetroepen vallen een dode en veertien gewonden.

15 februari 2011: bij de begrafenis van het slachtoffer valt een tweede dode. Er zijn 25 gewonden. In Manama wordt het Parelplein bezet. Al-Wefaq, de belangrijkste oppositiepartij, trekt zijn vertegenwoordigers terug uit het parlement.

17 februari 2011: gewelddadige overname met minstens vier doden van het Parelplein door het leger. Sommige manifestanten kanten zich tegen de monarchie. Journalisten die willen berichten over misbruiken worden aangehouden of krijgen doodsbedreigingen.

19 februari 2011: het leger trekt zich terug van het Parelplein, gevolgd door een nieuwe bezetting door betogers. Koning Hamad ontslaat verschillende ministers, roept een dag van nationale rouw uit voor de slachtoffers en laat politieke gevangenen vrij.

2 maart 2011: steunbetoging voor de monarchie, de 'grootste uit de geschiedenis' van Bahrein.

3 maart 2011: gevechten tussen soennieten en sjiieten.

6 maart 2011: betogers eisen voor zijn ambtswoning het ontslag van premier Khalifa bin Salman al-Khalifa die sinds 1971 regeringsleider is. Verschillende sjiitische groepen willen het einde van de monarchie.

13 maart 2011: de oproerpolitie maakt hardhandig een einde aan het tentenkamp op het Parelplein. Hamad vraagt hulp aan de GCC, de Samenwerkingsraad van de (rijke) Arabische Golflanden.

14 maart 2011: duizend soldaten uit Saoedi-Arabië en vijfhonderd uit de Verenigde Arabische Emiraten snellen de monarchie ter hulp.

15 maart 2011: afkondiging van de krijgswet en de noodtoestand.

16 maart 2011: minstens vijf doden bij nieuw gewelddadig optreden tegen manifestanten op het Parelplein. Razzia's en arrestaties in sjiitische wijken en in de ziekenhuizen. Verhoging van de ambtenarenlonen.

18 maart 2011: sloop van het monument op het Parelplein 'ten behoeve van het verkeer'.

25 maart 2011: kleine manifestaties in Manama en de sjiitische dorpen naar aanleiding van de Dag van de Woede worden uiteen gedreven. Al-Wefaq houdt zich afzijdig van de protestoproep. Minister Fatima al-Belouchi van sociale ontwikkeling zegt in Genève dat een 'buitenlandse mogendheid' en Hezbollah achter de onrust zitten.

3 april 2011: sluiting van *al-Wasat*, de enige onafhankelijke krant van Bahrein.

5 april 2011: Physicians for Human Rights meldt de verdwijning van twee artsen na ondervraging door de politie en spreekt van een 'systematische aanval' op medisch personeel.

9 april 2011: dood van de arrestanten Ali Isa Saqer en Zechariah Rashid Hassan.

12 april 2011: proces tegen twee Iraniërs en een Bahreini wegens 'spionage voor de (Iraanse) Revolutionaire Garde'.

13 april 2011: het lijk van een vierde verdachte dode in gevangenschap vertoont duidelijke sporen van foltering.

14 april 2011: volgens het Centrum voor de Mensenrechten van Bahrein zijn in totaal 31 mensen gedood bij geweld tegen demonstranten.

15 april 2011: de regering trekt na Amerikaans protest een besluit in waarbij al-Wefaq wordt ontbonden wegens 'wetsovertredingen' en het 'schaden van de sociale vrede en de nationale eenheid'.

28 april 2011: vier sjiieten worden ter dood veroordeeld voor 'koelbloedige moord' op twee politiemannen tijdens de rellen van maart. Drie anderen krijgen levenslang. Het zijn de eerste doodstraffen sinds 1996. Twee ervan worden later omgezet in levenslang.

Mei 2011: sporadische incidenten met gewonden in beide kampen.

31 mei 2011: koning Hamad roept op tot een nationale dialoog. Prominente dissidenten worden aangehouden en dezelfde dag weer vrijgelaten na beschuldigingen van misdaden tegen de staat door een militaire rechtbank.

1 juni 2011: sjiitische protesten tegen de noodtoestand en de krijgswet. Opheffing van de noodtoestand.

6 juni 2011: 47 artsen en verplegers veroordeeld voor samenzwering tegen de monarchie.

8 juni 2011: Bernie Ecclestone van Formule 1 schrapt de Grand Prix 2011 van Bahrein.

11 juni 2011: vreedzame verboden betoging.

13 juni 2011: proces tegen 28 gezondheidswerkers, waarbij enkele topchirurgen.

29 juni 2011: de koning installeert een onderzoekscommissie naar het geweld tijdens de protesten.

2 juli 2011: begin van de nationale dialoog met de oppositie. Na twee weken trekt al-Wefaq, de grootste sjiitische partij, zich daaruit terug.

9 augustus 2011: volgens de Koninklijke onderzoekscommissie zijn 137 dissidenten vrijgelaten.

SYRIË

Revolutie van 18 maart 2011

Midden juni 2010: Alec Ross, de internetgoeroe van de regering Obama, en zijn vriend Jared Cohen ontmoeten president Assad en beloven een versoepeling van de sancties in ruil voor meer internetvrijheid.

26 januari 2011: in al-Hasakah, een stad van overwegend christenen in het verre noordoosten, giet Hasan Ali Akleh benzine over zich en steekt zichzelf in brand, volgens ooggetuigen uit 'protest tegen de Syrische regering'. Hij was de twaalfde die het voorbeeld volgde van de Tunesiër Mohammed Bouazizi.

Februari 2011: in een ongewoon openhartig interview met de *Wall Street Journal* belooft president Assad politieke hervormingen. De regering zet het licht op groen voor Facebook en legaliseert daarmee een bestaande toestand.

3 februari 2011: pagina's op Facebook en Twitter roepen op tot een Dag van Woede op 4 en 5 februari om de eis voor vrijheid en mensenrechten kracht bij te zetten. Er wordt geen gevolg aan gegeven tenzij in al-Hasakah, waar enkele honderden op straat komen. Al-Jazeera noemt Syrië het 'koninkrijk van de stilte'.

22 februari 2011: tweehonderd betogers voor de Libische ambassade in Damascus eisen 'vrijheid voor het volk' en 'weg met Kadhafi'. Toen ze in koor begonnen te roepen dat wie zijn volk slaat een verrader is, werden ze hardhandig verdreven door een overmacht van al dan niet geheime politie.

6 maart 2011: arrestatie in Deraa van een groep jongens, jonger dan vijftien, die de slogan 'het volk wil de val van het regime' hadden aangebracht op de muren van de stad.

15 maart 2011: oproepen tot meer vrijheid op Facebook. Betogingen in onder meer Hama, Homs, Damascus en Deraa. Hier en daar zijn er schermutselingen.

18 maart 2011: eerste van een reeks woelige betogingen in Deraa tegen de arrestatie van vijftien scholieren uit dezelfde familie die de leuzen hadden gekopieerd van de revoluties in Egypte en Tunesië. Er zijn twee doden. Hun begrafenissen zijn aanleiding voor nieuwe demonstraties. Er zijn amateurbeelden van betogingen in Damascus, Homs, Baniyas en Deir ez-Zor.

22 maart 2011: de VN spreken van zes doden sinds het begin van de onrust in Deraa.

23 maart 2011: vijftien doden in Deraa. Tanks van de Republikeinse Garde in de straten. Damascus spreekt van aanvallen door gewapende groepen en zal dat in de komende maanden blijven herhalen. De gouverneur van Deraa wordt ontslagen.

25 maart 2011: de televisiepredikant van al-Jazeera, Youssef al-Qaradawi, steunt de opstand. Betogingen in Homs, Hama en Latakia.

27 maart 2011: troepen in Latakia na twee dagen van felle protesten en twaalf doden.

29 maart 2011: Assad ontslaat de regering.

30 maart 2011: eerste van een reeks toespraken van Assad. Hij gaat niet in op de eis om de noodtoestand op te heffen, spreekt van een anti-Syrische samenzwering, maar heeft begrip voor hervormingen.

2 april 2011: premier sjeik Hamad bin Jassim bin Jaber al-Thani van Qatar betuigt zijn steun tegen 'pogingen om de veiligheid en stabiliteit (van Syrië) te ondermijnen'.

7 april 2011: intrekking van het verbod op de sluier voor het onderwijzend personeel. 300.000 stateloze Koerden krijgen de Syrische nationaliteit.

8 april 2011: grootste betogingen tot dan toe in verschillende steden. De troepen openen het vuur in Deraa. Minstens 22 manifestanten komen om. Volgens Damascus zijn bij de doden negentien militairen.

10 april 2011: minstens dertien doden in Baniyas. Volgens het Syrisch persbureau zijn daar negen soldaten bij.

14 april 2011: aantreden van een nieuwe regering.

15 april 2011: betogingen in verschillende steden overtreffen die van 8 april.

16 april 2011: president Assad belooft de noodtoestand op te heffen.

18 april 2011: acht doden in Homs.

19 april 2011: de Syrische regering spreekt van een gewapende salafistische opstand in Homs en Baniyas. De troepen schieten op de bezetters van een plein in Homs. Mensenrechtenactivisten tellen tweehonderd doden in de loop van een maand onrust.

22 april 2011: minstens 75 doden bij betogingen in verschillende steden. Gevolgd door tien doden de dag daarop.

27 april 2011: eerste bijeenkomst van de VN-Veiligheidsraad over Syrië levert geen resultaten op. Het Westen staat tegenover de BRIC-landen.

29 april 2011: Azadi (Vrijheid)-dag. 42 doden, de meesten in Deraa.

30 april 2011: het leger bestormt de Omarmoskee in Deraa na de stad vijf dagen te hebben bezet.

7 mei 2011: tanks in Baniyas.

9 mei 2011: Bouthaina Shaaban, topadviseur van Assad, zegt dat de opstand onder controle is. VS-ambassadeur Ford vraagt Damascus te breken met Hezbollah.

11 mei 2011: achttien doden in al-Haraa, bij Deraa. Razzia's in Homs.

15 mei 2011: vier Palestijnen komen om in de Golan op Nakba-dag, de jaarlijkse herdenking van de stichting van Israël.

18 mei 2011: de VS treffen sancties tegen zeven kopstukken van het regime bij wie Bashar al-Assad. Assad zegt dat fouten zijn gemaakt.

23 mei 2011: eerste sancties van de EU tegen Assad.

1 juni 2011: bijeenkomst van Syrische oppositiegroepen in Ankara.

3-6 juni 2011: zware gevechten in Jisr al-Sugur, vlakbij de grens met Turkije, met 120 gedode militairen. 11.700 vluchtelingen steken de grens over.

3 juni 2011: 60 tot 65 doden bij de onderdrukking van protesten in Hama.

7 juni: Qatar trekt grote investeringen terug uit Syrië.

9 juni 2011: het Internationaal Atoomagentschap stelt Syrië in gebreke voor de geheimhouding van zijn atoomprogramma.

27 juni 2011: toegelaten bijeenkomst van 150 opposanten in het Semiramishotel van Damascus.

29 juni 2011: het leger trekt zich onverwacht terug uit Hama.

1 juli 2011: massademonstraties met 28 doden in verschillende steden, de grootste ervan in Hama.

2 juli 2011: 26 doden, volgens de oppositie, bij protesten in Hama.

6 juli 2011: opposanten proberen met barricades de terugkeer van het leger in Hama te beletten.

8 juli 2011: grootste betoging sinds het begin van de onrust vindt plaats in Hama.

10-12 juli 2011: officiële 'nationale dialoog' in het Saharahotel in Damascus wordt een mislukking.

11 juli 2011: aanvallen van betogers op de ambassades van de VS en Frankrijk in Damascus.

18 juli 2011: de emir van Qatar sluit de ambassade in Damascus na twee manifestaties tegen de berichtgeving van al-Jazeera.

19 juli 2011: zestien doden in Homs.

22 juli 2011: honderdduizenden betogers en elf doden bij steunmanifestaties voor Homs.

25 juli 2011: wet op het voorwaardelijk toestaan van politieke partijen.

27 juli 2011: twintig doden bij razzia's in en rond Damascus.

31 juli 2011: tanks in Hama. 85 doden.

1 augustus 2011: vijf doden in Hama.

6 augustus 2011: de GCC vraagt een onmiddellijk einde van het bloedvergieten. Begin van een reeks officiële Arabische protesten.

10 augustus 2011: Buitenlandse Zaken in Washington herinnert aan het standpunt van 2009 dat partnerschap mogelijk is met wie hervormingen wil en bereid is samen te werken met de VS om 'de vrede in het Midden-Oosten te vestigen en andere kwesties', maar dat is 'niet de weg die Assad kiest'.

12 augustus 2011: twee doden bij onrust in Aleppo.

30 augustus 2011: Europa stelt een olie-embargo in.

15 september 2011: oprichting in Istanboel van een Nationale Raad door de oppositie.

MAROKKO

Revolutie van 20 februari 2011

10 februari 2011: duizend werklozen betogen in Rabat.

12 februari 2011: een 26-jarige man komt om door zelfverbranding in Benguerir nadat hij een half jaar voordien uit het leger was ontslagen.

15 februari 2011: verhoging van de voedselsubsidies.

16 februari 2011: de autoriteiten zeggen dat het Polisario-front (voor de bevrijding van de Westelijke Sahara) achter de protesten steekt.

18 februari 2011: de hervormingsgezinde prins Moulay Hicham steunt de roep om verandering.

19 februari 2011: onenigheid over de rol van de monarchie tussen de internetactivisten enerzijds en de islamisten en linkse fracties anderzijds leidt tot een scheuring bij de protestbeweging.

20 februari 2011: officieel 37.000 deelnemers aan de marsen van de Beweging voor Waardigheid in Rabat voor een grondwetsherziening, de ontbinding van het parlement en lagere voedselprijzen. Na afloop zijn er op verschillende plaatsen rellen.

21 februari 2011: koning Mohammed VI spreekt zich uit voor 'ontwikkeling en effectieve democratie'.

3 maart 2011: de koning installeert een nieuwe Nationale Raad voor de Mensenrechten.

9 maart 2011: de koning kondigt onverwacht op televisie een grondwetsherziening aan en installeert een comité van experts. De bevolking mag voorstellen doen via een website.

12 maart 2011: de monarchistische 'Jeugdbeweging van 9 maart' roept via Facebook op tot de 'Revolutie van de koning en de jeugd'.

13 maart 2011: een betoging van uiterst links en islamisten wordt in Casablanca hardhandig uiteengedreven. Een nieuwe Facebookgroep, de 'Marokkaanse Koningsgezinde Alliantie' komt op voor een constitutionele monarchie en de nationale eenheid.

19 maart 2011: Marokko steunt de NAVO-actie tegen Libië.

20 maart 2011: tweede betoging van de Beweging van 20 februari mobiliseert tienduizenden maar verloopt vreedzaam.

24 maart 2011: begin van de onrust onder het onderwijzend personeel leidt tot betogingen en confrontaties met de politie in Rabat.

27 maart 2011: protesten in verschillende steden na de dood van een leerkracht die door de politie was toegetakeld.

1 april 2011: de regering kondigt een anticorruptieplan aan.

8 april 2011: de (internet-)Jeugdbeweging van 20 Februari weigert een zitje in de constitutionele raad die de grondwetsherziening voorbereidt.

14 februari 2011: 92 politieke gevangenen worden vrijgelaten.

24 april 2011: derde grote en vreedzame demonstratie door 20 Februari.

28 april 2011: aanslag op café Argana in Marrakesh kost zestien mensenlevens, vooral van Europeanen.

1 mei 2011: na overleg met de vakbonden worden de ambtenarenlonen opgetrokken.

8 mei 2011: duizenden betogers in Marrakesh voor hervormingen en tegen het terrorisme.

17 juni 2011: de koning stelt de grondwetsherziening voor.

22 juni 2011: de regering scheldt de boeren bijna honderd miljoen dollar schuld kwijt.

1 juli 2011: 98,5 procent van de kiezers zegt 'ja' tegen de grondwetsherziening van Mohammed VI.

SAOEDI-ARABIË

21 januari 2011: een 65-jarige man steekt zichzelf in brand in Samtah, bij de grens met Jemen, omdat hem de Saoedische nationaliteit wordt ontzegd.

29 januari 2011: honderden betogers in Jeddah tegen de slechte bescherming van de kuststad na elf doden bij een vloedgolf. Enkele tientallen manifestanten worden opgepakt. Begin van een Facebookcampagne voor de constitutionele monarchie en een herverdeling van de rijkdom, en tegen werkloosheid en corruptie.

5 februari 2011: veertig vrouwen betogen in Riyadh voor de vrijlating van gevangenen die vastzitten zonder vorm van proces.

10 februari 2011: tien intellectuelen stichten de Islamitische Umma Partij die wil opkomen voor de constitutionele monarchie. De stichters worden op 18 februari aangehouden en komen pas vrij na de belofte niet langer hervormingen te eisen.

17 februari 2011: kleine sjiitische betoging bij Qatif in de Oostelijke Provincie voor de vrijlating van drie gevangenen die al bijna twee jaar vastzitten. Ze worden drie dagen later vrijgelaten.

24 februari 2011: betoging in Qatif voor de vrijlating van nog meer gedetineerden.

25 februari 2011: Jeugd voor Verandering roept op tot een manifestatie in Jeddah. Op het internet circuleren minstens drie petities voor hervormingen.

2 maart 2011: Faisal Ahmed Abdul-Ahad, een van de organisatoren van de Dag van de Woede die op 11 maart zou worden gehouden, wordt doodgeschoten, volgens medestanders door de staatsveiligheid.

3 maart 2011: nieuwe betoging van enkele tientallen sjiieten in Qatif tegen arrestaties zonder proces. 22 betogers worden aangehouden.

4 maart 2011: protesten in Riyadh en Hofuf. Arrestaties na kritiek op de monarchie. De Saoedische regering herinnert aan het betogingverbod waar streng zal worden op toegezien en mobiliseert tienduizend veiligheidsagenten in de sjiitische Oostelijke Provincie.

6 maart 2011: de hoge (soennitische) clerus onder leiding van de Groot Moefti verbiedt met een fatwa betogingen en petities omdat ze tweespalt zaaien.

9-10 maart 2011: protesten in Qatif. De politie opent het vuur. Drie gewonden.

11 maart 2011: politie en leger zijn massaal op straat voor de Dag van de Woede. Er zijn kleine betogingen in onder meer Hofuf en Qatif. In Riyadh is er een eenmansdemonstratie van Khaled al-Johani die tegen de BBC zegt dat geen waardig leven mogelijk is zonder connecties met het hof. Hij wordt aangehouden en twee maanden in een isoleercel gestopt. Hij wordt een volksheld en 'de enige dappere Saoedi'.

13 maart 2011: tweehonderd betogers voor Binnenlandse Zaken in Riyadh vragen informatie over gevangenen en hun vrijlating.

14 maart 2011: interventie in Bahrein.

15-18 maart 2011: betogingen in Qatif en vier andere steden van het oosten tegen de interventie in Bahrein en voor de eenheid van de sjiieten.

20 maart 2011: vijftien tot vijftig arrestaties bij een nieuw protest van een honderdtal manifestanten tegen de willekeurige aanhoudingen. Nieuwe betogingen in het sjiitische Qatif tegen de interventie in Bahrein.

Vanaf 25 maart tot eind mei 2011: wekelijkse vrijdagprotesten in Qatif en verschillende andere sjiitische plaatsen tegen de interventie in Bahrein.

27 maart 2011: Human Rights Watch noteert voor de voorbije twee weken een sterke stijging van het aantal arrestaties. 160 dissidenten zitten volgens HRW vast.

23-25 april 2011: campagne van burgerlijke ongehoorzaamheid door vrouwen in Jeddah, Riyadh en Damman om stemrecht voor vrouwen te eisen bij de gemeenteraadsverkiezingen van 22 september.

29 april 2011: verbod op alle nieuws dat in tegenspraak is met de sharia, buitenlandse belangen dient of de nationale veiligheid in gevaar brengt.

Mei 2011: in de tweede week overtreedt een eerste vrouw in Jeddah het verbod voor vrouwen om een auto te besturen. Haar voorbeeld wordt gevolgd door een vrouwenrechtenactiviste in Khobar die vervolgens een week wordt opgesloten. Verschillende vrouwen beginnen ostentatief met de auto te rijden en verspreiden daarvan filmpjes op het internet.

4 juni 2011: Wajnat Rahbini, een beroemde actrice, rijdt met de auto in Jeddah en wordt een dag vastgehouden.

17 juni 2011: dertig tot veertig vrouwen overtreden het rijverbod. De politie laat betijen.

DE REVOLUTIE IN DE NIET-ARABISCHE WERELD

11 februari 2011: Palermo. De 27-jarige Marokkaanse straatventer Noureddin Adnane, steekt zichzelf in brand uit protest nadat zijn goederen in beslag zijn genomen door de politie. Hij sterft vijf dagen later.

14 februari 2011: grootste betogingen in Iran sinds een jaar. Parlementsleden eisen de doodstraf van de oppositieleiders Mousavi en Karroubi.

6 april 2011: de 36-jarige Iraanse dissident Kambiz Roustayi steekt zichzelf in brand op de Dam in Amsterdam omdat zijn asielaanvraag na tien jaar nog niet is goedgekeurd. Hij sterft de volgende dag.

27 april 2011: akkoord tussen Fatah en Hamas om samen een overgangsregering te vormen tot de verkiezingen van 2012.

1 mei 2011: bin Laden gedood in de Pakistaanse garnizoensstad Abbottabad.

10 mei 2011: Mahmoud Zahar, leider van Hamas in Gaza, zegt een Palestijnse staat te aanvaarden binnen de grenzen van 1967.

11 mei 2011: de Turkse premier Erdogan noemt Hamas een 'politieke partij' en geen terreurorganisatie.

15 mei 2011: eerste betoging voor 'echte democratie' in Madrid. Het Puerta del Solplein wordt bezet.

22 mei 2011: de Spaanse socialisten lijden een zware nederlaag bij de lokale verkiezingen.

19 mei 2011: voetmarsen vanuit 25 steden naar Madrid.

8 juli 2011: de vs schrappen ruim een derde van hun militaire hulp aan Pakistan uit onvrede met de samenwerking in de oorlog tegen het terrorisme.

14-15 juli 2011: eerste protesten in Israël tegen de levensduurte. Bezetting van de Rothschild Boulevard in Tel Aviv.

23 juli 2011: aankomst van de Spaanse voetmarsen op de Puerta del Sol in Madrid. Vertrek van een mars op Brussel.

4 september 2011: grootste protestdemonstratie uit de geschiedenis van Israël komt op voor sociale rechtvaardigheid.

8 september 2011: de Turkse premier Erdogan belooft een militaire escorte tegen flottieljes die de Israëlische blokkade van Gaza willen doorbreken. Hij wil ook Israëlische pogingen verijdelen om gas te winnen in de Middellandse Zee.

Kaarten

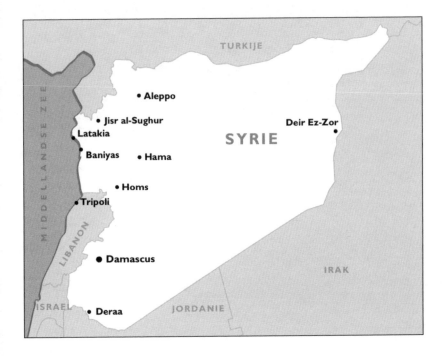

Syrië
n
oet
Damascus
nman
lem
anië

Bagdad ●

Irak

Saoedi-
Arabië

Koeweit

Bahrein
Manamah
Riyad ●

KASPISCHE
ZEE

●Teheran

Iran

PERZISCHE
GOLF

●Doha
Qatar

V.A.
Emiraten

● Abu Dhabi

●
Masqat

Oman

DE
EE

Jemen

●
Sanaa

500 km